何怀宏
学术作品集

何怀宏 著

道德·
上帝与人

北京大学出版社
PEKING UNIVERSITY PRESS

陀思妥耶夫斯基的
问题

图书在版编目（CIP）数据

道德·上帝与人：陀思妥耶夫斯基的问题/何怀宏著. —北京：北京大学出版社，2017.10
ISBN 978-7-301-28692-0

Ⅰ.①道… Ⅱ.①何… Ⅲ.①陀思妥耶夫斯基（Dostoyevsky, Fyodor Mikhailovich 1821—1881）—思想评论 Ⅳ.①K835.125.6

中国版本图书馆CIP数据核字（2017）第214114号

书　　　名	道德·上帝与人：陀思妥耶夫斯基的问题 DAODE·SHAGNDI YU REN: TUOSITUOYEFUSIJI DE WENTI
著作责任者	何怀宏 著
责任编辑	邹 震　于海冰
标准书号	ISBN 978-7-301-28692-0
出版发行	北京大学出版社
地　　址	北京市海淀区成府路205号　100871
网　　址	http://www.pup.cn 新浪微博：@北京大学出版社
电子信箱	pkuwsz@126.com
电　　话	邮购部 62752015　发行部 62750672　编辑部 62750883
印刷者	三河市腾飞印务有限公司
经销者	新华书店
	660毫米×960毫米　16开本　33.25印张　428千字 2017年10月第1版　2017年10月第1次印刷
定　　价	84.00元

未经许可，不得以任何方式复制或抄袭本书之部分或全部内容。
版权所有，侵权必究
举报电话：010-62752024 电子信箱：fd@pup.pku.edu.cn
图书如有印装质量问题，请与出版部联系，电话：010-62756370

在长江三峡两岸壁立千仞的岩缝中,有时可以隐约看到一些悬棺,不知道是一些什么样的人躺在里面,也不知道是谁把它们放在那里,怎样放上去的,以及为什么要悬搁在那里。但它们在那里,它们确实在那里,就像是对所有过往者提出的一个悬而未决的疑问,也是对人类的一个确凿无疑的警示。

——摘自一个过三峡者的手记

目 录

前　言　我为什么要研究陀思妥耶夫斯基？ 001

第一章　作为问题的思想 017
　　一、陀思妥耶夫斯基与托尔斯泰 021
　　二、思想的人 033
　　三、思想者的孕育和诞生 039
　　四、思想者的主要类型 047
　　五、思想者的特点 051
　　六、作为问题的思想 065

第二章　个人行为的道德问题 077
　　一、迫切的道德问题 079
　　二、罪：赞成的"理由" 085
　　三、罚：反对的力量 100
　　四、罪恶的解救之道 108
　　五、不同的对待道德"界限"的态度 114
　　六、道德危机的时代 119

第三章　集体行为的道德问题 125

　　一、目的与手段 129

　　二、他人的血 147

第四章　怜悯的爱 159

　　一、怜悯的基调 159

　　二、关于孩子 170

　　三、怜悯还是"博爱"？ 179

　　四、爱能够实现吗？ 186

第五章　上帝的问题 199

　　一、成为问题的上帝 199

　　二、假如没有上帝…… 207

　　三、神人还是"人神"？ 221

　　四、"上帝之死"所意味的 229

第六章　人的问题 243

　　一、人的有限性 245

　　二、人的差别 255

　　三、多数与少数 261

　　四、自由与人性 267

第七章　社会秩序的构想……289
一、社会公正和理想秩序……290

二、贵族与文化……301

三、"人民"崇拜与结合之路……313

第八章　时代与文明……329
一、现时代的"精神状况"……332

二、现代社会所取代的和所趋向的……340

三、俄罗斯与西欧……348

四、陀思妥耶夫斯基的影响……358

补　编

托尔斯泰的矛盾……379
——重读托尔斯泰

引言：艺术与思想之间的矛盾……381

什么是勇敢？……406

老百姓在想什么？……413

战争、历史与生命……418

爱情、婚姻与家庭……447

面对死亡的"立己主义"……467

　　　　谁之罪？ 477
　　　　结语　人：道德与上帝 491

参考书目 497
后　记 510
索　引 511

Contents

Preface 001

Chapter One: Thoughts as Questions 017

    1 Dostoevsky and Tolstoy 021

    2 Men of Ideas 033

    3 The Cultivation and Birth of a Thinker 039

    4 Main Types of Thinkers 047

    5 Traits of a Thinker 051

    6 Thoughts as Questions 065

Chapter Two: A Moral Issue on Individual Behavior 077

    1 Urgent Moral Issues 079

    2 Crime: Excuses for Endorsement 085

    3 Punishment: Force of Objection 100

    4 The Way of Sin's Redemption 108

    5 Various Attitudes on Moral Limits 114

    6 An Era of Moral Crisis 119

Chapter Three: A Moral Issue on Collective Behavior 125

    1 Ends and Means 129

    2 The Blood of Others 147

Chapter Four: Merciful Love 159

    1 The Keynote of Compassion 159

    2 About Children 170

    3 Compassion or Fraternity? 179

    4 Can Love Be Achieved? 186

Chapter Five: Issue of God 199

    1 God Who Has Turned into a Question 199

    2 Were it not for God 207

    3 God-man or "Demigod"? 221

    4 The Significance of "the Death of God" 229

Chapter Six: Issue of Human Beings 243

    1 The Finitude of Human Beings 245

    2 The Distinction between Human Beings 255

    3 The Majority and the Minority 261

    4 Freedom and Humanity 267

Chapter Seven: The Conception of Social Order 289

    1 Social Justice and the Ideal Order 290

    2 Aristocracy and Culture 301

    3 The Cult of "People" and the Way of Integration 313

Chapter Eight: The Times and Civilization 329

    1 The Spirit of the Present Age 332

    2 The Substituted by and the Trend of Modern Society 340

    3 Russia and Western Europe 348

    4 Dostoevsky's Influence 358

Supplement:

    The Contradictions of Tolstoy 379

      —To Re-read Tolstoy

      Preface: The Contradiction between Art and Thought 381

      What is Courage? 406

      What does Ordinary People think about? 413

      War、History and Life 418

      Love、Marriage and Family 447

      Egoism in front of Death 467

Whose Sins? 477

Conclusion: Human Beings: Morality and God 491

Bibliography 497

Afterword 510

Index 511

前言

我为什么要研究陀思妥耶夫斯基？

我为什么要研究？这是我对自己反复提出过的问题。我的专业并非文学理论或批评，而是伦理学及人生哲学，而且我不懂俄语，那么，为什么要研究19世纪的一位俄国文学家陀思妥耶夫斯基？

自然，我喜欢文学，对俄罗斯文学还一直情有独钟，陀思妥耶夫斯基的作品也几乎全都译成了汉语，其重要的小说还有多个中译本，但要做研究还是有明显的缺憾与不足，为什么一定要做这件事？

我只能说，我没有办法，我的问题把我引向了他，他对我最合适不过。对我紧张思考的问题和长期存在的困惑来说，他看来是最好的一个综合，而且还预示着一种难于测其根底的深刻复杂性和一些可能的解决问题的设想。他是文学家，也是思想家，且是文学家中最伟大的思想家，而中文世界里还罕见从思想的角度对他的专门研究。

下面我想略微回顾一下我走向陀思妥耶夫斯基的道路。

一

在我试图从历史正义的角度重述中国社会结构变迁史的工作告一段落之后,[1] 我本想按顺序进入 20 世纪的中国,去努力认识这一大转变的时代[2] 以及由此转入的新的社会形态、认识中国革命以及一种或可称之为是中国的"现代性"。我想我的研究也许就在这个时代逗留下来了,因为我关注历史的目标还是为了认识现代社会,我想在这一领域内找一块适合自己训练、才情和兴趣的地方耕耘,重点当然还是围绕着道德与人生。而且我想仿效先前的历史研究,先对这整个过渡时代有一种初步的总体的把握,形成一些基本的解释概念,但是,在这样做的过程中却遇到了一些大的困难——比如说史料的浩如烟海且层出不穷;社会的转型尚未结束或至少离得太近,解释性概念体系的难以形成和受到的各种限制;乃至还有一些个人的原因等等,使我不得不暂时放弃这一试图先从总体上把握的计划,而考虑从其他的途径接近。

另一方面,每年临近岁末的时候,我都习惯漫无计划地读一些"闲书",1996 年底主要是读陀思妥耶夫斯基的小说。渐渐地,我心里开始酝酿一个计划:这就是在即将来临的一年中,以 19 世纪到 20 世纪初俄罗斯社会与精神文化的变迁为背景,围绕着陀思妥耶夫斯基提出的有关精神与社会、时代与永恒、道德与上帝的问题做一些研究。

长远的目标并没有改变,仍然是试图认识现代中国,包括认识现代中国人的精神状态。但是,我却走了一条不是直接,而是迂回的路。借用日本学者沟口雄三的说法或法国学者 F. 于连(Francois Juclien, 1951—)

---

[1] 见拙著《世袭社会及其解体》、《选举社会及其终结》,曾由生活·读书·新知三联书店分别于 1996 年、1998 年出版。

[2] 我将其称之为"动员时代"。

的做法，这种研究大概也可说是一种"作为方法的'俄国'"吧。但我之所以这样做，还有以下几点特殊的考虑：

首先是考虑到近百年来俄罗斯对中国思想文化上的影响。在中国近代激荡的百年史的深处，也有一种思想的激荡、观念的激荡。西方思想观念随着坚船利炮一起进入了中国。西方思想的原型、原动力当然是来自欧美，但是，在近代中国人对西方思想的接受和回应史上，决不可忽视这样一个特点：即他们在相当程度上是通过俄罗斯和日本这样一些"中介者"来接受的。20世纪初中国大批留学生涌入日本，由日文转介西书，迄今我们使用的许多概念都是由此确定的，看似汉语，却又是日文。中国人不仅自己看西方，也借助"中介者"的眼光看西方。而俄国对中国人接受西方思潮，更有几乎是"一锤定音"的效果，20世纪前20年西方各种思潮如无政府主义、工团主义、自由主义及各种社会主义在中国的舞台上竞争不下，而正如毛泽东的名言："十月革命一声炮响，给我们送来了马克思列宁主义"，"走俄国人的路，这就是我们的结论"。马克思主义及其俄国版本列宁主义迅速在思想界具有支配影响并努力掌握实践力量。与此同时，知识者对俄苏文学的关注也日渐加强，到了以马列主义为指导的中国共产党夺取政权之后的五十年代，俄苏文化对中国社会更产生了持久而广泛的影响，并且，这种影响已经不仅只是政治的、意识形态的，从列宁服、布琼尼帽、保尔、卓娅和舒拉到俄罗斯民歌、建筑风格……一直到普希金的诗、托尔斯泰、屠格涅夫、契诃夫的小说，列宾的画、柴可夫斯基的音乐，深深浸染了几代中国人的心灵，即使中苏交恶之后，各地的插队知青对俄罗斯文学艺术也仍然是一往情深，一些俄苏歌曲成为他们重要的精神慰藉。

其次是俄苏对中国在实践上的直接影响。在20世纪，欧洲诸国（如英、法）对中国的这种社会实践的影响，明显比鸦片战争及后来的英法联军逞强的19世纪减弱；甚至越来越多介入中国事务的美国，比起俄罗斯与日本这两个中国的紧邻、也是强邻来，对中国的直接影响大概还是有所不逮。俄、日这两个强邻不仅对中国最有企图心，而且都大规模地实际进入过中国。日本对中国的两次战争——19世纪末的甲午战争和20世纪三四十年代的大规模入侵——在很大程度上影响到了中国的命运，改变了中国国内的力量对比。俄国，尤其是后来的苏联，对中国的影响同样很大，俄国近代通过一系列不平等条约占领了中国大片领土；1904—1905年俄国在中国东北与日本进行的战争中落败，刺激了清朝政府加速改革的步伐；苏联诞生宣布废除与中国的一切不平等条约（虽然后来并未完全履行）也给了中国人以很大鼓舞；苏联还支持了孙中山及后来国民党的北伐，后来又一度通过共产国际指导和资助过中国共产党进行的革命，1949年以后，在外交上"一边倒"倒向苏联的中国，曾经与苏联有过一段蜜月时期，而后来中苏关系的恶化又在一定程度上导致了中美关系的接近，并在客观上加强了中国在世界上的独立地位。总之，中国在20世纪的历史命运与俄罗斯亦是难解难分。

当然，这种实践的中苏关系史并非我关注的重点，我所萦心于怀的仍然是思想文化和精神信念。我在此只是想提醒自己在关注思想观念的同时不能忽略那些参与了塑造当今中国面貌的重大事件和外部力量。而在这方面，俄、日的介入之深和影响之大是欧美所不能比拟的，而俄、日对中国思想与实践的这种影响，我们也许迄今都还没有给以足够的重视。

所以，我想我们有必要加深对如俄罗斯、日本这样的"中介者"本身的认识，它们不仅给中国人接受西方思想打上了自己一些特殊的印记，而且，它们虽然相对于欧美来说是"东方"，是"落后"，相对于中国来说又是"西方"，是"先进"，它们是处在东方与西方的结合点上。它们既是中西之间的中介者，又是一种后发现代化的先行者。与中国不同的是，它们在近代晚期都还保留有某种世袭的贵族制或武士制。俄罗斯早在彼得大帝起就开始了改革,而从19世纪俄国西欧派与斯拉夫派的争论中,我们可以发现较之20世纪中国的西化派与传统派之争更有思想和学术深度的讨论。中俄较之中日在某些方面也许还有着更多的相似性,如同样幅员辽阔、同为大陆性农业国家、同样经历过长期的君主集权制等等。在思想文化上,俄罗斯对中国的影响要超过日本。而尤其重要的正如前述:俄国革命是中国革命的先导,这两个成功夺得政权的革命构成了20世纪的最重大事件,把世界历史带入一种根本的转折,并使各自的社会发生了天翻地覆的变化。认识俄国革命的精神和社会起源,无疑也可以帮助我们认识中国革命和社会转型的缘由。

今天我们对自欧美先是"舶来"、后是"空运"的新思潮、新观点诸如新马、后现代主义、解构主义等相当熟谙甚至紧紧跟随,而对近百年来深深影响到中国社会变迁的、由俄、日从"陆路"输入,迄今仍在我们的实践生活和制度中发挥作用的思想观念以及它们本身的发展却研究不够。而中国与俄日,尤其是俄国,比起与欧美来其实共享着更多的"背景理据"。我们对这两个紧邻常常有强烈的政治军事反应,而深层次的、尤其是涉及精神文化的研究却明显分量不足,比方说,我们对日本的研究就远不如日本对中国的研究,而我们对俄罗斯也同样缺乏认真深入的学术研究。我希望今后能稍稍改变一下这种不平衡的状态,以不至于在一谈到思想学术要面向世界、与国际接轨时完全是引领翘望西方。

至于为什么要从19世纪俄罗斯文学入手,我想我一直相当关注时代与永恒、社会结构与精神信仰的两端,而我相信,最好的文学不仅是社会生活的形象反映,也能在最深的层次上反映出人们——尤其是那些最杰出也最执着的思想者的精神状况。19世纪的俄罗斯文学正是这样一种文学,尤其在其中叶的黄金时代,那时候,俄国文学的高峰同时也就是世界文学的颠峰。

俄罗斯文学在19世纪突然崛起，并达到世界文学的最高峰，这乍看起来就像是一个奇迹，是一个谜，对这个谜当然还是可以找到一些解释。从直接推动和代表这一崛起的人物来看，他们多是贵族出身，后来又增加了一些具有贵族精神气质的平民知识分子——即有一种救世思想气质的知识分子。说19世纪俄罗斯文学的奇葩是在贵族精神的氛围中生长起来的并不为过，它一方面试图与专制帝权抗衡，另一方面又试图接近大地和"人民"，这"人民"或者是宗法制的农民，或者是理想中的"无产阶级"。日本的世袭封建贵族，或更准确地说，贵族中那些最敏感最为开明的一部分，也在19世纪日本走向现代化的过程中发挥了重要作用，而由于在当时日本的政治格局中有较大的成功的可能性，其精力主要指向实际的政治改革，而俄国的贵族精神却曲折地表现为文学、思想和舆论，最后则导向革命。又由于世袭的特点，俄、日两国的贵族改革者的意志也表现得更为自信、豪迈和果决，而不像中国近代非世袭的、更依赖于传统集权政治和科举制度的"文化贵族"（士大夫）那样文弱、摇摆、浮躁和经常是不堪一击。

无论如何，双峰并屹的托尔斯泰与陀思妥耶夫斯基都是世界性的文学大师。他们不仅艺术才华横溢，思想也极其敏锐；他们处在一种深刻的社会变动之中，且有意识地、努力以自己的作品来表现这种变动，来探索处在这种变动中的人们的心灵最深处。在他们的作品中并有一种宗教的、渴求永恒的精神维度。这一维度是中国人相对陌生的维度，也是今天观察"现代性"的人们常常缺乏的维度。在某种意义上，20世纪的俄国革命也早已在其19世纪的思想文化中孕育生长。我甚至想提出一个"19世纪俄国文学与精神"的概念，来与"20世纪中国文学与精神"的概念对照，我相信，比较这两者是能给我们带来许多启发的。

二

与欧美人相比,俄罗斯人可能较弱于哲学的缜密分析或体系的思辨构建,而中国人在这两方面可能都比较弱,但在史学方面却有最悠久的传统。然而,俄罗斯人有悠久丰富的东正教神学传统和在 19 世纪奇峰突起的文学奇观,俄罗斯的文学也是它最具丰富性和深刻性的哲学。俄罗斯的思想家和作家自己也大都承认或强调这一点。如罗扎诺夫说:"整个俄罗斯文学及其一部部杰作就是最伟大的世界哲学之一,因为它具有那种非常深刻、涉及世界上一切事物的思维的所有特征。"布尔加科夫也说:"可以毫不怀疑地认为,我国知识分子是最具有哲学倾向的,然而却又完全缺乏哲学教养。……不过如果说我们在哲学上没有卷帙浩繁的有独创性的哲学著作,我们却有最富于哲理的文学作品。"他并且指出:"在我国所有的作家当中哲学艺术家的光荣称号理应属于陀思妥耶夫斯基。"[1]

我心里确实还一直有一种隐隐的焦虑和冲动,这与我对中国传统文化精神的认识有关,我渴望着一种更为超越和终极的东西,个人也有一种不时袭来的忧伤和一些挥之不去的生命困惑。所以,我的这一研究也确实不止是出于一种知识的兴趣,也包含有一种对于生命意义和超越存在的关切,但我不想在这里多谈它,我想使自己的探讨和说明仍然保留在较为纯粹的伦理学学术范畴之内。不过,这一研究也可以说是我试图将社会伦理与精神追求、基本规范与最高信仰联系起来考察的一种尝试。我以前的伦理学研究一直倾向于首先把它们区别开来,并首先考察基本规范和底线伦理,我现在也依然坚持这一点,但最低的规范与最高的信仰之间不是确曾有过某种历史联系吗?这种联系的中断意味着什么?它们之间是否还有

---

[1] 弗·谢·索洛维约夫等:《精神领袖——俄罗斯思想家论陀思妥耶夫斯基》,徐振亚、娄自良等译,上海译文出版社 2009 年版,第 220、330 页。

可能重建某种联系?这些可以说也是我耿耿于怀的问题。可以说,恰在此时,我发现了陀思妥耶夫斯基,甚至觉得像是天意,是上天对我的眷顾。我以前还没有发现过有哪一位思想家或文学家让我产生如此大的吸引力,能够把最低的道德规范和最高的精神追求在他仅仅一个人的作品中如此富于启发地结为一体。

而我之所以选择陀思妥耶夫斯基来具体展开我的这方面研究,除了他满足了上述的要求之外,还因为他的思想的特殊性质:他的思想都是作为问题出现的,他是那些天才的艺术家中的思想者,又是这类思想者中最伟大的一位提问者。同时,他也是一个极其敏锐的预见者,他能从一些最初的征兆中预感到时代的变革,预感到俄罗斯的命运,预感到人类在20世纪、在现代社会中的处境,所以,他能有力地提出不仅是他的时代的问题,而且是我们时代的问题,即整个"现代性"的问题。

陀思妥耶夫斯基对许多问题自然是有自己的强烈的倾向性的,但他并不把他的见解塞给读者,甚至常常有意让他赞同的意见出现于那些他并不赞同的人物身上,或让他不赞同的意见出现在他赞同的人物身上。他保留了一种思想的张力,一种可供对立意见驰骋的宏大空间,巴赫金因此把陀思妥耶夫斯基的小说看成是一种"复调小说"而非托尔斯泰式的"独白小说"的确独具只眼,他认为陀思妥耶夫斯基深刻地揭示了人类思想的对话性质,同时也是听到了一个终归要来临的多元对话时代的声音。

至于这些问题的内容,在我看来,它们主要围绕着道德、上帝与人的范畴展开。这些问题包括:近代以来社会的道德基础是不是在分解乃至崩溃?人类是否由于进入现代社会而面临了一个根本的转折点?一个人或一个集体出于某些理由,常常是不失为高尚和优越的理由,在某些情况下是否就可逾越道德的界限?如果没有永恒与不朽,道德禁令的绝对性是否无论如何要成为疑问?假如"上帝死了",是否什么事都可以做,一切都可允许？人类是不是始终都可分成多数与少数两种人？多数人是否总是比那少数更趋向物欲而非精神、更重视安全而非自由、更依从权力、权威而非自身的判断、更相信外在的奇迹而非具有真正内在的信仰？这种状况是否根本就不可改变？如果不能，近代"启蒙"尤其是"解放"的方案是否就成为问题？甚至于，是否假如"死去的"上帝重返，人间最终也将依然如故？人究竟对自己可以有何种期望等等。而陀思妥耶夫斯基的这些问题也正是我的问题，是我长期深深关注的问题，我想通过陀思妥耶夫斯基来整理、分析和澄清我的问题，包括对他提出的问题继续提问，尤其是他以最为生动有力、鲜明而又复杂的形式提出了我内心一个最感困惑的问题。他在他后期几乎所有的长篇小说中都在阐述这个问题，都是指向这个问题，这个问题在《卡拉马佐夫兄弟》的"宗教大法官的传奇"中达到了最高峰，这就是有关自由与人性、多数与少数的问题。我不能期望再多了：如果一个伟大的文学家不仅提出了这样多富有意义的问题，而且提出了一个对我来说极其困惑而又重大的问题，而且将这个问题阐述得如此深刻、生动和有力。

陀思妥耶夫斯基是把这些涉及时代与社会、道德与人生以及终极关切的问题作为现代人一种深刻的内心困惑提出来的，而他的目的与其说是求得一个简单的解决，不如说是邀请对话者和参与者。我的目的也是如此，因为，在我看来，这些问题无论如何会顽固地存在，我们对它们的不同态度包括置之不理，不仅会影响到我们的生命追求和生活方式，也会潜移默化地影响到我们的学术取向和做学问的方式。

当然，我不希望以我的关怀来曲解我的研究对象，我必须警惕和反省自己的立场和冲动。我希望这种研究本身是独立的，是要求得一个研究对象的真相，是要尽量显示对象所提出的真实问题和思想，所以，我基本上还是采取一种文本分析、思想分析的方法，尽量去接近作品的原意，尽量用作品本身来说话。当然,我不能不提出一个整理和分析其思想问题的解释框架,我也想借此对一些习以为常的说法,诸如称陀思妥耶夫斯基为"残酷的天才""恶毒的天才"等提出一些自己的看法。阅读陀思妥耶夫斯基的确会让人感觉沉重,但就像罗扎诺夫所说的,我从来没有觉得作者"病态",而是觉得他和我们无比"亲近"。我的解释框架是在仔细研究对象的主要作品之后提出来的,并依其思想不断做出修改。在我的这一研究中,我也避免过多地谈到中国,避免与中国进行简单的类比,我甚至忘掉了我前面所说的长远认识目标。因为,在这一研究中,我的优先和主要的目的还是要认识陀思妥耶夫斯基本身,并通过他来认识一种独特的俄罗斯思想、俄罗斯精神。

三

不过,在这里略微回顾一下中国人在接触俄罗斯思想文学的背景下对陀思妥耶夫斯基的认识史也许还是有意义的。据李万春编制的陀思妥耶夫斯基作品中译目录及研究资料索引和王圣思的文章,[1] 中国人对陀思妥耶夫斯基的最早专文介绍是周作人发表在《新青年》4号(1918.1)的《陀思妥夫斯奇之小说》一文,但这篇文章主要还是根据英国的资料转介的。以后近十年间陆续有茅盾、郑振铎、胡愈之等在《文学周报》、《小说月报》、《晨报》副刊等刊物或书中撰文介绍陀思妥耶夫斯基的思想与文学作品,但主要也是限于一般介绍而非专门分析,所重视的是其小说所表现出来的人道主义、博爱思想、平民精神和社会因素,属于一种温和的"启

---

[1] 王圣思:《陀思妥耶夫斯基与中国》,见智量等:《俄国文学与中国》,华东师范大学出版社1991年版;李万春:《陀思妥耶夫斯基作品中译目录及研究资料索引》,《外国文学研究》1986年第二期。

蒙"范畴，所根据的资料亦多是来自英文而非俄语，中篇以上的译作亦未见问世，直到1926年6月鲁迅为韦丛芜所译《穷人》作小引时，鲁迅写道："中国的知道陀思妥耶夫斯基将近十年了，他的姓已经听得耳熟，但作品的译本却未见。这也无怪，虽是他的短篇，也没有很简短，便于急就的。这回丛芜将他的最初的作品，最初绍介到中国来，我觉得似乎很弥补了些缺憾。"而鲁迅在这篇短文中已明显地表现出异于他人的深刻直觉，敏锐地抓住了陀思妥耶夫斯基作品的主要意义在于他显示了"人的灵魂的深"的特质。他说，陀思妥耶夫斯基写人物，"几乎无须描写外貌，只要以语气、声音，就不独将他们的思想和感情，便是面目和身体也表示着。又因为显示着灵魂的深，所以一读那作品，便令人发生精神的变化。灵魂的深处并不平安，敢于正视的本来就不多，更何况写出？因此有些柔软无力的读者，便往往将他只看作'残酷的天才'。""陀思妥耶夫斯基将自己作品中的人物们，有时也委实太置之万难忍受的，没有活路的，不堪设想的境地，使他们什么事都做不出来。用了精神的苦刑，送他们到那犯罪，痴呆，酗酒，发狂，自杀的路上去。……这确凿是一个'残酷的天才'，人的灵魂的伟大的审问者。……凡是人的灵魂的伟大的审问者，同时也一定是伟大的犯人。审问者在堂上举劾着他的恶，犯人在阶下陈述他自己的善；审问者在灵魂中揭发污秽，犯人在所揭发的污秽中阐明那埋藏的光耀。这样，就显示出灵魂的深。在甚深的灵魂中，无所谓'残酷'，更无所谓慈悲。"[1]

此后十多年间，陀思妥耶夫斯基的小说越来越多地被译成中文，且从原文翻译而非英文转译的比重也日益增大，介绍和评论的文章也不再是转手于西方，而主要依据于新生的苏联的观点，虽然还是有一定的时间

---

[1] 鲁迅：《〈穷人〉小引》，《集外集》。

差。随着中国知识、文学界的日趋左翼和激进，注意的重点也越来越趋于从揭露和反抗旧社会的角度去理解和接受陀思妥耶夫斯基的作品，欲使之为直接的社会革命做准备和进行配合。例如，1940 年代邵荃麟谈到他译《被侮辱的与被损害的》的目的"是想通过书中悲惨世界的揭露和控诉来激起人民的反抗，推翻那吃人的旧社会"。"被侮辱的与被损害的"作为受剥削和被压迫的"社会底层"的同义词广泛在中国社会流传开来，虽然这里实际上有一个误读，因为在陀氏的这本小说中，被侮辱与损害的实际上并非是平民、是阶层，而仍是贵族，是个人。韦丛芜在《罪与罚》的"译序"中也写道："那产生凶手与妓女的经济制度何时才能消灭呢？"对于人心灵中的罪却反而较少注意。总之，这种理解和批评多还是一种社会学和阶级论的批评，触及灵魂和精神信仰层次上的批评还很罕见。一两个例外如韦素园曾说他在陀思妥耶夫斯基的作品中读出了"地狱"，鲁迅 1935 年 11 月说："（我）在年青时候，读了伟大的文学者的作品，虽然敬服那作者，然而总不能爱的，一共有两个人。一个是但丁，……还有一个，就是陀思妥耶夫斯基。……他把小说中的男男女女，放在万难忍受的境遇里，来试炼它们，不但剥去了表面的洁白，拷问出藏在底下的罪恶，而且还要拷问出藏在那罪恶之下的真正的洁白来。"但他也谈道："作为中国的读者的我，却还不能熟悉陀思妥耶夫斯基式的忍从——对于横逆之来的真正忍从。在中国，没有俄国的基督。"[1] 即便是最能承受灵魂之痛苦和阴深的鲁迅，也说他对陀思妥耶夫斯基是敬而难爱，因而"废书不观"。

50 年代，中国大陆文化人对陀思妥耶夫斯基的评论基本上是唯苏联马首是瞻，并且是紧密跟随，亦步亦趋。并且，除了 1956 年为纪念当年作为"世界文化名人"的陀思妥耶夫斯基有较多的几篇介绍文字外，对他

---

[1] 鲁迅：《陀思妥耶夫斯基的事》，《且介亭杂文二集》。

基本上不太注意。译介也没有了三四十年代的热烈和丰饶。六七十年代更是无暇他顾，自 70 年代末以后才开始恢复，且一旦恢复就发展很快。自 80 年代以来，陀思妥耶夫斯基的作品除《作家日记》中的一些文章外，几已全部译成中文，而且，其主要的小说差不多都有多个译本，河北教育出版社并拟在近期推出刘文飞主编的《陀思妥耶夫斯基全集》。并且，对陀思妥耶夫斯基的理解和认识也在深度和广度上大大拓展了，在中国较为年轻的一代中，一些人对他表现出一种强烈的关注和渴望，他们试图全面和深入地去把握和认识见之于陀思妥耶夫斯基等俄国作家和思想者身上的"俄罗斯灵魂"，关注的重点也日益明显地转向个体的精神信仰以及这种信仰与现代社会的关联。

与陀思妥耶夫斯基及俄罗斯思想的相遇也使我们反省民族性的问题。何炳棣曾在 40 年代写过一篇《杜思退益夫斯基与俄国民族性》的评论。林毓生说他在芝加哥大学社会思想委员会就读博士生时，读指定的经典《卡拉马佐夫兄弟》，从晚八点半读到午夜之后两点多，几乎一动不动，却竟然汗流浃背（英国的劳伦斯也曾写到过读此书的这样一种近乎惊怵的感觉）。然而，中国人对陀思妥耶夫斯基的认识是否仍然会受到我们自己和我们民族根深蒂固的文化传统的限制呢？何兆武回忆在西南联大求学时，一位俄国教授噶邦福（Gapanovitch）告诉他：要了解俄罗斯的灵魂，不能只看普希金和屠格涅夫，还需要看托尔斯泰和陀思妥耶夫斯基，何兆武说他自己虽然也喜欢托尔斯泰，尤其是陀思妥耶夫斯基，但是由于自己的中国文化背景，始终未能逾越那道不可逾越的难关，即成其为俄罗斯之谜的那种宗教信仰。

海外以学术名家的柳存仁在最近一次中国文化研究所讨论他的小说《大都》的会上谈到他爱读陀思妥耶夫斯基，并在《大都》的前言中写道：假如《大都》可以有什么主题的话，"它的主题就是几个忧郁幽悒的妇人和可怜的孩子,……我的同情,我的鼓舞,无疑的是放在妇人们和孩子们一边的身上。"他回忆参加一次诵读《摩西五书》和先知预言的犹太教的成年礼,说:"我恐怕是这个聚会里的唯一的中国人,不免有些激动。这个时候我忽然无端地想这些是不是真的对旧骸骨的迷恋,还是'人情同于怀土兮,岂穷达而异心?'""对于《摩西五书》,大约看过《旧约圣经》的人都知道的,那里面讲的不过是些戒律和做人的信条。这些律条都是宗教性的,中国虽然有儒教(它是教育、教化,还不好说是宗教)、道教,还有外来的佛教、回教、基督教这些,但是老实说,一般的中国人似乎信教是从来不曾像其他国家其他民族的对他们的信仰那么着迷。儒家的经典真的有些老了,任何一个现代(中国)人大约也无法学《礼记·檀弓》描写的曾参在他病危的时候还要换掉季孙送给他的炕席子才肯断气;喜欢读大乘佛经的人,也未必人人都能像释迦那样舍身饲虎喂狼。"

中国人近百年来对陀思妥耶夫斯基的认识和感受确实启人深思,我们"睁眼看世界"以来所看到的世界上的主要精神信仰和宗教形式,也越来越显示出对中国悠久的人文文化传统构成为一种挑战,中国的文化是否有从自身甦生和超越的希望呢?我们是否能跨过那一门槛呢?

不过,在这本书里,我研究的中心还不是超越存在和精神信仰的问题,我也不熟悉独特的东正教传统和神学,我所关心的还主要是道德与人的问题,尤其是底线伦理和人性同殊的问题。这也涉及如何认识中国以至世界在20世纪的历史,如何看待"现代性"的诸多问题,以及如何认识运动、革命、科学、民主、自由、平等、正义、博爱、人权、法治、权力、市场、传统、文化等许多在我们的时代发生着巨大效力的观念。崔卫平对本书初版的一个评论是相当准确的,我现在就谨以这段话作结:

何怀宏的《道德·上帝与人》的特色在于,由于作者深深的问题意识,当他从陀思妥耶夫斯基本身扑朔迷离的众多作品和浩如烟海的有关资料中,集中提取了那些最具有挑战性的、纯粹是思想性的问题时,最终给出的却是有关中国当下复杂语境的一个清晰轮廓;在他指出的所有陀思妥耶夫斯基的难题的背后,潜伏着中国思想界过去没有解决至今仍然潜伏的种种危机;当他耐心地梳理陀思妥耶夫斯基从深渊中冲出的巨大叫喊时,是站在远离当前那些热烈喧哗的中心方案的边缘,发出一种微弱的然而又是清晰的"另类"的声音。

(但)与陀思妥耶夫斯基提出问题的方式有所不同的是,陀氏的语调是激烈的、尖锐喊叫般的,何怀宏的语调是节制和小心翼翼的。……因此,与其说何怀宏在清理这些问题和给出它们的答案,毋宁说他是通过承担起全部陀思妥耶夫斯基的问题,把这些艰难复杂的思考变为自己的思考,而承担了我们这个时代的种种困惑和发出一种邀请:希望更多的人加入到这种思考中来。

何怀宏

一九九八年岁末初稿

二○○九年仲秋改定

第一章　作为问题的思想

在讨论陀思妥耶夫斯基作品的思想性质之前，我想对19世纪俄罗斯文学中的思想和思想性人物做一简略的回顾。今天的俄罗斯文学研究者，回顾19世纪初以来的俄罗斯文学，常常把从普希金到契诃夫的这一段时期称之为一个群星璀璨的"黄金时代"，把19世纪末到20世纪20年代的一段时期称之为"白银时代"。[1] 这一百多年的俄国社会正处在一个深刻变动的前夜。如果说哲学具有某种对时代的滞后性，犹如黄昏才起飞的猫头鹰，这一时期的俄罗斯文学却可以说具有某种超前性，犹如早就在夜空中飞翔的一只夜莺，但这却是一只不无痛苦的夜莺，它的歌声中既怀有希望，又深含苦恼。这时期的一些天才的俄罗斯作家以其特有的文学家的敏感，已经预先感觉到了即将来临的社会和精神变动的某种彻底性和复杂性。而他们的思考和写作，自然也反过来至为深刻有力地影响到了这一历

---

[1] 这一对概念首先是别尔嘉耶夫从考察俄罗斯诗歌的演变中提出来的。中国对"黄金时代"的俄罗斯文学一向译介很多，对"白银时代"则很少注意，但最近也接连推出了这方面的一些译丛，例如1998年出版的作家出版社的"白银时代丛书"，学林出版社的"白银时代俄国文丛"。

史变动。[1] 赫尔岑认为当时的俄罗斯思想集中地表现于文学,俄罗斯思想是通过文学来发展的。[2] 别尔嘉耶夫和以赛亚·伯林有关俄罗斯思想和思想家的名著都用了大部分篇幅来分析当时的俄罗斯作家。[3]

在普希金的作品中,已经出现了这一时期特有的一种思想者的形象如奥涅金等,他们具有良好的文化素养和优裕的生活环境,也具有一种思想者的怀疑和探索的气质,然而又极度紧张不安,找不到灵魂的栖所,感觉到自己的空虚无力,于是或走向冷漠、消沉,或将激情和生命的热力随意地掷于最后既伤人亦伤己的生活和爱情事件,他们是思想者,同时又是社会上"多余的人",还可以说是日后"虚无主义者"的某种雏型。

莱蒙托夫主要继承了普希金的这一方面,《当代英雄》中才智突出、精力过人的皮却林轻视功利乃至生命本身——他轻掷自己的生命,也对他人的生命和爱情表现得冷酷无情,这已接近于一种绝望之举。莱蒙托夫的诗篇中也笼罩着一种沉郁和孤独感,他自己和普希金一样在决斗中被杀。果戈理则继承和发展了普希金的另一面,即深切地关注和描写小人物

---

[1] 伯林说:"早期俄国知识分子创造了某种最后注定在全世界产生社会与政治后果的东西,以俄国大革命为这股运动最大的一个效果,我想是公平之论。""连法国大革命在内,不曾有什么事件像俄国革命一样在事前的一世纪里经过这么多讨论与思索。"见其《俄国思想家》,彭淮栋译,台北:联经出版事业公司1987年版,第154页。

[2] 弗兰克也说:"最深刻最重要的思想在俄国不是在系统的学术著作中表达出来的,而是在完全另外的形式——在文学作品中表达出来的。"见其《俄国知识人与精神偶像》,徐凤林译,学林出版社1999年版,第4页。

[3] 见上述伯林《俄国思想家》和别尔嘉耶夫《俄罗斯思想家:19世纪末到20世纪视野俄罗斯思想的主要问题》,雷永生译,三联书店1995年版。而据索赫里亚科夫在1996年11月莫斯科"陀思妥耶夫斯基与世界文学"国际学术会议上的报告,"俄罗斯思想"作为一个术语是首先出现在陀思妥耶夫斯基发表的《作家日记》中的,参见《俄罗斯文艺》1998年第4期。当时俄国知识界的思想集中表现于文学的一个原因是沙皇严格的检查制度将社会政治观念驱入了文学领域,而俄罗斯的知识者也富于文学修养并酷爱文学,如别林斯基说:"俄国文学是我的命、我的血。"本世纪初科罗伦克亦言:"我的国家不是俄国,我的国家是俄国文学。"转引自伯林《俄国思想家》,第176—178、208页。

命运的一面，并由此发展出自然写实的一派，对陀思妥耶夫斯基的早期作品产生过重要影响，果戈理自己的思想则与他笔下的人物保持着某种距离，而比较直接地表露于他晚年发表的《与友人书简选》中。他这方面的宗教和道德思想与陀思妥耶夫斯基后期作品中的思想实际上有某些隐秘的联系。

屠格涅夫常居国外，正是他使俄罗斯文学与西欧文学有了一种更紧密的联系，开始把俄罗斯文学推向世界，他是一个和后来的陀思妥耶夫斯基、托尔斯泰、契诃夫一样享有广泛世界声誉的作家。他的长篇小说更直接地反映着时代和社会，思想者和"新人"的形象较前更为丰满、多样和新颖，其中既有热烈而软弱的罗亭、涅日达诺夫，又有坚定的革命家英沙罗夫，务实的科学家巴札罗夫和实业家沙罗明等。在屠格涅夫那里同时又有一种更为鲜明的对于纯美、纯艺术的追求，他的中短篇小说为个人的生活和爱情划出了一块空间，然而他的心底仍然是深深悲观和忧伤的，这尤其表现在他后期的散文之中。[1]

而在大致同时期的俄罗斯文学中，也开始涌现出一种具有较强烈的政治性和战斗性的潮流，在别林斯基、车尔尼雪夫斯基和杜勃罗留波夫的评论中，文学更多地被从变革现实社会政治的角度看待。《怎么办》中的"新人"拉赫美托夫、薇拉身上更直接地承载着一种思想，一种新的社会理想。他们不再是犹豫不决的，而是一往无前地向着理想迈进。而常被与他们同样归为"革命民主主义者"一类的赫尔岑实际上与他们相当不同，他由于命运的播弄长期流亡国外，常常被视作一个政论家和政治活动家，但其实具有很高的文学才能，他的思考在同时深入观察俄罗斯与

---

[1] 别尔嘉耶夫说："忧伤是精神上的，并且与过去相联系。屠格涅夫主要是个忧伤的艺术家。陀思妥耶夫斯基则是凄惨的艺术家，凄惨是和永恒相联系的。忧伤是抒情式的，凄惨是悲剧式的。"见《自我认识——思想自传》，上海三联书店1997年版，第40页。

西欧的过程中达到了一个既坚持自由主义的理念、又对"现代性"进行深刻反省的层次。

对双峰并屹的托尔斯泰与陀思妥耶夫斯基我们下面要专门讨论，而在他们之后，契诃夫可以说是"黄金时代"的殿军，是这一时代的最后一座高峰。他的幽默到后来越来越多地注入了一种无法排遣的忧伤，他处在一个政治上严密控制而革命的地火正在蕴酿的时期，他不怎么直接谈思想，那不是他的擅长，他与政治和宗教都保持着一定距离，他的态度是温和的，深深地不满意于平庸的生活却也并不施以猛烈的攻击和搅乱，只是在精神的深层次上表露出一种默默的等待和不安的希望。此时，一般认为是属于"白银时代"的许多作者也已活跃，但他们更多的是投入了对艺术形式的无穷探索和新颖追求，尤其表现在诗歌方面，而契诃夫以其对人的处境和命运的关注却仍可说属于上一个时代——那在形式上主要是为一个小说的时代，但至契诃夫已非长篇巨制，在他的作品中也没有了早期如普希金那样的单纯和明朗。

一个文学传统的确立必须在开拓者后面要有天才的继承者，有接踵而来的发扬光大者和拓宽掘深者，而19世纪的俄罗斯文学在这方面是幸运的。这一文学传统的核心是一种对于人的灵魂与精神、人的处境与命运的深深关注，是对道德与上帝、自我与社会、时代与民族诸多重大问题的紧张探索，而它又有一种艺术上的伟大成就与之偕行。它不是单线行进的，而毋宁说是充满了矛盾和困惑，是多线和复调的，向各种可能的方向都做了充分的挖掘。哀惋与激情、忧伤与欢乐、希望与绝望、保守与激进、战斗性与沉思性、最低社会阶层与最高精神存在，都汇合在一起思考和表现。这样一个传统形成了也就不容易摧毁，所以，即便在20世纪这片大地上的文学最受政治钳制的年代里，不仅在公开发表的作品中也依然可以发现一些对现实的批判反省和纯洁的人道主义关怀，更有直承这一传统的潜流不绝如缕，对精神、上帝和永恒事物的寻求依然隐藏在一些孤独的灵魂中，而一旦展露就是一道洪流。

一、陀思妥耶夫斯基与托尔斯泰

19世纪俄罗斯文学"黄金时代"的最高点可以说是由托尔斯泰与陀思妥耶夫斯基这两座并屹的巨大山峰达到的。这两位艺术大师都极其真诚，都拥有巨大的天才，都紧张不安地探寻真理，并且最后都诉诸宗教的精神。他们生前有过参加同一个演讲会的机会，却终于未能见面，但互相都熟知对方的作品，有一些公开或私下的评论。陀思妥耶夫斯基相当推许托尔斯泰的天才，但也承认与之思想上有分歧。托尔斯泰准确地认出陀思妥耶夫斯基是一个"浑身都是斗争的人"，故而认为不宜"树作后代纪念和学习的榜样"，但他一生都极喜爱《死屋手记》一书，认为是包括普希金的作品在内的所有新文学作品中"最好的书"，他读了《被侮辱与被损害的》也深为感动，据说他在秘密出走去世时所待的阿斯塔波沃车站的站长房里，随身带有两本书：一本是蒙田的《随笔集》，另一本就是陀思妥耶夫斯基的《卡拉玛佐夫兄弟》，[1] 他认为人们可以在陀思妥耶夫斯基的人物身上"认出自己的心灵"。两位大师在精神和艺术上都有一些共同和相互吸引的方面，但是，在很多方面仍可说相当不同乃至对屹。于是"托尔斯泰与陀思妥耶夫斯基的比较"也就成为一个富有意义的课题，构成了一系列文献。

最早的系统研究如"白银时代"的梅列日科夫斯基的两卷本《托尔斯泰与陀思妥耶夫斯基》，他称托尔斯泰为人的"肉的探索者"，而称陀思

---

[1] G. Steiner, *Tolstoy or Dostoevsky: An Essay in Contrast*, Faber and Faber Limited, 1959, p. 348.

妥耶夫斯基为人的"灵的探索者"。他强调他们两人的对立，甚至说："如果我们想在各个时代和各个民族的文学中找到一位与托尔斯泰截然相反的艺术家，那么，我们只能指出陀思妥耶夫斯基。"如果说陀思妥耶夫斯基是俄国文化的"正命题"，那么，托尔斯泰就是其"逆命题"。[1] 洛扎诺夫则简洁地写道："托尔斯泰令人吃惊，陀思妥耶夫斯基令人感动。"他说陀思妥耶夫斯基是沙漠中的骑士，背着一只箭囊，他的箭射向哪里，哪里就流血。说陀思妥耶夫斯基是宝贵的，托尔斯泰则总是"说教"，"说教"并不能留下什么，而陀思妥耶夫斯基则活在我们心中，他的音乐永远不会消亡。[2] 自然。罗扎诺夫是陀思妥耶夫斯基的崇拜者，他批评"托尔斯泰的宗教"，说这"莫不是一个养尊处优、声名远扬和无忧无虑的土拉地主的东跑西颠？""缺少切肤之痛——这是托尔斯泰不可饶恕的一面。"但他又赞扬托尔斯泰，说他超过普希金、莱蒙托夫和果戈理的地方"便是整个生命的高尚和严肃"；问题不在于"他做了什么"，而在于"他想做什么"。托尔斯泰"梦寐以求的东西"比任何人都崇高。[3]

英国作家王尔德认为陀思妥耶夫斯基没有托尔斯泰那样广阔的视野和史诗的庄严，但他有十分强烈的感情，十分激烈的冲动，善于处理人物心理上最深沉的奥秘和人生最隐蔽的动机，具有无比忠实而可怕的现实主义特征，用的是一种十分微妙的客观方法。[4] 另一位英国作家福斯特（E. Forster）也说："没有一个英国小说家像托尔斯泰那样伟大——也就是说，给了人的无论日常还是英雄的生活如此完整的一幅图画；也没有一个英

---

[1] 转引自弗里德连杰尔：《陀思妥耶夫斯基与世界文学》，上海译文出版社1997年版，第158页。

[2] 洛扎诺夫：《落叶集》，郑体武译，云南人民出版社1998年版，第273页。

[3] 洛扎诺夫：《隐居及其他》，上海远东出版社1997年版，第98、126—127页、189—190页。

[4] 王尔德：《俄罗斯小说家》，《欧美作家论列夫·托尔斯泰》，中国社会科学出版社1983年版，第153—155页。

国小说家像陀思妥耶夫斯基那样探索人的灵魂到如此的深度。"[1] 施泰纳（E. Steiner）认为托尔斯泰是一个"史诗传统的后代"，而陀思妥耶夫斯基是一个"莎士比亚之后的悲剧大师"。在陀思妥耶夫斯基写完《卡拉玛佐夫兄弟》之后不到四十年，托尔斯泰所期望的一些事情和陀思妥耶夫斯基所恐惧的大部分事情就实现了。[2] 许多评论者也注意到，若将托尔斯泰与陀思妥耶夫斯基和19世纪欧洲作家如巴尔扎克、狄更斯相比，他们两人就都可以说具有强烈的思想倾向性，但若将托尔斯泰与陀思妥耶夫斯基相比，托尔斯泰则还是更为纯粹和伟大的艺术家，而陀思妥耶夫斯基则更接近于是艺术家中的思想家，在思想上有着更高的成就。为了进一步说明陀思妥耶夫斯基与托尔斯泰在思想上的不同特点，我们可以再引述一下别尔嘉耶夫对两人的比较。

别尔嘉耶夫认为：陀思妥耶夫斯基猛烈的动力性格指向"变"，但却肯定历史传统，承认政府与教会；托尔斯泰只是静态事物的描绘者，却反叛历史与宗教的传统，否认东正教，轻视帝国，甚至不曾接受文化的至上地位。[3] 陀思妥耶夫斯基知道革命正在人的精神的地下室酝酿，知道它必然会来临，他预见到它的方法与结果。托尔斯泰则对革命一无所知，什么也没有预见，但他自己却像一个盲人一样被卷进革命的过程中。陀思妥耶夫斯基站在精神的层面，从这个层面他看到了一切；托尔斯泰则停留在心理与身体的领域，因之不能看到表面之下的事物。托尔斯泰是比陀思妥耶夫斯基更优秀精细的艺术家，他的小说，就其作为小说而言，比陀思妥耶

---

[1] E. M. Forster, *Aspects of the Novel* (New York, 1950), 转引自 G. Steiner: *Tolstoy or Dostoevsky: An Essay in Contrast*, Faber and Faber Limited, 1959, p. 7。

[2] G. Steiner, *Tolstoy or Dostoevsky: An Essay in Contrast*, Faber and Faber Limited, 1959, p. 344。

[3] 贝德叶夫（别尔嘉耶夫）：《杜斯妥也夫斯基》，台北：时报出版公司1984年版，第28—29页。

夫斯基的要好；对于已存的事物，他是一个无可匹敌的描绘者，陀思妥耶夫斯基则只关心将要发生的事。陀思妥耶夫斯基是比托尔斯泰更伟大的思想家，他对事物的认识更为广阔，了解永恒的人性矛盾，由于这种矛盾，人为了进两步必须退一步；托尔斯泰则不回头地一直向前，他那偏于一方面的道德是不可能由陀思妥耶夫斯基这样深透人心的人所共有的。如果说托尔斯泰以完美的艺术形式呈现了往日之事，陀思妥耶夫斯基则更擅长处理流变的未来之际。托尔斯泰终其一生都在像异教徒一般寻求神；他的心被神学压迫着，但他本人却是个蹩脚的神学家，陀思妥耶夫斯基对神的关怀则不如其对人的命运以及精神之谜的关怀，使他不得安宁的说到底不是神学而是人学；他无须像异教徒那样去解决神学问题，但他必须去解决人的问题，而这人是精神性的人。

在别尔嘉耶夫看来，托尔斯泰在艺术上的伟大超过其思想的不凡：他的思想观点有时浅薄得惊人，几乎是俗气的。而陀思妥耶夫斯基醉饮思想观念，在他的书中浸透了观念，并且在这陶醉中，他的智慧的刀锋却从未钝锉。《地下室手记》的主角是一个观念，拉思科里涅珂夫是一个观念，斯塔夫洛金是一个观念，基里洛夫、沙托夫、伊凡·卡拉玛佐夫——统统是观念；这些人似乎个个都被观念淹没了，醉饮着观念。只要他们开口，就从他们口中汩汩涌出思想；而一切思想都围绕着"那些该死的永恒的问题"转。但这并不意味着陀思妥耶夫斯基的小说是宣传某种特殊理论的论文，事实上，观念是隐含在他的著作中的，以纯粹的艺术方式表现出来；他是一个"观念论派"（idealist）小说家，孕育了新的、基本的观念，且总是以动力的、动态的方式孕育的。陀思妥耶夫斯基在哲学上态度是谦和的，他说："在哲学方面我很弱；但对哲学的爱却不弱——那是非常强的。"在学院派的哲学方面，他确实弱，而那种哲学也非常不适合他；但他的直觉天才却知道正确的路途，事实上他是真正的哲学家，而且是俄罗斯最伟大的。他从哲学所学到的可能不多，教给它的却很多；暂时性和局部性的问题他可能留待哲学自己去处理，但只要是关于最终的事物，则哲学必将长久生活在陀思妥耶夫斯基的旗帜之下。[1]

由此，别尔嘉耶夫指出陀思妥耶夫斯基与托尔斯泰对20世纪及后世的不同影响。他说，当20世纪初叶，当一股精神的与宗教的观念之流涌出，而与俄罗斯知识分子的传统思想中的实证论和唯物论背道而驰的时候，这股潮流的代表——罗扎诺夫、梅日列科夫斯基、舍斯托夫、伊万诺夫等，统统把自己置于陀思妥耶夫斯基的标准上；他们统统是他的心灵之子，并立意要去解决他所提出的问题。托尔斯泰在舞台上占的空间比较大，但陀思妥耶夫斯基的影响却更广更强。要触及托尔斯泰，容易得多，他容易被人认作是宗师，而且，他更近于是道德家；但陀思妥耶夫斯基所耕种的却是俄罗斯心灵那复杂而锐利的形而上学思想。人大约可以分为两种，一种是被托尔斯泰的心灵所吸引的，一种是被陀思妥耶夫斯基的心灵所吸引的，而我们发现，"托尔斯泰类"的人很难正确地领会陀思妥耶夫斯基，不仅如此，他们还常常不喜欢他。[2] 若以原创性的宗教思想而言，托尔斯泰几乎是荒瘠的，而陀思妥耶夫斯基的著作则极为丰硕。此前在陀思妥耶夫斯基笔下仅存在于预言中的沙托夫、基里洛夫、韦尔霍文斯基、斯塔夫洛金和伊凡之类的人，在随后四十年中统统在真实的世界中出现了；他那在19世纪70年代仍只潜伏着的基本主题，在俄罗斯1905年、1917年的两次革命中都表现出来了。由此可以看到俄罗斯的"革命主义"中的宗教结构。革命，使同胞与陀思妥耶夫斯基更接近了。陀思妥耶夫斯基的心理学永远不曾停留在生活的"心理—生理"表层，在这方面托尔

---

[1]《杜斯妥也夫斯基》，第39—40页。
[2]《杜斯妥也夫斯基》，第194—195页。

斯泰是较佳的心理学家。而陀思妥耶夫斯基所探索的是灵魂的生活,这生活一直延伸到神与魔鬼。这些问题,这些最终的事物,才是俄罗斯人长久以来系心的对象。当然,心理和社会方面的问题也同样令他们系心,但革命与社会生活是次于神和魔鬼的问题的,后者得到解决,前者自然安顿,而使我们免于仅在心理研究的恶性循环中打转的乃是陀思妥耶夫斯基。因此,陀思妥耶夫斯基不仅是伟大的艺术家,而且是俄罗斯最伟大的形而上学家。思想观念是他不可或缺的食粮,如果他不去沉思诸如神、魔鬼、永生、自由、恶与人类的命运之类的问题,他就活不下去。但陀思妥耶夫斯基的形而上学不是抽象的;他认为观念是活生生的、具体的、基本的事物;而我们现在统统是他的精神后裔,急着以他同样的精神去提出并解决那些形而上的问题。

别尔嘉耶夫特别指出"文化的破产"给20世纪带来的灾难性后果,因为文化正是导向生命之实相的道路:神圣生命的本身正是精神的至高文化。在这一方面,托尔斯泰对俄罗斯的影响是可悲的;陀思妥耶夫斯基则如一切伟大的民族作家一样,是混杂的,如果说他劈出了一个文化的危机之绝壁,他却并非文化的敌人,而托尔斯泰却与文化敌对,别尔嘉耶夫立足于独特的基督教立场更为推崇陀思妥耶夫斯基,说陀思妥耶夫斯基远比托尔斯泰更配得宗教改革者之名。托尔斯泰摧毁了基督教的价值观,试图建立他自己的价值观;他所提供的东西只是消极性的,而陀思妥耶夫斯基没有发明新的宗教,是忠于基督教的真理及其永恒的传统。别尔嘉耶夫甚至说:"就我个人所知,还没有一个人比陀思妥耶夫斯基在基督教的写作上更深刻。"[1]

除了别尔嘉耶夫以上谈到的托尔斯泰与陀思妥耶夫斯基的思想

---

[1] 《杜斯妥也夫斯基》,第189、195—197、201页。

之别，伯林的一个比较也颇值得注意。伯林引希腊哲人阿基罗库斯（Archilochus）"狐狸多知，而刺猬有一大知"一语，认为这种一元与多元之别是作家与作家、思想家与思想家，甚至一般人之间的差别最深刻的一项。例以俄国，伯林认为，普希金实际上是19世纪头号狐狸，而陀思妥耶夫斯基则是道道地地的刺猬，若以普希金、陀思妥耶夫斯基为两端，正可度出俄国文学的幅广。至于托尔斯泰，伯林认为托尔斯泰天性是狐狸，却以为自己是刺猬，并努力想做刺猬。他的天赋与成就是一回事，他的信念，连同对自己成就的解释又是一回事。[1]

在我看来，从陀思妥耶夫斯基的精神追求来说，陀思妥耶夫斯基确实表现得像是刺猬，他渴望一种终级的、一元的真理，亦即基督的真理，但是，在他的作品中，尤其是艺术作品中，他却表现得像是狐狸，总是在探测向各个地方去的可能性。他是一个内心渴望着一种单纯、统一的真理的寻求者，但由于他总是在寻求，他决不停住脚步，决不满足于定论，他就总是在他的小说中同时保持着一种对于一元真理和多元对话的同样强烈的渴望，在这个意义上，我们也许可以说陀思妥耶夫斯基是一只想做狐狸的刺猬，在他那里，同时保持着狐狸的广度与刺猬的深度：即从问题意识来说，从对根本问题的执着追求来说，陀思妥耶夫斯基是刺猬；但是，从问题的解答来说，他又并非刺猬，他意识到真理或这些根本问题的答案并非简单的，他没有成为教主或圣贤、先知的意图，乃至没有那种可能被人们认作教主或圣贤的客观倾向。他没有围绕着他的信徒，没有形成主义或教派。爱好他的人是散落的个人。他是一以贯之地追问的刺猬，而非固守某一教义的刺猬。他在追问中自然有自己倾向于某一解答的思想倾向，但他并不封闭地固执于这一倾向，而是也注意到其他的倾向。他的现实感

---

[1] 以赛亚·伯林：《刺猬与狐狸》，《俄国思想家》，彭淮栋译，联经出版事业公司1987年版。

强过托尔斯泰,尤其是在处理概念时的现实感高出托尔斯泰许多。他深深地体会到人的某种差别性,尤其是少数和多数的差别性。这使他不可能简单地处理真理,更不易盲目地宣教真理。

其他评论者还提到了他们的另一些区别,诸如小说类型的"独白小说"与"复调小说"(巴赫金);重点描写农村与重点描写城市(弗里德连杰尔)等等。巴赫金指出托尔斯泰小说中的独白倾向耐人寻味,在托尔斯泰的小说中已经出现了一种单一的倾向,而在陀思妥耶夫斯基那里,则始终有一种众声喧哗。不过,我们不欲在此全面比较托尔斯泰与陀思妥耶夫斯基,而仅在这里试图指出陀思妥耶夫斯基和托尔斯泰的不同可能有一些个人境遇方面的原因,这种差别也许部分地可以从他们个人的境遇得到某种解释。

托尔斯泰一生的事业可以说相当顺利,他出身贵族,一直家境富裕,富有田产,从不必为谋生烦恼,一生不知穷困为何物,并很早就获得作家的巨大声誉,早年没有受过政治迫害,而当后来他对沙俄政权和教会越来越持异议时,他的世界声誉已经为他构成了一道保护的屏障,他的婚姻亦可说顺遂,妻子虽不能说完全理解他,但也挚爱着他。他身心正常,朋友很多,晚年更有许多朝拜者,在世界上也门徒甚众。而陀思妥耶夫斯基出身于军医之家,很早就感受到经济的压力,父母早夭,自己又犯有癫痫病,成名作刚获称誉很快又遭嘲笑,不久,又因参加革命小组的活动被判死刑,临时改服苦役和兵役,在西伯利亚待了约十年,创作活动中断,开始几次恋爱都不顺利,第一次婚姻也不很称心,妻子、兄弟与好友又在同一年去世,办报被封,负债累累,这种负债状况几乎一直持续到他生命终结,他的长篇小说差不多都是在预支稿费、限定日期的情况下写作的,为此只能得到远低于托尔斯泰、屠格涅夫的稿酬。他性格不擅交往,甚至一度的好友斯特拉霍夫也弃他而投向托尔斯泰,在他死后对他进行攻击。

所以,我们在托尔斯泰的思想中,确实感到一种潜藏的、贵族式的居高临下的态度,甚至在其对财产、婚姻、文化的激烈拒斥中,也包含有某种贵族式的骄傲,在其道德与宗教方面的要求中,有一种精英似的极端彻底和严格。别尔嘉耶夫说:"托尔斯泰的呐喊是那种处在幸福的环境中、拥有一切,但却不能忍受自己的特权地位的受苦的人的呐喊。"他拥有荣誉、钱财、显赫地位和家庭幸福这一切而想竭力放弃这一切。[1] 而陀思妥耶夫斯基的态度却是相当平民化的,是熟谙社会底层,深知其间人们的苦难,尤其是心灵的悲惨状态的。他是和他们在一起怜悯他们。他对自己的苦难也不张扬,不抱怨。他不喜欢谈论自己。默默地受苦、默默地写作、默默地消失,这是我们后来在罗扎诺夫的晚年,在《日瓦戈医生》中的主人公及其作者那里看到的同样特征。梅列日科夫斯基曾经在谈到陀思妥耶夫斯基的人格特征时说:"陀思妥耶夫斯基只是爱我们,作为一个朋友,一个平等的人,而非象屠格涅夫那样有一诗意的距离,也不像托尔斯泰那样有一传道者的张扬。他是我们的,在他所有的思想中,所有的痛苦中。他与我们在同一只杯子里浮沉。"[2] 基尔波京在《陀思妥耶夫斯基的世界》中也写道:"陀思妥耶夫斯基向无贵族那样的骄矜自重,亦无资产阶级那样的故作优雅。"[3]

托尔斯泰出身于富有的上层贵族,在他的生命历程中,也没有上过"死屋"那一课,他的思想中也没有"地下室"那样一种阴深和暧昧。他的思想是单纯的,经常是直线行进的。他不像陀思妥耶夫斯基那样了解平民,不像陀思妥耶夫斯基那样了解社会底层,尽管他自认是在为社会底层呼吁。他是如此热烈地渴望与社会底层趋同,然而他还是不很了解他们,不了解他们的所爱,所恨,所欲,所求。如茨威格所说,托尔斯泰的作

---

[1] 别尔嘉耶夫:《俄罗斯思想》,三联书店 1995 年版,第 139 页。
[2] V. Seduro,*Dostoyevski in Russian Literary Criticism*, Columbia University Press, 1957, p. 43.
[3] 转引自山东大学俄苏文学研究室编《俄苏文学》,总第 11 期 (1985.8)。

品因此富有说教性,它是教科书,是宣传手册。而陀思妥耶夫斯基却一言不发,但他的沉默比托尔斯泰的控诉更有内容。[1] 托尔斯泰对现实的人性和人心的复杂性缺乏一种全面的和深度的理解,他所达到的只是表面上的或者说只是某一侧面的深度。他的呼吁是相当精英化的,他是站在高处呐喊,却从未完全浸没在人性和人心的黑暗的深渊。在他的思想历程中,虽然也有种种转折,但在每一个转折完成后的阶段,一切对他都是毫无疑问的。那些转折对他来说是为时甚短的,经常是突兀的,他很快就涉过黑暗的深渊而进入了通体透亮的"真理的光辉"之中。他迅速把选择的疑问和烦恼抛到了脑后,抛给了过去,剩下的事情就只是朝着这一新的方向的奋斗了。而陀思妥耶夫斯基却仍然把所有的疑问和困惑仍然保留在自身之中,仍然是在黑暗的深渊中吁求光明,给人的印象是在即将没顶的沼泽中伸出了双手,渴望抓到坚实的彼岸,甚至哪怕只是可以稍许喘息片刻的坚硬的树枝。

陀思妥耶夫斯基预见到革命,[2] 而托尔斯泰却为革命所"预

---

[1] 茨威格:《三大师——巴尔扎克、狄更斯、陀思妥耶夫斯基》,西苑出版社,1998年版,第97页。

[2] 彼烈威尔泽夫(Pereverzev)1921年在《陀思妥耶夫斯基与革命》一文中写道:"谈论陀思妥耶夫斯基对我们的意义也就是谈论我们现在生活中的最炽热和最深刻的问题。被强力的革命的旋风席卷,陷在他所提出的问题之中。热情而又痛苦地领悟到革命悲剧的所有兴衰,我们在陀思妥耶夫斯基中发现我们自己,在他那里发现对革命所提出的问题的一种热情和痛苦的把握,就仿佛他与我们一同经历了革命一样。"他认为"陀思妥耶夫斯基同时是一个革命者和反动者",陀思妥耶夫斯基展示革命的基础并不是伟大的怜悯,而是被压迫者的伟大的愤怒、自我肯定与自我意志。在陀思妥耶夫斯基那里,没有任何对革命的理想化,革命为那些一直聚集在被欺凌者中的愤怒与毁灭欲望提供了一条出路。革命的心理机制可归之于被压迫者想成为压迫者的企图,奴隶想成为专制者的企图。粉碎自己最直接敌人的冲动将变成粉碎一切异议者的冲动,一切都回到出发点,只是奴隶与君主的位置互换了。革命的恐怖还不在于它是浸在血泊与残忍中,而是在于它所许诺的"黄金"在犯下所有形式的残忍之后变成了碎片。他认为陀思妥耶夫斯基是解剖革命的专家,甚至看到了革命领袖看不到的秘密。"陀思妥耶夫斯基预见的一切都变成真实的了,他甚至预见到了他们的失望,描述了那'不能忍受他们自己的反抗'的革命者的反叛,这样,(转下页)

见"[1]——革命者预见到托尔斯泰将成为摧毁旧秩序的有力资源。托尔斯泰对传统文化、社会政治秩序、产权与法律的攻击确实有一种震撼人心、发人深省的意义,然而他没有看到另一面:一旦破坏了文化的植被,就很难一下恢复,20世纪的许多灾难就几乎是不可避免的;离开了法治,也就不会有自由;摧毁了政治秩序,人们将可能面对更为肆虐的权力;没有了产权,个人面对这种肆虐的权力也将被置于更无法保护自己的地步。他对人的要求很高,而人们却是站在地面上的,甚至是陷在污泥里的,解脱的办法并非是一个难以触及的天堂,而是慢慢可以爬出来的木板。他明于自己的理想却陋于知普通人的人心,他知道精神的一端,却不清楚物质和肉体的另一端。他了解贵族,却不了解百姓,尽管他极力否定自己的贵族气,然而却没有比他这种决绝的否定姿态更具贵族气的了。

我们在此并不是要扬陀抑托,他们两人各有自己的伟大之处,许多人的态度可能会像伯尔(H. Böll)一样——他说他很难决定在两者中选谁,

---

(接上页)陀思妥耶夫斯基就早在现在的革命数十年前,就比许多现在小资产阶级的革命理想主义者更早的把握到了革命的机制,正是这一点使陀思妥耶夫斯基与我们现在如此接近。"迄今为止,陀思妥耶夫斯基对革命所说的是一种对其本质的最深刻解释(就这一革命是小资产阶级反叛的结果而言)。一个人能从陀思妥耶夫斯基那里学到很多,理解很多,能对目前正在我们眼前进行的革命的许多事情作出一种健全的判断。"转引自 V. Seduro, *Dostoyevski in Russian Literary Criticism*, Columbia University Press, 1955, pp.129-132.

[1] 关于托尔斯泰与革命的关系,茨威格写道:"在19世纪没有任何一个俄国革命者象这位反对革命的伯爵那样给列宁和托洛茨基扫平了道路。……没有一部书,也没有一个像托尔斯泰的激进主义思想那样对俄国的激进做出如此大的贡献。没有一个人像托尔斯泰那样去鼓励他的同胞不怕做任何无法无天之事。……托尔斯泰是俄国革命、世界革命的'先行者',是真正的先祖(这全然违反他的意愿,可能与另一个最大的个人主义者卢梭一样)。但令人奇怪的是……当俄国人从托尔斯泰的学说中接受了激进的东西,而在世界的另一端,在印度,非基督教徒的甘地却从其中承担了原始基督教的布道使徒之职,接受不抵抗主义的信条,把他的三亿同胞组织起来,领导他们运用消极反抗的技术。……千百万人,无论是参加俄国的积极革命还是参加印度的消极革命,都把这位反动的革命家或者是革命的反动分子的思想化为己有,并付诸实现。"参见《欧美作家论列夫·托尔斯泰》,中国社会科学出版社1983年版,第470页。

也许这个时候选陀，另一个时候选托，"并且，我觉得总是在反复变换着陀思妥耶夫斯基与托尔斯泰的时代"。[1] 但是，我们还是可以说，如果说托尔斯泰只接触到一端，陀思妥耶夫斯基却还通过自己的亲身遭遇而接触到另一端，接触到那浸在污泥中的一端，那人们很难摆脱的物欲和肉体的一端，那多数人所生活和面对的一端。赫克（J. Hecker）也写道：陀思妥耶夫斯基是通过客西马尼园找到上帝的，他通过死刑、流放学会选择鉴赏悲痛的宗教，并且热爱它，但他也知道另一面：俄罗斯灵魂为生活富裕和幸福所进行的斗争对他也不生疏，他理解俄国大学生们的精神困惑、志向和渴望，所以让阿辽沙还俗。[2] 托尔斯泰只反映出这个时代的一面，而从陀思妥耶夫斯基身上，却可以看出这个时代的两面。托尔斯泰的学说也许更适合于少数个人，而陀思妥耶夫斯基的思想则面对全体。

当然，客观说来，托尔斯泰的思想也可以说构成了对话的一方，但只是一方，而在陀思妥耶夫斯基那里，却同时出现了对话的双方，或者说出现了多重对话的各方。仅仅站在对话的一方很容易走向实力的"对阵"而不再是思想的"对话"，这正是我们在陀思妥耶夫斯基死后俄国近百年的历史行程中所看到的。首先来临的是托尔斯泰的时代而不是陀思妥耶夫斯基的时代。陀思妥耶夫斯基也是一个"死后方生"的思想者，但还不是"死后即生"，而是在许多年之后"方生"，而且还可能将"生""死"许多次。只有在人们意识到实力的"对阵"并不解决问题后，人们也许才可以重新开始思想的"对话"；只有在白昼的辉煌重归黯淡时，陀思妥耶夫斯基的思想才会在黑暗的背景上闪亮。然后，那些命定的思想者可能要学习在漫长的等待中等待黎明。人类没有办法做到让白昼永驻，相反，他们在

---

[1] 《漫谈陀斯妥也夫斯基》，载《俄苏文学》1985 年第 5-6 期合刊。
[2] 《俄罗斯的宗教》，高骅译，杨德友校，香港道风山基督教丛林 1994 年出版，第 175 页。

对他们理想的阳光的直视中倒可能晃花双眼。只有到他们的眼睛重新熟悉周围的黑暗时，他们才能看清楚周围的一切，看清楚哪是"真实的光亮"和哪是"虚假的光亮"。时至今日他们才可能意识到，思想的"对话"比实力的"对阵"更可取，精神的黑暗必须用精神去驱散，而不能用武力去摧毁。

二、思想的人

许多评论家还注意到陀思妥耶夫斯基作品的这一特点：即与对自然景物、环境的描写比较起来，陀思妥耶夫斯基的作品几乎整个被人物充满，他很少像托尔斯泰与屠格涅夫那样关心自然景物与周围环境的描写，他只注意人，注意"人身上的人"，努力想认识人这一个谜。而在人当中，又尤其注意那使人之所以为人的精神和思想。

恩格尔哈特把陀思妥耶夫斯基的小说定义为不同于其他小说类型的"思想小说"。恩格尔哈特说："他写的不是表现某种主题思想的小说，不是18世纪崇高的那种哲理小说，而是描绘思想本身的小说。……在他的作品中这个对象就是'思想'。他培育出一种完全特殊的小说，并把它发展到异乎寻常的高度；这类小说不同于冒险小说、感伤小说、心理小说或历史小说，而可以称作思想小说。"[1] 恩格尔哈特认为，陀思妥耶夫斯基的主人公同思想处于特殊的关系之中；在思想面前，在思想的威力面前，他一筹莫展，他变成了"思想的人"，被思想搅得神志不清。思想到他身上，变成了一种威力，为所欲为地左右着、扭曲着这人的意识和他的生

---

[1] V. Seduro, *Dostoyevski in Russian Literary Criticism*, Columbia University Press, 1957, p. 210. 译文引自巴赫金著《陀思妥耶夫斯基诗学问题》，三联书店1988年版，第52页。另恩格尔哈特的文章英译为"Dostoyevski's ideological novel"，可直译为"陀思妥耶夫斯基的观念形态小说"。

活。思想在主人公的意识中，过着独立的生活，因此实际上生活着的不是他本人，而是思想。描绘的重心因而就是左右着主人公的那个思想，而不是一般类型小说中主人公的生平。由此陀思妥耶夫斯基的小说便可界定为"思想小说"，不过，这并不是通常所谓的思想性小说，即那种所谓写某一思想主题的小说，而是正通过情节中的人物在思考的"思想小说"。恩格尔哈特甚至认为后来所有的评论研究、几乎都难于企及那本身在思考的人物形象的高度。

但是恩格尔哈特没有从正面深入地阐述这种"思想小说"的辩证性质，深入揭示陀思妥耶夫斯基"思想小说"的独特性质这一工作是由巴赫金杰出地完成的，巴赫金也同样认为：阅读陀思妥耶夫斯基的大量著作会产生这样一种印象，即这里不是一个作家在创作和叙说，而是有好几位堪称思想家的作者在发出一连串哲理议论。但是，巴赫金不同意恩格尔哈特把思想与人分开，不同意他把陀思妥耶夫斯基作品的思想又纳入一个统一的，有着各个发展阶段和环节的体系。巴赫金认为：恩格尔哈特的主要错误，是他在开始给陀思妥耶夫斯基的"思想小说"下定义时犯下的。思想作为描绘对象，在陀思妥耶夫斯基作品中占着重要地位，但终究不是他小说的主人公。他的主人公还是人，他描绘的归根结底不是人身上的思想，而是如他亲自说的——"人身上的人"。思想对他说来，要么是考验"人身上的人"的试金石，要么是他表现自己的形式，最后，也是最主要的，思想也许是一种媒介，一种环境，借此揭示人的意识的深刻本质。恩格尔哈特对陀思妥耶夫斯基深刻的人格主义估计不足。因此巴赫金觉得，简单地说"思想小说"这一术语尚不很贴切，引人离开了陀思妥耶夫斯基真正的艺术目的。

巴赫金强调陀思妥耶夫斯基作品中思想与人物的不可分割性，人物对作家的独立性和多元性，以及思想与语言的对话本质。他认为，陀思妥耶夫斯基擅长的是既描绘他人的思想，而又保持其作为思想的全部价值；同时自己也与他人的思想保持一定的距离，不肯定他人的思想，更不把他人思想同已经表现出来的自己的思想观点融为一体。思想的形象同这一思想载体的人的形象，是分割不开的。情况并非如恩格尔哈特所论，不是思想本身，而是具有这一思想的人成为"陀思妥耶夫斯基作品里的主人公"。陀思妥耶夫斯基的主人公，是思想的人；这不是性格，不是气质，不是某一社会典型或心理典型。具有充分价值的思想，它的形象自然不可能同上述人们从外部完成、给以定论的形象相结合。陀思妥耶夫斯基所有的主要人物，都是冥思苦想的人，每个人都有种"伟大的却没有解决的思想"，他们全都首先"要弄明白思想"。他们真正的整个生活和自己的未完成性，恰恰就在于需要弄明白思想。如果把他们生存其中的思想给排除掉，那他们的形象就会完全被破坏。换句话说，主人公的形象同思想的形象紧密联系着，主人公的形象不可能离开思想的形象。我们是在思想中并通过思想看到主人公，又在主人公身上并通过主人公看到思想。因之，只有未完成的蕴含无尽的"人身上的人"，才能成为思想的人；这个人的形象才能同有充分价值的思想的形象，结合到一起。这是陀思妥耶夫斯基能"描绘思想"的第一个条件。思想一向被看作是用概念阐述的对象，而在陀思妥耶夫斯基这里却成为被描绘的对象，这确实可以看作是巴赫金的深刻洞见。

　　巴赫金指出：陀思妥耶夫斯基能塑造思想的形象、能描绘思想的第二个条件是：他深刻地理解人类思想的对话本质，思想观念的对话本质。陀思妥耶夫斯基发现了，看到了，也表现出来了思想生存的真正领域。思想不是生活在孤立的个人意识之中，它如果仅仅留在这里，就会退化以至死亡。思想只有同别的思想发生重要的对话关系之后，才能开始自己的生活，亦即才能形成、发展、寻找和更新自己的语言表现形式、衍生新的思想。同言论一样，思想也希望能被人听到，被人理解，得到其他声音从其他立场作出的回答。同言论一样，思想就其本质来说是对话性的；独白只是表达思想时一种带假定性的结构方式，这种结构方式是在现代意识形态的独白性这个土壤上形成的。陀思妥耶夫斯基从来不以独白的形式叙述现成的思想，也不在某一个人的意识里表现这些思想的心理形成过程。思想、意识、一切受到意识光照的人的生活，本质上都是对话性的——这一发现使他成了伟大的思想艺术家。

在巴赫金看来，陀思妥耶夫斯基写到主人公时，都是把他当作在场的、能听到他（作者）的话，并能作答的人。陀思妥耶夫斯基构思中的主人公是具有充分价值的言论的载体，而不是默不作声的哑巴，不只是作者语言讲述的对象。作者构思主人公，就是构思主人公的议论。所以，作者关于主人公的议论，也便是关于议论的议论。作者的议论是针对主人公的，亦即是针对主人公的议论的，因此，对主人公便采取一种对话的态度。作者是以整部小说来说话，他是和主人公谈话，而不是讲述主人公。自我意识作为塑造主人公形象的主导成分，要求创造这样一种艺术气氛，要能使得主人公的语言自我揭示，自我阐明。这种气氛中的任何一个成分，都不可能是无关痛痒的：这里的一切都应能触动主人公、刺激他、向他发问，甚至和他辩论，对他嘲笑；一切都要面向主人公本人，对他讲话；一切都得让人感到是讲在场的人，而不是讲缺席的人；一切都应是"第二人称"在说话，而不是"第三人称"在说话。而作者的构思，要求把小说结构的一切因素全盘对白化。因此，巴赫金把陀思妥耶夫斯基的小说称之为一种"复调小说"。

总之，巴赫金认为，陀思妥耶夫斯基在其"复调小说"里，对主人公所取的新的艺术立场，是认真实现了的和彻底贯彻了的一种对话立场；这一立场确认主人公的独立性、内在的自由、未完成性和未论定性。对作者来说，主人公不是"他"，也不是"我"，而是不折不扣的"你"，也就是他人另一个货真价实的"我"("自在之你")。主人公是对话的对象,而这种对话是极其严肃的、真正的对话。这种对话并非发生在过去,而是在当前,也即在创作过程的现在时里,它远非是完成了的对话的速记稿,与其说作者已经从中超脱出来,不是说现在他高居对话之上占据着至高无上的和决定一切的立场,倒不如说他也是对话的一个平等参与者。[1]

巴赫金并指出陀思妥耶夫斯基的"复调小说"与"现时代"的关系说:"陀思妥耶夫斯基作为艺术家,他创立自己的思想,与哲学家或科学家的方法不同。他创立的是思想的生动形象,而这些思想是他在现实生活当中发现的、听到的,有时是猜测到的;也就是说这是已经存在或正进入生活的富于力量的思想。陀思妥耶夫斯基具有一种天赋的才能,可以听到自己时代的对话,或者说得确切些,是听到作为一种伟大对话的自己的时代,并在这个时代里不仅把握住个别的声音,而首先要把握住不同声音之间的对话关系、它们之间通过对话的相互作用。他听到了居于统治地位的、得到公认而又强大的时代声音,亦即一些居于统治地位的主导思想(官方的和非官方的);听到了尚还微弱的声音,尚未完全显露的思想;也听到了潜藏的、除他之外谁也未听见的思想;还听到了刚刚萌芽的思想,看到未来世界观的胚胎。"[2] 而这也就是为什么陀思妥耶夫斯基作品中进行的这场俄国的也是世界的对话,其中包括业已存在和刚刚诞生的种种声音和思想,未完成的和充满新潜力的声音和思想,时至今日还吸引着陀思妥耶夫斯基的读者,使他们的理智和声音参与到这场崇高的悲剧性的游戏中来的原因。

巴赫金的评论抓住了陀思妥耶夫斯基的小说有别于其他小说家、艺

---

[1] 巴赫金:《陀思妥耶夫斯基诗学问题》,三联书店 1988 年版,尤其是前三章。
[2] 同上,第 135 页。

术家的一个基本特点。一般来说，一部艺术作品总表达着某种观念或者思想，但这种思想观念往往融化于人物与事件之中，而我们在陀思妥耶夫斯基的作品中却直接看到了思想——看到了赤身裸体的思想，看到了各种不仅具有深刻思想性、而且直接谈论和表述思想的对话和议论反复出现。读者不断受到这些思想的刺激，结果他们对这些思想的关心往往要胜过对人物及其命运的关心，这也许是因为陀思妥耶夫斯基关注的不仅是个别人，也不止是某一类型的人的命运，而是整个人类在现代的命运。而且，在陀思妥耶夫斯基的作品中，这些思想议论又不是要作为一种定论、结论、理论灌输给读者的，各种不同思想观念不是要按作者的统一观点来组织为一个具有最终结论的体系。在陀思妥耶夫斯基那里，作者的主要热望似乎并不是要以形象"感动"人，也不是要以某种思想"说服"人，而是要把他思想上的深刻困惑告诉读者，这并不是说作者就没有一定的倾向性，但选择的权利还是留给了读者自己。

因此，陀思妥耶夫斯基的小说确实迥然有别于一般的艺术小说，也有别于明确负载一种思想观点的"思想主题小说"，以陀思妥耶夫斯基的同时代人为例，前一种艺术小说可以屠格涅夫为代表（托尔斯泰的大部分小说也属此类），后一种"思想主题小说"可以举车尔尼雪夫斯基的《怎么办》为代表。前一种艺术小说确实可以说构成了小说（或至少传统小说）的主要类型，它们虽然潜含有某种思想观念，但这些思想观念并非强制的、直露的、甚至它们愈隐蔽对艺术作品愈为有利，作者也是尽量隐于作品的人物之后，对各种人物保持着某种距离和客观性（就像陀思妥耶夫斯基对各种思想保持了某种距离与客观性）；而后一种"思想主题小说"是相当直露的、单数的、甚至咄咄逼人的，它的流行往往与一个时代的思想氛围有关。我们也许可以说，在文学中，前一种艺术作品的作者占大多数，后一种作者是很少数，而像陀思妥耶夫斯基这样的作者就更少而又少了。陀思妥耶夫斯基在作家中就不仅是独特的，在他的时代就几乎还是唯一的。陀思妥耶夫斯基是艺术家中极为罕见的一个思想家，并且我们在下面还将试图说明：他还是思想的艺术家中一个最伟大的提问者。

三、思想者的孕育和诞生

陀思妥耶夫斯基的写作可明显地分为由在西伯利亚服苦役及兵役这一阶段隔开的两个时期，第一个时期（1845—1859）跨度约十五年，但只有前四年多构成陀思妥耶夫斯基创作的第一个高峰，随后的四年监狱苦役期间他完全无法写作，之后充当列兵及升为准尉的恢复写作期也是缓慢的。在这第一个时期，陀思妥耶夫斯基写作和发表的作品主要是中短篇小说，如《穷人》《孪生兄弟》《女房东》《白夜》《涅朵奇卡》《舅舅的梦》《庄院风波》。第二个时期或者说"后西伯利亚时期"是陀思妥耶夫斯基创作最辉煌的时期，是一个使陀思妥耶夫斯基的作品具有世界经典意义的时期，也是一个使他不止是一个单纯的艺术家，而且成为一个思想艺术家的时期。这后一时期的主要作品是长篇小说，包括《被欺凌与被侮辱的》《罪与罚》《白痴》《群魔》《少年》《卡拉马佐夫兄弟》，在这期间，他创作的中短篇小说很少，但陀思妥耶夫斯基也尝试了用印象手记、《作家日记》（包括文论、政论、杂谈等）等各种形式写作。正是在这一时期的作品中，我们对其中人物所直接和间接表述的思想的关心逐渐超过了对这些人物的命运的关心，"思想的人"真正鲜明地出现了，不再像在早期作品中那样只是一些隐隐约约的雏形。

我们下面要描述这种"思想的人"在陀思妥耶夫斯基作品中的孕育和诞生。陀思妥耶夫斯基的处女作《穷人》开首所引作家奥陀耶夫斯基公爵的一段反讽的话实际已经预示了陀思妥耶夫斯基后来全部作品的两个重要特征：第一是不肯写"令人赏心悦目"的东西，"却爱把地底下一切埋藏着的东西翻将出来"；第二是引发和刺激读者思考："读了这些东西，就不由自主地要思考。"最简单的办法当然是"禁止他们写作，干脆完全地禁止他们写作"，但即便人们暂时不被允许思考或缺乏材料思考，这些问题依然存在。于是人们终究要思考，或者就在行动中爆发。

《穷人》中的主人公杰武什金已经在开始思考了，思考的一个契机是因为怜悯而产生的爱，也包括被怜爱。杰武什金是一个抄写文件的小官员，薪水微薄，受人欺侮，担任公职三十年来一直孤独地自己生活，后来住在一个从厨房里隔出的小间里，老是为自己的靴子、外套犯愁。但他即使这样生活，也可能一直不会去思考自己的处境，如果他不是突然强烈地爱上了一个同样贫困交加、比他年轻得多的弱女子瓦尔瓦拉，正是对她的怜爱引发了他的思考，他开始萌生起一种自我意识，知道自己并不低人一等；认识到"就算我外表上没有出众的地方，没有风度，没有气派，然而我毕竟是一个人，拿我的心灵和思想来说，我是一个人"。[1] 他开始以一个人的身份思考社会公正的问题，过去司空见惯的事情突然一下子变得触目惊心，他说他整夜想到这些问题，睡不好觉。

除了怜爱的动力，思考的另一个契机则是文学，杰武什金在接触到一些文学作品之后说"文学是好东西，是非常好的东西"，但他的文学鉴赏力开始并不是很高，直到普希金的《驿站长》与果戈理的《外套》等一流作品给了他第一次深深的震动。他发现书中详尽地展示了自己的生活，有些事过去没想过，现在看了这样的书，一切都慢慢地记起来，对上号，看清了。然而，这同时又使他感到愤怒、悲哀和痛苦。他读了《外套》之

---

[1] 陀思妥耶夫斯基：《穷人》，《中短篇小说》一，上海译文出版社1983年版，第100页。本书所用陀思妥耶夫斯基作品中的人物译名和引文，一般都采用书尾"参考书目"中所列版本。

后感到自己受到了侮辱，感到自己外在的自尊心受到了伤害，感到自己穷困的生活被暴露无遗，而这正是他竭力想向他人也向自己隐瞒的。

然而，他的思考表现得多么谨小慎微，多么胆小如鼠啊！他甚至就把自己比喻为一只老鼠。他刚一有世道不公的想法，就马上又觉得这是非分之想，是"不应有的念头"，是"自由放肆的思想"。那时候的穷人还很胆小，很安静，他承认自己就很胆小，而邻居戈尔什科夫"比我更胆小"，更安静，住在他们旁边，却简直听不见他们一家五口有什么声响。这是一种默默的绝望。杰武什金的思想基本上还是停留在社会的层面，停留在就事论事的层面，他有时也会琢磨："一个人有时是奇怪的，是很奇怪的。"[1] 说他猜不透"上帝的意旨"，[2] 但总的说，这些思想还没有上升到哲学的层面，这不仅是因为缺少思想的才能，也是因为缺乏思想的勇气。一个大范围地刺激人们思考的时代也还没有来临。

《孪生兄弟》中的另一个小官员戈利亚德金虽然想闯进自己未被邀请的宴会，但他也承认："我可是胆小得像只母鸡。胆小是我们的本分。"[3] 在他闯入被逐出之后，他觉得自己彻底失败了，"戈利亚德金先生被杀害了——在道德上被杀害了。"于是在幻想中出现了另一个戈利亚德金，一个厚颜无耻、胆大妄为的戈利亚德金，一个卑劣的、到处拍人马屁、最后也侮辱大戈利亚德金的小戈利亚德金，最后戈利亚德金终于被医生送入了疯人院。

如果说前两个人物被逼入边缘处境后会有种种思考和幻觉，却并未显示出思想者的特具才能，那么，《女房东》中的奥尔狄诺夫则可以说是陀思妥耶夫斯基早期小说中最具思想者气质和能力的主人公，他拿到学位

---

[1] 陀思妥耶夫斯基：《穷人》，《中短篇小说》一，第9页。
[2] 同上书，第128页。
[3] 陀思妥耶夫斯基：《孪生兄弟》，《中短篇小说》一，上海译文出版社1983年版，第172页。

后领到一笔不大的遗产,可以供他节衣缩食维持两三年,于是他随便找了个地方住下,过着与世隔绝的生活。在两年之后,他简直成了个孤僻的怪物,完全脱离了人世间那种喧嚣、扰攘、激动人心和富于变化的生活,专心致志于自己的治学,而这种治学又完全没有任何功利的目的,不构成任何文化资本,这在他只是一种癖好。他闭门从事的研究没有什么条理和一定的体系,而只有类乎艺术家那样的欣喜、狂热、冲动。他自己为自己建立体系;这套体系在他头脑里酝酿多年,尽管还没有充分把握,但他能感觉到此思想形式的特异性,不过离成功为期尚远,甚至也许根本不可能。

  然而有一天,他突然因为要迁居而开始注意街上的一切,并愈来愈觉得有兴趣,于是破天荒头一次痛感把自己活活埋在斗室之中多么不值。他爱上了一位奇怪的女子卡捷琳娜,但这一爱情却遭到了失败:这一女子最终仍然选择了在精神上魔力般制约着她的专制老头穆林。在经历了这一变故之后他变得多思、烦躁、神经过敏,不知不觉陷入万念俱灰的恶性忧郁状态。他接连几个星期也不翻开他原先酷爱的书本。未来向他关了门,钱即将告罄,而他甚至不考虑前途。思想并不转为行动,创造的过程停滞不前。他本来也许会产生一套别出心裁的独特见解,本来也许会成为学术上的艺术家,出诸他笔端的好多见解充满热情,富有说服力。然而,一种类乎神秘主义、宿命观念和不可知论的思想现在却开始潜入他的心灵。这个不幸的人感觉到自己的痛楚,便祈求上帝医治。

  这里已经出现了一个思想者的雏形,然而,我们对他的思想的内容尚不得而知,他没有明确表露过自己的思想,我们只是感到,如果他能顺利度过他这一次走向人间的感情与生命的重挫而仍活下来,他也许会成为一个例如沙托夫、佐西马长老那样的思想者。我们目前还只是对他的思想方法感到兴趣;这是一种待在某种边缘、孤单的与世界为敌的处境中,通过形象来挤压、来呼之欲出而使思想诞生的方法:

他忽然意识到自己目前的处境，忽然认识到自己孑然一身，与全世界毫无瓜葛，孤单单寄寓于别人家中，置身于神秘莫测、居心可疑的人们之间，仿佛有无数仇敌聚在他黑暗的房间角落里交头接耳……他梦见自己所有的心思和理想，从儿时模糊的幻象起，包括他通过生活获得的、从书本上读到的、甚至早已忘怀的一切，无不活动起来，循序列次，现形具体，在他面前显示大得吓人的形相，在他周围走来走去，集结成群；他梦见一处处瑰丽如仙境的花园在他面前展现，眼看着一座座城市兴起又倾塌，一片片坟场把那里的死人纷纷送到他这里来重新开始生活，一个个部落和民族诞生又消亡；此刻，在病榻周围，他梦见自己的每一个念头、每一种虚无缥缈的幻想几乎刚一产生就具体成形；末了，他梦见自己的思维不是通过虚无缥缈的想法，而是通过触摸得到的世间万物来实现；他梦见自己像一粒尘埃飘游在这个无边无际、难以走遍的奇幻世界，而整个这种动荡无着的生活对他来说已成为压力、负担和永无休止的讽刺；他感到自己在死亡、解体、化灰，万劫不复；他想逃，可是宇宙之大没有一个角落能容他藏身。[1]

　　值得注意的是，这也许正反映出陀思妥耶夫斯基的思想方法和创作方法。《白夜》中的"我"也是一个类似于奥尔狄诺夫的幻想家，虽然他满怀激情和善意，他的爱情也同样是一种失败。他们同样孤独，不会巧妙得体地说话，沉溺于冥思苦想，与周围人格格不入，却全力以赴地奔向一

---

[1] 陀思妥耶夫斯基：《女房东》，《中短篇小说》一，上海译文出版社1983年版，第375—376页。在此可以比较陀思妥耶夫斯基的另一段话："为了写一部长篇小说，首先要储存真正由作者的心灵体验过的一个或几个强烈的印象。这便是诗人的事。主题，大纲，完美的统一便由这个印象发展而来。以后便是艺术家的事了，虽然艺术家和诗人在这两个方面都是互相帮助的。"载《陀思妥耶夫斯基论艺术》，桂林：漓江出版社1988年版，第381页。

个对象。这后一种幻想性的思考者不同于杰武什金与戈利亚德金的地方在于：杰武什金与戈利亚德金是尊严受到伤害的小人物，思想仍囿于实际的、经常是物质的、名分的遭遇，而这种幻想家的类型则在某种程度上超越了具体的个人境遇，更具有浪漫色彩，具有更高、更抽象的追求，而又常常不知道自己究竟要追求什么。

不过，这些陀思妥耶夫斯基前期小说中的主人公还不是典型的陀思妥耶夫斯基笔下的思想者形象，他们的思想还不具有深刻的时代和永恒的内容，他们的思想还是片断的，或者是内容不清楚的，他们还不是哲学家，他们的思想也都还是在独自行进，而没有与其他作为人物的思想展开对话和交锋。在此，思想还是单数而不是复数，甚至经常是片断的、零碎的。但是，我们还是可以指出他们身上一些和后来思想者形象类似的特征：例如弱于行动，不易合群，似乎总是在他人的视线之下局促不安，紧张而富于变化，不断转折，提出一种想法之后又加以反诘，不敢自信，自相冲突，这种冲突有时甚至达到了濒临人格分裂的疯狂地步，等等。亦即，在他们身上，已经开始显示出一种思想的暧昧性和问题性。

总之，陀思妥耶夫斯基作品中的主要人物作为思想者出现，陀思妥耶夫斯基作品形成为一种独特的"思想小说"类型，并不是一开始就定型的，而是本身也经历了一个孕育和生长的过程。陀思妥耶夫斯基的早期作品基本上还是属于传统的、注重人物性格、故事情节的小说类型，深受果戈理风格的影响，并承继了他对小人物的怜悯和同情。陀思妥耶夫斯基早期作品的基调只是怜悯，默默的、孤独的怜悯，后期作品才加上了渴望，与时代、永恒对话的渴望。早期小说中的人物感觉丰富、感情细腻、意识流动、心理变化多端，但并没有表现出很高的思想力，甚至并没有表现出很高的才智，他们大都是相当普通、地位低下而又对自尊极其敏感，心肠善良而又有时表现怪诞的小人物。他们有时也表达了一些思想，如《穷人》中的男主人公杰武什金也表述过自己一些关于社会正义、公民德性的思考，但这些思想总的说来是散漫的、不连贯的、转瞬即逝的，主人公主要是在倾诉自己的感情，叙说自己的经历和感受，这里表现的主要是一种倾诉的风格，是向对方倾诉，而不是与对方争论和对话，也不是把思想的过程或思考的结果告诉对方，不是发表哲理的议论，而主要是谈自己的情绪和感受。确实，一个他人、一个对方总是存在的，这或者是一个可倾诉自己感情的对象，或者是一种异己的、嘲弄的眼光。陀思妥耶夫斯基笔下的主人公似乎总在他人的眼光下感到不自在，总是要不断为自己辩解，不断说明、交代、暴露自己而又试图掩盖。这些心理活动已经具有一些后来思想者的特点，但尚未上升到思考根本的哲学和宗教问题的层次。

陀思妥耶夫斯基1861年发表的长篇小说《被欺凌与被侮辱的》标志着一种作者对自身的超越，标志着西伯利亚苦役之后的恢复期已经结束，他开始迈向新的更高台阶。他的处女作《穷人》出手不凡，使他一开始就可以跻身于当时（四十年代）俄国最好的作家之列；而这本书以及大致与之同时发表的《死屋手记》，则已开始使他进入世界最好的作家之列，《地下室手记》更稳固地奠定了他的这一新的在世界文学中的地位。也正是大致在这一时期，他和屠格涅夫、托尔斯泰等大师一起使俄国文学具有了一种世界性，使俄国文学的高峰同时也成为世界文学的高峰。《被欺凌与被侮辱的》是他第一个长篇，其中也第一次出现了由"单线"到"双轨"的情节，它还显示出作者比起中短篇来更能够驾驭长篇，其中的人物也直接表述了一些思想，例如瓦尔科夫斯基公爵所表露的一种对美和高尚的憎恨，对天真、田园牧歌和席勒的厌恶，对道德的基础在于利己主义、道德与使人舒适的礼仪没有什么区别的思想。但这些思想明显是反面的、是作者所不赞成的思想。对立一方的思想尚未直接出现，两种思想没有形成交锋。陀思妥耶夫斯基在此主要还是一个故事的讲述者，我们还是比关注思想更关心其中的人物，例如涅莉的命运。在《死屋手记》中，包含着大量作者在苦役生活中凝结成的深刻思想，由于它们是直接来自最底层而弥足珍贵。《死屋手记》的记述者"我"已经不仅仅是一个故事的讲述者，而且是一个思想者，但仍主要是一个独白者，是一个叙说自己通过痛苦所认定或肯定的思想的人，尚非一个对话者，尚非一个叙说自己所感到的思想矛盾和困惑的人。

真正构成陀思妥耶夫斯基笔下的主要典型的思想者的诞生是在《地下室手记》中，只是在地下室人身上，后来思想者的一些主要特点才淋漓尽致地表现出来：例如思想的转折性，不断跳跃，不断地意识到他人在场（哪怕在这里他人是采取"潜在的在场"的方式）；不断把问题推到极端，言辞激烈、充满挑衅性而有时又迅速、全盘地撤退……而其中心的意旨是强调人的极其阴深的复杂性，人的有限性和非理性，强调人的个性，向欧几米德的理性挑战，向廉价的、蚁穴的幸福挑战。这是一种"地下室的思想"，是一种"晚上的思想"。其中第一章"地下室"数十页完全是表达地下室人那相当混乱、阴郁，但仍有一条主线和一种隐秘的期望的思想。第二章"雨夹雪"则在回顾自己过去与人的交往，一次聚会对一个妓女的始救终弃、始善终恶的故事中继续阐述"我"的感觉与思想。

但是，将地下室人的思想与陀思妥耶夫斯基本人的思想完全等同是不合适的，而且，这个思想者虽然已经强烈地显示出陀思妥耶夫斯基主要的思想者类型的形式特征，也还没有说出这一类型所欲说出的思想的全部甚至主要部分。地下室人的思想主要还是攻击性的、否定性和破坏性的，它攻击工具理性、攻击功利主义，对人在理性方面的有限性的强调要超过对人的道德的有限性的强调，但正面的东西还没有在绝望的背景中显示出来。上帝的问题也还没有直接出现。由它可以引向有神论，也可以引向无神论。这是夜的最深处，还看不见一点光亮，要看到光亮，还须再抬一点头。然而，无论如何，一种新型的思想者确实可以说就此诞生了，这个"思想人"就诞生于"地下室"！以后我们在卡夫卡、加谬、萨特等一些20世纪的作家的作品中将不会对这种思考者类型（如局外人、恶心者、空心人、K等）感到陌生，但在19世纪中叶，这种思想者的类型却是极其新颖的。考夫曼在其所编的《存在主义》一书中将这部作品列为首篇确实显示出他的洞见。

四、思想者的主要类型

我们在这一节中要查看陀思妥耶夫斯基作品中思想者的类型，想通过不断的排除，来接近他笔下最主要的思想者类型。

首先，在主要的思想者中似乎不包括女性。在《温顺的女性》中，主人公有一句话，"女人没有独特的见解——这是一条原理，……在这一点上，就是穆勒本人也没有什么办法！"[1] 这一意见究竟在多大程度上属于作家本人的见解尚是个问题，但在陀思妥耶夫斯基的作品中，女性确实很少是思想的表述者，《卡拉马佐夫兄弟》中的丽莎也许是一个例外，但她同时也是一少年，或许更宜归于后面将要分析的"少年思想者"。而且，确实如托尔斯泰、高尔基所评论的，丽莎所表述的思想从其年龄上说稍有些牵强，不很合情理。至少，成熟的女性没有参与谈论思想。陀思妥耶夫斯基似乎也不想让女性承担思想的重负，或者说，那种作为问题、作为重负的思想与她们的本性不合。她们在陀思妥耶夫斯基的作品中一般是象征美、象征激情、象征对功利的拒斥，是深切的怜悯者或者被怜悯者，或者同时是两者（如索尼亚）。她们也许离陀思妥耶夫斯基心目中的上帝更近，

---

[1] 陀思妥耶夫斯基：《温顺的女性》，《中短篇小说选》下，人民文学出版社1982年版，第614页。穆勒1869年发表了为女性权利辩护的论著《论妇女从属的地位》，陀思妥耶夫斯基已看到过。

但她们不负担思想。

然后，我们可以把在陀思妥耶夫斯基笔下表述过思想的人物分为三类：第一类是明显令人憎厌的人物，例如《被欺凌与被侮辱的》的瓦尔科夫斯基公爵；《罪与罚》中极其庸俗和虚伪的卢辛；《群魔》中一个"革命小组"的头儿彼得·韦尔霍文斯基；《卡拉马佐夫兄弟》中的老卡拉马佐夫，不择手段向上爬的拉基金等。[1] 然而，这些人物的思想的特征与其说是承担思想，不如说是拒绝思想；与其说是表现出思想的丰富和活跃，不如说是表现出思想的贫乏和死亡。他们或者是拾人牙慧，引用流行思潮来为自己的利己行为辩护（如卢辛），或者是干脆拒绝对自己行为的任何反省，表现出一种极端的无耻（如瓦尔科夫斯基公爵），或者轻视思想理论，主要是作为一个活动家出现（如彼得·韦尔霍文斯基）。在这个意义上，他们是可悲的盲目的，由于他们本身全然不透出反省的意向，他们也就不能吸引亮光而完全处在黑暗之中。有时他们也有瞬间的怀疑的闪亮，例如老卡拉马佐夫，但很快就被熄灭了。他们的思想往往可以用非常简单的形式概括，即一种露骨的或时髦的极端利己主义、享乐主义或者机会主义，这些思想明显是作者所反对的思想，表达这些思想的人只是形式上被包括在"思想性人物"之中，只是说出了一种见解，但他们并不是为了思想本身而思考，更不必说是为了追求真理而思考，他们所发表的见解有直接的为自己的行为和利益辩护的含义，因此，当后面谈到陀思妥耶夫斯基笔下的思想者的一般特点时，他们是有理由被排除在外的。

---

[1] 另一些未表述思想的反面人物如流氓拉姆别尔特、苦役犯费季卡等不计在内，而一般被视为反面人物的《罪与罚》中的司维特里喀罗夫、《卡拉马佐夫兄弟》中的斯麦尔佳科夫究竟属于何种性质使人极费踌躇，他们均犯了杀人之大罪，且表现出一种卑鄙无耻，但他们又自杀了，他们究竟为什么自杀？他们难道只是畏惧惩罚而自杀？他们肯定有自己的某些想法，然而，这些思想深深地隐藏在黑暗中使我们不得而知！

另一类与之相对的思想性人物则可说是正面的、美好的人物，例如梅诗金公爵、阿辽沙、佐西马长老。他们所表述的思想看来是作者所赞成的思想。梅诗金的许多思想是用故事的形式表述的，阿辽沙的话语不多，佐西马长老的临终遗言中包含着一些深刻的、我们目前可能尚不易把握的思想内容，这些内容虽然也反映出一种心灵斗争的历程，但它们还是作为定论出现的。现在的问题是：这些人物是否构成陀思妥耶夫斯基笔下的主要思想者类型，他们所表述的思想是否战胜或凌驾了其他思想而占据了一种支配地位？不能说陀思妥耶夫斯基没有此愿，他说他在《白痴》中是想描绘一个"绝对美好的人物"，然而，正如他所承认的，"世界上再也没有比这件事更难的了，特别是现在。"[1] 许多评论者指出在梅诗金公爵身上分有耶稣基督的某些特征：如完全真诚而又十分软弱，充满怜悯，等等。然而，在现代社会中这是怎样引起嘲笑的一个人物形象啊！但是，也许在现时代，他就是这样的，只能是这样的。无论如何，在小说结尾时，他的思想不仅没有发生任何效力，他自己也重归"白痴"状态这一点极其意味深长，但这里有些东西还是我们目前所不能把握、不易明白的。总之，就事实而言，这一思想并没有占据支配地位，它本身还极其柔弱。同样，陀思妥耶夫斯基写作《卡拉马佐夫兄弟》时也曾想以阿辽沙为主人公，他在给当时重臣波别尔诺斯采夫的信中说自己写作"赞成与反对"一卷的主旨，是要通过后一卷"俄罗斯教士"佐西马长老的话来反驳这一卷中伊凡否认上帝的创造的渎神思想，[2] 但这一反驳是否成功，甚至是否足够有力呢？许多评论者都给出了否定的回答。别尔嘉耶夫说：那代表陀思妥耶夫斯基的积极理论的佐西马与阿辽沙并不是他笔下最佳的人物，伊凡的形象要强

---

[1] 陀思妥耶夫斯基：《书信选》，人民文学出版社1993年版，第191页。

[2] 同上，第383页。

得太多，说服力要高得太多。[1] 毛姆也明确地说反驳没有成功。"赞成与反对"那一卷是写得那样强劲有力，而驳斥的一卷却显得枯燥无味，甚至有些答非所问，对伊凡提出的指控尚未回应。[2] 陀思妥耶夫斯基曾说拉思科里涅珂夫的新生可以做另一篇新小说的素材，又打算接着写《卡拉马佐夫兄弟》的续篇，写阿辽沙走向人间，乃至成为一个革命者，最后又重新回到修道院的经历。[3] 但这些计划并没有实现。这一类人物及其思想相对来说还显得单薄。即使陀思妥耶夫斯基再活二十年，恐怕他也还是难以完成这一计划。一个人不可能预先完成时代所提出来的任务，甚至这永远不是时代所能提出的任务。

最后一类思想性人物就是那些处在复杂的矛盾和冲突中的人物，我们也许可以把他们称之为"问题人物"。他们在思想性人物中所占数量最多，而且，他们不仅在作者的意愿上，也在事实上构成陀思妥耶夫斯基后期长篇的主角，有时甚至是违反作者的意愿而成为主角，例如拉思科里涅珂夫是《罪与罚》的主角，多尔戈鲁基是《少年》的主角，斯塔夫罗金等新一代虚无主义者渐渐取代斯捷潘等自由主义的老一代成为《群魔》的主角，伊凡渐渐超过阿辽沙而成为《卡拉马佐夫兄弟》的实际主角。那新的一代在《白痴》中也咄咄逼人。他们所表述的思想既有陀思妥耶夫斯基所赞成的，又有他反对的思想。在这些人物中，最重要的两个角色是拉思科里涅珂夫与伊凡。我们可以援引别尔嘉耶夫的一个比喻，把前一种正面人物称作"荷光者"，"荷光者"如梅诗金，阿辽沙，趋向其他的人们；而把后一种被别人趋向的"问题人物"称作"聚光者"，"聚光者"是别人想去探测的人物，他们象一个谜，他们身上有浓重的阴影，

---

[1]《杜斯妥也夫斯基》，第 185 页。
[2] 转引自《英国作家论文学》，三联书店 1985 年版，第 429 页。
[3]《陀思妥耶夫斯基夫人回忆录》，北京出版社 1988 年版，第 589 页。

但又有一束强光在他们身上打过,他们不像那些完全处在黑暗中的人们。剧情趋向于他们,他们占据了舞台的中心,并继续吸引着光芒投向他们,如果说这两种人真正构成了陀思妥耶夫斯基笔下的思想者类型,那么,这后一种思想者则更为突出,我们完全可以说他们构成了陀思妥耶夫斯基笔下思想者形象的主要类型。

五、思想者的特点

我们也许可以再仔细看一看出现在陀思妥耶夫斯基作品中的、如此独特的一个思想者的家族,尤其是作为提问者的主要思想者类型,这些思想者有些什么样的基本特点呢?

如前所述,在陀思妥耶夫斯基"前西伯利亚时期"的作品中,已经有了一些思想反省型的人物的雏形,但这些人物尚不足以使陀思妥耶夫斯基的小说明确地区别于其他小说而构成另一种独特的类型,也尚不足以使陀思妥耶夫斯基的作品具有世界经典的意义。[1] 富于意义的变化是发生在1864年。陀思妥耶夫斯基几乎是在妻子濒死的病床前写出了《地下室手记》,然后又失去了与之手足之情深厚并有共同事业的长兄米哈伊尔和朋友格里戈里耶夫。这是陀思妥耶夫斯基生活中最不幸的一年。但也正是这一年形成了陀思妥耶夫斯基作品前后期的一个根本转折点。托马斯·曼说《地

---

[1] 英国一位评论者琼斯(M. Jones)指出:到19世纪60年代中期,在陀思妥耶夫斯基的著作生涯中发生了一个基本的变化,粗略地说,他开始了写世界经典。如果他1863年死去,甚至今天西方读者会听他都是可怀疑的。也仅仅某个奇特的短篇,比方说《白夜》,可能会被19世纪俄国小说史提及。而《死屋手记》可能在俄国监狱文学中占据一个突出地位。《被欺凌与被侮辱的》命运也不确定。人们广泛承认,主要的变化是从这时候起,陀思妥耶夫斯基的小说开始围绕着下列具有使世界分崩离析含义的思想观念建立:世俗与神圣的合法力量的被强夺;剥夺生命以达到某种善;一个不再有圣洁和罪恶的世界的来临;社会解体与无政府状态;弑父与上帝观念的死亡等等。见 M. Jones and G. Terry ed., *New Essays on Dostoyevsky*, Cambridge University Press 1983,p.5。

下室手记》"是陀思妥耶夫斯基创作的转折点，是他自身的一个突破"。[1]

在《地下室手记》之后的长篇小说——《罪与罚》《白痴》《群魔》《卡拉马佐夫兄弟》中，主人公，甚至还包括一些次要人物就都是属于思想者类型的人物了。[2] 这些思想者的一个最明显的特点看来首先是他们的非功利性，他们不计算利害，不考虑得失，愿为自己的思想付出代价，愿为之受苦，乃至牺牲自己的生命。诚然，《罪与罚》的主人公拉思科里涅珂夫杀死女高利贷者的一个直接动因是金钱的压力，是想发财而且马上发财，而《少年》的主人公多尔戈鲁基的思想也是一种发财的思想，而且是要发大财，即要成为一个象罗特希尔德那样的巨富。但那是怎样的一种发财的思想啊！拉思科里涅珂夫在拿到杀人劫来的钱财后几乎立即就丢弃了，而且把自己的钱送给玛尔美拉陀夫一家；多尔戈鲁基在陈述了他的发财思想之后，在他后来的全部行动中不再见对如何实现他的发财梦有任何的实际举措。而在他的陈述中，他也声明他的要成为罗特希尔德决非是为了物质享受，说如果那样的话，"思想"的全部魅力，它的全部精神力量都将会消失。[3] 伊凡·卡拉马佐夫也是"不需要百万家私而需要解决思想问题的那种人"。他们实际上是把那思想本身看得远比它们要给自己带来的效果、好处更为重要得多。拉思科里涅珂夫后来承认他实际上只是想"试一试"他的理论，他可能仍然是一个自我主义者，但却不是一个功利主义的自我主义者，他仍是为了自己，但不是为了自己的物质利益，而是为了自

---

[1] 安德烈·纪德等：《陀思妥耶夫斯基的上帝》，社会科学文献出版社，第 99 页。舍斯托夫等也极推崇《地下室手记》，纪德甚至认为这本书是陀思妥耶夫斯基文学生涯的顶峰，把它当作陀思妥耶夫斯基作品的拱顶之石，并说他不是唯一这样认为的人。但这种说法可能估计过高。

[2] 这里似乎还可以再区分出两种思想者：一种是与性格、情节紧密结合在一起的思想者，他们常常是作品的主人公，如拉思科里涅珂夫、伊凡·卡拉马佐夫；还一种似乎只是某些思想的表述者、评论者，例如《白痴》中的叶甫盖尼·巴甫洛维奇。

[3] 陀思妥耶夫斯基：《少年》，上海译文出版社 1985 年版，第 112 页。

己的思想,想弄清楚、想验证自己的思想,他说:

……我干那件事时,索尼亚,我想的并不是钱。我与其说是想钱,还不如说是想别的东西……现在我全晓得了……了解我吧!或许我决不会再犯谋杀罪了。我想弄清楚别的事情,正是别的事情在引诱我。那时我想迅速地弄清楚,究竟我像别人一样是虱子呢,还是人。究竟我能不能越过障碍,究竟我敢不敢弯腰拾起来,究竟我是不是个发抖的畜生,究竟我有没有权利……

……听着:我那时往那个老太婆家去,我只是去试一试……你可以相信这句话![1]

陀思妥耶夫斯基长篇小说中的主人公,那些第一等的思想者几乎全是如此,全是为了思想本身而并非是为了思想所带来的利益而思考,这里且不谈那些正面的人物如梅诗金、阿辽沙、佐西马长老,那些矛盾的、乃至否定的形象如《群魔》中的斯塔夫罗金也是一样,甚至他们与其说是要为自己牟利,不如说是戕害自己。欧洲的评论者更容易注意到陀思妥耶夫斯基笔下的这类人物与欧洲作家笔下的人物的根本区别,茨威格曾经写道:"你们打开欧洲每年生产的五万种书,看看那些书都讲了些什么?都是讲的幸福生活。一个女人想要个丈夫,或者一个男人想拥有财富、权势,并且受人尊敬。……他们都在想要什么呢?想的是幸福平安,心满意足,广有财富,有权有势。陀思妥耶夫斯基的人物中有谁想要这一切呢?绝无一人。他的人物无论在什么地方都不想停步不前,甚至在幸福的时候也不愿停下来。他们要继续往前走。他们都有那么一颗自找苦吃的

---

[1] 陀思妥耶夫斯基:《罪与罚》,浙江人民出版社1985年版,第493—494页。

'比较高尚的心'。"[1] 陀思妥耶夫斯基的主人公不同于许多欧美作家笔下的主人公，他们的基本品质是不追求小市民的幸福。我们也许可以进一步指出，这些思想者不仅不是世俗的成功者，甚至差不多都是失败者。[2] 他们是罪人、囚犯、自杀者、发疯者、病人、白痴……甚至连几被视作圣人的佐西马长老的尸体也没有出现奇迹，乃至比常人更快地腐烂发臭。

巴赫金也谈到陀思妥耶夫斯基笔下作为思想者的人物的"绝对无私"，他指出：陀思妥耶夫斯基的所有主要人物，作为思想的人，是绝对非利己的，因为思想确实支配了深藏在他们身上的个性的核心。这种无私，不是他们作为描绘对象的个性特点，也不是对他们行为的外在评价；这种无私表现出他们真正生活于思想的领域，"思想性"和"无私"在此几乎成了同义语。在这个意义上，杀死并抢掠放高利贷的老太婆的拉思科里涅珂夫是绝对无私的；妓女索尼娅是绝对无私的；杀父的同谋者伊凡是绝对无私的。还有《少年》的思想，即要成为罗特希尔德的思想，也是绝对无私的。[3]

不过，我们也要指出，陀思妥耶夫斯基笔下思想者的这个特征，亦即一种不计个人私利，不计成败地渴望获取思想、追求真理、愿为真理献身的精神，并非是陀思妥耶夫斯基作品中独有的，也同样出现在其他同时代的俄罗斯作家的思想者形象之中，反映了处在19世纪转变时代的俄罗

---

[1] 茨威格：《三大师》，申文林译，人民文学出版社2005年版，第97页。今天或可把"欧洲"换成"美国"，无数来自美国的畅销书都在教人怎样发财，怎样成功，怎样得到快乐，怎样赢得朋友……纪德也在比较陀思妥耶夫斯基与巴尔扎克的作品中指出：巴尔扎克的作品的主人公有很大数量都是以聪明才智和顽强意志获得事业上荣耀的成功者，而在陀思妥耶夫斯基的全部作品中"没有一个伟人"，就如佐西马长老这样的人物也只是一个圣人，而不是伟人、英雄。见《陀思妥耶夫斯基的上帝》，第114—115页。

[2] 不仅是世人眼中的失败者，乃至真正的失败者、放弃者，这可能尤其是中国人相当陌生的一种人物类型，因为我们思想的人间性和世俗性几乎使我们只注意此世的成功。而在陀思妥耶夫斯基的作品中，却似乎始终可以听到这样一个声音：成功，便对吗？失败，便错吗？

[3] 巴赫金：《陀思妥耶夫斯基诗学问题》，第132页。

斯知识阶层的一个共同特点，从而也是一个最一般的特征。

屠格涅夫说，他的六部写于 19 世纪 50 至 60 年代的长篇小说，就是"力图把莎士比亚称之为时代的具象和印记的东西，把作为我的主要观察对象的俄国知识阶层的人物迅速变化着的面貌认真和公正地描绘出来"。[1] 他展示了一幅从罗亭、列日尼奥夫到拉夫列茨基、舒宾、伯尔森涅夫、英沙罗夫、巴札罗夫、李特维诺夫、涅日达诺夫、索洛明这样急剧变化的思想者的系列群像。[2] 罗亭敏于言辞，弱于行动，到处流浪，碌碌无为，他不善经营，充满孩子气，依靠别人生活，但并不为自己的利益打算，而是具有献身于真理的热情，这种热切地追求真理、不计功利的精神也是后来的新知识分子的特征：英沙罗夫献身于祖国的独立，巴札罗夫投身科学，冷静的索多明献身于他的事业，软弱的涅日达诺夫也想献身革命。客观地说，尽管陀思妥耶夫斯基也多次谈到追求进步的俄罗斯青年的宝贵献身精神，《群魔》中的革命者形象却不够全面、丰满，尤其彼得·韦尔霍文斯基有些被漫画似地丑化了，这大概是引起民主派阵营愤怒的一个原因。而屠格涅夫则补足了这一点，也许，我们可以说他相当客观准确地展示了一种勇于行动、急于变革的思想者形象，这种形象在车尔尼雪夫斯基的《怎么办》中则表现得更充分，也更为理想化。重要的是，无论他们的思想倾向如何，这些思想者确实与那些卑鄙的钻营者和浑噩的苟活者截然不同，他们为了思想和真理可以不惜利，也不惜命。

在托尔斯泰的作品中，也包含有许多深刻感人的思想探索者的形象，并且比屠格涅夫笔下的思想者更集中于生命与永恒的问题，而不止是时代、社会与爱情的问题。彼埃尔·别祖霍夫、安德烈·包尔康斯基以及

---

[1] 屠格涅夫：《文论·回忆录》，河北教育出版社 1994 年版，第 442 页。

[2] 人物译名分别采用的译本是：《罗亭》：黄伟经译本；《贵族之家》：磊然译本；《前夜》：丽尼译本；《父与子》和《处女地》：巴金译本；《烟》：王金陵译本。

列文、聂赫留朵夫等人物都是第一等的思想者形象。这些人物都极其珍视思想,珍视真理而不计较个人私利。陀思妥耶夫斯基曾在 1877 年《作家日记》中评论过托尔斯泰的《安娜·卡列宁娜》的思想意义,他引小说中一个打猎的夏夜列文和另一位贵族奥勃隆斯基的一次谈话为例:奥勃隆斯基是个人主义者,享乐的行家,是机智的、生活舒适的,愉快的个人主义者。这类人一般都对妻子和孩子和蔼,但很少想她们,他们喜欢轻浮的女人,但又喜欢一点优雅,喜欢海阔天空的谈话。他们能适应时潮,过一种惬意的生活。而列文则是另一种人,他也是一个贵族地主,但深为农民与地主的收入悬殊感到不安,竭力思考应该怎样做才算公正,在他未解决这些问题之前他觉得自己不能安心享受自己的特权。陀思妥耶夫斯基指出,具有这后一特点的人焦急不安地、几乎是病态地力图回答自己的问题:

> 请注意,我又要重复并急于重复一个特点:这是一个多数,一个当代特殊的、这类新人——俄国人的新的根——的多数,他们需要真理,唯有真理,排斥任何相对的虚伪,他们为了获得真理而不惜献出一切,……最重要的一个特点还表现在:他们非常不成熟,暂时来自各个阶层和属于各种信念:这里既有贵族,也有无产者,既有神职人员,也有不信教的人,既有富人,也有穷人,既有老人,也有小姑娘,既有斯拉夫派,也有西欧派。信念上的分歧十分巨大,但对忠诚和真理的追求是坚定的,不可摧毁的,他们之中的任何一个人都能为真理的言论而献出自己的生命和全部财产。[1]

这揭示出当时俄罗斯知识阶层多数人共有的一个特点,尤其是青年

---

[1] 《陀思妥耶夫斯基论艺术》,漓江出版社 1988 年版,第 239 页。

知识分子的特点。具有"社会良心"含义的"知识分子"一词产生于19世纪的俄罗斯确实不是偶然的。陀思妥耶夫斯基在他有关《群魔》的写作笔记中,也指出了这一特属于俄罗斯,尤其属于俄罗斯青年的特点:

> 斯捷潘·特罗菲莫维奇临终前说:"俄罗斯万岁!它有思想。他们,虚无主义者们,也有思想。"
> 他们的思想处于隐蔽状态。我们也是有思想的人。俄罗斯这种永远渴望获取思想的愿望,实在太好了。
> 为了真理不惜牺牲自己和一切——这就是新一代人的民族特性。愿上帝保佑他们并赐予他们平静的真理吧!因为全部问题就在于要珍视真理。这部小说就是为此而写的。[1]

除了这个俄罗斯知识阶层的一般特点,陀思妥耶夫斯基笔下的思想者又还有一些自己另外的特点。下面我们就来分析这些特点。

陀思妥耶夫斯基笔下的思想者经常被置身于一种极具悲剧性的情节之中,浮沉于一个凶险的世界中,处在一种边缘处中接受考验。伊万诺夫因之把陀思妥耶夫斯基的小说称之为"悲剧小说",格罗斯曼强调陀思妥耶夫斯基小说与惊险小说的联系,巴赫金指出陀思妥耶夫斯基小说的体裁与古代狂欢式的梅尼普体的渊源关系。陀思妥耶夫斯基的长篇小说往往都导向一个大灾难,导向一个悲惨的结局,导向凶杀或者自杀。这样,陀思妥耶夫斯基笔下的思想者就决不从容,决不诗情画意,而是常常被逼着尖锐、坦率地发表意见,因为他们是在濒临罪恶、疯狂或死亡的边缘说话。陀思妥耶夫斯基的小说中总是充满危机,隐含杀气,气氛凶险,随时有可

---

[1] 转引自格罗斯曼:《陀思妥耶夫斯基传》,外国文学出版社1987年版,第605—606页。

能发生最不可预测、最残忍的罪行。其思想者在这种罪孽、悲剧的气氛中也就有了一种深深的痛苦、紧张和不安。他们深深地为自己或他人犯下或可能犯下的罪孽感到痛苦,拉思科里涅珂夫为自己杀人感到痛苦,伊凡则为一种"思想的弑父罪"感到痛苦,梅诗金为他看到的所有罪行感到痛苦,佐西马预感到可能发生的罪行而突然向米卡跪下。这里尤其深重的是一种道德的痛苦,是因人的罪恶感到的绝望和悲伤。这种极度紧张不安的特点在陀思妥耶夫斯基早期小说的主人公身上已见端倪,而在他后期小说的思想者身上更有淋漓尽致的表现。

陀思妥耶夫斯基笔下的思想者还有一种生长性,或者说未完成性,甚至于是:一种永远的未完成性。有时好像达到了一个终点,但这终点很快又变为新的起点。这一特点甚至具体表现在思想的主人公的年龄上,他们只是年轻人,或者都有点孩子气,连老一代的自由主义者斯捷潘也是孩子气十足。而且,在陀思妥耶夫斯基的思想者队伍里,还有特别的一个亚类;这就是一些"少年思想者"。例如《白痴》中的伊波利特、郭立亚,《少年》的主角多尔戈鲁基,《卡拉马佐夫兄弟》中的柯里亚、丽莎。这些少年往往敏感而自尊,颖悟而早熟,内心世界丰富多变,不可遏止地追求真理而又经常动摇不定,他们也不计功利,不计牺牲,极想行善但又常常做出蠢事来。他们也可以说是一些"问题少年",当然主要是思想上而不是行为上的"问题少年"。他们也都极其珍视自己的思想和感受,虽然这些思想有的只是听来的流行意见。这类"少年思想者"是陀思妥耶夫斯基特有的,在其他作家笔下很少见到的形象。

陀思妥耶夫斯基笔下的思想者还常常把思想的逻辑推到极端,最显著的例子就是基里洛夫,他纯粹是为了一种思想,为了一个问题而自杀的,他的自杀经过了长久的、甚至十分冷静的思考,他觉得不能够同时存有两种不相容的思想,为了思想逻辑的彻底性,他必须自杀,这里容不得半点的妥协、怯懦、温情和留恋。

这些思想者的另一个明显特征是他们的反省性，是他们与活动家形成的鲜明对照。他们不是那种一往无前的人，不是那种看准了就直奔目标、义无反顾的人，活动家的思考常常只是要将这种思考迅速变为结论，又用这种结论作为采取行动的理由或者事后解释自己行动的借口。他们要把思想作为行动的武器或成功的利器，作为制胜的法宝，实际上，他们更喜欢理论、主义而不是思想。而思想者总要不断停下来思考：疑惑、犹豫、惶惑、忏悔、自责、反省……他们常常不仅为思想而痛，为思想而病，甚至死于思想。他们的思想变成理论，可能会成为别人手里杀人的利器，如波费利指出拉思科里涅珂夫的理论能杀人，而斯麦尔佳科夫则径直运用了伊凡·卡拉马佐夫的理论来杀人，而他们自己却常常杀不了人，他们或者下不了手，或相当偶然地杀了人立刻陷入极度痛苦之中而不得不自首，他们毕竟不是那种一往无前的行动者，这些思想的主人常常只会因这些思想伤害或杀死自己。

而且，这些思想者有时不仅似乎失去了行动或者说坚持行动的能力，糟糕的是他们似乎还是有意地无所事事。当然，这里的一个现成理由是他们要腾出时间来进行思考，思想本身成了头等重要的事情，成了他们唯一值得尝试的事业，而不管其成败利害。他们中有些人我们根本不知其生活来源，有些坦然接受别人的施惠，有些无疑是在穷困中，却仍然在饿着肚子思考。他们似乎只是靠思想活着，生计及其发达问题对他们不是重要的，发财成为他们思想的内容甚至理想似乎只是现时代的一个印迹，提供给他们思考的材料，如若换一个时代，换一些问题，他们也仍然会紧张地思考，会通过这些问题直溯根本。他们似乎生来就是思想者，少年多尔戈鲁基如此说到思想对于他的意义，他如何珍重自己的思想，即便那思想有时把他拖入恶行，并且肯定会拖入孤独：

在"我的思想"里包含着一些我还没有解决的问题；但是除了我以外，我不愿让任何人去解决它们。最近两年来我甚至不再看书，怕看到不利于我的"思想"的、会使我感到震惊的篇幅。……

……不，我是不能与人交往的；我现在也这么想；四十年以后我会讲的。我的思想需要一个隐藏之所。[1]

他又说：

简单说来，我可以直言不讳，一个人头脑里有了一个凝固不变的、持久的、不可抗拒的、并被深深地吸引住的东西，那他仿佛因此就会脱离整个世界，隐遁到旷野里去了，一切所发生的，除了最重要的以外，都会被遗忘。甚至留下的也是不正确的印象。除此之外，主要的是总是有个借口。当时我使母亲那么痛苦，我又多么可耻地抛弃了妹妹："唉，我有一种'思想'，而这一切都是微不足道的，"我对自己似乎是这么说的。我本人受了侮辱，受了极大的侮辱，——我受到侮辱，一气走了，接着忽然对自己说："唉，我出身微贱，可是我到底还有'思想'，他们都不知道这点。"

思想差不多总是要在隐蔽与孤独状态中成长，尽管它们又不可避免地要走向诉说和对话，但它们必须先在孤独中孕育。在思想者看来，思想有一种至高无上的意义。同样是这位抱有发财梦的少年说："首先是最崇高的思想，其次才是金钱，光有金钱而没有最崇高的思想的社会是会崩溃

---

[1] 《少年》，第 66—67 页。

的。"[1] 思想常常带来苦恼，也带来匮乏，那不是给个人带来物质利益，使人在尘世成功的思想，但思想在他们眼里仍然至为重要，它高于快乐，高于温饱。但伟大的思想却使人苦恼了。"有思想的人活得很苦恼，而没有思想的人却活得始终很愉快。"这使陀思妥耶夫斯基笔下的这些思想者似乎在人类中构成了一个特殊的家族。他们一是区别于不去想这些事的普通人，一是区别于一心想成功的活动家。与第一种人的区别可形象地见之于女仆那思泰莎与拉思科里涅珂夫的一段对话：

"她是傻瓜不错，正像我一样。但是倘若你是个聪明人，你为什么像一只口袋样在这里躺着，一点也显不出聪明来呢？有一个时期你常常出去，你说是教小孩子。但是，你为什么现在什么事也不干呢？"

"我在干……"拉思科里涅珂夫愁眉不展地勉强开口道。

"你在干什么？"

"干工作……"

"什么工作？"

"我在思想。"他停了一会严肃地答道。

那思泰莎听了笑得直不起腰。她爱笑，只要有什么事情使她开心，她便可笑到出不了声，浑身又是颤又是抖，直到她觉得有些作呕了为止。

"你的思想使你赚了许多钱吗？"她终于能说出话来。

他们与第二种活动家的区别则可见之于一个一心只想往上爬，到处活动的神学生拉基金与阿辽沙的对话，拉基金以自己的心思度量卡拉马佐夫

---

[1] 《少年》，第184页。

兄弟:"你们卡拉马佐夫一家的全部问题就在于:好色、贪财和发疯!……在这方面,米钦卡也有他的长处;他没有钱,却能娶她。是的,会娶她的!他会抛弃未婚妻,高贵有钱,上校的女儿,美貌无双的卡捷琳娜·伊凡诺芙娜,去娶那个市场议长、淫荡的粗人、老商人萨姆索诺夫以前的姘妇格鲁申卡。从这团乱麻里,真的会弄出刑事纠纷来的。你的胞兄伊凡就等着这个机会,好吃到甜头;得到他苦苦思慕的卡捷琳娜·伊凡诺芙娜,同时又弄到她的六万卢布嫁资。"[1] 而阿辽沙的回答则是:"伊凡的眼光要比这远大些。伊凡不会为了几万卢布受诱惑。伊凡追求的不是金钱,不是安静。他也许是在寻求苦难。……他的脑子着了迷。他有重大的思想问题没能解决。他是不需要百万家私而需要解决思想问题的那种人。"[2]

拉基金只能以自己的想法去揣测他人的动机,他只能想到这些,只能这样解释,而这种解释也不全错,问题是还有些更高的东西是他没有看到的,而如果始终没有一种思考的反省精神进入其心,他将永远看不到这一点。自然,他也因此就难于预料和理解后来米卡的甘愿含冤受罚和伊凡的自首与发疯。总之,与安于其分的普通人相比,陀思妥耶夫斯基笔下的这些思想者就已经是少数了,如果再把那些确有坚强意志和巨大才能,不安其分、不择手段的活动者或野心家剔除出去,他们就更其是少数了。但正如陀思妥耶夫斯基所说,虽然普希金笔下的阿乐哥是少数,奥涅金是少数,"只要有些'优秀分子',只要有十分之一不安的人,就足以使其余的绝大多数因为他们而不得安宁了"。[3] 他们都暗暗怀着某种伟大的孤独的痛苦,不会有很多人理解他们,而他们自身内部也有激烈的争论,他们甚

---

[1] 《卡拉马佐夫兄弟》,人民文学出版社 1981 年版,第 110—112 页。

[2] 同上,第 112 页。

[3] 陀思妥耶夫斯基:《在俄国文学爱好者协会会议上的演说》,转引自《陀思妥耶夫斯基论艺术》,第 271 页。

至不断地在和自己争论,毫不计较功利和效果。当然,这并不意味着他们的思想不会在社会上产生效果,包括产生负面的后果。

这些思想不仅不能给思想者带来好处,甚至可说是极其伤人的。常常还是致人死命的。我们在陀思妥耶夫斯基的作品中总是看见死亡,总是看见谋杀和自杀,思想真是要命的东西。《罪与罚》、《群魔》、《卡拉马佐夫兄弟》在情节上都是围绕着几个谋杀的刑事案件展开,《白痴》的最后结局也是死亡,也是一个谋杀案件。拉思科里涅珂夫、伊凡·卡拉马佐夫几位主人公都是在生命与永恒、道德与上帝的问题上苦斗,令人感觉就像是一种垂死的挣扎。他们在难以破晓的黑暗中孕育的思想或者诱使他们自己去杀人(拉思科里涅珂夫),或者诱使他人去杀人(伊凡),然而,他们在伤人的时候也伤到了自己。拉思科里涅珂夫与米卡接受了不仅刑事的惩罚,更受到自己心灵的惩罚;梅诗金重新回到"白痴"状态;沙托夫被杀;斯塔夫罗金自杀;伊凡·卡拉马佐夫精神失常。我们还可以列出一串自杀者的名单:《群魔》中的基里洛夫、《少年》中的克拉夫特;甚至连《罪与罚》中的司维特里喀罗夫,《卡拉马佐夫兄弟》中的斯麦尔佳科夫也自杀了,他们的自杀并不止是畏惧刑事的惩罚;《白痴》中的伊波利特、《一个荒唐人的梦》中的"荒唐人"也试图自杀。[1]

这样一种只求真理、不计功利、不计成败、不惜性命的气质似乎更多地为19世纪中叶俄罗斯人所具有。其他在俄罗斯西方或者东方的民族,当时或者因为过于发展,或者因为不够发展,似乎都没有以强烈的民族性表现出这种气质。而这样一种思想者的气质又特别地为一部分俄罗斯贵族的后胄所具有,《少年》的主人公如此谈论作为贵族私生子自己的及

---

[1] 甚至《温顺的女性》中的妻子恰恰是在丈夫向她表露了爱情之后捧着圣像跳楼自杀,"是接受呢还是不接受?她受不了这问题,宁可一死了之"。

其父亲的思想：

> 评论这样的人应该有别于其他的人，让他们永远这样过日子吧；这决不是不像样；相反的，假如他们安分守己，或者一般地说，变得和普通的人一样，那倒是不像样了。他对贵族的赞美，还有他"我要死为贵族"这句话一点儿没有使我发窘，我知道他是个怎样的贵族；他是个这样的人，愿意献出一切，做个争取人人享有政治权利和起着主导作用、主张"思想调和"的俄罗斯思想的提倡者，虽然这一切，也就是"思想调和"，甚至是无稽之谈（当然是不可思议的），但是有一点毕竟是好的，那就是他一生崇拜思想，而不崇拜愚蠢的小金牛。天哪！我在构思我的"思想"的时候，我，我本人难道崇拜过小金牛，难道我当时是以金钱为目的的吗？我敢发誓，我需要的只是思想！[1]

当然，贵族已成余孽，从其他阶层中涌现的思考和反省型知识分子也马上要被精英中的活动家挤到一边，这种境况是相当令人绝望的。即便是在俄罗斯这样一个渴望思想和真理的民族中，这些思想者在人群中也仍然是处于极少数。精英在任何社会中都是少数，而思想的精英更是"少数中的少数"。而由于他们的无力、无暇，或者不屑于行动，他们还可能常常是处在这少数居于社会上层的人们中的下层，是"统治者阶层中的被统治者"[2]。他们也基本上是属于那种从普希金起就开始愈来愈多地见诸形象的"多余人"范畴，他们在日后急剧转变的年代将更加显得"多余"，他们在即将来临的时代数量也就会愈来愈少，以至他们常常自称为"最后

---

[1] 《少年》，第 624 页。
[2] 借用布迪厄描述知识分子的一个术语。

的莫希干人",就像《罗亭》中列日尼奥夫对罗亭所说的那样,陀思妥耶夫斯基在一封信中也说过类似的话。[1]

六、作为问题的思想

以上各节所述思想者的孕育、诞生、类型和特点都指向思想的问题性,都是为了说明在陀思妥耶夫斯基的作品中思想的性质:即这是一种"作为问题的思想",思想主要是作为问题出现,思想总是处在紧张的对话和交锋之中,并且到最后也没有给出一个明确的答案。当然,这并不意味着作品以及作者不表现出某种倾向,但由于这些问题的根本性和复杂性,还是不可能给出最后的定论。下面我们要进一步来说明这一点。

在陀思妥耶夫斯基后期的成熟作品中,重要的思想几乎都是被"说"出来的,也就是说,很少是作为心理的描写,由作者叙述一个人在想什么而表达出来的,更罕见有例如托尔斯泰作品中那样大段作者插入的独白和哲理性议论。在那种心理的、思想的陈述后面,实际上总是隐藏着一个君临作品中所有人物的作者,是作者在主导思想的进程。在陀思妥耶夫斯基作品中不多见的第三人称,如《罪与罚》中所描写的拉思科里涅珂夫的心理过程,地下室人与《少年》主人公的思想陈述,正如巴赫金所指出的,也都是在和他人的潜在争辩和对话中展开,只不过这种争辩对象在那里不表现为具体的人物。无论如何,那些最精彩、最深沉的思想基本上都是在

---

[1] 见《书信选》,第407页。陀思妥耶夫斯基在临终前一年给阿巴扎的一封信中还写道:"您认为各类人物都从自己的创始者那儿获得原始思想,并且代代相传,他们终将变得与整个人类格格不入,甚至与整个人类为敌——您这个思想是对的,也是深刻的……"《书信选》,第436页,拜伦在《唐璜》第9章,第24节中则写道:"我要和一切与思想为敌的人为敌,至少在文学上(如果可能,也在行动上)。"

大段淋漓的对话或集体讨论中展现的，例如《罪与罚》中拉思科里涅珂夫与波费利的三次谈话，拉思科里涅珂夫与索尼亚的多次谈话；《白痴》中梅诗金公爵与叶班钦将军夫人及三位女儿的初次谈话；叶甫盖尼·巴甫洛维奇、列别杰夫、普季岑、加尼亚、郭立亚等在列别杰夫家里的谈话；伊波利特欲自杀前在众人面前宣读他的声明及其议论的场景；梅诗金在叶班钦将军家的一次聚会上的谈话；《群魔》中基里洛夫分别与斯塔夫罗金、彼得·韦尔霍尔斯基的两次谈话；沙托夫与斯塔夫罗金的谈话；斯塔夫罗金与吉洪的谈话（当时删去未发表）；希加廖夫等人在维尔金斯基家一次聚会上的发言；彼得·韦尔霍文斯基与斯塔夫罗金的一次路上交谈；《少年》主人公与其同学的谈话、与其父亲的多次谈话；《卡拉马佐夫兄弟》中佐西马长老、佩西神父、米乌索夫、伊凡·卡拉马佐夫等在修道院里的一次聚谈；伊凡·卡拉马佐夫与阿辽沙的多次谈话，米卡与阿辽沙的谈话；佐西马长老临终前对教士们的长篇遗言；丽莎、柯里亚分别与阿辽沙的谈话；伊凡与斯麦尔佳科夫、与魔鬼的谈话，审判米卡的法庭上的辩论，等等。而且，有时是"话中有话"，如在所有谈话中最重要的一次谈话，就是在伊凡·卡拉马佐夫与阿辽沙的谈话中又包括了长长一段宗教大法官对默默无语的上帝的说话。[1] 正如茨威格所说，陀思妥耶夫斯基借以深入主人公心灵深处的那个秘密工具便是话语。歌德是借助目光来描述一切的，歌德是双眼看世界，而陀思妥耶夫斯基是用双耳听乾坤。陀思妥耶夫斯基必得先听见自己的人物说话，或让他们开口说话才好思考，好让我们如见其人。梅列日科夫斯基在对两位俄国小说家的精辟分析中也把这一特点表述得相当明确：在托尔斯泰的作品中，"我们由于目睹而耳有所

---

[1] 以上所列大致囊括了陀思妥耶夫斯基作品中直接表述思想的较长段落。

闻",而在陀思妥耶夫斯基的作品中,"我们由于耳闻而目睹"。[1]

而且,这许多重要的思想不仅是被"说"出来的,而且还常常是被"转述"出来的。这里所说的"转述"还不仅是指当时实有其人的某些人的思想被作品中的人物转述,例如车尔尼雪夫斯基合理利己主义的思想被《罪与罚》中的卢辛转述,别林斯基的某些思想被《卡拉马佐夫兄弟》中的柯里亚转述。还包括作品中人物的思想被另外的人物转述,例如《罪与罚》主人公拉思科里涅珂夫"越界"思想的最主要部分分别被大学生、被波费利、被司维特里喀罗夫转述;[2]《白痴》主人公梅诗金很重要的一个"美拯救世界"的思想是由伊波利特转述,而伊波利特又是听郭立亚向他转述的;[3] 被陀思妥耶夫斯基视为《群魔》第一主人公的斯塔夫罗金自己几乎没有表达过什么思想,而他的矛盾思想又可以说分别包含在曾经深受其影响的沙托夫、基里洛夫与彼得·韦尔霍文斯基的思想之中;而斯塔夫罗金自己也转述过彼得·韦尔霍文斯基的想法;[4] 希加廖夫的思想分别由跛腿教师、彼得·韦尔霍文斯基转述;[5]《卡拉马佐夫兄弟》中极重要的宗教大法官的思想是出自伊凡·卡拉马佐夫写的一个传奇;[6] 而伊凡的思想分别被米乌索夫、拉基金、佐西马长老、斯麦尔佳科夫、甚至魔鬼转述过,[7] 拉基金的话也曾由米卡转述,[8] 而且,这些转述还经常发生在该思想的主人本人就在场的情况下,如上述拉思科里涅珂夫、希加廖夫、伊凡

---

[1] 茨威格:《三大师——巴尔扎克、狄更斯、陀思妥耶夫斯基》,西苑出版社,1998年版,第121页。

[2] 陀思妥耶夫斯基:《罪与罚》,第76、305、579页。

[3] 陀思妥耶夫斯基:《白痴》,上海译文出版社1991年版,第350页。

[4] 陀思妥耶夫斯基:《群魔》,人民文学出版社1983年版,第337页。

[5] 同上书,第534、553页。

[6] 陀思妥耶夫斯基:《卡拉马佐夫兄弟》,第374页以下。

[7] 同上书,第93、112、956、974页。

[8] 同上书,第896页。

在场的某些场合，却是由其他人而不是他们自己来表述其思想。并且愈是重要的思想愈是反复出现、愈是被多人在不同的场合转述，最著者如拉思科里涅珂夫和伊凡的思想，作者这样做似乎是在考查这些思想在不同的境况中，对不同的人所产生的效果，考查它们将遇到的来自各个不同方向的挑战。

我们可以在一个更大的范围内观察陀思妥耶夫斯基小说的叙述角度。陀思妥耶夫斯基在其作品中有过各种叙述角度的尝试：有在"你—我"之间的叙述，如《穷人》《九封信的小说》；有以第一人称"我"作为主人公的叙述，如《白夜》《地下室手记》《涅朵奇卡》《小英雄》《赌徒》《荒唐人的梦》《少年》，其中前两部的主人公我们甚至不知其名，《死屋手记》《温顺的女性》则是在作者简单交代一下故事就径直用"我"叙述；还有用"我"作为较次要的叙述者，如《庄院风波》《被欺凌与被侮辱的》《群魔》；再就是第三人称的叙述，包括《孪生兄弟》及后期最重要的长篇《罪与罚》《白痴》《卡拉马佐夫兄弟》，作者有时也在开始作为潜在的叙述者出现一下，但很快就隐没不见。总之，在后期最重要的思想性小说中，除了《地下室手记》《少年》之外，作者都不出现，或只起很次要的作用，其中主人公的思想自然也不等同于作家的思想。可以说，陀思妥耶夫斯基是一个最擅长描写思想性的对话、多人谈话、转述和话中有话的艺术家。[1] 而这一切又都是经过了他的心灵来进行转述，他和他的人物一起思考、一起感受、一起痛苦。

谈话和转述自然只是手段，问题是陀思妥耶夫斯基为什么热衷于让人们自己说话和转述？为什么他不仅用人物转述各种现实的时代思潮，而

---

[1] 他的许多小说因此都适合改编成话剧，参见 V. Seduro, *Dostoevsky in Russian and World Theatre*, The Christopher Publishing House, 1917。

且在各个人物的思想之间也经常采取转述的方式？为什么他不仅使自己与书中的人物保持距离，甚至也让各个人物之间保持距离？这些问题可以把我们引到为什么陀思妥耶夫斯基不直接表述自己的思想的问题，即为何既然他那里隐藏有那么多深刻的哲学思想，却不以哲学的方式表述自己的思想？更贴切的提法也许应该是：至少，为什么他不像比方某些存在主义作家加谬、萨特那样除了写小说之外，也写一些直接阐述自己思想的哲学著作？德国哲学家穆勒-劳特（Wolfgang Müller-Lauter）就曾提出过类似的问题，说既然哲学如此强烈地占据陀思妥耶夫斯基的心灵，为什么他没有直接搞哲学？为什么他要走一条通过小说表现的迂回道路？这个问题乍看起来是有点可笑的，一个人一生做了这件事就不能做那件事，走了这条路就不能走那条路，探讨一个人为什么不走另一条路不像探讨他为什么走了这条路那样有意义。劳特提出这个问题是与他试图全面系统地阐述陀思妥耶夫斯基的哲学思想有关。劳特在写他那本《陀思妥耶夫斯基哲学——系统论述》（1950年出版）时，似乎还没有读到巴赫金的著作。[1] 否则，在巴赫金之后，任何一个试图依据陀思妥耶夫斯基文学作品来阐述其思想的人，是不能不面对巴赫金提出的问题的，他必须首先对巴赫金提出的陀思妥耶夫斯基的思想事实上恰恰不可能成为体系哲学做出某种交代和解释。不过，劳特的问题可以启发我们进一步探讨陀思妥耶夫斯基思想的性质。

  陀思妥耶夫斯基是罕见的艺术家中的思想者，对思想一直有一种极其执着和感人的追求。他在早年尚未开始踏入文学创作生涯时，给兄长的信中就说他想破解人这个谜，因为他想成为一个人，说他不知道他的"忧伤的思想何时才能平息"。在他的《穷人》取得成功之后，他放弃已经快写完的《被剃掉的连鬓胡子》，是因为"现在我心中更为新颖、生动和鲜

---

[1] 巴赫金的《陀思妥耶夫斯基诗学问题》虽在1929年初版，但很晚才产生影响。

明的思想要求我把它们遣之笔端"。[1] 他说他希望一个明确的、总体的、具有真理性的思想，但降而求其次，哪怕一个足够深刻的思想也行。1865年，他在给屠格涅夫的一封信中抱怨我们的时代，特别是文学，没有一个总的见解，总的信念。[2] 1870年，他又在给斯特拉霍夫的一封信中说当时的文学界"没有一个真正理解的、坚定的思想，哪怕只有一个，甚至是错误的也好"。[3] 他为自己的小说《白痴》辩护，因为："我维护的不是长篇小说，而是我的思想。"[4] 他的作品中所涉及的思想都是头等的，有着最深刻和最广泛的哲学以及神学思想的含义，他提出的问题是真正的问题，他在1870年5月28日给斯特拉霍夫的信中他说过他"很爱哲学"，他晚年与哲学家、神学家索洛维约夫也相交甚深，他甚至在流放归来之后曾经想过写一部哲学著作，但却还是没有写。

很显然，陀思妥耶夫斯基作品中有思想、有哲学，而且是很深刻的思想，是第一流的哲学，但是，为什么这些思想不以哲学的形式出现呢？最简单、当然也基本正确的回答当然是：陀思妥耶夫斯基最擅长的并不在哲学，甚至不仅他个人，他所属的民族相对于有些民族（如日耳曼民族）来说也不是最擅长于此。但他有他所擅长的表达思想的方式，陀思妥耶夫斯基主要是一个艺术家，他的最大才能也就在这里。当然，这样说可能还不够，还没有说出原因的全部，也许还有一些原因，比方说，正是他所持有的或在他心中经历的思想的性质，即这种思想的问题性和对话性，使他没有办法用哲学的方式去直接陈述思想。简言之，陀思妥耶夫斯基的思想正是作为一种问题的思想存在的，其思想的独特和深刻所在正在于其问

---

[1]《书信选》，第3、9、34页。
[2] 同上，第129页。
[3] 同上，第252页，
[4] 同上，第223页。

题性,在于其作为问题的未完成性和开放性,以及问题本身的深刻和根本性,这种作为问题的思想的确很难被整理成系统的理想,甚至它本身就拒斥被体系化,它甚至很难被概念准确地表达,它必须与人物形象和情境紧密联系在一起才能够和盘托出,才能够保持其生动性和紧张性。

还有一个问题是:在既定的、目前我们所看到的陀思妥耶夫斯基小说中,在其中各个人物所表达的思想中,究竟哪一些是属于陀思妥耶夫斯基自己的思想?或者更确切地说,哪些思想是他所赞成或部分赞成的,哪些是他所反对或部分反对的。在这方面,我们一直听到两种说法,第一种说法把其中许多人物,或者至少主要人物的思想都归之于陀思妥耶夫斯基,认为陀思妥耶夫斯基的小说有一个统一的思想体系,那就是陀思妥耶夫斯基自己的思想;第二种说法则认为陀思妥耶夫斯基让其小说中各种附着于人物的思想保持了自己的主体性和独立性,其作品中的思想是多元的、复调的、对话的。后一种说法的代表如巴赫金的观点我们已经叙述过了,前一种说法则不仅在巴赫金之前,在他之后也仍有一些人坚持。

例如,杜勃罗留波夫在评论《被欺凌与被侮辱的》时说:"在整个长篇小说里登场人物所说的话像作家自己一样;……在所有人的身上都可以看到作者自己,而不是那种代表自己而说话的人物。"[1] 托尔斯泰在与卢萨诺夫的一次谈话中,接着卢氏说《卡拉马佐夫兄弟》中所有人物,连15岁女孩在内,用的都是作者本人的语言之后说:"何止是用作者的语言说话,他们说的还是某种冗长而做作的语言,表达的是作者本人的思想。"[2] 舍斯托夫把《罪与罚》中拉思科里涅珂夫的思想和《卡拉马佐夫兄弟》中"宗教大法官"的思想径直认作是陀思妥耶夫斯基本人的思想。

---

[1] 杜勃罗留波夫:《文学论文选》,上海译文出版社1984年版,第432页。
[2] 《列夫·托尔斯泰论艺术和文学》第2卷,莫斯科,1958年,第105页。转引自《陀思妥耶夫斯基的上帝》,中国社会科学出版社1994年版,第370页。

高尔基也把《卡拉马佐夫兄弟》中丽莎的话作为陀思妥耶夫斯基的病态思想来予以抨击。至于伊凡·卡拉马佐夫的思想,"宗教大法官"的思想更经常被认为表现了陀思妥耶夫斯基某些最隐秘的思想,如劳伦斯、舍斯托夫、别尔嘉耶夫、毛姆等都在某种程度上如此认为。

对这一问题我们也许可以作如下的回答:确实,陀思妥耶夫斯基小说中许多人物的语气是像陀思妥耶夫斯基,这种语气甚至有时不符合人物的个性;在某种意义上,书中各种人物的思想除了一些明显的例外(如《被侮辱与被损害的》中瓦尔科夫斯基公爵所表达的极端利己和享乐主义的思想),几乎都可以说是陀思妥耶夫斯基内心所经历过、甚至依然部分赞同的,陀思妥耶夫斯基在这一过程中也明显表现出一种一贯而执着的倾向,我们常常可以看出他力图摆脱什么,竭力地追求什么。但我们还是可以说:陀思妥耶夫斯基通过他所处理的各种人物之间的关系,通过对话和转述等方式还是与其中各种思想保持了相当的距离,我们有时会在一些明显带有一些卑鄙习气的人物(如列别杰夫)那里发现陀思妥耶夫斯基自己所著政论中所表达过的思想。反之,在有些未犯任何罪的少年(如丽莎)那里所表达的思想,可能恰恰正是他要反对或者质疑的。这种情况有助于使思想保持它们的独立性,使思想不因思想表述者的好坏而被随意褒贬,大体来说,他在他的小说中并没有做出结论,没有排列人物和思想的善恶高下的次序,没有让正面人物都说他赞成的思想,反面人物都只说他反对的思想,甚至有时候他恰恰像是反其道而行之。

我们还注意到:几乎所有人物的思想都是在"他人在场"的情况下进行,都呈暴露状态,处在一种急急忙忙要向他人证明什么、交代什么、反驳什么的过程中,他们的思想因而具有一种紧张不安的特征,使思想处在一种不断转折的过程之中。这使思想者苦恼,但也正是这一点给思想带来了一种活力。这不是死的、定形的理论,不是作为旗帜来吸引门徒的教义，而是作为问题来吸引对话者和辩论者的活的思想。思想者总是意识到周围有不同意他的思想的人，至少是有不了解他的思想的人存在。在陀思妥耶夫斯基早期作品中仅具雏形的思想者那里，思想者还是相当胆怯的、防守的，而从地下室人那里，却开始有了一种凶狠的、进攻的特征。但是，在地下室人那里，我们仍然可以看到一种不断的腾挪、躲闪、跳跃和回转。思想者总还是有一点害怕，不止是怕具体的东西——如像波尔宗柯夫怕自己前途的不测于是不断地攒钱，而且更有一种莫名其妙的怕，一种具有本体意义的怕，一种甚至对自己也感到害怕的真心实意的怕，一种感觉到自己生存的根基正在崩溃的怕。陀思妥耶夫斯基相当充分地意识到了现代价值体系将趋于分崩离析的状况，预感到了人类也许正在进入一个到处酥化脱节的时代，预感到了一个诸"神"斗争的时代，一个生活着各种异质的信仰、兴趣和生活态度的人们的时代。尽管他自己是多么渴望有一个"总的见解"、一个总的信仰，但他还是给予了各种见解和信仰以一种独立存在的余地。他似乎预感到这一切都是必须承受的。这一时代的思想常常不能不是一种"地下室"的思想，一种"晚上"的思想，尽管不那么温和、光明，充满希望，却"比较坦白和直率"。[1] 处在这一过程中的思想不能不表现为各种问题。简言之，这类"成问题的思想"是直接来源于"成问题的时代"。

我们说，陀思妥耶夫斯基作品之中所表现的思想是一种"作为问题的思想"，这也为作者本人及许多评论家所承认。陀思妥耶夫斯基在《罪与罚》的草稿中写道："在这部小说中，要重新发掘所有的问题。"[2] 而这句话也同样适用于在这之后他所有的长篇巨制。茨威格在其《三大师》中谈

---

[1] 《白痴》，第 343 页。
[2] 转引自格罗斯曼：《陀思妥耶夫斯基传》，第 464 页。

到俄国文学家时说:"在我们心中已化作冰冷概念的所有问题却还在他们的血液中燃烧。……在俄国,人们怀着一种未被滥用的好奇心再次向无限提出生命的所有问题,这是俄国人对欧洲做出的难以言述的贡献。当我们被教养弄得迟钝懒惰时,他们却依然神采飞扬。陀思妥耶夫斯基笔下的每个人都将所有的问题重新审视一遍,用自己流血的手挪开善恶分界石,将心中的混乱改造成为世界。"[1] 纪德也写道:"他所显示的思想常常只停留在提出问题上,他不寻求解决和陈述——因为这些问题极其复杂,且又互相纠结,互相交错。"[2] 毛姆认为:"《卡拉马佐夫兄弟》的伟大意义就在于它所提出的问题的重要性。"[3] 总之,陀思妥耶夫斯基作品中的思想不是作为定论的思想,不是作为理论的思想,而是作为问题的思想。

而陀思妥耶夫斯基所提出的这些问题,对于生活在现时代的人们来说,既是极其重要、生死攸关的,又是复杂纠缠、悬而未决的。因为它们是涉及人的生命根基的问题,是有关道德、宗教与人性基本事实的问题,是有关现代性与永恒之关联的问题。有关永恒的问题自然始终会是永恒的问题,但这一永恒的问题在现代是以尤其紧迫甚至凶险的形式表现出来了,悬于人类头顶的不仅有物质的达摩克利斯之剑,更有精神的达摩克利斯之剑。陀思妥耶夫斯基虽然预感到并以极其生动有力的方式凸现了这些问题,但这些问题并没有在他那里得到根本的解决,他只是朦胧地感觉到了解决这些问题的一些可能方向。而且,"悬而未决"的含义还在于:这些问题,尤其是涉及生命根基的那一问题,最终只能由每个时代、每个人自己来解决,而决不能由前人、由他人、由集体、民族或者国家来代为解

---

[1] 茨威格:《三大师——巴尔扎克、狄更斯、陀思妥耶夫斯基》,西苑出版社1998年版,第105—106页。
[2] 纪德:《关于陀思妥耶夫斯基的一次讲演》,转引自《陀思妥耶夫斯基的上帝》,第116页。
[3] 转引自《英国作家论文学》,三联书店1985年版,第429页。

决，假如说它对过去的人们来说是已经陈旧，甚至在有的个人那里是已经解决的问题，它对正在不断来临的每个人仍旧是一个新的问题，他仍然必须由自己来解决这一问题，甚至在他沉重的肉身尚未结束之前，他必须不断地解决这一问题。这就是为什么要有对问题的不断"重新发掘""重新提出""重新思考"和"重新解决"，这就像陀思妥耶夫斯基自己及其书中的人物屡次承认的："上帝的问题折磨了我整整一生。"他不知道还有什么问题比这一有关永恒和终极关切的问题更为重要，不知道还有什么问题最终不与这个问题发生关联，不知道还有什么问题能像这个问题一样占据人的全部身心。

第二章　个人行为的道德问题

俄国宗教哲学家、陀思妥耶夫斯基晚年的朋友索洛维约夫在1883年2月写给陀思妥耶夫斯基夫人的一封信中，谈到陀思妥耶夫斯基晚年一次讲演的内容时这样表述："社会生活依赖于道德原则，而道德原则又不可能离开宗教，可是真正的宗教离开世界教会则不可思议。"[1] 亦即"社会—道德—宗教—世界教会"这样一种依赖关系，而扼要地说的又是社会道德对宗教、人对上帝的依赖。我相信，如果恰当地、双向地理解这段话中所阐述的关系，它不仅可以用来概括陀思妥耶夫斯基的晚年讲演，也可以表述陀思妥耶夫斯基后期长篇所趋向的整个思想主旨，或至少主要问题的范围：亦即社会的道德基础是不是在崩溃？社会的重建能否不依赖道德和宗教？现代道德的内容将如何阐明，界限将如何确定？如果没有上帝，道德是否可能？道德规范能否自足地不依赖于价值根据？道德与宗教在现代社会中究竟可以有何种关联？以及道德与宗教是否又要考虑到人性的基本事实？这一基本事实是否影响到人如何追求自己的理想？人可以对自己抱

---

[1] 索洛维约夫：《爱的意义》，三联书店1996年版，第12页。

有何种希望？总之，可以说，道德、宗教与人的关系构成为陀思妥耶夫斯基作品思想展开的主要范畴。[1]

我们做出这一判断的依据是这些主题在其作品中的反复出现，它们构成人物和情节围绕的中心，并常常带来致命的后果。试以《罪与罚》《群魔》《卡拉马佐夫兄弟》三部长篇为例，它们都是直接围绕着道德，而且是最重要的一条道德禁令——"不可杀人"展开的，这样一条道德禁令看起来是明明白白的，没有疑义的，然而，在某些情况下，一个人或一个集体出于某些理由，常常是不失为高尚和优越的理由，是否可以犯规、可以越界？这样一条道德禁令是绝对的吗？或者，如果没有永恒与不朽，这样一条道德禁令的绝对性是否无论如何要成为疑问？

《罪与罚》的情节主线是一个贫困的大学生拉思科里涅珂夫杀死了一个女高利贷者及其妹妹以及最后自首，它所涉及的主要问题是：极少数特别优秀的人是否内心有权利做某些通常道德上被禁止的事情？他们是否可以凭自己的良心越过那为一般人所设的界限？他们可以成为规则的例外吗？假如他们成功的话，他们借助于随后成就的丰功伟业，随后所做的成百上千的好事，是否能把这一桩开始的罪行轻轻抹去？这是涉及个人行为的道德问题。

《群魔》的主要情节则涉及到集体行为的道德问题，一个"忙碌不堪的革命者"，一个信奉进步、抱有自己的社会理想的行动小组，制造和引发了谋杀、纵火、骚乱等一系列事件，最后杀死了一个原先的同志，杀死了一个信念改变、不愿再听从他的命令的人。这里所涉及的主要问题是：是否可以为社会理想和共同事业而采取任何手段，是否可以不惜流他人的

---

[1] "世界教会"或"国家教会"是一个特殊的深入到神学的问题，《卡拉马佐夫兄弟》虽然接触到了这个问题，评论者多指出这是受到索洛维约夫思想的影响。由于陀思妥耶夫斯基的逝世，这一问题并未在陀思妥耶夫斯基作品中充分展开。

血?《群魔》涉及的人物和场景要比《罪与罚》更为广阔,但中心的问题还是道德问题及其与上帝、与人的关系。

《卡拉马佐夫兄弟》则以更尖锐、也更具普遍意义的形式集中指向这样一个核心问题:如果上帝死了,人是否什么事都可以做?是否一切行为都可以允许?全书围绕着弑父这一案件展开;老卡拉马佐夫的长子米卡出于激情和鄙视声言要杀死他的父亲;次子伊凡则为上述问题苦恼,成天琢磨一种实际上将使杀人(哪怕是弑父)合法化的理论;私生子斯麦尔佳科夫在这种理论的影响下真的这样干了;从而使第三个儿子阿辽沙想阻止这一悲剧发生的努力终归无效。而其中的"宗教大法官的传奇"尤其触及到道德、宗教与人性关联的一个深刻和复杂的问题:人是不是可以分成多数与少数两种人?多数人是否总是比那少数更趋向物欲而非精神,更重视安全而非自由,更依从权力而非自身和更相信奇迹而非上帝?这是否可以改变?如果不能,是否即便上帝重返,人间最终也将依然如故?这一"假如上帝重返……"的问题,也许是比"假如上帝死了……"更加震撼人心,关涉到人的整个希望和绝望的问题,而它的一部分,经过分析之后大概也仍将隐在莫测的神秘之中。它就像是陀思妥耶夫斯基的临终遗问,是他最后也是最大的困惑。

一、迫切的道德问题

在陀思妥耶夫斯基笔下,还有一种类型的人物是我们前面没有提到的,这就是德米特里·卡拉马佐夫(米卡)、罗果仁等一类人物,他们不是思想者,而是充满行动激情的人,这种激情中也包含着欲望(混杂在一起的美欲与色欲),但他们并不计较功利,常视金钱为敝屣,甚至宁愿让激情之火烧毁自身。他们是迷乱的、狂热的,他们的激情有时可能引发极其高尚无私的行为，有时又可能导致极其狂暴伤人的行为。他们总在善恶之间奔突。他们不是学问家、平时不怎么思考，不怎么反省自身，然而当被抛到边缘的处境时，脑子里却同样涌现出大量的问题。《卡拉马佐夫兄弟》中的米卡就是这样，在小说中数他最热闹，他忙个不停，甚至故事情节都围绕着他，案件以他为中心，他可以说是小说的前台主角。当经历了一个狂乱的过程，他被作为杀父的嫌疑犯拘捕，在开审的前一天，他对即将对自己的开审及判决却并不太关心，而是想跟阿辽沙说"最主要的问题"，他说：

"……头脑并没有丢失，而是在头脑里装着的东西遗失了。……"
"你说的是什么，米卡？"
"思想，思想，就是说这个！伦理学。你知道伦理学是什么？"
"伦理学么？"阿辽沙惊异地说。
"是的，那是不是一种科学？"
"是的，有这样一门科学，……不过……说实话，我没法对你解释清楚那是什么科学。"[1]

"什么是伦理学？"米卡以前从不关心学问，为什么现在要关心这个问题？而阿辽沙并没有给出回答，也许，这对他也同样是一个问题？米卡在说过拉基金的观点之后，又一次追问："归根结底道德是什么？你说说，阿历克赛。我有我的道德，中国人自有中国人的道德。可见这都是相对的。对不对？不是相对的么？这真是叫人挠头的问题！我要是对你说，我为这个问题两夜没睡着，你不要笑！现在我奇怪的只是人们在那里生活

---

[1] 陀思妥耶夫斯基：《卡拉马佐夫兄弟》下，人民文学出版社 1981 年版，第 888 页。

着,却一点也不去想它。"[1] 有关善恶的判断折磨着他,因为在经历了那个惊心动魄、他差点杀死一个人又把别人的钱挥霍了的夜晚之后,他已经感到了道德的分量。在那一夜他最感到痛苦的并不是当他想到自己可能杀死了老仆,有可能被流放到西伯利亚去的时候;甚至也不是当他的爱情已告成功,头上又重见天日,这时他却发现自己已经恰恰因对爱情绝望而犯了罪的时候;而是当他觉得他到底还是把那些准备归还的钱拿出来挥霍掉了,这样,他也就觉得自己成了一个不折不扣的贼的时候。在这一夜里他觉得自己明白了许多事情,明白了不仅做一个卑鄙的人活着不行,连作为一个卑鄙的人而死也是不行的。[2]

伊凡·卡拉马佐夫也经历了类似的折磨,他在父亲被杀后感觉到有一个魔鬼在逗弄他,那魔鬼说:"良心!什么是良心!良心是我自己做的。我干吗要受它折磨?那全是由于习惯。由于七千年来全世界人类的习惯。所以只要去掉这习惯,自己就能变成神了。"[3] 而伊凡承认,那魔鬼就是他,就是他自己,就是他身上"全部下流的东西,全部卑鄙、下贱的东西。"以致阿辽沙怜惜地望着兄长:"他真把你折磨苦了!"

同时,却另有一种人表现出一种赤裸裸的、坦率的无耻,他们明白地表示自己信奉一种自利的、享乐的哲学。在他们那里不存在什么道德问题,因为道德不过是一种相对的东西,一种只是让人方便的东西而已。《被欺凌与被侮辱的》中抛弃妻女、欺凌弱者、为追逐金钱不择手段的瓦尔科夫斯基公爵,就认为道德其实跟舒适并没有什么区别,发明道德的唯一目的,就是追求舒适。他说:"您责备我荒淫无耻、腐化堕落、没有道德,可我现在的过错也许只不过是我比别人更加坦白,如此而已;我的过

---

[1] 《卡拉马佐夫兄弟》下,第 896 页。
[2] 同上,第 746 页。
[3] 同上,第 989 页。

错在于我不隐瞒别人就是对自己也要隐瞒的事。"[1] 他又说："既然我肯定地知道，人类一切美德的基础乃是极端的利己主义，那我又怎么办呢？一件事越是德性高超，其中的利己主义也就越多。爱你自己，——这是我承认的唯一准则。人生是一笔交易；您不要枉掷金钱，但是却不妨花点钱去招待别人，那么您也就尽到了自己对亲朋好友的全部责任，——这就是我的道德。……照我看来，最好也不要为亲朋好友破费，而要设法迫使他们白干。我没有理想，也不想有理想，我从来也没有感到需要理想。没有理想照样能在世上逍遥自在地生活……只要我过得舒服，我什么都能同意，像我这样的人多不胜数，我们也的确过得很舒服。世上的一切都会消灭，只有我们永远不会消灭。从世界开始存在的那一天起我们就存在了。整个世界都会沉没，可是我们这些人的生命力该有多么顽强。我们这些人的生命力大概是无比顽强的……"[2] 荒淫好色的老卡拉马佐夫也如此向其幼子陈述他的生活哲学："现在我总还算是个汉子，只有五十五岁，但是我愿意再作二十年的汉子，等到老了，我会显得丑陋可厌，她们不会甘愿到我这里来的，到那时候我就需要钱了。所以现在我专门为了我自己拼命地攒钱，越多越好，我亲爱的儿子阿历克赛·费多罗维奇，你最好知道这点，因为我愿意过我这种龌龊生活一直过到底，你最好知道这一点。过龌龊生活比较甜蜜；大家咒骂它，可是谁都在过这种生活，只不过人家是偷偷的，而我是公开的。正因为我坦白，那些做龌龊事的家伙就大肆攻击起我来了。至于到你那天堂里去，阿历克赛·费多罗维奇，我是不愿意的，你最好知道这一点，就算是真有天堂，体面的人到那里去也不合适。照我看来，一觉睡去，从此不醒，就一切都完了，你们愿意，就追荐我，

---

[1] 陀思妥耶夫斯基：《被欺凌与被侮辱的》，人民文学出版社 1980 年版，第 339 页。
[2] 同上，第 346—347 页。

不愿意,就见你们的鬼去好了。这是我的哲学。"[1] 这也是一种彻底的、无所畏惧的哲学,甚至常常被认为是一种强者、勇者的哲学,不害怕生前死后的一切,但是,它实际上不是一种思想上怯懦的哲学吗?

这种坦白还构成一种时代的挑战,以致正在成长中、正在人生十字路口的《少年》中的主人公多尔戈鲁基,在目睹了这种赤裸裸的坦率以及流行的合理利己主义之后也感到了一种深深的困惑,提出了这样一个伦理学上极其重要的问题:

最困难的是回答这个问题:"为什么一定要做个高尚的人?"要知道,世界上有三种卑鄙的人:一种人卑鄙得天真烂漫,也就是说,相信自己的卑劣行径是最高尚的;另一种卑鄙的人是有羞耻心的,也就是说,对自己的卑劣行径感到了羞愧,但还是一定要把卑劣行径干到底;第三种是真正的卑鄙之徒,地地道道的卑鄙之徒。让我来举一个例子:我有一个同学叫拉姆别尔特,他还只有十六岁的时候,就对我说,他往后成了有钱的人,他最大的享乐将是当穷人家的孩子快要活活饿死的时候,他把面包和肉去喂狗;……这就是他的感情!请问,我怎样回答这个十足的卑鄙之徒的问题:"为什么他一定要做个高尚的人?"特别是现在,在你们进行了这样的改造的我们的时代。因为比现在更糟的事情是从来没有过的。

他特别点出时代,一个物欲开始占上风的现时代,而这一切问题都涉及在道德规范、善良意向和良心中是不是有什么普遍的、绝对的东西,以及如果没有,人们是否会对此感到安心甚至满意的问题。有一些人是安

---

[1]《卡拉马佐夫兄弟》上,第253页。

心的，在他们那里不存在这个问题，在他们看来，道德不过是类似一件衣服一样的、方便的、遮羞的东西，有时可以要它，有时也可以不要它。但仍有许多人感到不安心，他们无法安心于卑贱地活着和死去，甚至也无法安心于浑浑噩噩地活着和死去。

一般说来，伦理学包含有两类基本概念，一类概念是"好"、"善"（good）这一类价值概念，另一类是"正当"（right）、"应当"（ought）、"义务"（duty）这类规范、义务概念。广义的道德因之也可分为两个方面：行为规范（正当［right］）与价值欲求（好［good］）。在传统道德中，目的价值与义务规范两者是相当紧密地结合在一起的，并相当突出目的价值的根据地位；而近代道德理论的主流从康德起则趋向于分离两者，或者说拉开两者的距离，强调行为规范的优先地位及其独立性。亦即，强调在现代社会人们的价值歧异尚不能根本解决，不能达致统一的情况下，道德应当主要限于只是普遍地要求人们的行为正当，要求人们遵循一些最基本的道德行为规范，诸如"不可杀人""不可盗窃""不可许假诺""不可奸淫"这样一些禁令。

但是，在这些道德规范（或者说界限）本身所历史地联系的价值和精神根据被动摇的情况下，即便它们努力与价值根据脱钩，其可靠性、客观性和绝对性也依然受到怀疑。它们仍能享有一种能为人们普遍信仰的、独立自足的客观绝对性吗？它们是绝对的呢还是可以在某些情况下被逾越？它们是否因人而异、因时而异、因事而异乃至是否可以根本不需要有什么界限，不需要有什么规范？

在过去，在社会上的人们大都共享一种支配性的目的，如古希腊人追求至善和生命的完美，中世纪人渴望上帝和永恒的时候，人们也大都尊重一些共同的规范和德性，人们很少怀疑道德规范的可靠性，这种支配性的目的本身也就构成对人们行为的一种限制，使人们不致放任自恣。但现在这一支配性的目的分解了，歧异了，变成复数了，德性也瓦解了，在德性的时代之后，伦理学还能抵御住相对主义乃至虚无主义的攻击吗？抑或道德就应当是相对的？这就是陀思妥耶夫斯基作品中首先提出的问题，也是我们时代所面临的一个最迫切的问题。

二、罪：赞成的"理由"

我们下面想从个人行为与集体行为两方面来探讨这些问题，在个人行为方面是"个别人能否因其优秀和卓越而越界"的问题，在集体行为方面则是"集体能否因其崇高的社会理想而越界"的问题。

我们这里所说的"界"即指对人们行为的道德约束，指那些存在于各种文明的道德法典中的基本规范，而在此我们尤其是想集中于"不可杀人"这一基本规范，想通过询问这一最大的诫命是否在某些情况下可以有例外，来对道德构成一种考验。我们这里所关注的"伤害"是最大的伤害——剥夺别人的生命。"人不能杀人"作为一个命题似乎不成问题，但"人杀人"的现象在现实生活中却并不罕见，那么，在某些情况下，依据某些理由、某些目的、某些价值，是否可以越界杀人，或者说可以逾法流血？这就成了一个问题，而且，这一问题所涉及的确实是一最大的界限，如果这一界限可以突破，那就不会再有什么界限不可逾越。

而在越界的理由方面，我相信，也最好选择最能使人动心的理由，选择最能吸引人的目的和价值，就像个人方面的追求优秀、追求充分地实现和发展自己，集体方面的追求一个美好的、理想的社会。这样，如果说，即便再优秀的人，为了再优越的价值，也不能够杀人越货，集体为了再崇高的理想也不能把人们浸入血泊，那么，用其他的理由越界就更不行了。当然，这里的"优秀"不是指道德方面的优秀，而是指才能方面的优秀。毛姆的《月亮与六便士》中的主角思特里克兰德追求一种艺术的尽善尽美，他毫不经意地夺了朋友之妻，然后又将她抛弃，对此且似乎并未感到有任何道德上的不安，尽管这样，人们却往往会因其艺术的天才而对之有某种程度的谅解。另外，这可能也是因为他伤害别人的范围毕竟较狭、程度毕竟较轻，他毕竟没有杀人，受到伤害的仅一两个人，并且这里还没有强迫。确实，道德上正当与否的问题不仅要看是否对他人、对社会构成了一种实际的伤害，还要看是以一种什么方式伤害的，伤害的程度和范围有多大。至于他本人对自己做了什么，或者其欲求的生活方式是高尚还是庸俗在此并不是道德关注的中心。

我们选择这样两个问题展开，还因为陀思妥耶夫斯基的两部作品——《罪与罚》和《群魔》，为我们提供了可以说是最好的例证。下面我们就先来看《罪与罚》中"优秀者能否越界"的例证。

小说的主人公拉思科里涅珂夫谋杀那个女高利贷者是在七月初的一天，起念却是在头年冬天，他去典当一个戒指，立刻就感到对这个贪婪、狠心的老太婆的憎厌，回来走进一个小酒馆，一个奇异的思想突然像蛋里的小鸡一样啄着他的头脑，正巧他又听到了邻桌一个大学生与一个青年军官议论那个老太婆的恶毒和怪癖，以及如何虐待与她住在一起的妹妹理萨威泰，接着，那大学生认真地提出了这样一个问题：

"听着，我要问你一个重大的问题，……试想这一点；一方面是一个无意义、无价值、又愚蠢、又恶毒、又有病、又可恶的老太婆，不仅没用，反而实际对大家有害，她自己一点也不知道她为什么活着，而且反正她一两天自己就要死的。你明白吗？你明白吗？"

"是的，是的，我明白。"军官答着，注意地瞅着他那位激昂的朋友。

"好，那么你听着。另一方面却是些年轻的新生的力量因为缺少帮助而被抛弃了，而且是成千成万的，到处皆是！靠着那个老太婆预定给修道院的钱，十万件好事都可以做了，都可以受到帮助了！成千的人，也许成万的人，都可以上了正路；成百的家庭都可以免于贫困、免于败坏、免于毁灭、免染恶习、免进花柳病医院——而这一切都是用她的钱。杀死她，拿她的钱，借着这笔钱献身为人类服务，为全体谋利益。你认为怎样，难道成千的好事不能把一桩小罪抹去吗？牺牲一条性命，成千成万的人便都可以免于败坏霉烂。一死换百生——这是简单的算术！并且，在生命的权衡上讲，那个又愚蠢、又乖戾、又有痨病的老太婆的生命有什么价值呢！不过是一个虱子、一个黑甲虫的生命罢了，事实上还不如，因为那个老太婆在害人。她在消耗别人的生命；前几天她为了出气，咬了理萨威泰的一个手指头；那个手指头几乎得动切除手术哩！"

"当然她不配活着，"军官说道，"但是你瞧，这是天性哪。"

"唔，老兄，但是我们必须纠正、指导天性哪，……"

"你高谈阔论起来了，但是告诉我，你自己肯杀死那个老太婆吗？"

"当然不肯喽！我只是想说明那件事的正当……"

"但是我以为，倘若你自己不肯干那件事，那就不正当了……"[1]

拉思科里涅珂夫大为激动。他想，为什么正当他自己心里怀着跟那大学生完全同样的意见的时候，碰巧就听见这样的谈话和这样的意见呢？为什么正当他放下对老太婆的初起的念头的时候，便立刻碰到人家谈论老太婆呢？这种凑巧同时发生的事在他看来永远是奇怪的。酒馆里这场普通的谈话在以后的事态发展上发生了巨大的影响；仿佛其中真有什么预先注

---

[1] 陀思妥耶夫斯基：《罪与罚》，第 76—77 页。

定的命运，真有什么引导的暗示似的。

一个杀人的念头在一个人心中产生了，在许多情况下可能只是因为一时的愤怒和不平，它会转瞬即逝，再也不留下任何踪影；但有时却可能在一些特别的事件、机缘凑到一起的情况下而再次乃至反复出现，最终变成行动的计划。不幸拉思科里涅珂夫正是遇到了这些情况。他一直极其贫窘和孤僻，又老是什么也不做，躺在小屋子里思考，这种状态使那个念头不断撞击他的心，计划渐渐酝酿成熟，但终于使他下定决心的则是他收到母亲的信，母亲告诉他妹妹愿为他的学业做出牺牲，也为了摆脱一个地主的纠缠，嫁给一个她并不爱的人，而他马上就看出那个她要嫁的人是一个卑鄙虚伪的人。他不是需要一点钱，而是要许多钱才能脱出这一困境。而他根本没有办法用正当的手段一下搞到这许多钱。此前一个月他总是想着这件事，却还是不知道自己是否真的能去做那件事，他头天去女高利贷者家打探情况时，就一直在想"那件事我能干吗？那件事严重吗？""太阳在那个时候也将这样照耀着吗？""上帝啊，我真能拿一把斧头，照她头上砍去，把她的脑子劈开吗？"他觉得自己完全受不了，决计受不了这事。但他收到这封信之后又开始想这事。他头天还帮助一位酒鬼——索妮亚的父亲——回了家，并偷偷留下了一些钱，晚上又梦见有人用木杠打死一匹小马，一男孩捧着流血的马头痛哭。但第二天收信后他又在想这件事了，这个念头挥之不去，直到他祈祷上帝，断然说："我放弃我那可恶的念头。"一时间他才觉得一个魔咒仿佛被破了，他突然自由了，解除了那一诱惑！然而，当他路过干草市场时，却意外地听见了别人谈话，说明天七点钟理萨威泰将不会在家，这样，那时候那里便只剩下老太婆一个人了，是一个杀她的最好时机，而且这是完全意外的，谁也不知道他得知了这一情况。他忽然觉得，"他再也没有思想的自由了，没有意志力了，一切都是无可挽回地决定了"，明天他必须去。

然而，第二天他还是去晚了。他简直不像一个要按照计划去杀人的人，一口气睡到六点多还什么准备也没做，然而他却似乎有犯罪的最好"运气"（当然这实际上是最大的不幸），他急匆匆地，却非常凑巧地从暂时无人的门房里偷到了斧头，又在进入那幢楼的大门时隐在一辆同时进门的大马车旁边而无人看见，他按了三次铃，门开了，他已经不可能后退了，他差点晕眩，但他刚一下把斧头向那老太婆打去，他的力量就来了，以后的事情就简单了。他杀了人却忘记了关门，对拉思科里涅珂夫来说，最不幸的是理萨威泰竟然在这时候回来了，他如机械般地又杀死了第二个人，而对他"最幸运"的可能是他竟然在有两人敲门的情况下奇迹般地逃脱了，又在无人知晓的情况下把斧子送回了原处，如果不是他因欠房租而被传到警察局，在那里听到人们叙说这一案件后突然晕倒在警探面前，大概他永远不会被怀疑；而即便被怀疑，由于找不到他犯罪的任何证据，他也难于被判罪。

以上是要说明，如果说拉思科里涅珂夫确实是罪犯（我想，在作者看来，这一点是毫无疑义的，这一点正如书名所示），那他也绝非是一个普通和简单的罪犯；而是一个十分特殊和复杂的罪犯。拉思科里涅珂夫不仅心理极其复杂多变，任何一个小障碍或小转机都可能阻止他的犯罪。而且他同时还是一个富于怜悯心，甚至能舍己助人的人。他的朋友，正直的拉如密亨对他的评价是：他聪明，但又乖僻、抑郁、骄矜、傲慢、爱疑心、爱空想、有着高尚的性格和慈悲的心肠，却不喜欢表示感情，宁愿做一件残酷的事情，也不愿自由地说出心里话。他仿佛总在轮流扮演着两个人似的，非常看重自己，任何时候都不对别人发生兴趣的事物发生兴趣。[1]

拉思科里涅珂夫犯罪的特殊之处还在于：他不仅仅是犯罪，他还有

---

[1] 《罪与罚》，第 251 页。

一种思想，他还为自己的行为提出了某些理由，乃至提出了一种想使这一行为变得可允许——不一定是被社会，而是被自己的良心允许的理论，下面我们就来分析这些理由。

首先，我们有必要指出，拉思科里涅珂夫所赞成的"越界"并不是普遍的，允许所有人的"越界"，并不是通过一种道德相对主义或虚无主义来否定道德上有任何绝对的、客观的"界限"，亦即，他还没有走到伊凡·卡拉马佐夫"如果上帝死了，一切都可允许"那一步，他也不是要试图改变外在的"界限"，改变法律，使法律允许某些事，不再认为某些行为为"罪行"。不，拉思科里涅珂夫所谋求的"越界"完全是个人的、内心的、自我判断的，只适用于自己或少数人的，而不是客观的、普遍的，适用于所有人的。因而这一"越界"实际是隐蔽的，力求不被发现的，但它也不同于那种不管任何理由，只是要攫取一己利益，达到个人目的的"违法"，拉思科里涅珂夫不是仅仅为了钱去这样做，急需钱只是促使他产生并想实行他的理论的一个外在动因。说到底，他不想心地不安，而是要心地平安地去做这件事，他要为这件事找到一个正当化的理由才肯去做这件事，他只有在自己心里不再把这事视之为"罪"才肯去做这事，因为在他看来，他和许多人不同，他属于那少数优秀者——至少他想通过这件事验证自己是否属于那少数优秀者。

所以，拉思科里涅珂夫不完全同意波费利对他"犯罪论"一文的解释，反对波费利将其理论解释为："有些人可以有充分权利破坏道德和犯罪，法律不是为他们而设的。这些特别的人有权利犯任何罪，有权利随便犯法，就因为他们是特别的。"他对这一解释做了一点订正：

> 唯一的差别是在这儿；我并没有硬说，一个"特别的"人有权利……这并不是一种正式的权利，而是一种内心的权利，凭自己良心

来决定越过……某些阻碍,而且只是在对于实现他的理想(有时或许对于实现全人类的利益)有必要的时候。你说我的文章不明确;我情愿尽力说得清清楚楚。……我确以为,倘若克勒列(开普勒)和牛顿的发现,除非牺牲一个,十个,一百,或者更多的人的性命,就不能让大家知道。那么牛顿便有权利,确实责无旁贷地必须要……消灭那十个或一百人,以便为了让全人类知道他的发现。但是从这点并不是就推定了,牛顿当然有权利随便杀人,或者天天在市场上偷东西。[1]

拉思科里涅珂夫在此强调,这种少数人的权利并不是一种正式的权利,并不是一种法律的权利,而只一种内心的权利,一种内在道德的权利,亦即一种"凭自己良心来决定越过某些障碍,并且只是在最必需的时候"的权利,在拉思科里涅珂夫那里,这种"最必需的时候"也就是极大地迫于生计压力,不仅要救自己,也要救母亲和妹妹的时候,但即便处在这种濒危境地,也并不是所有的人都能够这样做,而是只有少数特别的人可以这样做,也就是说,是在这样做能给人类带来最大好处的时候,是在这种行为能为人类最优越的价值服务的时候。人是有差别的,并且可以简化各种差别,把人分为普通的与特别的两种,这就是他认为可以从中引出他的赞成"越界"的最主要理由的人性基础。他说:

至于我把人分成普通的与特别的,我承认那是有些专断,但是我并不坚持正确的数目。我仅只相信我的主要见解:人类为一种自然法则大概地分成两种,次等的(普通的)即可以说是仅是繁殖同类的材料,和有天赋或有才能在自己的环境里说一句新话的人。当然还有无

---

[1] 《罪与罚》,第 306—307 页。

数的更细分类，但是这两种人的区分特征却是分得很清楚的。头一种人，一般说来，是性情保守而又守法的人；他们过着受管制的生活，而且爱受管制。在我想来，受管制是他们的本分，因为那是他们的天性，就他们说来，这里面并不含有什么丢脸的意味。第二种人都犯法；他们都是破坏者，或心想破坏，按照他们的能力而定。这些人的犯罪当然是相对的和各色各样的；他们大抵用各种不同的理由，企图破坏现状，以求改善。但是倘若这样一个人为了他的目的迫不得已要跨过一具死尸，或者从血泊中涉过，我确以为他能在他内心里，在他良心上，获得许可从血泊中涉过的——这要看目的和目的大小而定，你要注意这点。只是在那种意义上，我才在我的文章里说到他们犯罪的权利的（你记得那是以法律问题开头的）。不过，用不着那么焦心；群众决不会承认这种权利的，他们惩罚他们或绞死他们，这样做来便十分正当地尽了他们的保守的天性。但是同样的群众在下一代便把这些罪人塑在雕像架上来崇拜他们。头一种人永远是现在的人，第二种人永远是将来的人。头一种人保存这个世界，增加他们的数目，第二种人推动这个世界，引它向着它的目标走去。两种人具有同等的生存权利。事实上，都和我有同等的权利——Vive la guerre eternelle（永久的战争万岁）——当然，直到新耶路撒冷从天而降为止。[1]

然而，这里马上产生两个问题。第一个问题是：人怎么辨别这两种人呢？这里重要的可能还不是外在的辨别，而是内在的辨别，亦即自我的辨别。一个人怎么判断自己属于哪一种人呢？他可以根据什么来判断呢？人们的自我判断是不是会发生错误呢？如果发生了错误，如果他们本属于

---

[1]《罪与罚》，第307—308页。

第一种服从的人,结果却铤而走险做了第二种人的事——"越界",那怎么办呢?拉思科里涅珂夫似乎认为第二种人不会犯这种判断错误,这种错误只能在第一种人中发生,这就是说,在普通人中有些人,不顾自己早有服从的倾向,却因为生性冒险或者自视甚高而可能越界,但是他们决不会闹得很过火的。当然,他们有时因为想入非非,该挨一顿鞭子,教导他们守本分,但是这就得了;事实上,有时就连执刑者也不需要,他们自己会鞭挞自己,或者彼此互相鞭笞。[1]

另一个问题是:如果内心有权杀人的第二种人很多怎么办?那不是很吓人的吗?社会不是要崩溃吗?拉思科里涅珂夫对此的回答是:"有新思想的人,有一点点能力说句新话的人,数目少极了,事实上确实少极了。只有一件事情是明显的,人类的这一切等于和一再分类的出现一定是有条不紊地照着某种自然法则的,而且那一天大家会知道的。广大的群众,这种材料,在世界上存在着,仅仅是为了借着某种伟大的努力,借着某种神秘的方法,借着各人种各民族的某种交配,最后或许由一千人中产生出一个有一点独立性的人。或许一万人中产生一个独立性多些的人。有天才的人是百万人中的一个,伟大的天才们——人类的无上光荣——或许在许多万万人中才出现一个在世上。"[2]

在场的拉如密亨认为这一有关两种人的理论并不新奇,乃至于是对的,"那就像我们读过听过一千遍了的东西,你是对的;但是在这一切话中真正独创的,而且我恐怕是唯独属于你自己的,就是你凭良心许可流血,而且——原谅我这样说——带着那般的狂热……我以为那就是你的文章的要点。但是那种凭良心许可流血,在我看来……比正式依法许可

---

[1] 《罪与罚》,第 310 页。

[2] 同上,第 310—311 页。陀思妥耶夫斯基自己在评论 19 世纪以来的俄国文学时曾说:说出新话的仅普希金、果戈理,可旁证他心目中这种人之稀少。

流血还更可怕……"[1] 拉思科里涅珂夫自己也承认:"这一切话里并没有什么特别新奇的东西,同样的东西已经印过读过千遍了。"而他独特的地方的确在于"凭良心许可流血",凭良心许可杀人,而且他真的就这样做了。

有关人的差别,人的区分的理论是一种有关人的事实的理论,是一种试图描述现实人性的理论,而"凭良心许可流血","优秀者可以越界杀人"却是一种行为规范的观点,从前面的事实中是否能引出后面的这种"应当"或者"允许"呢?两者之间是否存在必然的联系呢?从前一种有关事实的描述(当然还可以考查这一描述是不是真的是事实),是否可以引出其中一种人可以做某些事而另一种人就不可以做同样的一些事的结论来呢?这一点我们后面还要分析,但是在此指出这有关事实与规范的两种观点并非一回事,并非一逻辑严密绾合的整体,两者并非不可分开是重要的。

在拉思科里涅珂夫看来,上面所说的两种人,或者说多数与少数,群众与天才,服从者与革新者对待规范、法律的态度是不同的,而且理应不同,他们所遭遇的命运也会是不一样的。而在此甚感困难之处在于拉思科里涅珂夫似乎认为:多数中也会有人越界或想越界,但他们的良心最终会感到不安,他们会自己鞭挞自己,他们是软心肠;而少数伟人会坦然越过障碍,他们也许生来就有几分是罪人,他们是硬心肠。循常规生活是他们所不能甘心的事,但如果他们为受害者和牺牲者感到悲哀,他们可能也会感到苦恼,真正伟大的人一定在世上怀着伟大的悲哀。但他们不会因此放弃这样做,不会放弃流血,只要这流血在他们看来是必要的。他们可能因此生前失败,被群众绞死,而只是由下一代群众来崇拜和尊奉他们,

---

[1] 《罪与罚》,第 311 页。

但也可能生前就赢。但社会怎么辨别这两种人呢？这两种人本身是否有明确的分界呢？在这两种人之间也许还有一个中间层，也许"多数中的少数"就有些接近于"少数中的多数"？也许夭折的天才永远不可能被人知晓？也许一个次等的天才由于境遇的顺遂其功绩会超过一个潜在的头等的天才？社会无法鉴别这两种人，但它可能也无须鉴别他们，它不必去管他们的动机、潜能、素质，它只须管他们的行为，如果他们违了法，它只须开动国家机器去努力捉住他们就是了。这也就是拉思科里涅珂夫的意见，所以他甚至在自首后也曾后悔过，认为自己有罪只是被捉住了，只是失败了。"为什么我的行动使他们以为如此可怕呢？"他心里自言自语："是因为那是一件罪吗？罪是什么意思呢？我的良心是平安的。自然，那是一件法律上的罪，自然，违犯了法律的条文，流了血。唔，就为着法律的条文惩罚我吧……那就得了。自然，如果那样，那么许多并非继承权势而是为自己夺取权势的人类恩人就应当在第一步便受惩罚喽。但是那些人成功了，因此他们便是对的，我没有成功，因此我便没有权利迈那一步。"他甚至说他承认有罪只是在这点上，只是在他没有成功而把事情供认了的这件事实上。[1]

以上涉及的是一般的理由，我们再深入到拉思科里涅珂夫的具体情况，观察他是如何为自己杀人并且迟迟不肯自首辩解。

拉思科里涅珂夫对波费利说，他"并不自认为是一位穆罕默德或者拿破仑，也不是那一类的任何人物"。但他又承认当他写《犯罪论》那篇文章时，很有可能以为自己有点儿算是个"特别的人""说了一句新话"。由此，可以再把他所说的少数天才再分为两类：一类是如梭伦、穆罕默德、拿破仑那样行动的天才，那种立法的、宗教界、政治界和军事界的伟

---

[1] 《罪与罚》，第 638 页。

人,他们的行为坚决果敢,事业浩大壮阔,他们必需有群众,有材料来上演他们的戏剧,常常需要在血泊中涉过。还有一类则是思想、艺术、科学的天才,例如牛顿、开普勒、普希金,他们能够说出新话,但他们可能不必有很强的行动能力,他们的事业一般无需群众作材料,所以他们实际上正如皮萨列夫所说,一般几乎不需要杀人和流血就能达到他们的目的,但他们有可能在开始时因生计压迫而夭折,或处于条件恶劣而不能发展的境地。[1] 拉思科里涅珂夫究竟属于哪一类?或者这两者都不是,而只是普通人?他母亲反复读了他在杂志上发表的文章,说自己能够看出23岁的儿子不久便要成为俄国思想界的领袖之一,她认为自己的儿子是天才,这当然有几分可能是出于母亲的偏爱。[2] 不过,波费利也对拉思科里涅珂夫说:"你的文章又荒谬,又古怪,但是其中却含有透明的真诚,青年的不朽的自尊心和大胆的绝望。"他说这是一篇"深沉的文章",文章的作者决不会走"平常的道路"。[3] 无论如何,如果说拉思科里涅珂夫有几分接近于天才,他看来也不会是属于行动的天才,而接近于是思想的天才。然而,拉思科里涅珂夫对索尼亚说他做那件事时是想做拿破仑,或者说想学拿破仑:

> 就是这样:有一天我问自己这个问题——比方说,如果拿破仑碰巧处在我的地位,如果他既没有都隆,也没有埃及,也没有白岭山道来开始他的事业,不但没有这一切美丽的不朽的东西,却只有那么一

---

[1] 卡莱尔曾把英雄分为六类,我们也许可以把他说的先知英雄(穆罕默德)、教士英雄(路德、诺克斯),君王英雄(克伦威尔、拿破仑)归为第一类,而把他说的诗人英雄(但丁、莎士比亚)、文人英雄(约翰逊、卢梭、彭斯)归为第二类。

[2] 《罪与罚》,第604页。

[3] 同上,第532页。

个可笑的丑八怪老太婆，一个当主，还得把她杀死，来拿她箱子里的钱（为了他的事业，你要明白），怎么样呢。那么，他会决心做那件事吗，如果别无办法的话？他会因为那根本不是什么不朽的事业……而且还有罪，而觉得痛苦吗？那么，我一定要告诉你，这个"问题"真把我害苦了，因此等我最后猜出（不知怎的，忽然之间）那不会给他丝毫痛苦的，那甚至于不会使他觉得并不是不朽的事业……他不会看出其中有什么值得踌躇的地方，如果他别无办法，他会不假思索地马上便把她勒死的——等我猜出了这种情形，真是相形见绌，惭愧极了！好，我也不假思索地……便把她杀死了，学他的样子。[1]

然而，他实际上看清了自己，他其实并不是拿破仑，并不是那种一往无前的行动的天才，在杀人之后，他马上就从他的痛苦、犹豫、疾病、濒临疯狂、几欲自杀中明白了：他决不会是那种人。他不是那种"不发问便直奔目标的人"。他至多可能成为一个思想的天才，但是否能成还远未可知。而且，他最初所抓住的这思想，尽管足够新颖、独特，言人所不敢言，但却是一种多么可怕的思想啊！把判断一个杀人的行为是否正当的标准完全交给个人，交给自我，交给一己之心，这正如波费利所指出的，这样的思想如果变成了一套系统的公开的理论是会杀人的，会成千上万地杀人。哪怕拉思科里涅珂夫自己最终并未杀人，也会引发出比这更可怕千百倍的事情来，就类似伊凡·卡拉马佐夫后来所做的那样，在某种意义上，拉思科里涅珂夫就是未来的伊凡·卡拉马佐夫。

拉思科里涅珂夫还对索尼亚提到环境的原因，提到各种复杂的动机。直接的原因是他家庭的困境，他说他不想让母亲再受苦，不想让妹妹

---

[1]《罪与罚》，第488—489页。

再寄人篱下，再受他人的胁制，还有他那间小黑屋子，他孤僻，坐在那小屋子里，像个蜘蛛一样，被低低的天花板和小小的房间压迫着，他又不肯出去，不肯做事，甚至常常不吃饭，成天待在那里面。在这样一间黑屋子里，什么样的黑暗的思想不可能孕育啊！于是他想搞那个老太婆的钱，做他头几年的费用，以维持自己的学业结束和离校后的短期生活，以便开始建立崭新的事业，开始独立的新生活，乃至开始一种能给人类带来许多利益和幸福的事业。但有时他又干脆否定他的动机中较好、较高尚的一面，他干脆说他纯粹只为自己杀人，说他只是不能再忍受那种思想斗争的痛苦，想验证自己究竟是什么样的人、究竟属于哪一类，急于想验证自己的思想是否正确和有力量，他只是想"试一试"！然而，这样一件事情怎么可能去"试一试"呢？索尼亚马上斩钉截铁地说："你却杀死了她！"

另一个因素也起了作用，即他感觉在这世界上最大胆的人最能迅速地改变人，最有影响力，从而也最正确。他等不及去说服别人，他只想有胆，不仅敢想，而且敢说、敢干，他说：

　　索尼亚，如果一个人要等着人人都变聪明，那就要费太长时间了……以后我明白了，那是决不会实现的，人不会改变，谁也改变不了这种情况，而且不值得在这上面浪费力气。是的，就是这样。这是他们的定律，索尼亚，……就是这样！……而且现在我知道了，索尼亚，凡是脑筋强健、精神旺盛的人，就可以支配他们。凡是胆大包天的人，在他们的眼中看来都是对的。蔑视事物最多的人会在他们里面成为立法者，最大胆的人最对。直到现在都是这样，而且永远都会是这样！一个人看不出这点，一定是瞎了眼！

"那时我看穿了，索尼亚，"他热心地往下说道，"权力是只赐给敢弯腰把它拾起来的人的。只有一种东西，一种东西是必要的：人只要有胆！于是我生平第一次在心中形成了一个观念，在我以前谁也没有想到，谁也没有！我看得像大白天一样清清楚楚，多奇怪啊，没有一个生活在这个疯狂世界上的人曾经有胆照直去拿它，把它抛给魔鬼去！我……我想有这种胆量……我便把她杀死了。我只是想有这种胆量，索尼亚——这就是整个的缘由！"[1]

然而，这其实恰恰是针对他自己的弱点而行。他一向是踌躇、犹豫、反省的，现在他却想反其道而行之，想大胆、坚决、果敢，但事后知道自己还是不行。

他又从对象的方面为自己辩解说："我仅仅杀了一个虱子，索尼亚，一个又无用、又讨厌、又有害的东西。"

可是他马上遭到反驳："一个人哪——一个虱子？！"

当他对妹妹都丽亚愤慨地说："罪？什么罪？因为我杀了一个下贱的、害人的虱子，一个放高利贷的老太婆，对于任何人都没有用的！"都丽亚也同样绝望地喊道："哥哥，哥哥，你说什么话！你是杀了人的！"[2]

拉思科里涅珂夫的这些理由也许最后都可以归结为：它们都是一种极端的目的论或效果论形态的理由，亦即认为道德规范在某种意义上都是手段，是为了达到一个好的目的，是为了实现某些价值，乃至一种最高价值（至善）的手段，是为了使人们达到幸福、"好的生活"的手段。传统社会的伦理学也常常带有某种目的论的特征，最著者如亚里士多德的伦理学。但传统伦理的支配性目的在一个少数统治的等级社会里往往带有一种崇高性，一种精神性，甚重视责任、荣誉和一种和谐、沉思的生活，所

---

[1] 《罪与罚》，第491—492页。
[2] 同上，第611页。

以实际上会对行为手段构成一种约束,而到近代随着资本主义的兴起和平等社会的来临,这种目的的内容和形式都发生了根本的变化,它分解为多元,而其中居主导趋势的目的越来越反映出多数的兴趣,越来越集中和强烈地指向功利、物欲或者个人功业,这类目的缺乏一种强大的精神的吸引力和道德的约束力,一些人乃至把这种目的论推到极端,认为为了达到自己的目的,可以采取一些非常手段,甚至完全不择手段。陀思妥耶夫斯基对近代以来这种极端的目的论观点是熟悉的,《孪生兄弟》的主人公也曾想到:"只要目的能够达到,任何手段都是适当的。"[1] 前面所述拉思科里涅珂夫在酒馆里听到的那位大学生的意见(那也正是拉思科里涅珂夫自己的意见):杀死那女高利贷者,用随后成就的好事把这开始的小罪抹去,也明显是一种功利主义的目的论观点,司维特里喀罗夫也转述过拉思科里涅珂夫的理论说:"一种理论,按照这种理论,我,比方说,如果主要目的是对的话,那干点坏事也是许可的。干一件坏事,可成全百件好事嘛!"[2] 以上就是拉思科里涅珂夫认为支持他越界的理由,下面我们再来看反对的理由。

三、罚:反对的力量

在《罪与罚》中,拉思科里涅珂夫犯罪的准备和完成到第一部就结束了,只占全书篇幅的不足六分之一,后面的五部则是表现"罚"了。拉思科里涅珂夫先是大病,高烧、几天昏迷不醒,几欲自首和自杀,后来又是母亲与妹妹来到;索尼亚一家一连串的灾难:父亲被马车撞伤致死,继母又发疯咯血而亡,她自己也遭卢辛诬陷说她"偷钱";杀妻之后的地

---

[1] 陀思妥耶夫斯基:《孪生兄弟》,《中短篇小说》一,第 171 页。
[2] 《罪与罚》,第 579 页。

主司维特里喀罗夫神秘地出现；侦探波费利的紧追不舍等等。拉思科里涅珂夫就在这些事件中经历了一连串极其痛苦、反复盘诘的思想斗争过程。在这一过程中，他真正感到了一种惩罚——尚不是刑事的，而是心灵的惩罚，这种"心罚"远比"刑罚"要厉害，为此，他最后甚至感到需要刑事的惩罚，急迫地想寻求身体的痛苦以缓解心灵的痛苦。就像《卡拉马佐夫兄弟》中的一位检察官所言："遭到玷污的天性和犯罪的心灵会对自己进行报复，比任何人间的制裁都更为彻底！不但如此：法庭的制裁和人世间的刑罚甚至会减轻天性的惩罚，在那样的时刻，罪人的心甚至正需要它们，以便把它从绝望中挽救出来，……"[1] 正是在这种比"刑罚"更厉害千百倍的"心罚"中（当然这必须是在能够反省其心灵的人那里），透露出不仅是反对天才的越界，也反对一切罪行的理由，甚至我们不便把它们称为"理由"，因为它们不仅是逻辑的、理性的，而是以整个身心的力量、以全部的心灵、感情和理性去拒斥罪恶，去试图挣脱出罪行的泥沼。由此也显示出，人不论在罪恶中陷溺得多么深，也仍有向上的一面，有企求光明的一面。

拉思科里涅珂夫杀人后回来，先是什么也没脱睡了很久，夜里两点突然醒来，想起了一切事情，他打了一阵可怕的寒战，急急忙忙地要消除罪证，把钱藏起来，然后他就不知该怎么办了，觉得自己似乎连最简单的思考力也没有了，"莫不是已经开始了，莫不是惩罚已经降临到我身上了？"他想，他觉得自己身上到处都是血。恰巧他又接到警察局的传票（只是有关他拖欠房租的传票，但他开始并不知道），他去往警察局，想"干脆把这件事结束吧！"在警察局里，他知道了只是为房租事传他而放心了，他开始想用感情打动警官，为自己欠交房租辩解。但他突然感到一种可怕

---

[1] 《卡拉马佐夫兄弟》下，第 1082 页。

的空虚，感到痛苦的、永恒的孤寂和冷落，他想，他和这一切有什么关系呢？在他杀了人之后，这一切辩解还有什么意义呢？这是一种他从前从未有过的全新的感触，他突然清清楚楚地觉得他再不可能用他刚才爆发的感情，作为一个人而向另一个人申诉，即便面前的人不是警官，而是自己的兄弟姐妹。这是一种似乎自己使自己丧失了做人的身份的感觉，似乎自己已经被淘汰出局。他觉得这是他生平所经历的感触中最痛苦的，最奇异可怕的，心里甚至不由得想："不如现在就把重担卸去吧！"

然而，这一过程还远没有如此简单，以后他才知道，这才只是一个开始，他还要经历许许多多次的死和生，许许多多次的后悔和反悔，因为他心中还有另一个我，一个抗拒的我。他在快走出警察局时突然晕倒。接着，他偷偷地把抢来的钱袋、首饰等财物连看也没看一眼就急匆匆地扔到一块大石头底下去了。他去找朋友拉如密亨，想找点翻译或教书的正当事来赚钱，很快又觉得他在杀人之后根本不需要任何人帮忙，也根本不需要做任何事。他走在涅瓦河边，注视着眼前壮丽的奇景，却发现自己再也不能对眼前的一切发生兴趣和感动了。所有旧日的往事、旧日的思想、旧日的关注、这一切的美景和他自己，一切的一切，都藏得远远地看不见了。他觉得仿佛那一斧头就把自己跟一切人、一切事情的关系都砍断了。他一天没吃东西，在外面走了六个钟头，回来就昏迷了，一连躺了四天。

这样过了几天，他觉得自己还是受不了，谁也帮不了他，他走出门去，想这一切在今天一定要做一了断，因为他再也不愿这样生活下去了。然而，他目睹的一个女人投水而又被救起的可笑情景阻止了他。他又不由自主地到他杀过人的那幢房子里去看，去按那门铃，去重新感受那惊悸和痛苦，然后决定去警察局了结，这时突然发生了一件事，在某种意义上，正是这件事真正救了他，正是这件事把他引向索尼亚，把他引入一个通过深深的痛苦而新生的过程,因为,如果他在那时候就自首,他的心灵尚没有经历一个真正的炼狱的过程,他肯定不久就会反悔自己的自首的,甚至从这种反悔中再也拔不出来(甚至在他后来经历了那样多的反复和痛苦,并且有索尼亚与他同赴西伯利亚的情况下他也仍有过反悔)。这件事就是:他在路上看到自己以前在酒馆见过一面、听过他的故事的玛尔美拉陀夫被马车碾伤了,他立刻急切地把伤者送往其家,在那里他见到了索尼亚。受伤者很快就死去了,感觉自己"满身是血"的拉思科里涅珂夫在那里突然由于一种怜悯和救助产生了一种新的感触,他突然觉得内心里涌起了一种生命和力量,他和死者的小女儿波仑加说话,问她:"你会爱我吗?"波仑加作为回答,把她那饱满的嘴唇天真地撅出来吻他,几分钟后他站到了先前那个女人投水的地方,他一时似乎忘记了自己的罪,他对自己说:"够了,我已经跟幻想的恐怖绝缘了!生活是真实的!我的生命还没有和那个老太婆一同死去哩!"究竟有什么特别的东西使他内心发生这种转变呢?他自己并不知道。他就像濒死的人抓住了一根草,他觉得他还有生命力,还能活着,或许他的结论下得太仓促了一点,但他当时并没有想到这一点。他不知道正是一种怜悯救了他,不知道他正是因为开始救助别人而也开始救助自己。不,那不是一种仅注意自身、反省自身所能获得的力量,而是由于他的视线和思路被引向了一己之外,被引向了他人,他的心灵才开始得到医治。

这时,他的母亲和妹妹突然来到了,这使拉思科里涅珂夫强烈地感到他与她们的关系也发生了一种变化,他发现他再也不能像过去那样向她们畅谈一切了,他心里已经有了可怕的秘密,原本十分亲近的她们,现在他却觉得十分遥远,好像离着一千里路看着她们似的,对于母亲说的"我相信你所做的一切事情都是很好的",他只能答道:"不要太相信了。"他开始意识到,他慌忙地要跨过一条界限,但他"并不是杀了一个人,而是杀了一个原则"。[1] 这条原则就是"不可杀人"的原则，就是"人总是有些事不能做，永远不能做"的原则，他杀了这原则，自以为能跨过去，但是他还是没有能跨过去，他还停留在这边，因为这不仅是行为的界限，还是心灵的界限，他的心灵从此像弑君的麦克白一样不得平安。而他虽然想杀死，却毕竟并没有杀死那原则，那原则在他心里仍具有神圣的、绝对的意义，否则他也就不会如此痛苦了。他想使自己的杀人正当化、合理化，但却没有成功，这行为还是绝对像一个罪行、像一座大山一样呈现在他面前，像一块巨石一样压迫在他心头。他以前在没越过这界限之前也感到焦虑和痛苦，总想着做了这事就好了，就摆脱了，他越界后却感到更痛苦，就像他对他妹妹说的：有一个界限，你不越过去不会愉快，越过去却更加不愉快了。[2] 他以为自己能像伟人一样杀人不眨眼，杀人不动心，却发现自己仍然不是伟人，甚至不是一个真正的人，而同样是只虱子，只不过是一只风雅的虱子而已，一只能给自己寻找理由的虱子而已。他确实极其痛苦，然而，离开这种痛苦，要真正新生是否还有其他的路可走？

拉思科里涅珂夫觉得他没有办法，他只好与母亲、妹妹暂时分离，说他也许以后会自己去找她们的，但只是也许。他说："无论我遇到什么，我是否归于毁灭，我都要孤独。"他对自己最好的朋友，爱着自己的妹妹的拉如密亨说："离开我吧，但是不要离开她们。"在这一瞬间，忽然两方面都明白了是怎么回事。然后他就去找索尼亚，也许他早就知道，只有索尼亚能救他，他早就本能地、直觉地抓住了这几乎是唯一的希望。因为，在索尼亚那里，有痛苦、牺牲、怜悯、深爱，还有最本原的、未被理性、

---

[1] 《罪与罚》，第 324 页。
[2] 同上，第 266 页。

分析割裂和篡改的《福音书》。[1] 他们在一起读《福音书》的场景是震撼灵魂的一个场景：

> 蜡烛头在破烛盘上闪烁着，在这穷相毕露的房间里，朦胧地照着这个凶手和这个妓女，他们那么奇怪地在一起读着这本不朽的书。[2]

他挑选了她来第一个听他的自首。当那个时候来到的时候，他突然面无人色，他叙述了那一过程，却不说出谁是凶手，又一个恐惧的时刻过去了，两人仍然双目对视，他让她猜，她低声说"猜不出……"，然后他说："好好地看一看"，索尼亚像善良的理萨威泰死前一样无奈、一样恐怖地看了他一会儿，忽然慢慢开始从床上起身，离他远了点，两眼甚至越发死死地盯着他，最后从胸中发出了一声可怕的哀号，后来她跪在他面前：

"你怎样对待——你怎样对待你自己啊！"她绝望地说道，一跳站起来，搂着他的脖子，紧紧地抱着他。

拉思科里涅珂夫往后一退，带着一副凄惨的笑容看着她。

"你是一个奇怪的女人，索尼亚——我告诉你那件事情，你却吻我，抱我……你并没有想一想你在做什么。"

"现在，全世界上谁……你是最不幸的！"她在一阵狂乱中喊道，并没有听见他所说的话。忽然哇的一声，歇斯底里地大哭起来。

他久已生疏的一种感情泛滥于他的心头，立刻便把他的心弄软了。他并没有抵抗。两颗泪珠涌出他的眼眶，挂在睫毛上。

---

[1] 舍斯托夫语，参见《罪人与福音书》，见刘小枫主编：《20世纪西方宗教哲学文选》下卷，上海三联书店1991年版，第1222页。

[2] 《罪与罚》，第389页。

"那么你不会离开我吧,索尼亚?"他说,几乎带着希望地望着她。

"不,不,绝不,无论到什么地方都不离开你!"索尼亚喊道。"我要跟着你,我要跟着你走遍天涯海角。哦,我的上帝!哦,我是多么不幸啊!……为什么,为什么我以前不认识你!为什么你以前不来呢?"[1]

我们前面已经提到了索尼亚与都丽亚的反对:哪怕杀死一个再无用、甚至再有恶癖的人,也不是杀死一只虱子,而是杀死一个人。就像《异端的权利》的作者批评用火刑烧死宗教上的持异议者的行为时所说的那样:"烧死一个人就是烧死一个人,而决不是捍卫什么原则。"这里也是:"杀死一个人就是杀死一个人,而决不管这后面有多么动听的理由、动机、效果和目的。"这一思想完全可以被认作是陀思妥耶夫斯基自己的思想,他在自己的笔记中把道德的典范和理想归之为基督,然而,他又断定基督决不会去烧死异教徒,他说:"我不能认为一个烧死异教徒的人是有道德的,因为我不承认您的观点——与内心的信念相一致便是道德。这无非是诚实(俄语很丰富),而不是道德。道德的典范和理想在我这里只有一个——基督。我要问:他可能烧死异教徒吗——不会。因此,烧死异教徒就是不道德的行为。"[2]

也就是说,甚至基督也要受这种道德原则的制约,或者说,在他身上就体现着这种道德原则。任何人都是一个人,都享有一种基本的、不可剥夺的生存权,优秀者有生存的权利,不优秀者也有生存的权利,他们享有平等的生存权。前者的权利绝没有逾越到可以剥夺后者的同样权利的地步。这就像那位军官在听到大学生的话之后所说:这是天性,是自然。一

---

[1]《罪与罚》,第 483—484 页。
[2]《陀思妥耶夫斯基论艺术》,漓江出版社 1988 年版,第 388 页。

个邪恶的人，即便犯了罪，可以诉诸法律经过一定程序去惩罚他，但却不可以这样去杀害他。而一个并未违法的不道德的人，就更不可以这样去杀他了。被某种思想或理论蛊惑的人们，容易以"清除垃圾、废料"的名义从肉体上折磨或消灭另一些被认为无用、痴呆、堕落的人，或者另一些被认为是"敌人"的人，然而，如果恰恰是你的亲人，与你有某种血缘关系的人，也属于这一要被淘汰、要被抛弃的人们之列呢？拉思科里涅珂夫自己甚至也思考过这一点：

> 他们告诉我们，说有百分之几每年一定要……像那样……堕落的，以便其余的人可以依旧保持纯洁，不受妨害。百分之几！他们说的是多么冠冕堂皇的话；这些话多么合乎科学，多么使人安慰……你只要一说了"百分之几"，便再没有什么可愁的了。如果我们说出什么别的话……也许我们会觉得更不安了。……但是倘若都丽亚就是这百分之几中的一个，怎么办呢！倘若不属于那个百分之几而属于另一个百分之几，怎么办呢？[1]

而在某种意义上，所有的人都可以说是我们的同胞，都与我们有某种手足之情，所有的生命也都有某种相通性。"清除废料"或"废料"的理由也很可能成为清除我或者某一个集团之外的所有人的理由，甚至恰恰成为清除与自己政见不同或信仰不一的精英和天才的理由。

并且，杀害一个人之罪性还不仅在于对他人做了什么，还在于对自己做了什么，在于使自己由此成了一个什么样的人。《罪与罚》用大部分篇幅所述的拉思科里涅珂夫的"心灵之罚"正是表明了这一点。他由隐秘

---

[1] 《罪与罚》，第59页。

地杀害一个人而失去了自己作为一个社会成员的资格，由隐秘地杀害一个人而割断了自己同社会联结的纽带，因为按照他杀人的同样逻辑，他也同样可以被别人视为赘物而杀害（比方说在某个时刻——在年老有财的时刻），按照同样的逻辑，他就不应再得到社会的保护。更重要的是，他由杀害一个人而失去了自己作为一个人的资格，这正是索尼亚听说他是凶手之后最感绝望的地方："你怎样对待——你怎样对待你自己啊！"也正是因此她说"你是全世界最不幸的。"说："你有多重的担子要担啊！而且你整整一生，你整整一生要担着它。"而拉思科里涅珂夫也领悟到了这一点："我把自己杀死了，并不是把她！我一下子，永远把自己毁掉了……"[1]

前述那位军官的质疑应当说是一针见血的，在听了大学生的一番话之后，他径直问道："那么告诉我，你自己肯杀死那个老太婆吗？"大学生答道："当然不肯。我只是想说明那件事的正当。"而军官的结论是"倘若你自己不肯干那种事，那就不正当了"。最后的验证一定要落实到你自己是否亲自想做这事，是否你自己会承担它，否则，就还没有提供使这件事正当化的理由，而至多只是提供了站在他人的角度能够理解和宽恕这件事的理由。

四、罪恶的解救之道

有关如何对待人的罪孽和犯罪的观点，陀思妥耶夫斯基在评论《安娜·卡列宁娜》时说到有三种解决办法，其中前两种是欧洲的，或从欧洲传到俄国的，而最后一种才是真正俄国本土的。

---

[1] 《罪与罚》，第 494 页。

第一种解决办法认为：法律是现成的，已经形成文字，有条有理，制定的过程有几千年了。恶与善很明确，经过权衡，其范围和程度是由人类的贤哲，对人的内心不断探索以及对人类共同生活的研究历史地规定好了的。这部制定好的法典必须盲目地遵守。谁不遵守，谁违反了它，谁就要付出自由、财产、生命的代价，付出的代价是真实的和不人道的，但不如此做不行，因为没有其他的出路，只有恪守成文的法规，而且是真正严格地和不讲人道地恪守才行，如果不这样做，结果将会更糟。

第二种解决办法则相反，它认为，由于社会组织不合理，就不能要求个人对其后果负责。所以，犯罪的人是没有责任的，实际上并不存在罪犯。为了消灭犯罪和人的罪孽，必须要消除社会制度的不合理。由于要改良和医治现存制度需要很长时间和没有希望，那就该毁灭整个社会并把旧制度彻底扫除干净。然后在新的、还未被人了解的基础上开始新的事业，这一事业主要寄希望于科学。这就是第二种解决办法：大家期待着未来的蚁穴，哪怕暂时让世界血流成河。在陀思妥耶夫斯基看来，对罪孽和人的犯罪，西欧世界想象不出除这两种办法之外的另一种解决办法。

第一种观点认为罪就是罪，罪就必须惩罚，它不再多说什么，不再多想什么，这是一种严格的，非反省的守法主义观点；第二种观点则认为法律眼中的"罪"其实并非罪，甚至还是对旧社会的一种合理反抗。劳特写道：19世纪60年代，整整一代年轻的"神学院的学员"成长起来，这些人认为抢劫甚至谋杀都不是犯罪，而是对于不公正的社会制度的一种"高尚的反抗"。这是某些理论学说，比如法国社会主义者蒲鲁东学说，造成的结果，因为蒲鲁东曾断言，"财产就是抢劫"。[1] 财产既然是抢劫，那么把它们夺过来，自然也就是正当的了。1866年1月，正当《罪与罚》

---

[1] 《陀思妥耶夫斯基哲学》，东方出版社1996年版，第164页。

在刊物上连载时,发生了达尼诺夫案件,一个19岁的大学生达尼诺夫在莫斯科对高利贷者及其女仆诺尔德曼犯了抢劫杀人罪,其谋杀动机与实际做法和拉思科里涅珂夫的犯罪过程有惊人的相似之处,只是他尚非一个思想者,他只是受到父亲的影响,被告知为了达到目的可以不择手段。1868年3月,一个18岁的中学生戈尔斯基甚至杀害了一个商人的母亲、妻子、11岁的儿子、一个亲戚、厨娘和打扫院子的,一共6人。类似的案件明显增多,举不胜举,陀思妥耶夫斯基认为这显然是受到了西欧那种把犯罪的责任完全归咎于社会的虚无主义、革命民主主义思想的影响。后来我们熟悉的理论逻辑是这样的:那些个人的"犯罪"都是万恶的旧社会所致,都是对这一旧社会的反抗,结论是要推翻这万恶的旧社会而建立一个新世界,在这个新世界里将不会再有任何犯罪,人人都将成为高尚的、美丽的人。但达到这一新世界的途径不应再通过个人的反抗,而是要通过集体的斗争,通过阶级的暴力和专政。然而,"万恶的旧社会"并不是一个非人的、真实存在的怪物,它仍是由人来体现、来代表的,于是消灭旧制度、旧社会就仍意味着要杀死人、要剥夺人,并且不是杀死几个人,而是成千上万的人;不是剥夺几个人,而是剥夺成千上万的人。一个"美丽新世界"就将在血与火中诞生,它似乎能够趟过血泊与污秽而变得纯洁无邪。

陀思妥耶夫斯基的小说中,深深地透露出对这种观点的怀疑:如果一切都是环境之过,人到哪里去了呢?人本身算得了什么?"社会环境"不也是由一个个的人构成的吗?这种观点是否会卸除人们的罪责,从而会鼓励更大规模、更有"理由"的犯罪呢?陀思妥耶夫斯基的质疑还涉及这种观点的形式理性基础,涉及人性是否能够为这种理性所计划。下面是大学生拉如密亨对波费利的一段谈话:

一切事情在他们看来都是:"环境的影响",别的什么都不是。这是他们的口头禅!从这点推定,当然,如果社会组织正常的话,一切犯罪都会立刻消灭了,因为没有东西可反抗的,所有的人马上都会变得正直了。人性是不加考虑的,给排除了,他们不承认有人性!他们不承认人类会以活的方式随着历史的发展最后变成一个正常的社会;却相信一种由数学的脑筋产生出来的社会制度,会立刻把所有的人类组织起来,马上就使得人类又正直又无罪,这比任何活的方式都快!就是因此他们才直觉地不喜欢历史,"其中除了丑恶与愚蠢而外什么都没有",他们说历史完全是愚蠢!就是因此他们才那么不喜欢活的方式的生活;他们不要一个活的灵魂。活的灵魂要求生活,活的灵魂不会服从机械的规矩,活的灵魂是可疑的,活的灵魂是倒退的!但是他们所要的,虽说发着死的气味,而且是可以用橡皮做的,却很少不是活的,没有意志,是屈从的,不会反抗!结果他们便把一切事情都归纳成为社会主义公共住所里的筑墙和计划房间与走道的事情了!不错,公共住所是准备了,但是你的人性对于公共住所却没有准备——它要求生活,它没有完成它的生活过程,到墓地去还未免太早了!你不能够用逻辑跳过人性。逻辑假定三种可能性,但是可能性有一百万哩!把一百万一笔勾销,归纳成为一个舒适问题!这是最容易的解决问题的办法!这是清清楚楚的,并且用不着思索。主要的是——用不着思索!人生的整个秘密就在两页印刷品上![1]

在陀思妥耶夫斯基看来,罪恶还有更深的基础,而远非只是存在于

---

[1]《罪与罚》,第 302 页。类似的质疑广泛见于陀思妥耶夫斯基的其他作品,尤其是《地下室手记》中。

社会的基础之中。罪恶在人心中，罪恶的欲念在每个人心中潜存。在这方面他继承了果戈理而反对别林斯基。果戈理在其遗嘱中说应该更严格地审视自己，"需要思索的不是别人的黑暗，不是天下的黑暗，而是自己心中的黑暗。"[1] 用恶的办法不可能导致善，而仍然只能产生恶。陀思妥耶夫斯基同意第一种观点把罪认定是罪，认为任何罪行都应当受到惩罚，任何犯罪者都不能推卸自己身上的责任；但他不同意第一种观点只知"刑罚"而不知"心罚"，只知惩罚而缺少怜悯与宽恕，也不能对体制、法律的不正义和不完善做出反省和改造。人不能只做法官审判别人，人也不是截然分成罪人与好人两个部分。在"斯塔夫罗金的忏悔"中，接受忏悔的主教季洪认为罪就是罪，而且，斯塔夫罗金对少女所犯的罪如果是真的（陀思妥耶夫斯基说斯塔夫罗金诱奸少女而又抛弃的行为是斯氏头天晚上幻想的、而并不是真实的行为），确属那种最大、最可怕的罪行，但当斯塔夫罗金请求原谅时，季洪也请对方原谅自己，因为"一个人在别人的过失中总有点错，孤立的罪行是没有的"。[2]

有两种不同的宽恕罪犯的途径：一条途径是归咎于环境，归罪于社会，例如皮萨列夫就认为拉思科里涅珂夫在他所处的环境中不能不这样做，其他人处在这种情况下也会这样干。皮萨列夫这一观点的危险是把一切都视为社会的压迫而勾销个人的道德责任，解除对个人的道德约束，而把怒火都发泄到社会身上，把矛头完全指向体制、社会和他人，另一条宽恕的途径则是不勾销个人的道德责任，但是在意识到他人犯罪的同时，也深深地不仅理解他的处境、他的心灵，而且理解他和我们自己是一样的人，我们的心灵也同样有阴深的地方，有邪恶的念头，而我们自己之所以没越界，常常是由于某些幸运的机缘凑巧。所以，罪犯不仅是"罪人"，

---

[1] 转引自《外国文学动态》1993年第6期。
[2] 见《俄苏文学》（武汉大学）1985年第5—6期所收冯增义译文：《斯塔夫罗金的忏悔》。

也是"不幸的人"，这后一条途径正是陀思妥耶夫斯基所要肯定的途径，也是他想说明的第三种观点——"俄国作者对罪孽与犯罪的观点"。

陀思妥耶夫斯基认为在这种观点中，明显可以看出，无论是蚁穴，无论是"第四等级"的胜利，无论是消灭贫困，无论是怎样的劳动组织，都不能使人类摆脱不合理的状态，因此，也不能摆脱罪孽和犯罪。这一切都是通过对人的心灵的大量心理研究，十分深刻而有力地，以我们前所未有的艺术描写的现实主义手法表现出来的，很清楚和十分容易理解。藏匿于人类和人心中的恶远比想包治百病的社会主义者所想象的要深得多，没有一种社会制度能完全避免恶，人的心灵不会改变，不合理和罪恶源自人的心灵本身，最后，人的心灵的活动规律还很不清楚，科学对其很不了解，它们很不确定和神秘，所以说人间不可能有包治百病的医生，甚至不可能有最后的评判者，最后的评判者只能是道出"伸冤在我，我必报应"的那一位。唯有他才了解这个世界的全部奥秘和人的最终的命运。人目前还不能怀着自己是清白的骄傲心情去解决问题，这样的时刻尚未到来。人类中的评判者应该有自知之明，即他并不是最后的评判者，他自己也是有罪的。如果人虽然手里拿着天平和尺码，但无视无法解开的奥秘的规律和不采取唯一的出路——即使用仁慈和爱的话，他拿在手里的天平和尺码就是荒唐的东西，人的出路是指明了的，目的是使人不至于毁于因为不理解自己的道路和命运而绝望，毁于恶的神秘性和注定的不可避免性的信念。[1] 在这里，陀思妥耶夫斯基也许表述得还不够明确，也许这答案本身就不是很明确的，但陀思妥耶夫斯基在其全部作品中都可以说表现出一种全身心的渴望，渴望一种人类罪恶的根本解决之道，而这种根本解决之道靠人类自身是不够的。陀思妥耶夫斯基处在一种人类的意志自由论和意志

---

[1] 《陀思妥耶夫斯基论艺术》，冯增义、徐振亚译，漓江出版社1988年版，第243—244页。

命定论之间，自由是因为人要承担对自己行为的道德责任，命定是因为人有他自身的原罪。在行动上，他可能更倾向于守法主义，但这种守法主义若无一种更高的精神指引就可能变得僵硬和冥顽不灵，而另一方面，他认为积极寻求变化与改革的途径并不是要一切归之于社会环境，还要在人的内心中升扬起一种趋近上帝的精神。

五、不同的对待道德"界限"的态度

在同样承认人的差别的基础上，甚至在承认人事实上分为优秀者与普通人的基础上，却仍然可以有不同的对待道德界限、对待道德规范的态度。我们可以很容易发现与上述态度有别乃至相反的态度，可以指出另一种"越界"，另一种真正具有道德上的创造意义的"越界"，优秀者并非在社会道德的改革方面就无所作为。

苏格拉底也深深地意识到自己与多数人的差别，他说他不关心大多数人所关心的事情，诸如赚钱、建立舒适的家庭、谋求高官厚禄，也不参与政论、结社等政治活动。当许多人在集市、剧场、讲坛和政界喧嚷的时候，他是在探索人到底有多少智慧，人在多大程度上有知或无知。然而，他的这种探索、他的广泛走访却引起了众人的猜疑、攻击和诽谤，乃至最后被送上了法庭，接着又被多数判决为有罪而要处以死刑，他面对这种不公正的判决却仍然坚持服从，不肯反抗，乃至于不肯逃跑，他不愿意越界，不愿意违法，因为他认为自己已经以自己一直生活在雅典而跟法律规范订有一种隐含的契约，已经从法律、社会得到了好处，所以不服从法，不服从哪怕是不公的判决就是犯罪。[1]

---

[1] 柏拉图：《苏格拉底的最后日子》，余灵灵译，上海三联书店1988年版，第49、52、60、63、72、85、86、91、94、96、124以及97—106页。

亚里士多德认为人是政治的动物，人必然组成社会，建立一种社会秩序，而那使自己隔离于城邦社会之外者，又或者是被社会鄙弃者，或者是鄙弃社会者，这样一个人如果不是一位野兽，那就是一位神，或者超人。[1] 他说到卓异的人物可以在法外自成律例。说假如现在有一个人或少数人德行巍然，全邦其他的人于个人品德以及所表现的政治才能而论，谁也比不上他或他们，这样的人就不能被囿于城邦一隅之内；他的德行才能既超越于其他所有的人，如果使他同其余的人享有同等的权利，这对他就不公平了。这样卓异的人物就好像人群中的神，法制只应该范围出身和能力相等的众人。对于这样的人物，就不是律例所能约束的了，他们本身自成其为律例。谁要是企图以法制来笼络这样的人物，可以说是愚蠢的，他尽可以用安蒂叙尼寓言中那一雄狮的语言来作答：当群兽集会，野兔们登台演说，要求兽界群众一律享有平等权利，雄狮就说："你可也有爪牙吗？"所以平民政体各城邦创制"陶片放逐律"来约束他们。[2] 但这可以视作主要是对已经成功的优秀者而言，接近于描述一种事实，尚不同于一种鼓吹潜在的、自认的优秀者有权越界的理论。

近代一个最突出的自由思想家蒙田却也是一个主张行动上循规蹈距的人。他认为人们的差别悬殊，说普鲁塔克曾说兽与兽之间的距离没有人与人之间的那么远，而他比普鲁塔克还要更进一步，说某人和某人之间的差距比某人和某兽之间的差距还要远，这正如铁兰士所说："天呵，一个人是怎样地超越于另一个人呀！"人与心灵上的差别常常与地面和天空之间的距离一样大，一样不可数计。但是蒙田强调必须以人的本身价值而不是从他的外观、他的外在社会地位来估价他们。他说，我们赞美一匹

---

[1] 亚里士多德：《政治学》，商务印书馆1981年版，第7—9页。

[2] 同上，第154页。

马是因为它的力量和速度,而不是因为它的装具;赞美一条猎狗是因为它的敏捷,而不是因为它的颈圈;赞美一只鹰隼是因为它的翅膀,而不是因为它的足套和风铃。为什么我们不同样地根据一个人本身的价值而看重他呢?[1] 他说:和群众接触真是再危险不过。我们不学步于恶人便得憎恶他们。而因为他们占多数而效颦多数;或者因为不愿与之物以类聚而憎恶这个多数,这两种态度都是危险的。[2] 尽管社会常常并不按人的实际价值把各类人放在合适的地位上,尽管法律规范有种种弊病,但蒙田还是认为:"这些考虑并不妨碍通情达理的人去仿效常人的举止。相反,我以为一切稀奇古怪的行为都是神经失常或妄想标新立异所致,而不可能是受真正理智的驱使。智者心底里应让自己的思想摆脱流俗,令其无拘无束地对事物作出自己的判断;而在表面上,他应该完全遵从现成的惯例、习俗。社会不问我们的内心想法如何,但我们的行为、我们的工作、我们的财产、我们的个人生活,总之一切都得适应社会的需要,服从社会的利益,顺应一般人的观念。我们都来模仿善良、伟大的苏格拉底吧。尽管法官违背正义,极不公平,苏格拉底出于对法律权威的服从,仍然拒绝越狱逃生,因为每个人都得遵守所在国的法律,此乃规中之规,法中之法,毫无例外。'守法方为上。'"[3]

柏格森展示了另一种观点,他认为道德的来源有二:一是来自社会的压力,一是来自道德英雄的感召力所启发下的抱负或热望。道德上的英雄(或"先知先觉"、"圣贤")的感召力对常人所启示的"热望"或抱负,可以引导常人或人类进入另一个理想境界,引导他们凭同情心、想象力超越家庭、阶级、国家的限制,这样,既无范围、区域限制,那么,从这种

---

[1] 蒙田:《蒙田随笔》,梁宗岱、黄建华译,湖南人民出版社 1987 年版,第 188 页。
[2] 同上,第 122 页。
[3] 同上,第 274 页。

圣贤感召力启发的道德，就接近于是绝对的、全人类的。这种道德通过这种热情先赢得少数几个人，然后又通过这少数几个人传播到全世界。为了获得完全的效果，禀赋特异的人物也必须带着其余的人类跟着他前进，开始即便只是少数一些人跟随，这就已经具有很大的意义了，从开始有一点成就起，那个圈子最终将被突破的希望就会产生。真实的情况是，英雄主义可能是通向"爱"的唯一道路。可是，英雄主义是不能用说教方式传授的，它只能显示自己；只要它存在，就可能鼓励别人起来行动。纯静态的道德可以称作"智力以下的"道德，纯动态的道德则可称为"智力以上的"道德。前者是自然的意图，后者则是人类天才的贡献。无论我们从什么观点看，后者都是正直、高贵、真正值得赞叹，并且是保留给少数杰出人物的。那些在历史上打下印记的伟大道德人物，能穿越千年万代，在我们人类的城市上空走过；他们集结成为一个天上的城市，召唤我们进入。每一次创造都是个人的，从而也是人类的，比前一次更充分的得到确认。这种确认只有经由法律这一手段才属可能，它意味着社会的一致同意。但每一次总是有某一个人来作出最初的发动，正如一件开始使我们反感的作品最后获得了胜利，这个成功是由于作品本身使公众的欣赏力有了改变，对于道德的创造，我们也可以这样说。

　　柏格森以一次比一次更为拓展和丰富了公正观念内容的那些道德创造和进步为例，他说：那些创造首先影响到公正的实质，但同时也改变着公正的形式。像先知时代对于公正的形式具有决定意义那样，对于公正的实质具有决定意义的那一进步，就在于一个包括一切人的普遍共和国，取代了那个封闭在城门之内，而在城市之中也只限于自由人才能分享的共和国。这第二次前进，即从封闭到开放的进步，应归功于基督教，一如那第一次前进应归功于犹太教的先知们一样。柏拉图已把人这一观念包括在一切超越观念之中，当他问道：一切人都具有同样本质吗？从这个观念，到作为人的一切人都具同等价值,给予人们以同样的基本权利这一观念,就只差一步了。但这一步他并没有走。这一步意味着谴责奴隶制,放弃古希腊人那种把"野蛮的外国人"排除在权利要求之外的观念。这种人的平等观念也隐含在一些基督教思想尚未渗入的其他民族的思想中,例如在中国,就曾有过一些很高尚的学说,但那些学说不关心给人类规定一些法则;而且,那些学说实际上是只考虑到中国社会的。[1] 在基督教以前也有过斯多亚哲学,在斯多亚派中有些哲学家宣称过一切人皆兄弟,有智慧的人是世界公民。但这些话只是一种理想的表述,一种仅仅是感知的,很可能只是作为不可实现的东西而感知的理想。任何一个伟大的斯多亚派哲学家,即使是成为罗马皇帝的斯多亚派哲学家,都未曾实际地考虑过撤除自由人与奴隶之间、罗马公民与蛮族之间界限的可能性。人类须等待基督的到来,到那时候,普天下之人皆兄弟的观念——包含权利的平等和人的尊严——才成为可实现的。总之,不论我们怎样看待这个问题,都总是必须回到"道德创造者"这一概念上来。"道德进步"只能这样来定义,即只能在有一个道德禀性特异的人物,创造了一种像新音乐似的良心感情,传递给人类,用他自己的生命在上面打上印记时,在回顾中加以定义。[2] 但这又不是完全新颖的道德进步和创造,又经常可以说是重新发现,当人们囿于严格的守法主义而不自知,忘记了那些道德法则、规范、界限的灵魂的时候,这少数道德的天才又重新使人们看到那精神的光芒。

我们以上的追溯主要是想说明:从人之区分和差别的事实描述,可以引出与拉思科里涅珂夫的理论不同的规范性理论,引出不同的对待他人的道德态度。自觉与众人迥异的少数卓异者既有可能采取与社会规范尽可

---

[1] 柏格森对中国古代学说的看法是否准确当然可另当别论。

[2] 柏格森:《道德和宗教的两个来源》(1932),第一章,见周辅成编:《西方伦理学名著选辑》下卷,商务印书馆 1987 年版,第 735—772 页。

能保持距离、甚至远离社会和人群的态度（例如古代中国的隐士）；又可能采取外表上一如常人、严格守法的态度（例如苏格拉底、蒙田）；还有可能采取一种作为伟大的宗教和道德改革家的态度（例如耶稣基督），这时也可以说有一种"越界"，但是，这不是破坏的越界，而是创造的越界，不是简单的逾越，而是更高的超越，是在保留原有的道德规范核心基础上的创新，典型的句式有如"登山训众"的句式："你们听见有吩咐古人的话说'不可杀人'，又说'凡杀人的难免受审判'，只是我告诉你们，凡向弟兄动怒的，难免受审判。"总之，从人分为优秀者与普通人的陈述，并不必然地逻辑地引申出优秀者内心可以有权利（即可以正当地）剥夺其他人的基本权利，尤其是剥夺他们的生存权利的观点。人区分为两种人的观点并不能够构成"越界杀人"的理由。

六、道德危机的时代

谋杀抢劫并非仅仅是在某一"时代"里才发生的罪行，但拉思科里涅珂夫的案子就其动机、根源而言，却具有强烈的现代色彩。罪行代代都有，犯罪的原因、理由、方式、规模和严重性却有所不同，就拉思科里涅珂夫的犯罪深受时代流行的理论影响，就主人公极力要为之提出一种理由来才实施这一行为而言，我们甚至可以在某种意义上说这是一种"现代犯罪"、是一种"思想犯罪"、"理论杀人"。波费利说："这是一件奇怪的、凄惨的事，一件近代的案子，一件今日的意外之事。现在人心搅乱了，现在血液'更新'这成语被引用了，现在说教以舒服为人生目的。现今我们有着书本上的梦想，一颗为理论所乱的心。"[1] 他又说："还好，你只杀了

---

[1] 《罪与罚》，第 536 页。

那个老女人。如果你创造了另一套理论,你或许会做出千倍更可怕的事情来哩。"[1] 陀思妥耶夫斯基在有关这本书的写作主旨的一封信中也说,主人公"受到了某种可怕的、虚无缥缈的'不成熟'思想的影响"。[2] 正是这种思想理论,明显带有现代才有的特征。现代的犯罪带有一种明显要使自身合理化、正当化的冲动。

这首先是极度膨胀的个人欲望、物质欲望的合理化、公开化。《罪与罚》里有一句话:"现在在俄罗斯谁不自以为是拿破仑呢?"[3] 这是一个士兵都想当元帅,市民都想成为巨富罗特希尔德的时代。这在俄罗斯从大范畴来说是一个自彼得大帝改革就已开始的时代,是一个俄国进入资本主义的时代,而从特定时期来说,则是1861年沙皇颁布农奴解放法令以后的一个特殊时期。在小说中,甚至连卢辛也颇为焦心地说到了1861年以后五年来犯罪增长的情况,并提出了这样一个问题:"且不说近五年来下层阶级的犯罪大大增加,且不说各处抢劫放火的案子,使我觉得最奇怪的,是上层阶级的犯罪也同样增加了。我们听说,有一个地方,一个大学生在大路上抢了邮车;另有一个地方,社会地位很好的人造假钞票;最近莫斯科有一大帮人都被逮捕了,他们常常伪造有奖债券,而且其中头目之一还是一位世界通史讲师哩;还有我们的大臣在国外为了某种不明的谋财动机被杀害了。如果这个老太婆,这个当主,是被上等社会的某一个人谋杀的——因为粗人不当金首饰的——那么我们怎样来解释我们社会上文明人的这种道德沦丧呢?"[4] 医生饶塞毛夫说这是因为经济上的变动,而拉如密亨则从人性上找原因,"你所说的莫斯科的讲师对于他为什么伪

---

[1] 《罪与罚》,第542页。
[2] 格罗斯曼:《陀思妥耶夫斯基传》,第443页。
[3] 《罪与罚》,第314页。
[4] 同上,第175页。

造奖券这个问题怎样回答呢？'人人都想方设法要发财，因此我也想赶快发财。'我记不得原话了，但是结尾说的是，他想白搞钱，快快地搞，不必劳动！我们过惯了一切东西都是现成的，别人扶着走路，食物嚼给我们吃。于是那个伟大的时刻（指解放农奴）到了，人人都露出了真相。"[1]而拉思科里涅珂夫则直截了当地说，这种情况其实正合卢辛所鼓吹的合理利己主义理论，[2] 普遍实行这种理论所达到的结论当然是可以杀人。拉思科里涅珂夫指出卢辛所谓的"要有一个限度"的说法在他那里是虚伪的，是言行不一的。[3]

陀思妥耶夫斯基1873年在《作家日记》中也写道："我们正经历着很可能是俄国人全部历史中最混乱、最困窘、纯属过渡性的、真正决定命运的时刻。"他还认为：1861年之后，原先的世界，原先的秩序（虽然很坏，但总还是秩序）已一去不复返了，然而奇怪的是，旧秩序在道德上的许多阴暗面，如自私自利、厚颜无耻、唯唯诺诺、互相隔膜、卖身投靠等，不仅没有随着农奴制生活方式的消亡而消失，反而好像变本加厉，越发不可收拾了。他说："当然，人在一切时代从来都是盲目崇拜物质主义，习惯于认为自由就是为保障自己而竭尽全力地攒钱和千方百计地存钱。然而，这种欲望从来没有像在我们19世纪这样赤裸裸地、这样富有教训意味地上升为最高原则。'人人为自己，而且光为自己；人与人之间的任何交往也只是为自己'——这就是现在大多数人的原则（在19世纪末取代了原先的世界制度的资产阶级的基本观念，这个观念在整个欧洲世界成为20世纪的主要观念），这大多数人甚至不是坏人，相反，他们都是不杀人、

---

[1] 《罪与罚》，第176页。

[2] 同上，第173页。车尔尼雪夫斯基本人是个道德高尚的人，但他的合理利己主义理论却完全可以被卢辛这样的人所利用。

[3] 同上，第175—177页。

不偷盗的劳动者。"[1]

　　除了私心与物欲的膨胀，功利主义、合理利己主义理论的广泛流行之外，人们还对传统的道德规范变得不再畏惧。他们不再有怕：不再怕天、不再怕地、不再怕神、不再怕鬼、不再怕血、不再怕火、不再怕地狱、不再怕法、不再怕道德律、不再怕弄脏自己的手。正在生长起来的一代是大无畏的一代。也就是说，人类一方面是欲望的力量在成百倍地、加速地、几乎无限制地增长；而另一方面却是约束的力量，害怕尘世及永生的惩罚的力量却在成百倍地下降和削弱。《白痴》中曾讲到12世纪一个在饥荒年代里吃了60个人（主要是僧侣，但也有五六个活婴）的罪人的故事，他没有被发现，讲故事的人这时说：

> 　　诸位，尾声中包含着当时和现代一个最大最大的问题的答案！罪犯最后去向教会告发自己，把自己交给政府处置。有人要问，按当时的律例，等待着他的会是什么样的刑罚：让车轮碾还是架在火堆上烧？是谁怂恿他去自首的？为什么不在六十这个数字上断然刹车，把秘密一直保守到咽下最后一口气？为什么不放弃僧侣，隐居反省？甚至为什么自己不进修道院去当僧侣？答案现在要揭晓了！可想而知，必定有一种力量比车碾火烧，甚至比二十年的习惯更强大！可想而知，有一种思想比一切灾难、荒歉、酷刑、瘟疫、麻风更厉害，比整个地狱之苦更厉害，而要是没有这种把大家拴在一起、给心灵引路、使生命的泉源不枯竭的思想，人类是无法熬过来的！请你们给我指出，在我们这个混沌和铁路的时代，有什么能和那种力量相比？……

---

[1] 转引自弗里德连杰尔：《陀思妥耶夫斯基的现实主义》，安徽文艺出版社1994年版，第4—5，7页。

请给我指出一种能把当今人类拴在一起的思想，哪怕只有七百年前那种力量一半强也行。最后，请你们壮起胆来说：在这颗'星'下面，在这张缠住人们的网下面，生命的泉源没有衰竭，没有变得浑浊。别拿你们的繁荣、你们的财富以及饥荒罕见和交通迅速来吓唬我！财富增加了，但是力量减弱了；把大家拴在一起的思想没有了；一切都变软了，一切都酥化了，人人都酥化了！我们大家，所有的人都酥化了！[1]

人们心中失去了怕的社会才是真正可怕的，而更"可怕的地方正在于这种阴森森的案件对我们来说几乎已经不再是可怕的了"。[2] 这就是拉思科里涅珂夫当时所感到的：凡是脑筋强健、精神旺盛的人，就可以支配别人。"蔑视事物最多的人会在他们里面成为立法者，最大胆的人最对。""权力只赐给敢弯腰把它拾起来的人。只有一种东西，一种东西是必要的：人只要有胆！"他说他杀人只是想获得这种胆量，想自己有这种胆量，这就是整个的缘由。而他迟迟不曾自首的一个最重要原因就是他觉得不平，觉得那许多大胆地攫取了权力、杀害了千百万人的伟人却不被惩罚，反而被崇拜和尊奉，所以，在妹妹绝望地喊道"你是杀了人的"时，他的回答是：

那血成河地流着，总是流着，就像香槟酒那样流着，人们因为那而在庙堂加冕，以后还被称为人类的恩人。更加仔细地观察它，而且了解它吧！我也想有益于人类，做出成百成千的善事以补偿那一点愚蠢，甚至并不是愚蠢，只是笨拙，因为那个主意绝不是那么愚蠢，

---

[1] 《白痴》，荣如德译，上海译文出版社1991年版，第348页。
[2] 《卡拉马佐夫兄弟》下，第1048页。

如同现在失败了所显出来的样子。……（每件事情失败了的时候，都仿佛愚蠢）借着那种愚蠢，我只想使我自己站在独立的地位，迈头一步，获得财产，于是一切事情都会以比较上无限的利益盖过了……但是我……我甚至于连头一步都不能实行，因为我可耻，就是这么一回事！然而我还不愿照你的看法看这事。如果我成功了，我会戴上荣耀的冠冕，但是现在我却堕入陷阱中了……我不明白，以正式的围攻，炮击人民，为什么比这要光荣些？[1]

行动界伟人的个人行为常常要求并且也实际地成为集体行为，所以，这一质问还涉及集体行为的道德问题，涉及在什么范围内可以动员大众、利用他人而成其丰功伟业或者实现自己心目中的社会理想的问题，我们就此转入下一章的探讨。

---

[1] 《罪与罚》，第 611—612 页。

第三章 集体行为的道德问题

行为都是由一个个具体的人做出的，在这个意义上，行为都是个人行为。然而，我们还是可以根据行为的目的、动力、处境、方式（尤其在是否有意识地协同等方面）区分出特定的"个人行为"与"集体行为"。"集体行为"（collective behavior）这个词是由美国社会学家帕克（R. Pack）创造的，它不同于后来奥尔逊（M. Olson）所用的"集体行动"（collective action）的概念。[1] 帕克解释"集体行为"是在共同和集体的冲动影响下的个人行为。他强调这种冲动是互相影响的结果，[2] 集体行为的参与者具有一种共同的态度或类似的行动。它意味着人们在一些价值观念和行为方式上的行动一致。"集体行为"的形式有：对灾难的共同反应（如同处地震灾区的人们），集体着迷（如时尚、气功热）等，尤其突出地表现为"社会运动"（social movement）。

---

[1] 奥尔逊在《集体行动的逻辑》（*The Logic of Collective Action：Public Goods and the Theory of Groups*，1971）一书中将"集体行动"理解为一个团体的成员为追求其共同利益而采取的行动，如农民为说服政府提高价格补贴而采取的行动。他比较关注的是这个团体中的不参与行动者也能坐享其成的问题。

[2] 我将更强调发动者与被发动者的区别，尤其在作为社会运动的集体行为的初期。

我将要在这一章里讨论的也正是一种作为"社会运动"或其雏形的集体行为，埃贝尔（R. Herbele）强调社会运动有三个重要特征：团体意识性、团体认同感以及团体性。这三个特征由规范性信奉"基本思想"或意识形态的特殊样式整合在一起。在这种规范性信奉形式中起重要作用的是信仰的价值、理性的伙伴关系；对具有超凡魄力（"卡里斯马"）的领导人的仰慕与崇拜；以及利益结合的纽带。[1] 我还想强调集体行为的这样一个特点，即无论这些行动是由一些集合的个人共同在场做出的；还是由集体中的一些个人零散地、分别地做出的，它们都是集体的功能行为，其中的个人很难摆脱这一点，甚至反叛、脱离的行为也是最后的一个集体行为，不过，在社会运动中，这种后来的"不由自主"通常是和开始时的"自觉自愿"联系在一起的，只是它后来常常具有一种"难于退出性"，"退出成本"很高，乃至"退出"即意味着决裂和背叛。

从道德方面思考这种集体行为的焦点是：能否为实现社会理想采取不符合一般道德（乃至不合其理想）的手段，例如使用欺骗、隐瞒、谋杀伙伴或无辜者、恐怖主义和强制等手段？在此，我们有必要严格区分目的与手段，区分对理想的讨论与实际行为。一个现成的例子可以从《群魔》中取得：希加廖夫提出了一种他所设想的未来世界制度的体系，这个体系"从无限的自由开始，却以无限的专制告终"，他提出把人类分成不相等的两部分，并把这当作最终解决问题的办法：其中十分之一的人享有个人的自由，对其余十分之九的人有无限的权力。这十分之九的人丧失自己的个性并变成一群动物似的东西，通过永无休止的服从，经历一连串蜕变，然后达到伊甸乐园式的原始的纯朴。[2] 但希加廖夫并不想自己推动这个过

---

[1] 保罗·威尔金森：《社会运动》，见邓正来主编：《布莱克维尔政治学百科全书》，中国政法大学出版社1992年版。

[2] 陀思妥耶夫斯基：《群魔》，南江译，人民文学出版社1983年版，第536—537页。

程，而毋宁说是认为这可能是一个自然过程，甚至是一个令其遗憾和烦恼的自然过程，最后的专制在此是自然而然形成的，是通过多数人逐渐放弃自己的自由而最终达到的，而并不是通过暴力、强迫与欺诈形成的。这一主题我们还将在陀思妥耶夫斯基以后的作品中反复听到。

对一种社会政治理论的探讨无疑是隐含有行动的意图的，有些理论则更明确主张直接诉诸群众，诉诸武器的批判，而另一些理论也至少在提供一种可供他人选择的行动方案的意义上是实践性的。但只要不是直接的、明确指向具体对象的鼓动，理论就还是保留在思想、言论的范围内。它对某些因它而起的行为虽可能负有某种道德上的责任，但却不负有法律上的责任。希加廖夫的理论和他本人的行为就是这样，他在理论与行动之间是有区别的，希加廖夫的理论中隐含有一种体制的、强制的因素，然而，当彼得·韦尔霍文斯基集合小组成员，准备谋杀沙托夫时，希加廖夫经过慎重的思考，却断然拒绝参加此事，并且当众做出了如下声明：

> 我把事情深思熟虑了一番之后便断定，拟议中的暗杀不但是浪费本来可以用更为恰当而有益的方式加以利用的宝贵时间，此外也极其有害地背离了正常的方法，这对事业一向有极大的危害，使它未能接受纯粹的社会主义者的影响，却屈从于一些轻举妄动之辈，而且多半是些政客的影响，因而数十年来一直未能取得成就。我此番前来，只是为了对打算采取的措施提出抗议，使大家都受到教育，然后就退出当前这个时刻，我不明白，您为什么把当前这个时刻称作我们的危急关头。我所以要走，并非由于害怕这种危险，也并非由于我对我根本不想与之接吻的沙托夫过于多情，而仅仅因为此事从头至尾都直接违背我的纲领。至于告密和被政府收买，那您对我可以完全放心：我不会告密的。

不是别的小组成员，而恰恰是提出过一个"可怕"理论的希加廖夫声明退出此事，此甚至可以说是陀思妥耶夫斯基的惊人之笔；这件事是出乎人们意料的，而又可以说是合情合理的，那时的理想主义者或幻想家保存着普通人的常识和良知。希加廖夫是"理论上的巨人，行动上的侏儒"，然而，他之所以如此，是因为他有所不能，有所不为，是因为他不想否定千百年来公认的道德准则去杀死一个无辜者。当时的俄罗斯知识分子对向西欧寻找真理、寻找社会理想表现了极大的热忱，正如《群魔》中的跛腿教师所说的，关于未来社会制度的谈话和争论，对于当时一切正在思考的人而言，几乎是必不可少的。赫尔岑毕生所关心的就是这件事，别林斯基整晚整晚地跟自己的朋友们在一起进行讨论，甚至对未来的社会制度中最琐碎的、可说是鸡毛蒜皮之类的问题都要预先加以解决。[1] 他们多迷醉于傅立叶、卡贝、蒲鲁东等人的学说，但那时他们还不太考虑手段，他们所接触的这些理论也主要是提出一种价值理想，而较少涉及实现这一理想的实践途径和手段，或者所指出的手段也是相对温和、渐进和缓慢的，如说服、合作社之类。而作为行动者的彼得·韦尔霍文斯基显然对此感到不满，他说：

"我现在避免一切谈话，——因为迄今人们已谈了三十年，总不能再谈三十年吧，——只问你们喜欢哪一种办法：一种是慢办法，这就是编写一部又一部社会小说，并像起草公文似地预先在纸上决定人类今后数千年的命运，而与此同时，专制主义将把那些本来会自动飞进你们嘴里但你们却让它从嘴边溜掉了的煎饼一口吞下去；也许你们想采取另一种快办法？不论这种办法是什么，但它最终总会松开你们的双手，使人类能够随心所欲地自行建立自己的社会制度，并且是在

---

[1] 《群魔》，第 538 页。

事实上建立，而不是在纸面上建立。他们叫嚷：'一亿颗脑袋'，——这也许只不过是个比喻，既然专制主义根据写在纸上的慢悠悠的美梦要在一百多年里吃掉的不是一亿颗，而是五亿颗脑袋，那么这又有什么可怕的呢？……因此我请求可敬的在座诸君不要表决，而是开门见山、直截了当地说明你们更喜欢哪一种办法：是在泥潭里像乌龟一般爬行呢，还是开足马力飞越泥潭？"

"我完全赞成开足马力！"中学生欣喜若狂地叫道。[1]

"一亿对五亿"，不如此死人会更多，这常常成为采取暴力手段的理由，但它并不是建立在一种可以证明的命题之上，却隐涵了人们是绝对固定不变地被分为好人和坏人的前提。对彼得·韦尔霍文斯基来说，甚至价值理想都不是很重要的，重要的是行动、是手段，是立即投入斗争。他认为他的特殊贡献就在于他想出了第一步，他知道该从哪儿下手。他对斯塔夫罗金说："但是我想出了第一步。希加廖夫永远也想不出第一步。希加廖夫之流比比皆是！但在俄国却只有一个人，只有一个人想出了第一步，并且知道如何加以实现。此人就是我。"[2] 而我们现在要着力考察的也就是这"第一步"，就是这行为或手段。

一、目的与手段

在陀思妥耶夫斯基小说《群魔》的上空一直乌云密布，聚讼纷纭，[3]

---

[1]《群魔》，第541—542页。
[2] 同上，第557页。
[3] 如高尔基说："《群魔》是所有企图中伤七十年代革命运动的无数尝试中最有才能也最恶毒的一个。"见其《谈谈我怎样学习写作》，《论文学》，人民文学出版社1978年版，第168页。

然而，由于一部天才的艺术作品往往容易被政治上的各方利用，那种种带有政治旗号的争论就可能妨碍我们对作品进行真正深入和具体、细致的分析，妨碍我们从作品本身去评价作品，去根据作品中的人物及其行为本身去判断究竟何者为正当，何者为不正当，而只是忙于给人物贴上标签，轻易地给作品盖棺论定。

在《群魔》中，彼得·韦尔霍文斯基是一最积极的行动者，并且他并非是仅仅个人在行动，而且在努力发动其他人投入行动，形成一个组织，努力把分散的个人行动变成一种集体行为，引向一个他所期盼的事件，使个别的行动趋向一个共同的目标。其他重要人物如斯塔夫罗金、基里洛夫，甚至沙托夫，虽然过去同属一个组织，但此时都有些游离于众人之外，只有彼得·韦尔霍文斯基紧张地、穿梭般地奔走于各种人之间，力图使所有人都动起来——当然是不同的动。总之，他扮演的是一种集体行为的组织者、发动者和推动者的角色。在这些行动中，主要的措施有：

1. 树立一面旗帜。这既包括树立一面思想的旗帜也包括一个人物的旗帜，不过，彼得·韦尔霍文斯基看来更重视作为人物、作为领袖的旗帜，而对思想的旗帜，理论的旗帜却采取了某种机会主义的态度。他也谈到平等的社会理想，说他在这方面"拥护希加廖夫学说"。[1] 但他并不坚持一定要拥护那个理论，他甚至考虑可以和教皇达成协议，但他很快又说："我抛弃了教皇！让希加廖夫学说见鬼去吧！让教皇见鬼去吧！我们需要的是耸人听闻的事件，而不是希加廖夫学说，因为希加廖夫学说是一种精致的玩艺儿。这是一种理想，它属于未来。希加廖夫同任何一个慈善家一样，是个首饰匠和蠢才。我们需要的是粗活，而希加廖夫却瞧不起粗活。"[2]

---

[1] 这实际上只是他眼里的希加廖夫学说，是经过他的转述而扭曲了的"希加廖夫学说"。
[2] 《群魔》，第555页。

他还说到要利用人们的感伤和怜悯的心理,说:"社会主义在我们这里的传播,主要是出于感伤心理。"[1] 但总的说,他在思想理论方面并没有提出或者找到热烈鲜明的、足以使人衷心信仰、热情奉献的旗帜,他在这方面并不成功,也正是因此,他并不是一个够格的"领袖",他没能在其组织中,用一种统一的、牢固的、让人动心和感人的理想信念把他们结合起来,所以,在他仓皇出走之后,组织很快就土崩瓦解,他也因此未能充分地、足够多地吸引到那些最优秀、愿意为真理献出生命和一切的人们(只是在少数人如维尔金斯基身上体现出这种精神),因而,处在行动核心的这人——彼得·韦尔霍文斯基就还不能说是完整的,甚至不能说是典型的革命者形象(尤其不是革命领袖的形象),而是一个在相当程度上被漫画化、丑化了的"痞子革命家"角色,正是这一点最易激起革命民主阵营中人的愤怒批评(如米哈伊诺夫斯基的批评),这在某种意义上确实是陀思妥耶夫斯基描写的一个失误,陀思妥耶夫斯基在这部作品中的倾向过于强烈,以致冲淡了思想的问题性,如果这个人物被处理为一个具有献身精神和优秀品质的人,具有高度理论素养的人,应当更能够表现在目的与手段、理想与现实、价值与规范之间的冲突。

但彼得·韦尔霍文斯基相当关心树立一个人物的旗帜,并希望斯塔夫罗金来担当这一角色,为此他用尽了各种手段:如唆使人杀死斯塔夫罗金向众人隐瞒了的、出身低贱的合法妻子,想用这桩罪行把他拴住,以便使之与自己捆到一起,他甚至不惜卑躬屈膝,反复说服、哀求斯塔夫罗金担当这一领袖角色。这种屈尊当然也是为了他的"事业"。他深知喋喋

---

[1] 《群魔》,第512页。又见第99页,斯捷播也说到迷恋社会主义的年青一代:"使他们入迷的并不是现实主义,而是社会主义的感伤的、理想的成分,也可以说是它的宗教色彩,它的诗意……"

不休、才智中常、出身也不很高贵的自己尚缺乏领袖群伦的精神和人格魅力，他急需一个"伊凡王子"来发挥一种号召作用。他甚至说这是因为他爱美，他对斯塔夫罗金说："斯塔夫罗金，您是个美男子！……您就是我的偶像！您不侮辱任何人，大家却都恨您；您对大家一视同仁，大家却都怕您，这很好。谁也不会走到您跟前拍拍您的肩膀。您是个可怕的贵族。一个贵族一旦主张民主，他就令人神往了！牺牲生命，无论这生命是您自己的还是别人的，对您来说都无所谓。您正是我们所需要的那种人。我，我正是需要一个像您这样的人。除您以外，我不知道还有任何别的人。您是领袖，您是太阳，而我则是您的一条蛆虫……"[1]

但美与高贵只是一个方面，彼得·韦尔霍文斯基之所以选中斯塔夫罗金还有另外的方面。斯塔夫罗金在沙托夫也寄希望于他之后说："为什么所有的人都硬要塞给我一面什么旗帜？彼得·韦尔霍文斯基也相信，我可以'举起他们的旗帜'，起码有人把他的话转告我了。他认定我可以为他们扮演斯坚卡·拉辛的角色，'因具备特殊的犯罪才能'，——这也是他的话。"[2] 也就是说，不仅是美，还有丑，正是一种善与恶、高贵与卑鄙的混合，而且是在一种很高层次上的混合吸引了彼得·韦尔霍文斯基。光有美善是不够的，光有丑恶也是不够的，这种混合在某种意义上正是一种运动领袖的形象：为了一种纯洁、高尚、美丽的理想，准备去做任何肮脏、卑贱、丑恶的事。而做这一切肮脏、背离常轨的事，又可因这是为了一个高尚的理想而得到安慰和辩护。也就是说，彼得还看准了斯塔夫罗金有不畏惧行恶的另一面。[3]

2. 联络各种人，利用各种人。彼得·韦尔霍文斯基的身世在作品中

---

[1] 《群魔》，第 556 页。

[2] 同上，第 337 页。

[3] 但斯塔夫罗金不肯担任这角色，也许是因为高傲，因为鄙视，还因为厌倦。

不清楚，以前的生活经历也未仔细交代，[1] 他是老一代自由主义者斯捷潘·特罗菲莫维奇的儿子，但大概是私生子。[2] 但无论如何，他是可以在上流社会活动的（发动者差不多都来自上流社会），他也充分地利用了这一点，他先是利用了省长夫人尤莉娅·米海洛夫娜的自信和骄傲——使她错以为尽管他来历不明，负有某种危险使命，但却理解和信任她，会在适当时候把阴谋完全告诉她，他并通过省长夫人来影响和操纵省长，他有时也抛出一点虚假的"秘密"——如沙托夫拒绝承印一首鼓动诗的便条（这一便条被他曲解为沙托夫是该诗的作者）——来吸引省长，来获取其信任，并达到打击沙托夫的一箭双雕的目的，总之，他用了相当的精力来走上层路线，打上层牌，他在城里的贵族、官员家到处走动，他怂恿一些人，奉承一些人，迷惑一些人，恐吓一些人（如对作家卡尔马津诺夫），到处制造一种紧张不安的空气，引起猜疑、纷争和混乱，然后溜之大吉，以便混水摸鱼，火中取栗。

而另一方面，彼得·韦尔霍文斯基也把利用的手伸向社会的各个方面，尤其是伸到最底层，伸到那些处境最差的人那里，伸到那些有隐私、有把柄、有劣迹、胆大妄为、或者就是被追捕的罪犯那里，他利用他们来打头阵。他说他把这样一些人都计算在他可利用的力量之内了：有一个教师，他和孩子们一起嘲笑他们的上帝和他们的摇篮；有一个律师，他保护一个受过教育的凶手；有几个小学生，为了体验一下杀人的感受而杀害了一个庄稼汉；还有几个为一切罪犯辩护的陪审员、一个因感到自己不够自由主义而在法庭上哆嗦的检察官等等。[3] 也就是说，要动员一切可以

---

[1] 陀思妥耶夫斯基的主人公差不多都是这样来历不明，就像他也不怎么交代他笔下人物的思想来源和形成过程，他一下就把它们端出来，他最关注的是它们所构成的紧张、所产生的影响，他总是更注意现在和未来而非过去。

[2] 《群魔》，第 96—100 页，以及第 407 页的暗示。

[3] 同上，第 557 页。

动员的力量，利用一切可以利用的人，使所有一切的活动都指向成功。所以，他甚至要利用基里洛夫的自杀，让他自杀时留下一张承认自己杀了沙托夫的纸条来做掩护。他几乎是要见缝插针，利用一切可能利用的机会。他不是不知道其中有些人，尤其一些打头阵的人品质恶劣，名声很坏，但他认为："现在却必须有一代或两代腐化堕落的人；需要那种骇人听闻的、卑鄙龌龊的腐化堕落，把人变成可恶的、胆怯的、残忍的、自私的败类，——这就是现在所需要的！"[1] 在《卡拉马佐夫兄弟》中，也说到需要一些无赖之徒打头阵，然后慢慢就好了。[2] 然而，这可能只是这一过程的一面，或者是在底层发生的一面，在被动员者的一面，在另一面，亦即在上层，在动员者的一面，倒有可能发生另一种趋势，即首先是最无私、最有正义感和怜悯心，也最有思想和教养的人加入，然后就慢慢地功利化、鄙俗化、粗野化、残忍和投机的人物越来越多。"事业"常常是由那些最好的人与最坏的人首先干起来的。

在《群魔》中，抢劫教堂被判刑，而后又从西伯利亚潜逃的苦役犯费季卡就起过类似在底层打头阵的作用，彼得·韦尔霍文斯基先想让斯塔夫罗金给其隐瞒的合法妻子列比亚德金娜一大笔钱，同时把这情况告诉费季卡，让他为这笔钱去杀死她，并允诺给他护照和另外的钱，以达到把斯塔夫罗金逼向自己这一边并制造混乱和恐怖的双重目的，后来费季卡果真杀死了列比亚德金兄妹，并纵火烧毁了一片房屋，却没拿到他所希望的钱，彼得·韦尔霍文斯基又想用钱把他支开，让他去找斯塔夫罗金报仇。最后，彼得·韦尔霍文斯基还利用了费季卡恰巧被人杀死的情况，对其小组的成员起到一种威慑的作用。

---

[1] 《群魔》，第 558 页。

[2] 《卡拉马佐夫兄弟》，第 191 页。伊凡这样讲到斯麦尔佳科夫："他是个奴才和下贱人。在日子到来的时候是一块打冲锋的活肉。""打头的是这类人，然后才出现好些的。"

3. 建立组织。当然，对于事业最重要的还是建立自己的组织，建立自己的行动小组，培养一些核心的成员，他在城里建立了一个"五人小组"，这五个人原先大多属于他自由主义者的父亲斯捷潘的圈子：吝啬、胆小却喜欢追逐新潮，标榜自由开放的"社会主义者"利普金；心地纯洁、眷恋家室，然而一家人全追求最新见解的维尔金斯基；他的内弟，空想主义理论家希加廖夫；还有可以在聚会时弹奏钢琴的犹太人利亚姆申；以及一个来历不明、常出入于下等酒馆，与农民，尤其与骗子和强盗十分熟悉的托尔卡琴科。他们听到彼得·韦尔霍文斯基一声号令立刻都毫无异议地参加了小组，其中一个动机是因为他们害怕别人日后议论他们不敢加入。又因为他们都热烈地相信，这个小组只不过是遍布俄国的千千万万像他们这样的五人小组之中的一个，它们全都从属于一个庞大但又秘密的中央委员会，而后者还跟欧洲的世界革命运动保持着密切联系。后来，小组又吸收了一个年青人参加杀死沙托夫的行动，这个年青人叫埃尔克利准尉，刚从炮校毕业，人很俊秀，极其孝顺生病的母亲，按期把自己微薄的薪饷寄一半给她。他不爱说话，却总是记笔记，他一认识彼得·韦尔霍文斯基不久就对他崇敬备至了，准备毫不思索地接受他的任何命令。后来，当小组议决杀死沙托夫时，维尔金斯基多次抗议，希加廖夫最后退出，利普金与利亚姆申均有些畏缩不前，只有埃尔克利与托尔卡琴科表现得最坚决、最果敢。故事的叙述者评论说：埃尔克利是一个仅仅在大事上糊里糊涂、没有头脑的"小傻瓜"；但在一些次要的小事上却聪明得很。他狂热而幼稚地献身于"共同事业"，其实是献身于彼得·韦尔霍文斯基。他永远渴望着按照别人的意志行事——当然，只是为了"共同的"或"伟大的"事业。然而他无论如何也不明白替一种思想效力究竟是怎么一回事，他只知道把这种思想跟那个在他看来是表达了这种思想的人混为一谈。在所有那些准备谋害沙托夫的人们当中，多情善感而又温和善良的埃尔克利却正好是最麻木不仁、冷酷无情的一个，虽说他对沙托夫并无任何私仇，但在参与谋杀他的时候却表现得最为坚决。[1]

这里涉及作者写作《群魔》这部书的一个主要意图，即他想指出：人们，尤其是青年，包括有知识、有教养的年轻人如何被光辉的理想（或理想的化身：领袖）吸引，充满激情和献身精神，却做下了许多残忍的、倘在平时为了自己的利益决不会去做、也不敢去做的事情。这个时候必须提供一个理由，一个理想，才能鼓舞年轻人去义无反顾地杀人、去大义灭亲、去做平时不敢做或者道德上厌恶的事情。陀思妥耶夫斯基说：

> 我企图以长篇小说的形式提出一个问题，并尽可能给予一个明确的答案；——在我们过渡性的和奇怪的现代社会中怎样才可能出现——不是涅恰耶夫，而是涅恰耶夫分子，以及涅恰耶夫分子怎样在自己周围收罗到涅恰耶夫的信徒？[2]
>
> ……我自己是一个老的"涅恰耶夫信徒"，我也曾站在断头台上，被判处了死刑，而且我要请您相信，我是和一群有教养的人站在一起。这批人几乎全部修完了高等学校的课程；后来，当一切已成为过去，有些人还以专门的学识和著作扬名于世。不，先生们，涅恰耶夫的信徒并不总是不学无术、游手好闲之辈。
>
> 但当时这一切还是从最美妙和最纯真的道德角度去理解的。真的，事实上刚产生的社会主义当时还被它的某些首领拿来与基督教作比较，并当作只是为了与时代和文明相适应而对后者的修正和完善。我们在彼得·韦尔霍文斯基那里十分欣赏当时这些新的思想，似乎是

---

[1] 《群魔》，第 763 页。有关埃尔克利的情况，另见第 521、719—720、760—763、800—801、829—834、889—890 页。

[2] 涅恰耶夫是彼得·韦尔霍文斯基的真实原型，介绍见后。

高度神圣的和崇高的，而且最主要是全人类的，是全人类无可例外的、未来的法则。我们早在四八年巴黎革命之前便完全处于这些思想的影响之下了。我还在四六年就由别林斯基告知了这种未来"新世界"的全部情况和未来共产主义社会的圣洁性。现代社会基础本身的不道德，宗教、家庭的不道德，私有制的不道德等等信念，为了世界大同而消灭民族，蔑视祖国，因为它是共同发展中的阻力，以及诸如此类的种种思想——这都是当时我们无法克服，相反，以某种忘我的精神为名占有了我们的心和头脑。……在我的长篇小说《群魔》中，我仍然想描绘多种多样和五花八门的原因，一些心地纯洁和诚实的人因此而可能被吸收参与这类可怕的罪恶行径。[1]

彼得·韦尔霍文斯基小组成员的成分是相当混杂的，但里面却有像维尔金斯基、埃尔克利这样并非为私利，而是一心为理想的、相当纯真的年轻人。维尔金斯基的特点是：心灵极为纯洁，很少有比他更为正直热情的人。"我永远、永远不会放弃这些光辉的希望"——他经常两眼闪闪发光地对人说。他谈到"光辉的希望"时总是轻声地、富有深情地、像是谈论什么秘密似的窃窃低语。[2] 而他在被捕后也没有放弃他的"光辉的希望"，他只是诅咒"风云变幻的时局"把他卷进去的那条政治道路，他被捕时几乎感到高兴，"心里像卸下了一块石头。"而埃尔克利被捕后也不后悔，他只是此前在火车站送出逃的彼得·韦尔霍文斯基，看到他那么快地与别人坐下玩牌而不再理自己而感到有些黯然神伤和失望。然而这失望还不是最后的失望。那种最后的失望在有些人那里会较早发生，而在有些人

---

[1] 《陀思妥耶夫斯基论艺术》，漓江出版社1988年版，第168—172页。
[2] 《群魔》，第38页。

那里却可能要到很晚才会发生。

在《群魔》中,彼得·韦尔霍文斯基所建立的小组还是仅具雏形的、不严密的,所以还相当软弱和缺乏力量(尽管如此,仍做下了相当骇人听闻的事情)。彼得·韦尔霍文斯基使用了一些手段和策略来维系组织的向心力:例如利用了人们对理想的巨大热情,对进步和新潮观念的强烈兴趣;利用了人们对国外"神秘的中央委员会"的好奇和投入集体的归属感和得意感;利用了人们对职位安排和官衔及参与秘密活动的本能爱好;利用了人们在组织中耻于有自己的见解和崇拜权威的心理。他也不惜利用谎言来欺瞒小组的成员,例如使他们觉得全国已经有许多这样的小组,将同时开展这样的行动。这一点对像胆小的利普金这样的人是很重要的,但利普金直到杀人之后才真正明白这样的小组实际上只有一个。[1] 他还出钱给利普金的女仆,让她报告利普金的情况,并要小组的成员互相监视、互相牵制。但总的说,由于他尚非真正具有运动领袖的气质,也由于对于这种组织的实践还处在相当分散、缺乏经验的初期阶段,纪律尚不严明、权威也尚未稳固地确立,仪式和象征的重要性也尚未被充分认识和运用,秘密聚会的成员们甚至还弄不清开会是什么意思。总之,在那个时候,鼓舞精神、控制思想与组织动员的技术还很不完善。这种行动小组尚只是初步预示了后来发展到极其完善严密的革命政党的某些特点,虽然已经是一些重要的特点。

4. 行动纲领。这一组织的行动纲领虽然也像其理论、领袖和纪律一样都不很明确,但还是可以看出其主要倾向:这就是通过制造混乱和破坏而最终夺取政权。彼得·韦尔霍文斯基曾说到要利用那种认为"罪行是正当的,是对旧社会的高尚反抗"的想法,以及利用俄罗斯老百姓普遍酗酒的

---

[1] 《群魔》,第 807 页。

状况。[1] 他在杀死沙托夫之后对其小组成员说："目前你们要做的一切，就是促使整个国家及其道德全都土崩瓦解。将来只会剩下我们这些早就做好了夺权准备的人；我们要把聪明人拉到我们这一边，对于蠢才，我们要骑在他们脖子上。你们不应为此感到害臊。应该重新教育这一代人，使他们配得上享受自由。我们还要对付千千万万的沙托夫。我们要组织起来控制舆论；对于被搁在一边并张大嘴瞧着我们的东西（指国家权力），我们若不伸手去拿，那就太可耻了。"[2] 据希加廖夫的转述，彼得·韦尔霍文斯基想在俄国编织一张由众多行动小组构成的绳结之网，每一个行动小组在吸收新成员和无限地发展分支机构的时候，都负有这样的任务：通过经常的揭露性宣传，不断削弱地方当局的威信，在乡村里制造混乱，散布愤世嫉俗的情绪和种种丑闻，让人们对任何事情都毫不相信，只顾追求吃喝玩乐，最后，则不惜采取引起民间骚乱的主要手段——纵火，在预定的时刻使国家陷入绝境。[3]

彼得·韦尔霍文斯基及其小组也确实在这一外省城市里掀起了许多波澜，制造了或引起了一系列混乱：省长夫人周围一伙人的胡闹；节日宴会出乖露丑的闹剧；纵火以及抢劫；以及一系列流血惨案。当后来向当局自首的利亚姆申被问道为什么要制造这么多凶杀案和丑闻时，他狂热地急忙答道："这是为了有计划地动摇基础，有计划地瓦解社会和一切原则；为了使所有的人都丧失信心，把一切都搅得乱七八糟。当社会被弄得摇摇欲坠，病入膏肓而且一蹶不振，厚颜无耻而且怀疑一切，但又无限渴望获得一种主导思想并保全自己的时候——突然打起造反的旗号，并依靠由许多五人小组组成的一个完整的网，把整个社会都抓在自己手中。在此期

---

[1] 《群魔》，第 558 页。

[2] 同上，第 804—805 页。

[3] 同上，第 725—726 页。

间,那些五人小组则积极活动、招兵买马,并切实地寻求一切手段和一切可以抓住的弱点。"他最后说道,在这个城里,彼得·韦尔霍文斯基只不过是为这种有计划制造的混乱做了第一次试验。[1]

这里也许可以特别提一下纵火及其对文化的破坏问题。1862年5月,彼得堡发生了延续两周的火灾,同时出现了号召推翻沙俄政府的传单,人们把这两件事联系起来,陀思妥耶夫斯基曾为此专门去找过车尔尼雪夫斯基,请他运用他的影响力,设法制止那些人所做的事。在《少年》中,维尔西洛夫也同样表现了对这样一种不加分辨的纵火和焚毁一切的忧虑,而其立足点是希望保存那超越民族的文化的价值。他说:

> 我不光是谈战争,也不光是谈杜伊勒利宫[2];除此以外,我知道一切都会过去的,欧洲旧世界的整个面貌迟早会消失的;但我作为一个俄罗斯的欧洲人,这我是不能容忍的。是的,当时他们刚烧毁了杜伊勒利宫……
>
> ……这不过是些鲁莽汉子,但这是执行的第一步——很重要的一步。这里面又有他们的逻辑;但在逻辑中永远包含着叫人发愁的东西。我是属于另一种文化的人,我的良心不能容忍这个。这是他们抛弃思想时的忘恩负义,那些嘘嘘声和扔泥块我都不能忍受。这个过程的野蛮残忍使我惧怕。然而现实总是有点野蛮残忍的味道,甚至在最明显地追求理想的时候也是如此,我当然必须知道这点;可我到底是另一类型的人:我有选择的自由,而他们却不能——我也哭,为他们而哭泣,为旧思想而哭泣。[3]

---

[1] 《群魔》,第887页。
[2] 该宫1871年5月被巴黎公社社员焚毁。
[3] 《少年》,岳麟译,上海译文出版社1985年版,第605、609页。

5. 流血。在这整个行动纲领中，相对于其他所有的手段——制造谣言、混乱、惊惶、纵火——而言，最重要的、也是最后的手段还是要直接诉诸暴力，要直接剥夺生命，也就是要造成流血。在彼得·韦尔霍文斯基看来，如果要加速实现理想，流血是绕不过去的。虽然如何以武装力量和军队厮杀的问题尚未提上议事日程，但在这一过程中可能要砍掉"一亿颗脑袋"的问题已经开始讨论。秘密集会上的跛腿教师指出：如今人们通过外国印制的各种偷偷散发的传单建议人们联合起来并建立小组，唯一的宗旨就是毁灭一切，其理由是既然这个世界无论你怎么医治也治不好，那倒不如干脆砍掉一亿颗脑袋以减轻自己的负担，这样就可以比较安全地跳过沟渠。[1] 靠说服宣传逐步来解决问题，逐步改造世界被认为是慢办法，甚至完全是空想；支持即便吃掉一亿颗脑袋也要加速推进的一个理由仍然是目的论的，即如果不死这一亿人，专制主义也许要吃掉五亿人。[2] 在这一点上，虚无主义的子辈与自由主义的父辈不同，虽然在某种意义上这虚无主义的子辈正是由自由主义的父辈孕育出来的，但父辈仍是明确反对流血的。如彼得·韦尔霍文斯基的父亲斯捷潘说："倘若你们把断头台置于首要地位，而且还这么喜不自禁，那只不过因为砍头是最容易不过的事，而具有思想则是最难的！"[3]

这种流血可分为两种：一种是流敌人的血，这就意味着有一部分人要被视为敌人，甚至视为非人——从"人民"乃至"人"的阵营中开除出去，这其中包括被蒙蔽的敌人，比方说敌方军队的士兵，尽管他们同样属于要被解救的阶级，但仍免不了要流他们的血——而且这甚至可能是

---

[1] 《群魔》，第 539 页。这并不完全是空穴来风。在赫尔岑的回忆录里，一个革命家施特鲁沃说："只要杀死二百万人，革命就会成功。"《往事与随想》中册，项星耀译，人民文学出版社 1993 年版，第 349 页。

[2] 彼得·韦尔霍文斯基语，见《群魔》，第 542 页。

[3] 《群魔》，第 286 页。

第三章　集体行为的道德问题

最大量的流血；另一种是流自己人的血，因为在杀死敌人的过程中自己也必有损伤，即便一场胜仗也一般是"敌死三千，我伤八百"，向对方诉诸暴力是不可能不自己也流血的。此外，还会有许多并非敌人，但也不是自己人的，纯粹是被卷入，被波及的无辜者的流血。另外，还有比较复杂的一种是使脱离自己营垒的人，或者同一营垒内的不同派别的人流血。"革命常常首先吞噬自己的儿女"，不仅在夺取政权之后，甚至在夺取政权之前就已开始内部的流血了。自己阵营的异己者常常被更冷酷无情地对待，并且被首先拿来开刀。[1] 流血需要习惯，彼得·韦尔霍文斯基说，除了一两代腐化堕落的人，"此外还需要一点'鲜血'，以便使我们渐渐习惯"[2]。杀死沙托夫大概也是要培养这种习惯。然而，杀人一旦变成习惯，一旦变为嗜血，这习惯就不容易改掉了，人们将习惯于不是用说服、讨论和表决的方式，而是用肉体消灭的方式来解决问题。

虽然彼得·韦尔霍文斯基在城里只是建立了一个松散的活动小组，虽然真正一直积极主动的只是他一个人（当然，起作用的还有当时的思想氛围），然而，就在这很短的时间里，就已经造成了一系列的流血：首先是列比亚德金兄妹的被杀，然后是莉莎在失火后的群众骚乱中被不明不白地打死（连凶手也无法确证）；再是杀人者的被杀，即杀死列比亚德金兄妹的凶手、苦役犯费季卡也被杀了；而这一系列悲剧的最高峰是对沙托夫的谋杀，其结果不仅是他的死亡，还导致他妻子、刚刚找到沙托夫并与之重归于好的玛丽娅·伊格纳捷夫娜的死亡以及一个新生儿的夭折；而基里洛夫恰在此时自杀以及随后斯塔夫罗金的自杀也与这些活动不无关系。这期间甚至还没有开始杀死真正的敌人，就已经有这么多人丧命了，还有一

---

[1] 赫尔岑在其回忆录中也谈道：当时法国的一个革命者巴泰勒米主张必须首先从自己的阵营中清除敌人，甚至包括清除像雨果、马志尼、科苏特这样的人。见《往事与随想》下册，第80页。

[2] 《群魔》，第558页。

些人则将被判刑。

人们的行为动机总是十分复杂的，尤其是在作为社会运动的集体行为中。尽管参与者可能不乏为了共同事业和崇高理想的冲动，但其中也很容易掺入个人情感乃至挟嫌报复的动机，彼得·韦尔霍文斯基杀死沙托夫也有报复宿怨的私心，并想用杀死沙托夫的罪行、用鲜血把小组成员拴到一起，因为共同犯罪的纽带有时甚至比共同利益的纽带还要牢固，"你和我一起杀了人，那么你就必须和我一起干了"，或者"我把抢来的东西分给你，你就必须和我一起走了"，何况一起干也许还好处无穷，前程无限，这样，恐惧就将和利益结合在一起成为组织最强固的凝合剂。集体行为又有一种个人非有很大勇气不易独立、不易抗衡的性质，如维尔金斯基尽管抗议，却还是被裹胁进了这一行为之中；当然，有勇气者又可能遭到沙托夫一样的命运。

而这仅仅还是开始，彼得·韦尔霍文斯基预言："好啦，先生，一场暴乱就要开始了！一场世界还未曾见过的动乱即将到来……俄罗斯将是一片愁云惨雾，大地也将为古代的神灵啼哭……"[1] 这一预言也使人想起布洛克的诗句：

我在罗斯上空远远看见，
火辽阔而沉静地燃烧。[2]

---

[1] 《群魔》，第559页。

[2] 帕斯捷尔纳克所著《日瓦戈医生》中的戈尔东说："你拿布洛克的话对比一下：'我们，俄国恐怖年代的孩子们'，马上便能看出两个时代的区别。布洛克说这话的时候，应当从转意上，从形象意义上来理解。孩子并不是孩子，而是祖国的儿女，时代的产物，知识分子，而恐怖并不可怕，不过是天意，具有启示录的性质而已，这是不同的事物。而现在一切转意的都变成字面上的意义了，孩子就是孩子，恐怖是可怕的，不同就在这里。"蓝英年、张秉衡译，外国文学出版社1987年版，第701页。

彼得·韦尔霍文斯基并不是一个作者完全虚构的人物，而是实有原型。这个原型就是涅恰耶夫（1847—1882）。涅恰耶夫当过小学教师，但那时他就常常把小学生留给不负责任的朋友照看而自己外出活动，后来在彼得堡医学院做旁听生时参加了旨在推翻沙皇的运动，通过自编自导一出虚构的"被捕和逃脱"的故事之后，他获得了一个革命家的名声，到了瑞士与巴枯宁结识。1869年他潜回俄国在莫斯科建立了"人民的复仇"的秘密组织，计划刺杀沙皇。在涅恰耶夫的"核心小组"中有一个叫伊万诺夫的大学生，他和别人的不同是有时会和涅恰耶夫争论，而每一次争论都以涅恰耶夫从上级"委员会"（实际上只是涅恰耶夫自己）那里传达对伊万诺夫的否决而告终。伊万诺夫产生了怀疑，于是涅恰耶夫认定伊万诺夫已经构成了对组织的威胁，他必须被"清除"。"核心小组"的其他成员服从了涅恰耶夫。他们以让伊万诺夫帮忙寻找埋藏的印刷机为由将他骗到荒地，伊万诺夫被打晕后由涅恰耶夫向他后脑射了致命的一枪并将尸体沉入冰河，这就是轰动一时的"涅恰耶夫谋杀案"，陀思妥耶夫斯基曾亲自去看过案发现场。

这里值得注意的是涅恰耶夫携回国的一份名为《革命家手册》的重要文件。《手册》分四个部分。第一部分是"革命家对自己的态度"，第一句话是"一个革命家是命中注定要走这条道路的人"，他既无个人需要，也无个人事务、感情、依恋、财产，甚至名字。他身上的一切都被唯一的兴趣、唯一的思想、唯一的热情——革命所吞没。他要从内心深处，不是在口头上，而是在行动上，同社会习俗、同整个有教养的社会及其全部准则、礼仪、通行的规则和这个世界的道德观念彻底决裂。他是这个世界不共戴天的仇敌。如他仍生活其中，就是为了更有力地毁坏它。革命者蔑视任何尊严，拒绝和平科学，把它留给未来的一代。他只知道一种科学，那就是毁灭的科学，他蔑视社会舆论，凡是能促使革命胜利的，对他都是道德的；凡是妨碍胜利的，就都是不道德的和有罪的。

第二部分是"革命家对待同志的态度"，其要点是革命家不能牵扯上任何与事业无关的友谊或依恋，同志之间友谊的标准仅仅视其在斗争中的有用性而定。"每个有觉悟的革命家手下应有若干个二三流革命者，即不太有觉悟的革命者。他应当把他们看作归他全权支配的总资本的一部分。""对同志的评价只能看他对事业的利弊。"

第三部分是"革命家对社会的态度"，《手册》把这个"肮脏的社会的所有成员"划分为以下六类：一是应毫不延迟地处死的；二是也应处死但暂且留着以便其行径促使更多的人走向革命的；三是平庸而有社会地位的，对他们必须设法操纵和利用以间接为革命服务；四是有政治野心的人和各种自由主义者，对他们要假装追随而实际上逐步控制，借他们的手给政府制造麻烦；五是教条主义者或口头上的革命家，要利用他们去散布革命言论；六是妇女。对于那些轻浮而头脑空虚的，照上述第三、第四种人去利用，对有主见而不愿跟"我们"走的，则照第五种人去利用，而对其中真正革命的，才当成自己的同志。

第四部分是"革命组织对人民的态度"，其中说除了"彻底的解放和人民的幸福"外，革命组织没有其它目的，但为此却必须先用一切手段去强化和加深人民的苦难，直到他们无法忍受的地步，从而迫使他们走向革命。这种革命绝不遵循"古典的西方模式"，那总是以一种压迫代替另一种压迫，而是要消灭和摧毁一切传统、秩序和阶级，在这场革命中"我们将同盗匪联合，他们是俄国唯一和真正的革命力量"。手册要求抛弃文明世界的法律，说"我们的事业是恐怖的，要四处破坏"，要冷酷无情，不要期待宽恕，要准备赴死，为了破坏现制度，要深入社会各界，包括警察，驱使富人和有影响的人服从自己，包括同刑事犯、犯罪分子结成同盟。[1]

据涅恰耶夫少年时代的朋友卡帕辛斯基的描绘,"(涅恰耶夫)善于在论辩中设下圈套并羞辱其对手。他十分雄辩,深知如何用真理、诚实、勇气等字眼从心理上影响青年。他不能容忍与自己平等的人。在强者面前他会保持沉默并制造出一种对他们的怀疑气氛。他信念坚定,但却是源于自大,并为此准备牺牲任何人。因此,其个性的主要特点是专制和狂傲。他善于吸引别人并制造出对自己单纯和天真的崇拜……他只有两种同志:一种是年长而被他利用的,另一种是同龄或年轻而被他控制的。"涅恰耶夫观察社会的唯一角度是政治,认为政治权力能导致、也能解决一切社会问题。他评价各类人的唯一标准、是看他们在何种程度上可以利用来为权力斗争服务。涅恰耶夫对洞悉和操纵青年的心理有着非同一般的直觉和天才。他利用青少年成长期的焦虑,对生活目的的追求,对父母、家庭和社会的反抗心理,以及在宗教传统的熏陶下培养起来的圣徒崇拜和盲目的献身热情来为其政治目的服务,一旦他将他们网罗进其组织,便让他们在精神和心理上建立起对自己的信赖和崇拜,同时又用严格的等级、纪律和制裁控制他们。但是,正如彭佩(Philip Pomper)在他的涅恰耶夫传记中所说:"涅恰耶夫不幸生在一个其活动只能被看作是一场政治戏剧而产生不了解群众性政治效果的时代。"[2] 所以他很快还是失败了。

我们也许可以更明确地说,涅恰耶夫不幸生在 19 世纪而非 20 世纪,而大规模的政党和群众性政治的时代要到 20 世纪才会来临,所以,涅恰耶夫尽管有极强的蛊惑和煽动能力,却还是只有少数几个追随者而成不了

---

[1] 以上材料分别引自拉津斯基根据苏联秘密档案写成的《斯大林秘闻》,新华出版社 1997 年版,第 34—35、60 页;程映虹:《涅察也夫现象》,《读书》1997 年第 7 期;鉴真《革命者教义问答》,《南方周末》1998 年 6 月 12 号。

[2] 以上一段转引自程映虹:《涅察也夫现象》,《读书》1997 年第 7 期。

号令万众的领袖人物,当然其个人的不幸又可以是社会的幸运。而且他也过于直率,把本该隐蔽不言的东西都直接说出来,甚至形成文字,所以,涅恰耶夫档案及其这本《革命家手册》在沙皇专制倒台后也仍然被长期作为密档尘封。涅恰耶夫固然是"革命家"的一种极端类型,但我们也可以看出,如果"只管目的,不计手段",从这样一条路上可以走得有多远。

二、他人的血

"他人的血"是借用波伏瓦一本同名小说的书名(*Le Sang des Autres*, 1944),小说的主人公让出身资产者家庭,却参加了工运与警察对抗,在一次流血冲突中,是他给了他的朋友雅克手枪,而死的却是雅克,流的是他人的血,他感到痛苦,觉得他人的血被白白地流掉了,因而退出了政治。但当第二次世界大战来临,法西斯侵略法国时,他又不得不面临选择,于是他进了军队去做普通一兵,想着要流就流自己的血,但他没死,德国占领期间,他在巴黎建立了一个地下组织袭击盖世太保,每次袭击都导致大批人质被枪毙,他的女友海兰娜也在一次执行任务时中弹,他坐在她濒死的床边,痛苦地想着始终是他人的血,即使最后成功了、目标达到了,也流了大量他人的血,他自己还活着,但很多人却死了。

波伏瓦也许仍然倾向于认为,为了正义的事业和争取一个美好的社会,不可能不流他人的血,但她毕竟尖锐和鲜明地提出了这个问题而决没有去试图掩盖它,她的作品并且引起对这个问题的一种道德上的反省:流血,尤其是流他人的血,是否总是有必要呢?是否在道德上总是正当的呢?是否用日后的成功和胜利就可以证明其"值得"呢?而即使"值得","值得"是否就可以证明正当呢?对这种"成功"又当作何解呢?它是否仅仅是夺得及保持政权?而即使"成功"包括了人们的普遍美满幸福,它是否就能免除人们对流血正当性的追问？或说流血者是自愿的，但是否还有不自愿者呢？而他们毕竟是死去了，他们不再能说话，而只有活着的人们来思考和追问。而这种思考和追问的一个前提是，成功的存活者是否会对此感到不安，这种不安是反省能力未曾失去的一个证据。

另外，我们已经指出过《群魔》的局限性：由于对彼得·韦尔霍文斯基的漫画式的丑化处理，其理想带有投机性质，其品质也不足以服人，因而也就不足以透出目的与手段之间的深刻紧张，不足以充分表现出不同思想的交锋，以及思考者极度的困惑和苦恼。所以我们想在此再观察一下产生过很大影响的两部剧本：加谬的《正义者》和萨特的《肮脏的手》，这两部作品都发表于 20 世纪 40 年代末；是在一种更广阔、也更发展了的社会运动的背景上来思考集体行为中目的与手段的关系，而且作者都是采取了一种对革命者试图理解、同情或支持的态度，其中的主人公是在真诚地追求一种旨在正义的社会理想，这样，他们所要承担的谋杀手段与其理想目的以及与一般道德标准的冲突就显得格外突出，而且，重要的是，他们都是属于陀思妥耶夫斯基笔下那种主要的思想者类型——即不是不发问直奔目标的人，而是经常受到自己的良心折磨和拷问的人。《肮脏的手》的主人公雨果为自己在组织中取的化名正是《罪与罚》中的主人公的名字"拉思科里涅珂夫"，他出狱后仍坚持要用此将被追杀的名字。《正义者》的主人公卡利亚耶夫被称作"诗人"。他愿意为思想而死，认为这是唯一达到思想高度的办法。最后，这两部作品也将使我们更集中于目的与手段冲突的这样一个关键问题：即一个美好理想的目的是否允许我们采取流血杀人的手段，而且不止是杀死敌人，也包括杀死孩子、杀死无辜者，乃至杀死朋友，杀死亲人？

《正义者》取材于 1905 年 2 月俄国社会革命党一个恐怖小组用炸弹炸死塞尔日大公的行动。这也是一个五人小组，但《群魔》中的那个五人小组与之相比就远为逊色了，就有些接近于是乌合之众，而这个小组则是由久经考验、纪律严明、极具理想和精英色彩的志士组成。他们大概都不是下层出身，而是来自贵族或平民知识分子。小组中要求投第一枚炸弹的卡利亚耶夫说："我们谋杀，是为了创建一个永远不再有杀人的世界！我们情愿成为凶手，是要让大地最终布满清白的人。"[1] 他认为他要杀死的不是大公而是专制政权，他是往"专制上"，而不是往"人身上"投炸弹。[2] 小组的其他成员如斯切潘所表达的理想更带有一种绝对的性质："大地上只要还有一个人受奴役，自由就是监狱。"[3] "对我们不信上帝的人来说，要么争取完全的正义，要么绝望。"[4] 乌瓦诺夫虽然生性怯懦，也认为必须行动："我明白了揭露社会不公是不够的，必须舍命剪除不公。"[5]

但当卡利亚耶夫第一次要投弹炸大公乘坐的马车时，他突然看到大公旁边坐着两个儿童，于是他放弃了投弹，由此在小组中引发了一场激烈的争论。

在这场争论中，大致以斯切潘为一方，以多拉与卡利亚耶夫为另一方，安南科夫、乌瓦诺夫也偏向于后者。刚从狱中出来的斯切潘主张无论如何都应投弹，认为放弃投弹意味着前面两个月的准备和为此牺牲的两个人都完全白费了。就因为卡利亚耶夫没有干掉那两个孩子，成千上万的俄国儿童还要在几年当中饿死，他认为不必选择医治每天病痛的慈善，而要选择医治现在和将来所有病痛的革命。他说，我们只要忘记儿童，毫不顾惜，到了那一天，我们就将成为世界的主人，革命就将胜利，在胜利面

---

[1] 加缪：《正义者》，李玉民译，漓江出版社1986年版，第177页。
[2] 同上，第180、217页。
[3] 同上，第166页。
[4] 同上，第207页。
[5] 同上，第170页。

前,两个孩子的死又有多大分量呢?斯切潘的论据是目的论、效果论的,即一切要为了计划的成功,一切要服从这成功,当然这一计划的成功又连着一个美好的理想,所有计划最后都指向革命的胜利,消灭专制,使我们成为世界的主人,为此一切行为都可以允许,破坏不应有限度。在他的目的论逻辑中,显然有些过甚其辞的地方,一次放弃投弹是否意味着以前的准备和牺牲全都白费了呢?而一次延迟是否就意味着要有成千上万的儿童在几年当中饿死呢?这些都是没有经过验证的,甚至是无法验证的。不过,斯切潘的论据是很明显地依赖于最后的成功,最后的胜利,这成功和胜利能解释一切,能抹去一切。

对斯切潘的反驳来自两个层次,一个层次仍是保留在目的论的范围之内而尚未质疑"目的证明手段"的理论,而只是怀疑这样做是否可行,这样做是否能够达到目的,或者这样做所达到的胜利正是他们所期望的,所设想的。这也许还不是明确的反驳,而只是疑问,就像多拉在卡利亚耶夫说自己情愿成为凶手而让大地最终布满清白的人之后所问的"结果要不是这样呢?"[1] 以及多拉说卡利亚耶夫死是为了想让别人生活之后,自己又怀疑:"如果别人也活不了呢?如果他白白死去呢?"亦即:即便肯定目的,肯定目的能证明手段,也还有一个"烈士是否会白白死去,白白流血"的问题,他们是否死了也达不到自己的目的,因为,在真诚地为自己崇高的理想而奋斗而牺牲的人那里,这目的并不止是成功、并不只是夺得政权,它还意味着清白和适合于人的美好生活。

另一层次的反驳论据则是具有道义论性质的,即卡利亚耶夫所说的:不能为了实现未来的正义理想,就允许自己现在就干不正当的事——杀死孩子,不能为一种尚未存在的正义而在眼下就增添活生生的非正义,说这

---

[1] 《正义者》,第 177 页。

是连最纯朴的农民都会说的话——"屠杀孩子不光彩。"他认为革命中有荣誉，如果那一天革命要脱离荣誉，那他就会脱离革命。从他的论据可以推出：杀死孩子这件事是否正当并不依赖于任何目的和效果，再好的目的效果也不能证明这件事正当和光彩，这件事本身就是不正当和不光彩的，因而在任何时候，为了任何目的都不应被允许，都不应去做。他认为这是最纯朴的道德真理，是任何纯朴的农民都会说的话。这里也涉及了普遍主义的论据，多拉说：如果真的那样做，到了那一天，革命就将受到全人类的憎恨。斯切潘说那有什么关系，只要我们深深地爱人类，我们就能把革命强加给人类，并把人类从它自身的奴役中拯救出来。多拉反问：如果全人类抛弃革命呢？如果你为之战斗的全国人民不同意杀儿童呢？也要打击全国人民吗？在他们心里，杀孩子显然是违背千百年来流传的基本的道德规范，违背一般人的意愿的。一些最基本、最简单的道德诫命，例如"不可杀孩子"（还不是"不可杀人"），本身具有一种客观的普遍必然性。卡利亚耶夫还说斯切潘的话里显露了一种专制主义，斯切潘说在破坏中"没有限度"，多拉则认为"有个限度"，安南科夫也说：我们牺牲了数百个兄弟，就是要让人知道并不是一切都允许的。他同意杀害那些孩子毫无意义，决定重新跟踪，如果车上再有孩子，则再等待新的机会。[1]

然而，卡利亚耶夫、多拉毕竟还是要杀人，要杀死成人，杀死敌人，杀死大公（不排除大公夫人）。所以，随之提出的一个问题就是"既然思想不能容忍杀戮儿童，它值得让人杀害大公吗？"[2] 斯切潘不会想这个问题，但卡利亚耶夫、多拉看来是想过这个问题的。他们的一个理由是他们是被迫如此做的。多拉说"我们杀人是被迫的"[3]，卡利亚耶夫说："有

---

[1] 以上见《正义者》第二章。
[2] 《正义者》，第220页。
[3] 《正义者》，第178页。

一种事情比犯罪还要卑鄙,就是迫使不会犯罪的人犯罪。"[1] 这涉及一个极其困难的、如何判断一个体制的非正义的性质和严重的程度,以及体制中人如何反抗、可以反抗到什么程度的问题。他们提出的另一个理由是,他们也准备死,准备牺牲,亦即"杀人并且牺牲"(多拉语),卡利亚耶夫说他接受投弹任务后,夜里翻来覆去睡不着,受着一个念头的折磨:他们把我们变成了凶手。不过他同时又想他自己也要为之而死的,心情于是就平静下来。多拉甚至说"走向谋杀,再走向绞刑架,这就是两次付出生命。我们加倍付出了代价。"卡利亚耶夫同意说:"对,这就是死两次。……现在谁也不能对我提出任何指责了。现在我信心十足。"[2] 也就是说,杀人是死一次,被杀是又死一次。有意犯罪,然后再接受相应的惩罚(卡利亚耶夫因此说当场牺牲还有不足的地方,他更愿死在绞刑架上)。杀人不仅是让人死,自己也等于先在心灵里死一次,然后才是肉体的死。卡利亚耶夫与多拉实际上相当充分地意识到他们所要做的事情(杀人)的分量,乃至承认它的罪性,不然他们就不会如此不安并且愿意接受惩罚了。所以,爱着卡利亚耶夫的多拉虽然那么希望卡利亚耶夫活着,却又宁愿卡利亚耶夫死去,因为她知道活着对他意味着什么,对他人、对组织又意味着什么,知道他要为此付出什么代价,她只能要求下一次由她第一个投弹,这与其说是她希望被炸的对象死,不如说是她希望自己死。她已完全失去了生趣。她感觉到她在卡利亚耶夫,以至小组所做的事里已经有了一种不可逃避的责任,她必须承担起这一责任。

即便如此,在他们的内心深处,仍然还有一些问题留存。多拉怀疑:如果唯一的办法就是死亡,始终是死亡,那我们也许就还没有走在正

---

[1] 《正义者》,第 224 页。
[2] 《正义者》,第 178—179 页。

路上。[1] 她感慨"流血太多，暴力行为太多"，甚至怀疑起他们自以为是"爱人民"的理想，"而人民呢，他们爱我们吗？他们知道我们爱他们吗？人民默然无声，多么寂静，多么寂静……爱会不会是另外的样子，是不是能停止单方表白，并时而得到回答？"她指出斯切潘先摧毁这个世界，然后再相爱是假的，斯切潘也承认了他其实是恨，恨自己的同胞！"我至少还剩下恨的力量，这总比麻木不仁要好。"[2] 这种对自己同胞的恨也许只是恨铁不成钢的恨，但如果铁就是铁，铁永远不能变成钢呢？他们真的理解人民或者说多数人的愿望吗？真的代表了人民的意志吗？第二次投弹卡利亚耶夫成功了，炸死了大公，自己则被抓入监狱，在那里他遇到一个囚犯弗卡，弗卡是一个最贫穷的人，是他为之战斗的"人民"中的一个，但却在替监狱干绞死犯人的活（以使自己减刑）——很可能还要绞死自己，当卡利亚耶夫说弗卡充当了"刽子手"的角色时，弗卡反问道："那么，老爷，你呢？"

但是，无论如何，那一热血的刺杀仍然是极其悲壮的一幕，那还是一个英雄的时代。相对于后来反复拉锯的两军对阵，刺杀的特殊意义在于：第一，刺杀的对象是经过精心选择的，是极个别的，往往是针对心目中最大的障碍，被认为是"最反动"或"最危险"的人物（虽然这种判断也有可能出错的时候）。它的目的是旨在造成恐怖的，但它尚不是那种对对象不加区别的恐怖主义；第二，在当时的技术条件下，刺杀者冒有很大的风险，一般是直接投弹，逃生的可能性很少，所以常常是抱着必死的决心采取行动，几乎是立即地、完全地承担责任；同样，由于这种投弹是要面对面地进行，远非那种操纵按钮、设置定时炸弹、看不见对象的杀人，

---

[1] 《正义者》，第232页。

[2] 《正义者》，第209页。

所以刺杀者还要面临一种直接面对自己要杀死的那个人、看见他的面容、眼神、也被他看见的考验。多拉曾向卡利亚耶夫提醒过这种考验,而卡利亚耶夫也正是因为看见了坐在大公的身边还有两个孩子才放弃了投弹(而如果是在轰炸机上投弹呢?或者在千里之外按动让洲际导弹发射的按钮呢?)这样,刺杀就确实还是把流血缩小到了一个很小的、有针对性的范围,并且是自己选择,自己负责,自己亲自杀死想杀的人,自己为之付出流血的代价。无论正确与否,这是真正勇者的事业却无疑义。而多拉有时听斯切潘说话不禁觉得毛骨悚然,她说:"也许再来别的人,他们命令我们杀人,自己却不付出生命的代价。"安南科夫说:"那就是怯懦。"多拉说:"天晓得?也许那就是正义。而且再也没人敢正面看它了。"

多拉的恐惧将变成事实。萨特的《肮脏的手》所涉及的20世纪40年代就已经进入这样的阶段了,这时候的组织已经纪律严明、权威突出、上下关系非常明确,个人已不可能再讨价还价。在《正义者》中,乌瓦诺夫被安排投弹,他突然感到了害怕,他就说出来了,请求去做别的工作,组长安南科夫也就同意了,并在别人面前为他掩饰,这在后来的政党中就决不可能允许了,他将或者执行命令,或者被淘汰乃至清除。《肮脏的手》中的奥尔嘉说:"党命令我的,我一定照办。哪怕是去杀死自己所爱的人。"反省的、优柔寡断的知识分子更加被排挤到一边,被认为是"不中用"。投弹刺杀也被认为是过时了的"恐怖主义"。

《肮脏的手》的主人公雨果背叛了自己的资产阶级家庭,他由路易、奥尔嘉介绍加入组织,然后他就把他们认作是党,执行他们的一切命令。他不愿只做宣传而渴望行动,于是被路易命令去暗杀党内另一领袖贺德雷,因为路易不同意贺德雷所主张的先与国内敌手谈判再夺取政权的策略。雨果被安排到贺德雷身边做秘书,他是一个理想主义者,他很快就觉出了与组织的其他成员的差别,当他说他参加组织是为了有一天使所有人都有体面的权利时，奉贺德雷之命搜查他的两个警卫叫他别说这些好听的了，说"小同志，我们这些人入党，是因为挨饿挨够了"，他们觉得和他隔了一座大山，说他只不过是个爱好者罢了，是想办件好事，而他们加入却是因为没有别的路可走。[1] 雨果是看见别人饥饿心里不好受，他努力想偿还他所认为的自己作为富人之子所欠的穷人的债，但还是和他们很难融到一起。他想通过参加组织忘掉还有自己，但他还是留恋自己的过去，暗中保存着自己小时候的照片，他也还有洁癖，既喝不了烧酒，也抽不了烟，害怕看着对方的脸开枪，他厌倦自己想的东西太多，想把它们都赶出去，梦想自己成为像警卫史力克那样的人：身上一百公斤的肉，可脑子里装着的只是一个胡桃般大小的东西。他想不思考，只服从命令，服从纪律，想无动于衷地杀人，但他还是办不到，他最后杀死贺德雷只是因为偶然目睹到贺德雷与他妻子亲吻。

贺德雷则已经是真正合格的领袖人物了，他自己也很明白这一点，他对谈判的敌手，五角大楼党的党魁卡尔斯基说："我们是同一种类，但不是同一阶级。"他们都是行动界的顶尖人物，都是通过各自的才干历尽艰险而爬到各自政党的顶峰的。贺德雷也告诉雨果：现在不赞成我的政策的路易不是你那种人，而是我这种人，时机一到，他们又会赞成我的。后来雨果也终于明白了这一点，他对奥尔嘉说："一个样！贺德雷、路易、你，你们全都属于一个种类——优秀的种类。你们都是一些冷酷无情的人，一些征服者，一些领袖人物，只有我走错了门。"[2]

这里所涉及的主要问题已经不是在什么情况下可以杀死敌人（是否可以诉诸暴力的问题已变得毫无疑义，甚至在雨果那里也已毫无疑义），

---

[1] 萨特：《肮脏的手》，见《萨特戏剧集》上，人民文学出版社1985年版，第317、323—324页。

[2] 《萨特戏剧集》上，第414页。

《肮脏的手》所涉及的中心问题在于：是否可以为了成功，为了夺取政权而密谋杀死自己的同志？路易与贺德雷两位的分歧只是夺权策略上的分歧，路易因为无法抗衡贺德雷的威望，也无法通过争取多数取胜，于是派雨果暗杀贺德雷。而杀了贺德雷的雨果入狱后被寄给含毒的巧克力，只是侥幸未死，出狱后又被路易追杀，这是为了杀人灭口，因为后来党的政策实际又改变了，路易所执行的正是原先贺德雷所主张的策略，是没有贺德雷的贺德雷路线，杀死雨果只是为了灭口，当然，如果他允诺永远不揭开这一事件的真相，他还有可能被"回收"。贺德雷本人原则上也并不反对哪怕是内部针对自己人的谋杀和说谎。[1] 所以，剩下的事情就只是比谁更强，谁更有力量，谁的机会更好，谁更机警和果断而已。谁能顺利地把党引向夺取政权的胜利，谁就是党当之无愧的、公认的领袖。一切最后都要诉诸权力的较量，一切最后也都指向权力。贺德雷说："建立革命政党就是为了夺取政权。"当雨果说应用武力去夺取，而不应用不正当的手段夺取时，[2] 贺德雷指出凭自身的武力暂时还无法取得政权，但利用苏军兵临国境的形势，迫使国内对手与之一起分享政权，先作为少数派，让对方去承担战争刚结束时的困难，然后在两年后再利用他们的困境起而夺取政权却是可能的。当雨果问为什么一定要取得政权，贺德雷说不利用这一一去不复返的机会就太傻了，他重申磨刀千日就是为了用在一时，"一个政党永远只是一种手段，目的只有一个，那就是政权。"[3] 他说他不去管这样做是否对得起那些与国内对手斗争时死去的先烈，因为，"我是搞活着的人的政治，是为活人的。"对同志有时候也要用欺骗的办法，"必要时我说

---

[1] 《萨特戏剧集》上，第 346 页。

[2] 指与过去的敌手妥协，欺骗和利用他们以争取时间和壮大力量的手段，而雨果在此之所以说不正当，可能是指这是机会主义，并且对不起牺牲的同志。

[3] 《萨特戏剧集》上，第 385 页。

假话，但我并不看轻任何人。""原则上我并不反对政治谋杀，所有的政党都搞这一手。""只要是有效的手段，就值得采用。"他对雨果说"你是多么害怕弄脏自己的手啊！好吧，保持纯洁吧！但是这对谁有用处呢？……我呢，我有一双肮脏的手，一直脏到臂肘上。我把手伸到大粪里，血污里去。……你以为人们可以不干坏事就掌权吗？"[1] 他说雨果爱的只是一些原则，而不是人，而他爱的是现实的人，"连他们的卑鄙龌龊和一切恶习在内"一起爱，对他来说，"世界上多一个人或少一个人是重要的；人是可贵的。"[2] 虽然很难说贺德雷要求谈判妥协究竟更多的是考虑到减少生命的损失，还是更多的为了成功地夺取政权，因为按他的原则，若是诉诸暴力能够更迅速地夺到政权，大概他也可以毫不迟疑地使人们浸在血泊中。但这里确实发生了一种微妙的态度上的变化：在《正义者》中，是知识分子对鲜血犹豫，而在此，反而是雨果反对一切妥协，而坚决地要求诉诸暴力，要求革命者直线行进，不断出击。不计成败的知识者也可能会不计鲜血，追求人道的理想会变成不爱人而只爱原则。这是理想的异化，但它仍是目的被手段异化。在为了目的不计手段上雨果与贺德雷并无二致，只不过雨果表现得更坚决、更激烈、更纯洁（而实际是更幼稚、更不成熟、更缺乏现实感、更绝望）而已。在这一方面，雨果若继续勇往直前，彻底脱胎换骨，他甚至会变得相当可怕，虽然大概也仍然成不了第一号人物。因为，这脱胎换骨可能还是来得太晚了。

人们常常赞扬行动的坚定和忠于信念，然而这并不一定总是一个道德上的优点，因为，不仅目的与信念可能有误，即便它正确无误，它也可能被不正当的手段渐渐异化而变质。陀思妥耶夫斯基曾经这样写道：

---

[1] 《萨特戏剧集》上，第386—387页。
[2] 同上，第389页。

"道德的东西并非仅仅指对自己的信念始终如一的思想，有时候不恪守自己的信念更为道德，而且本人是坚定的，……他之所以停止的唯一原因是他认为停止和不恪守自己的信念是比恪守信念更为道德的行动。扎苏里奇——'准备斗争流血是痛苦的'——这种犹豫比流血本身更为道德。"[1] 因为，在使事业成功的原则之上，还有一个更高的人道原则。

"集体行为"还有一个重要的方面，即领袖与群众的关系问题。集体行为的许多道德问题都是在领袖与群众的关系中展开的，在一个自发的运动中，尤其在其初期，道德可能主要是一个群众的道德问题，而在有组织发动的运动中，尤其是随着运动组织化的加强和规模的扩展，就将越来越是一个领袖的道德问题。可惜这些问题还不能在陀思妥耶夫斯基的著作中展开，因为他所处的时代主要还是一个"小组"的时代，而不是一个"政党"的时代，不是一个那种大规模的群众运动的时代。在《死屋手记》中，陀思妥耶夫斯基已经写到了狱中一些具有某种"打头者"或基层"领袖"潜在素质的人物，但这些人物的性格尚没有充分展开，并且，他们多是来自下层，而最高层次的"领袖"，尤其是作为开创者的"领袖"，一定还要具有某种较高的文化教养或知识训练，能够联接上、下层，乃至擅长与三教九流打交道的人物，这类领袖人物的登场将要到 20 世纪。我们希望能在别的地方来探讨这种关系。

---

[1]《陀思妥耶夫斯基论艺术》，漓江出版社 1988 年版，第 389 页。

第四章　怜悯的爱

我们在前两章讨论个人和集体行为的道德规范问题，在这一章里，我们想探讨一种基本的道德情感——怜悯。在我看来，这种情感在人们的道德行为中起着作为最初源头和动力的作用，[1] 然而，它的意义又不仅此，它还有独立自足的价值以及连接道德原则规范与生命终极关切的意义。在陀思妥耶夫斯基那里，怜悯不仅是一种道德情感，也是一种宗教情感。不过我们这里将主要从道德的角度来观察它。

一、怜悯的基调

陀思妥耶夫斯基常被人称为"残酷的天才"乃至"恶毒的天才"。如果说"残酷"主要是指陀思妥耶夫斯基对人阴深、丑陋一面的描述、分析和挖掘决不容情面，以及指这种描述给读者造成的客观效果，"恶毒"就还涉及作者的动机。陀思妥耶夫斯基真的只是在尽情地展览丑恶吗？而且，这种揭示是出于憎恨人类的动机吗？他笔下的人物是否可简单地归为

---

[1] 何怀宏：《良心论》第一章，上海三联书店1994年版。

施虐狂与受虐狂两类？我们希望通过下面的分析和展示能使人看到陀思妥耶夫斯基的另一面——也许是更为本质的一面。

"残酷的天才"一语出自米哈伊诺夫斯基，他写过《评〈群魔〉》(1873)、《论皮谢姆斯基与陀思妥耶夫斯基》(1881)，但他最重要的一篇评论陀思妥耶夫斯基的文章是因 1882 年《陀思妥耶夫斯基全集》第二、三卷问世而发表的一篇长文《一个残酷的天才》。米哈伊诺夫斯基认为，陀思妥耶夫斯基一生都热情地颂扬苦难的原因有三：对现有秩序的尊重；对亲自说教的渴望及其天才的残酷性。他写道："在俄罗斯文学中，没有人像陀思妥耶夫斯基那样彻底和深入地分析一只狼吞噬一只羊时的感觉，甚至可以说，没有人像陀思妥耶夫斯基那样爱狼——如果我们能这样说对狼的一种情感态度的话。……他只是爱与狼一样引诱羊，在他文学生涯的前半段，他对羊有特别的兴趣，而在后半段，则对狼更有兴趣。"[1] 在米哈伊诺夫斯基看来，陀思妥耶夫斯基的人物就像一个被捕猎的动物园，陀思妥耶夫斯基担任了残酷的训练员的角色。米哈伊诺夫斯基并引用《赌徒》中"人天生是一个暴君，爱做一个折磨者"、《舅舅的梦》中"暴君是一种变成耽溺的习惯"以及《地下室手记》中"人爱吃苦"的说法，说："当一个人自己同时爱做一个折磨者和被折磨者的时候，对折磨的双重证明就成立了，这一造成折磨与被折磨的一般事物秩序也就代表着神圣与不可避免的东西了。"[2] 米哈伊诺夫斯基还具体分析了陀思妥耶夫斯基的作品，认为在《地下室手记》中，陀思妥耶夫斯基是通过地下室人"向读者和盘托出他的心灵"，地下室人对丽莎的态度就像是一只狼，不断地捉弄她和折磨她。在陀思妥耶夫斯基那里爱情与虐待总是并存，例如《赌徒》中的波

---

[1] V. Seduro, *Dostoyevski in Russian Literary Criticism*, Columbia University Press, 1957, p.31.

[2] 同上书，第 34 页。

琳娜，她既爱自己的恋人，又是其恋人的折磨者。《庄院风波》中的福马则是狼的一个有趣的品种，是一只曾经是羊的狼，他故意拉长受害者被折磨的时间，注意生灵的抽搐和颤抖，其性格是"莫须有的残酷"。《永远的丈夫》中被戴绿帽子的特鲁索茨基也是忍着屈辱来既折磨别人，也折磨自己，他认为陀思妥耶夫斯基笔下的许多人物在某种意义上都有这种特性，就是他（她）们不仅折磨仇人，也折磨爱人；不仅折磨别人，也折磨自己；自己既是狼，又是羊。而在米哈伊诺夫斯基看来，这其中许多痛苦是无缘无故、无目的和不必要的。[1]

高尔基承袭了米哈伊诺夫斯基"残酷的天才"的说法，并比米哈伊诺夫斯基更进一步地批评陀思妥耶夫斯基的动机。高尔基写道："这是无可争辩的、毫无疑问的：陀思妥耶夫斯基是天才，但他是我们的恶毒的天才。他非常深刻地感觉了、理解了，并且津津有味地描写了被丑恶的历史、艰苦而屈辱的生活所培养起来的俄国人身上的两种病症：彻底绝望的虚无主义者的残酷的淫虐狂，以及——和这相反——被压溃的、被吓坏的、能够欣赏自己的苦难、幸灾乐祸地在大家面前和自己面前津津乐道这种苦难的一种人的被虐待狂。……陀思妥耶夫斯基懂得最透彻的主要人物，费多尔·卡拉马佐夫，曾经无数次——部分地和完整地——重复出现在这位'残酷的大才'的所有的长篇小说中。这无疑是俄罗斯的灵魂，……陀思妥耶夫斯基——本人是一个伟大的折磨者和具有病态良心的人——正是喜爱描写这种黑暗的、混乱的、讨厌的灵魂。……而当他想描写另外一种东西的时候，他就给我们写出了《白痴》或是阿廖沙·卡拉马佐夫，把淫虐狂变为被虐待狂……"[2] 高尔基说，陀思妥耶夫斯基

---

[1] 朱逸森：《读〈残酷的天才〉》，载《华东师范大学大学报》，1986年第5期。
[2] 高尔基：《论〈卡拉马佐夫气质〉》，见《论文学》续编，人民文学出版社1979年版，第178页。

按"野蛮而凶恶的动物"的模样创造他的人物,"可是,我知道,人不是这样的。"他认为伊凡·卡拉马佐夫关于不能容忍孩子的受苦的议论是伪善,是弥天大谎,他主张,"现在文学应该表现的不是斯塔夫罗金们,而是别的什么东西。必须宣扬勇敢,必须有健康的精神,轰轰烈烈的事业,而不是自我静观。必须回到精力的源泉——民主主义、人民、社会活动和科学那里去。……俄罗斯和她的人民比托尔斯泰、陀思妥耶夫斯基甚至普希金更为重要和宝贵,更不要说我们所有的人了。"[1] 他说陀思妥耶夫斯基是以最大的爱在写玛尔美拉陀夫,老卡拉马佐夫等人物,他觉得陀思妥耶夫斯基实际上并"不爱人们"。

米哈伊诺夫斯基与高尔基可能忽略了陀思妥耶夫斯基之所以要这样写、之所以要这样揭示人的阴深复杂性(确实相当残酷!)的针对性,即陀思妥耶夫斯基的描写是针对当时流行的一种廉价和肤浅的幸福论——一种似乎只要把合理利己主义或功利主义的观点教给人们,把观念一改变(或者随后再改变环境),人们马上就能获得一种新的生活,马上就能获得幸福的理论。而陀思妥耶夫斯基想说,人不是这样的,生命不是如此简单,人生也确实不是如此可以轻易打发,人的幸福并不就等同于一种动物性的满足,人不断期望着更高的东西,期望着终极的东西,达不到他就常常自我折磨。人间的理想状态不是可以轻易、甚至不是可以世俗地、集体地达到的,接近它必须从每个人的内心,必须每个人都付出极其艰苦的代价,也就是说,必须受苦,必须通过真切的苦难以及对这种苦难的自我意识才有可能接近真正的福祉。在陀思妥耶夫斯基的作品中,有许多地方批评了那种以为只要凭几分钟或几本小册子,跟人们说上几句话就能改变人们的观念,然后改变整个生活的简单和天真的观点。在某种意义上,《地

---

[1] 《论〈卡拉马佐夫气质〉》,第 185 页。

下室手记》中地下室人对妓女丽莎的反复无常的、折磨人的态度，恰与车尔尼雪夫斯基《怎么办》中吉尔沙诺夫轻而易举就挽救了妓女克留科娃的故事形成一种鲜明的对照。[1] 陀思妥耶夫斯基想要提醒人们认识人的复杂性，认识他们自己心中的黑暗，这样，在一个大规模的运动席卷而来的时候就不致于盲目乐观和机械盲从。他还要人认识自己的有限性，这样就不致于把希望都寄托在"人神""人类救星"，寄托在"人间天堂"之上。陀思妥耶夫斯基对时代尤其对将要来临的事件的感受十分敏感，所以，可以把他对人的残酷的、不留情面的描写和剖析，视作是对一种正在广泛流行、并即将变为集体行动的、过于简单和乐观的人性和社会改造方案的一种对抗和反拨。

我们可以理解米哈伊诺夫斯基及高尔基对于美好的新人和新的社会的极其真诚的渴望，但是，我们也应看到在陀思妥耶夫斯基那里，在他对人的苦难和道德不幸的描写后面，也同样存在着一种对于人的命运和前途的深厚关切，对于实现人的理想和幸福的真诚渴望和希冀。我们怎么可能对其中的温柔、心疼、怜悯和希望视若无睹？怎么能轻易就把对孩子受苦的关注视之为"弥天大谎"，轻易就判定陀思妥耶夫斯基"不爱人们"，轻易就把其笔下的正面人物归之为"受虐狂"呢？在陀思妥耶夫斯基的全部作品中，从最初的《穷人》到最后的《卡拉马佐夫兄弟》，可以说一直都贯穿着一种对人的深深关切和挚爱，这种爱是一种怜悯的爱。

我们前面说过，陀思妥耶夫斯基早期的作品的基调是怜悯，这是从其处女作《穷人》就已经奠定了的，这基调在《被侮辱与被损害的》中达到了最强烈、最感人的声部。但怜悯还可说贯穿了陀思妥耶夫斯基的全部作品，在这方面，在他的前、后期作品之间并没有断裂，后期作品在这方

---

[1] 车尔尼雪夫斯基：《怎么办》，人民文学出版社1984年版，第234—243页。

面仍是承前期作品而来，只是后期作品除怜悯外，更加强了思想的分量；除俯首向下之外，更增添了仰首向上的视线。如果说前期作品更多的是表现了对受苦的多数和对外在苦难的怜悯，后期作品则是更多地表现了对那犯罪的少数和对内心痛苦的怜悯。并且，后期作品已不再满足于感受痛苦，而且思考痛苦，不仅仅是去体会具体的、个别的人的痛苦，而且承担起一般的、整个人类的命运和痛苦。

陀思妥耶夫斯基并非像有的作家一样是在"津津有味"地描写人们的痛苦，并不是要从这种描写中得到快感。他也不是一个冷冰冰的观察家和分析家，而是对他人的痛苦感同身受，甚至可以感到他比他笔下的人物更痛苦，不然，他的笔触不会那样动情。当人们朗读到他的《穷人》有关大学生波克罗夫斯基的父亲在装有儿子棺材的货车后哭着奔跑，他衣服里藏着的给儿子的书不断掉下来的段落，读到杰武什金与瓦兰卡被迫分手，说他的心头"充满了泪水"，"这封信怎么会无可挽回地一下子变成了最后一封信！"的段落时；涅克拉索夫、格里戈罗维奇等作家当时就都泪流满面。在陀思妥耶夫斯基的早期作品中，有一个"破烂布"的象征，隐喻着那些最受轻视和糟践的人们。[1] 陀思妥耶夫斯基对这些人倾注了深厚的同情，在他看来："虽然破布总是又烂又脏，但这破烂布不简单，这破烂布有自尊心，这破烂布有灵性和感情，虽然是不能表达的自尊心，不能表达的感情，它们都暗藏在这破烂布的肮脏的折缝里，然而到底是感情……"[2] 一个读者怎么会怀疑其中包含有深爱呢？这样的作品怎么可能是一个憎厌

---

[1] 分别见《穷人》《孪生兄弟》《诚实的贼》等小说，见陀思妥耶夫斯基：《中短篇小说》一，上海译文出版社1983年版，第4、80、220—226、529页。

[2] 《中短篇小说》一，第220—221页。受其影响，巴金曾直接把自己的一部短篇小说集名为"抹布集"，《被侮辱和被损害的》更是深深触动了人们对涅莉及其母亲以及一切被凌辱的人们的恻隐之心，该小说的一个中译者邵荃麟在译这本书时曾激动得彻夜难眠。

人的作家所能写出来的呢？

当然，持异议者可能并不是要完全否定陀思妥耶夫斯基作品中的怜悯，而是反对陀思妥耶夫斯基主张的"忍受"，即认为不能仅仅"哀其不幸"，更要"怒其不争"，所以，他们关注要创造"反抗的新人"的形象，他们也许会在某种范围内同意乃至赞赏陀思妥耶夫斯基作品中的怜悯，但不同意他对怜悯的思考。这涉及对于怜悯对象，对于人性的基本看法：苦难能完全排除吗？罪恶是否仅仅存在于环境之中，存在于社会或他人那里？如果没有清醒的思考，过度的怜悯是否足以带来更大的苦难？在陀思妥耶夫斯基那里，怜悯不仅仅是一种，不仅仅是对人们外在困苦的怜悯，这种怜悯还伸展到人的全部，深入到人的内心，它关注的不仅有社会不公造成的困苦，例如在《穷人》《孪生兄弟》中森严的官僚等级制所造成的困苦，达不到起码的物质生活水平所造成的困苦；它关注的还有人的本性造成的痛苦、人的天生差别、孤独处境、人与人之间难于相通所造成的困苦。《永久的丈夫》中的特鲁索茨基正是这样一种性格的人：他几乎总是会找到这样的女子做妻子——他的妻子会嘲笑他，瞧不起他，会要找自己的情人。这一点与他的社会地位、财产状况完全无关。确有一些人可能天生不讨女人的喜欢，被她们嘲笑，看不起，可是这难道是他们的过错？他们的痛苦不也是极其真实的？对他们不是也应当有一种怜悯？轻浮的、曾经是他前妻情人的维尔强尼诺夫，正是因为后来在火车上又遇到特鲁索茨基夫妇，看到特鲁索茨基又被其现在的妻子瞧不起，从而使他心情突然变得很坏，于是改变计划而没有去会另一个同样也有一个"永久的丈夫"、很可能会成为他的情人的女士。这种心情的变动与怜悯不无关系，对别人痛苦的预感终于阻止了他这次的寻欢作乐。

在《温顺的女性》中，我们也同样可以感受到一种并非源于环境的痛苦；而是一种人们心灵难于相通的痛苦。小说中的丈夫一向严厉和沉默，为人高傲，虽然对妻子心里充满爱意，却不擅用言辞和行为表达，甚至有时反而显得很冷漠。妻子想抗议，想倾诉，然而温顺的本性也妨碍着她。最后，她在丈夫迟迟才表达的爱情面前甚至感到惊惶，而终于在丈夫回来前五分钟跳楼自杀。这样，又只剩下丈夫一个人待在妻子旁边，竭力想"把自己的思想集中到一点上"，想把这变故想一个明白。他想："最叫人气愤的是：这一切都是偶然，一种简单的、野蛮的、因循守旧的偶然。这正是叫人气愤的地方！五分钟，我一共、一共只晚了五分钟！我要是早到家五分钟，那一时冲动就会烟消云散，她以后永远也不会有这念头了。那样，结果就会是她了解一切。可是如今呢，房间又成了空荡荡的，我又是孤零零一个人。那儿钟摆在滴答地响，它什么都无所谓，什么都不怜惜。一个人也没有，苦就苦在这里！""现在你们的法律对我算得了什么？你们的习俗，我们的风尚，你们的生活，你们的国家，你们的信仰对我又有什么用？""啊，这自然界！人们孤零零的在世界上——苦就苦在这里！古代俄罗斯的勇士呼喊道：'地里有一个活人么？'我（可不是勇士）呼喊，却没有人答应。据说太阳予万物以生机。太阳升起来了，可是看看它，难道它不是个死人么？一切都死了，到处都是死人。只有一些人，而包围他们的是沉默——这就是世界！"[1]

陀思妥耶夫斯基笔下的正面人物无不满怀怜悯：例如《白夜》中的"我"、《被侮辱与被损害的》中的故事叙述者伊凡·彼特罗维奇（万尼亚）以及索尼亚、梅诗金、阿辽沙和佐西马长老。索尼亚深深地怜爱她的父亲、母亲、弟妹，也怜爱"那世界上最不幸的人"——犯了罪的拉思科里涅珂夫。《白痴》的主题就是美与怜悯。梅诗金是怜爱的化身，他怜惜美，

---

[1] 陀思妥耶夫斯基：《温顺的女性》，见其《中短篇小说选》下册，人民文学出版社 1982 年版，第 642—644 页。

害怕美被毁灭。他对娜斯塔霞的爱情实际上是一种深深的、不掺杂任何情欲的怜悯,这一点连其情敌罗果仁也感觉到了,罗果仁对他说:"也许你的怜悯比我的爱情更伟大。"梅诗金则希望罗果仁那主要由疯狂的情欲构成的爱情中也能注入珍惜和怜悯,他希望着:"他难道不会成为她的仆人、兄长、朋友、天命!恻隐之心会使罗果仁自己明白过来,受到教育。恻隐之心是整个人类存在最主要的法则,可能也是唯一的法则。"[1] 阿辽沙深情地怜悯和帮助他陷入罪孽的兄弟们,他也同样深情地怜悯和帮助那受到欺负、并且赤贫的斯涅吉辽夫一家。佐西马长老临终前特别说到一种"温和的爱":

> 一个人遇到某种思想,特别是当看见人们作孽的时候,常会十分困惑,心里自问:"用强力加以制服呢?还是用温和的爱?"你永远应该决定:用温和的爱。如果你能决定永远这样做,你就能征服整个世界。温和的爱是一种可畏的力量,比一切都更为强大,没有任何东西可以和它相比。[2]

总之,这些"荷光者"之所以不可遏止地趋向于那些最受苦、最有罪、最不幸的人们那里,正是因为怜悯,他们所荷之光是一种怜悯的、温柔的爱的光芒。而这种感情也普遍地存在于下层广大的普通人心中,陀思妥耶夫斯基还根据自己的囚徒经验特别谈到俄国老百姓对于罪人的同情,"普通老百姓对于囚犯的罪行,不论罪行有多么严重,从不加以责备,而且为了他已经受过刑罚,为了他的整个不幸而宽恕了他的一切。难怪全俄

---

[1] 《白痴》,上海译文出版社1991年版,第211页。
[2] 《卡拉马佐夫兄弟》,人民文学出版社1981年版,第477—478页。

罗斯的所有老百姓称犯罪为'不幸',称囚犯为'不幸的人'。这是一个具有深刻意义的定义。这个定义的重要尤其在于,它是人们无意识地、本能地得出来的。"[1]

在那些"聚光者",在那些为问题苦恼、被问题折磨的思想者那里,我们也同样看到,怜悯在他们心灵里所起的一种巨大作用,看到怜悯如何在他们心中产生,怎样突然一下扭转了他们自己,他们在感受到对他人的怜悯和救助他人的时候,也同样地救助了自己。我们前面已经说到,拉思科里涅珂夫正是在怜悯和救助索尼亚一家人的过程中,感觉到了自己还可以活下去,生命还有一种新生的意义,并由此得到索尼亚的怜爱和救助。《白痴》中的少年伊波利特也是在医生说他大概只有四个星期可活,他觉得再做任何事情都没有什么意义了,这时偶然遇到一个丢了差事、全家已经衣食无着的官员,他正好可以找他的同学帮助这个人,于是他努力去做,终于把这件事办成了,由此他感觉到在结束生命前做一件力所能及的好事的意义。

伊凡·卡拉马佐夫深深地为"假如上帝死了,是否一切都可允许?"的问题所困扰,而同时他也发现自己难以忍受人间的种种残忍,诸如农民朝马"驯服的眼睛上抽";父母打7岁的孩子越打越有劲;一位将军唆使猎犬撕碎一个孩子,等等。他想寻找"假如上帝死了,是否一切都可允许?"的问题的肯定答案,也许正是想为清除"恶人"、"无用的人"提供理由,但这一理由要站住脚,要真正成为可靠的理由,在这一追求彻底性的思想者看来,也就必须允许一切事情发生,而其中有些事又仍然是他难以忍受的,后来他发现上述那种清除"无用的人"的行为(弑父)是难以忍受的,甚至思想上的"弑父"也难以忍受,于是他陷入困境,就在这时

---

[1] 陀思妥耶夫斯基:《死屋手记》,侯华甫译,上海译文出版社1986年版,第70页。

候,他救助了一个醉酒撞倒在他身上、被他推到一边的雪地里、他开始想甩手不管的农民,这一救助行为暗示出他内心的恻隐之情,而他之所以为上述问题感到如此的紧张和不安以及他后来的"自首"也正说明他心中有强烈的"不忍"。他的思想理论是一回事,他的情感又是另一回事,他无法克服这一矛盾,结果走入疯狂。

怜悯没能完全救出伊凡,但却使"荒唐人"免于不死。在《一个荒唐人的梦》中,主人公渐渐形成了世上的一切都无所谓、都没有意义的信念,他觉得一切都是虚无,过去、现在、未来也都空空如也,于是决心在某一个晚上自杀,但就在那天夜里,一个小女孩突然在街上拉住了他的衣袖。小女孩冻得全身发抖,口里悲切地喊道:"妈妈!妈妈!"可能是她妈妈在某个地方快死了,她出来求救。荒唐人没有去,然而,当他回来坐到屋里,把枪拿出来,却不能实行他自杀的计划,他知道他平时会可怜那孩子,会跟着那孩子去,会帮助那孩子,但这次他为什么不肯去呢?因为他正好决定在那夜自杀,他想既然过一会儿自己就要死了,为什么还要去救别人呢?然而,他却还是感到一阵奇怪的心疼,一种在他的处境完全不可思议的心疼,他感到非常烦躁,内心十分不安,甚至为自己的行为感到羞耻,他想知道是否人一死就一切化为乌有,就一切都无所谓,就不会有怜悯。羞耻心折磨着他,他知道不把它们弄个明白,他就还不能够去死。按着他在心力交瘁中做了一个纯朴幸福的社会如何因输入"文明"变成一个残酷可怕的世界的梦,梦醒以后,他认识到,无论如何,最主要的是要像爱自己一样去爱别人,这才是要害,才是关键,他决定要去帮助那个小女孩,并且"马上就去"。由此可以看出怜悯在人心中的根深蒂固,它甚至在一个即将自杀的人心中也没有泯灭;由此还可以看出怜悯对于人生的意义:它不仅有助于使处在不幸境地、需要帮助的人们得到实际的帮助,也有助于把那失去了对生命的意义感的人从虚无主义的深渊中拯救出来。这种怜悯是不区分对象的,它指向所有的人,就像《卡拉马佐夫兄弟》中格鲁申卡收留无处可去的、懦弱无能的小老头马克西莫夫时所说:"每个人都是有用的,……谁知道谁比谁更有用呢?"以及斯涅吉辽夫说他的残疾的、自认为是"废人"的妻子时所言:"她有什么不配的,她用那种天使般的温顺态度替我们向上帝祈祷,没有她,没有她平静的话语,我们家将成为地狱。"怜悯使怜悯者与被怜悯者走到一起,使他们心心相通,使他们平等。怜悯使被怜悯者的处境改善,也使怜悯者的心灵提升。

二、关于孩子

孩子一直在陀思妥也夫斯基的作品中占有一个很重要的位置。陀思妥耶夫斯基一写到孩子时笔下极具温柔和怜悯,他对孩子的痛苦尤为敏感。在《卡拉马佐夫兄弟》中,伊凡·卡拉马佐夫把孩子看作一个特殊的种族,不承担任何原始的罪孽。他谈道:首先,小孩子们在近处也可以爱,甚至是肮脏的,容貌丑陋的都可以爱,不过他觉得小孩子是从来没有容貌丑陋的。其次,成年人除去令人生厌,不值得爱以外,还偷吃了禁果,遭到了报应,但是小孩们一点也没有吃,暂时还什么错处也没有。这样,如果他们在地上也遭到极大的痛苦,那自然是受他们的父辈的连累,受吞食禁果的父辈的连累而受到惩罚的。但无辜的人不应该替别人受苦,何况还是这样一些无辜的孩子。他觉得:孩子们当他们还是孩子时,比如说,在七岁以下的时候,是同大人们有天壤之别的,"他们仿佛完全是另一种生物,有着另一种天性。"[1] 孩子与成人之间的区别比人类任何其他的区别看来都还要根本,在某种意义上,它几乎就像是善与恶的区别、美

---

[1] 《卡拉马佐夫兄弟》上,第355页。

与丑的区别、真与伪的区别。几乎任何犯罪的人都可从福音书的观点予以宽恕，然而，对孩子犯罪的人却还是不能够被宽恕。涅莉至死也不肯宽恕无耻掠夺她外公财产并抛弃她们的瓦尔科夫斯基公爵，因为她妈妈诅咒他，为了他对女儿所做的事诅咒他；阿辽沙也不肯宽恕那唆使狗咬死孩子的将军。

怜悯的爱也就最突出地体现在对孩子的态度上。在《穷人》中，杰武什金的信中写到邻居戈尔什科夫家的一个九岁的、很有希望的男孩子病死了，还留下一个吃奶的孩子和一个6岁多的小女孩，小女孩不吃也不玩，就站在那里想事情，杰武什金说他"不喜欢小孩子呆呆地沉思，瞧着心里就不舒坦"，又有一次在街上，他遇到一个十多岁模样的男孩在聚精会神地看摇手风琴的演奏，看到扔钱，才想起自己的事，递给人们一张求助的纸条，说"看在基督的份上"，然而，人们有的对他说"上帝会赐给你的"，有的干脆说"滚开！"就扬长而去，这时他心里真难受。

以后，这一"贫苦无告的孩子"的主题反复在陀思妥耶夫斯基的作品中出现，在"新年晚会和婚礼"中，陀思妥耶夫斯基写到在新年晚会上分发的礼物按父母地位的高下各有不同，写到一个有身份的先生尤里安·马斯塔柯维奇在盘算主人家小女孩二十万卢布的嫁妆，然后又粗暴地干涉和追赶一个正与小女孩玩的男孩——家庭女教师的儿子，而5年后，这位早已发福的先生真的与那个女孩结婚了。《涅朵奇卡》与《小英雄》都深入到孩子的心灵，描述了他们的困境、他们的世界与成人世界的疏离和冲突，以及他们告别童年、即将跨入成人世界门槛的心态。在70年代的《作家日记》中，包含有多篇描写孩子的小说和札记，其中，1876年1月号《作家日记》的头两章篇幅均用于描写俄国的儿童，陀思妥耶夫斯基写了《一个男孩在基督身旁参加圣诞枞树晚会》的幻想小说，亲人生病的孩子的形象又出现了，这次是突然得病的母亲在拂晓时死去了，孩子徒劳地想唤醒死去的母亲,然后踯躅街头,看着别人家里在庆祝圣诞,后来溜到一个院子里,梦见一个悄悄的声音唤他到"基督枞树晚会上去",第二天早晨,管院子的人在劈柴堆后却发现一具男孩的尸体。这一作品使我们想起安徒生的"卖火柴的小女孩"。同期还有随笔《伸手乞讨的男孩》与《少年教养院》,主旨都是使人注意那些处境悲惨的孩子。《被欺凌与被侮辱的》中最动人、最令人印象深刻的形象也是一个孩子——涅莉。佐西马长老临终遗言说,你们要爱上帝创造的一切:"你们尤其要爱小孩,因为他们没有罪孽,像天使一般,他们活在世上,好像是对我们的一种指示,使我们感动,使我们的心变得纯净。侮辱小孩的人是可悲的。"[1]

在陀思妥耶夫斯基那里,孩子又不仅是一个个具体的、个别的怜爱的对象,孩子的苦难也反过来启发和唤醒人们心中蛰伏的普遍的怜爱。《少年》中写到过一个叫做马克辛·伊凡诺维奇的商人的故事,他很有钱,自命不凡,克扣工人的工钱,粗暴地对待他们,并认为城里的人都堕落了。为了抵还另一位死去的商人欠他的款子,他硬要将其遗孀及五个孩子从屋子里赶出去,后来有四个女孩都夭折了,只剩下一个男孩,那男孩有一次偶然撞到了他,他就叫人用藤条抽那孩子,后来孩子因此而大病,他第一次感到心里有所不安,但他还是骄傲的,他到孩子家里去,说要做孩子的恩人,然后把孩子接到自己家里,衣食优裕,并请了家庭教师,然而孩子甚至比以前更消瘦了,不笑、不作声,老是感到害怕,因为孩子的心是极其敏感的,他可以感觉得到:那商人慈善的行为虽然到了,但怜悯的心却还没有到,那还不是真正的怜悯。后来孩子偶然打坏了一件名贵的瓷器,马克辛·伊凡诺维奇大吼一声,孩子立刻吓得从家里飞奔出去,但跑到渡口,孩子又忘记了自己的处境,和一个女孩带着的刺猬玩起来,这时,马

---

[1] 《卡拉马佐夫兄弟》上,第 477 页。

克辛·伊凡诺维奇赶到,大声喊道:"咦,你在这里,捉住他!"于是男孩想起了一切,他大叫一声,向河边跑去,把两个小拳头紧紧贴在胸前,望了望天,就扑通跳入河里自杀了。从那以后,马克辛才真正开始思考起这些事来,他心里很难过,人变得认不出来了,后来他请人画了一幅那孩子在渡口的巨大油画,捐款建造了医院、养老院和教堂,救济寡妇和孤儿,他努力回忆所有受过他欺侮的人,给他们赔偿。他苦苦哀求那寡妇做他的妻子,最后仍觉不能赎清自己的罪而出外漂泊。这个故事也说明了怜悯不是那种赐予者、解放者居高临下的同情,不是那种外在的具有优越感的慷慨。怜悯者内心应当是卑微的,是有负罪感的,即便他没有直接犯下那罪过,也还是有一种"责任连带",尤其是面对孩子。

米卡内心亦曾经历过这样一个过程,当警察以杀父罪拘讯他时,他没有犯这罪,自然不肯承认,然而当他被审讯后,疲乏之极,随便倒在屋里一只箱子上睡着的时候,却做了一个奇怪的梦,他梦见一个瘦骨嶙峋的女人手里抱着一个正在啼哭的婴孩,这婴孩又饿又冻,伸着小手放声哭泣,米卡追问:他为什么哭?为什么不把他裹好?为什么不给娃娃东西吃?他感到心里涌起一阵从未有过的怜悯之情,想哭泣,想对大家做点什么,让婴孩再也不哭,让干瘦黧黑的母亲再也不哭,后来他醒了,又吃惊地发现有人在他头下塞了一个枕头。"谁这么好心?"他怀着一种欢欣感激的心情用几乎要哭出来的声音叫了起来,他也感觉到了别人的怜悯,他的整个心灵似乎由于流泪而战栗了,于是他准备认"罪",准备接受任何判决,在不论什么东西上签字,他觉得他应当为了这娃娃到西伯利亚去,他说:"我在那样一个时刻梦见了'娃娃','娃娃为什么这样穷?'那是什么意思呢?这是在那样一个时刻对我昭示的预言!我要为着'娃娃'而去流放。因为大家都应当为一切人承担罪责。为一切的'娃娃',因为既有小的孩子,也有大的孩子。大家全都是孩子。而我将要为大家而去,因为必须有人为大家而去。我没有杀死父亲,但是我应该去。我甘愿接受!"[1]

在《白痴》与《卡拉马佐夫兄弟》中,还有两个在情节内容和精神意蕴上都相当类似的故事。一个是梅诗金公爵讲他在瑞士发动一些孩子帮助一个受骗后被遗弃的女孩玛丽的故事;另一个是阿辽沙发动一些孩子帮助因父亲受辱而痛苦、生病的伊留莎的故事。这两个故事有一些共同的特点,首先,两位主角都是深具怜悯心的正面人物,而且他们的心灵都是孩子的心灵。梅诗金的医生说他完全确信梅诗金是个十足的孩子,只是身材和面容像成人,而即便活到六十岁也还是孩子。梅诗金也承认他的确不喜欢跟大人、跟成年人在一起,他不喜欢是因为不善于跟大人相处,和他们在一起总觉得有些不自在,有机会离开他们就高兴得不得了,急于去找他的伙伴,而他的亲密伙伴总是孩子们。其次,被怜悯的对象不仅是外在的穷困者,而且是被周围多数人内心鄙视、遗弃的人,玛丽受骗怀孕回来后,连她的母亲也咒骂她,所有的人都谴责她,甚至牧师也当众羞辱她,孩子们开始也追着骂她。伊留莎的父亲被人瞧不起,被人揪住像"树皮擦子"一样的胡子在地上拖,伊留莎为此极其伤心和气愤,他自己也被叫作"树皮擦子",在学校里没人和他玩,大家向他扔石头,以致伊留莎的父亲感慨道:学校里的孩子是缺乏同情心的人,他们单个分开是天使,而聚在一起就常常变得毫无同情心了。第三,两位主人公终于都通过自己的怜悯行为感化了孩子们,发动了他们去帮助玛丽和伊留莎,而这种怜悯之情一旦从孩子们心里苏醒,他们就极其真诚、感人和奋不顾身、想尽一切办法(当然常常是用孩子的办法)去减轻和抚慰玛丽和伊留莎的痛苦,虽然玛丽和伊留莎最后都死了,但他们不是在憎恨和鄙视中死去的,而是在挚爱和珍视中死去的。第四,这一段记忆没有被轻易抹去,轻易忘却,而是

---

[1] 《卡拉马佐夫兄弟》下,第894页,第764—768、859页。

被作为一种最珍贵的东西保留下来，它们不仅保留在两个主人公的心里，也保留在即将长大的孩子们的心里。梅诗金认为那一段时光是他最幸福的日子，然而，他又不能真的永远停留在童年，甚至正是因此，他更要走向成人的世界，他在火车上想："现在我要走到人们中间去；也许我什么都不懂，但是新的生活开始了。我决心诚实而坚定地去办我的事。与人们相处我也许会感到乏味和难堪。首先，我决心对所有的人都要有礼貌，要坦率。"[1] 阿辽沙也决心告别修道院，告别孩子们走向人间，走向社会，在安葬伊留莎的大石头前，他对孩子们说了一段告别的话，他郑重地叮嘱孩子们，长大以后也不要嘲笑怜悯，怜悯是在任何时候都不能被嘲笑的。他说：

我现在暂时还要照顾两个哥哥，其中一个就要去流放，另一个病得快死。但是不久我就将离开这个城市，也许长久地离开。诸位，我们快要分离了。现在让我们在伊留莎的石头旁边互相约定，第一，永不忘记伊留莎，第二，永不互相遗忘。以后我们一生中无论发生什么事，即使有二十年不见面，我们也仍旧要记住，我们是怎样殡葬一个可怜的男孩，他曾在桥头被我们用石头扔过，你们记得么？但以后我们大家又怎样爱起他来。……你们也无论如何不要忘记，我们曾经在这里感到多么美好，我们大家同心协力，由一种美好善良的情感联系在一起，——这种情感在我们爱那个可怜的小孩的时候，或许会使我们也能变成一个比目前实际的我们更好一些的人。……你们要知道，一个好的回忆，特别是儿童时代，从父母家里留下来的回忆，是世上最高尚，最强烈，最健康，而且对未来的生活最为有益的东西。人们

---

[1] 陀思妥耶夫斯基：《白痴》，第66页。

对你们讲了许多教育你们的话，但是从儿童时代保存下来的美好、神圣的回忆也许是最好的回忆。如果一个人能把许多这类的回忆留在我们的心里，也许在什么时候它也能成为拯救我们的一个手段。我们以后也许会成为恶人，甚至无力克制自己去做坏事，嘲笑人们所流的眼泪，取笑那些像柯里亚刚才那样喊出"我要为全人类受苦"的话的人们，——也许我们要恶毒地嘲弄这些人。但是无论如何，无论我们怎样坏，只要一想到我们怎样殡葬伊留莎，在他一生最后的几天里我们怎样爱他，我们怎样一块儿亲密地在这块石头旁边谈话，那么就是我们中间最残酷、最好嘲笑的人，——假使我们将来会成为这样的人的话，也总不敢在内心里对于他在此刻曾经是那么善良这一点暗自加以嘲笑！不但如此，……也许正是这一个回忆，会阻止他做出最大的坏事，使他沉思一下，说道："是的，当时我是善良的，勇敢的，诚实的。"即使他要嘲笑自己，这也不要紧，人是时常取笑善良和美好的东西的；这只是因为轻浮浅薄；但是我要告诉你们，诸位，他刚一嘲笑，心里就立刻会说："不，我这样嘲笑是很坏的，因为这是不能嘲笑的呀！"[1]

在陀思妥耶夫斯基夫人的回忆录中，有许多地方写到作家热爱孩子的细节。陀思妥耶夫斯基在1879年7月给费洛索福娃的一封信中说："你们有孩子多么好啊——他们使人的生活具有最高意义的人情味。孩子就是痛苦，可是又必不可少，没有他们生活就没有目的。可是欧洲的一些社会主义者始终在宣传保育院！我认识一些心灵高尚的人物，他们已经结婚，可是没有孩子，——结果怎么样呢？尽管非常聪明，心灵美好，可

---

[1] 《卡拉马佐夫兄弟》下，第1165—1167页。

是他们总缺少点什么(这是千真万确的),在生活的崇高任务和种种问题上他们似乎始终是有缺陷的。"[1] 陀思妥耶夫斯基还在一封信中说:"我正在研究他们,一生在研究,而且非常爱孩子……""从生存的最高涵义来讲,他们就是人类的希望……没有他们,生活也就失去了目的。"[2] 当陀思妥耶夫斯基在西伯利亚服苦役,感到痛苦和绝望的时候,他回忆起了自己还是一个9岁的孩子时,从一个纯朴粗犷的农民马列伊那里所感受到的一种温柔的怜悯,他在树林里听到了一声"狼来了!"的喊叫,吓得魂不附体地向耕地的马列伊奔去,马列伊仔细环视了四周,并没有发现狼,于是小心地伸出一个指甲乌黑、沾满泥土的粗大的手指,轻轻地碰了碰孩子发颤的嘴唇,孩子终于明白那是自己的错觉,疑惑地说:"好,那我走了。"马列伊微笑着说:"你走吧,我在后面瞧着你,决不会让狼伤害你!" 这件事作家很快就忘了,二十年以后,他却突然在西伯利亚的死屋中极其真切地想起了这件事,他说:

> 我记起了一个贫苦农奴的慈母般的温柔的微笑以及他画十字、摇头的情景:"瞧,小家伙,给吓坏了!"特别是他那粗大的、沾满泥土的手指,他曾用它轻轻地、带着胆怯的温存摸了摸我颤抖的嘴唇。当然,任何人都可以给小孩子壮壮胆,但是这种单独相遇时所发生的事情似乎就全然不同了,即使我是他亲生的儿子,他也不可能用更加爱怜横溢的眼光看我的。是谁叫他这么做呢?他是我家的农奴,而我还是他的少爷。谁也不会知道他是怎样抚爱我的,谁也没有赏他什么。是不是他这个人非常喜欢小孩子呢?这种人倒是有的。我们当时是

---

[1] 《书信选》,人民文学出版社1993年版,第393页。
[2] 安娜·陀思妥耶夫斯卡亚:《陀思妥耶夫斯基夫人回忆录》,北京出版社1988年版,第467页。

单独相遇，在空旷的田野里，也许只有上帝能从天上看见：一个粗野的、极为不懂礼貌的、当然并没有盼望、也没有想到以后会获得自由的俄国农奴，他的心灵却充满了如此深邃的、有高度文明的人性，充满了如此细致的、近乎女性的温柔。试问，康士坦丁·阿克萨柯夫谈到我国人民的高度教养时，他所指的难道不就是这个吗？[1]

一个如此动情地写到这一段记忆，一个如此不仅在自己的作品中，也在自己的生活中感受到怜悯，同时也倾注着怜悯的人，怎么可能是一个"恶毒的天才"呢？把他称作是一个"温柔的天才"、一个"极具怜爱之心的天才"不是更为合适吗？德国作家黑塞把读陀思妥耶夫斯基比之为听贝多芬的音乐：从弥漫着痛苦和绝望的气氛里闪耀出十分动人的、纯真的、柔和的魅力。当然，阅读陀思妥耶夫斯基是需要一种对痛苦的承受能力的，所以，黑塞说正像不可能在任何时候都听贝多芬一样，也不可能在任何时候都读陀思妥耶夫斯基。那必须下到底层，必须学会承受最深重的苦难。正如里塞所说："只有当我们体验到陀思妥耶夫斯基那令人恐惧的常常像地狱般的世界的奇妙意义，我们才能听到他的音乐和飘荡在音乐中的安慰和爱。"[2]

---

　　[1] 陀思妥耶夫斯基：《农民马列伊》，见《中短篇小说选》下，人民文学出版社 1982 年版，第 596 页。

　　[2] 黑塞：《陀思妥耶夫斯基的上帝》，社会科学文献出版社 1994 年版，第 59 页。而作为一个典型和单纯的自由主义者的伯林则谈到："我意识到他的天才，但我对他的人生哲学没有共鸣。……他的人生哲学宗教色彩太浓，像牧师在布道。另外，我读他的著作时总感到有些烦燥不安，他完全可以控制你。你会突然发现自己在恶梦之中，你的世界会被魔鬼缠住，变成了罪arz之地，于是你试图从中逃出来。我不想写这些感受，太强烈、太黑暗、太恐怖。我是世俗的人，这一点已无法挽回。而他宣扬的是一种圣人与疯子融合在一起的基督教。"见《以撒·伯林对话录》，正中书局 1994 年版，第 220 页。并参见"前言"中鲁迅对陀思妥耶夫斯基的感受。也许，接受陀思妥耶夫斯基确实需要某种气质和机缘。

三、怜悯还是"博爱"?

这里所说的"博爱",是特指近代以来的一种思潮,它从启蒙运动以来就一直酝酿、发展,并成为法国大革命的一面旗帜,并广泛促成了社会主义思想的孕育和传播。它不同于基督教爱的理念,它甚至就是从反对"对上帝的爱"开始;它也不同于古希腊罗马那种公民或朋友之间的感情,它反对仅仅局限在某一共同体、某一范围之内的爱。对自然、生物的爱也不在其视野之内,为了人的利益,它甚至主张通过自然科学的进步去征服自然,使人类成为大自然的主人。它的目光只是指向人,而且是所有人,它主张"人类之爱"、"热爱全人类",它呼吁实现所有人的幸福,而尤其优先的是物质生活条件的改善,为此,它期望平等,希望最终实现一个所有人都能平等、和谐、幸福地生活的"人间天堂",而由此衍生的极端者甚至主张在实现这一目标的道路上不惜践踏少数人、少数阶层,只要那最后的结果好,因为它爱的不只是一部分人,而是全人类或者大多数人。它还爱最高尚、最美好、但常常也是最后才能实现的"人间天堂"。它对人性充满乐观,主张一种性善论,因而开始经常认为可以轻易地实现自己的理想,然而在实践中遇到挫折时又可能对人采取毫不留情的手段。甚至认为必须采取这样的手段,必须通过血与火的考验,必须先消灭或者压制一部分人。"博爱或者死亡!"在法国大革命中,这样的口号就已经提出来并实践过了,这句话隐含的意思是:"你要成为我的兄弟,成为我的同志,否则就必须去死。"或者是:"你必须爱我,支持我,以使我爱你,使你配得上我最高尚,最热烈的爱,否则,你就必须被视为敌人、异类,你就必须去死。"这是多么奇特的一种矛盾的结合啊!这时,爱的要求,爱的代价又变得多么高昂啊!爱与恨又是多么奇妙地交织在一起啊!当然,这里是就这一观念的各种发展趋势,包括极端的趋势而言,无论如何,从其始倡者来说,它包含了一种极其真诚、热烈和无私的追求,然而,它也又确实得到了其他一些复杂的、在以往的传统社会里趋于隐瞒和压抑的社会情感(如忌妒、怨恨)的呼应。

陀思妥耶夫斯基在《冬天记的夏天印象》中,对资产阶级文明进行了认真的思考和批判,他回顾了西耶斯的话:"第三等级(资产者)是什么?什么都不是。应该是什么?应该是一切。"认为事实结果就正如他所说的,资产者确实是一切了。资产阶级的功利性弥漫到一切方面。工人或者说第四等级在灵魂深处也是私有者,他们的整个理想就是要成为私有者,尽可能积聚更多的财富,天性也就是这样。或者说,他们的愿望就是要成为资本者,如果不能个别地成为,那就集体地成为。接着,陀思妥耶夫斯基简略地评论了"自由"、"平等"、"博爱"在大革命之后令人失望的实现状况,他主要谈到"博爱",说这一条是最古怪的,并且,直到现在还是欧洲一个主要的绊脚石。陀思妥耶夫斯基着重分析了真正的博爱与启蒙范畴中的自保、自利、自决原则的不相容,认为如果只是要求平等权利,利益均分,是不可能达到博爱的,相反,博爱是要求奉献和牺牲的,这不是泯灭个性,而恰恰是最高的个性。他认为:欧洲人把博爱当作人类的伟大的推动力来谈论,却没有想到,如果事实上没有博爱,那么,博爱也就无从谈起。博爱是无法造成的,因为它是自然而然地发生,存在在天性里面的。可是在当时的法国人那里,它并不存在,有的却是个人的原则、自我保存、自我追求和自决的原则,自我跟全部天性以及一切其余的人针锋相对的原则,而这是被当作和他以外的一切人完全相等并有同等价值的、独立的、个别的原则看待的。从这样的自决里是产生不出博爱来的。因为在博爱里面,在真正的博爱里面,不应该是个别的人,不应该是我来操心自己跟一切其余的人有相等价值、相等分量的权利,这一切其余的人却应该自己跑到这要求权利的人这里来,跑到这个别的我这里来,不等他要求,自己就应该承认他是跟自己,也就是跟世界上一切其余的人,有同等价值、同等权利的。并且,这个激动着、要求着权利的个人首先就应该把自己奉献给社会,不但不要求自己的权利,相反地,却不附任何条件地把自己的权利交给社会。可是,欧洲的个人却不习惯于这种程序,他大声疾呼地要求着权利,他想分享物质财富,而这就不会产生博爱了。人的脱胎换骨是需要经过几千年才能完成的,因为这些思想必须首先化成血肉,然后才能成为现实。这并不是说必须消除个性才能幸福,而是说要达到比现在西欧所规定的高级得多的个性。自愿的、完全自觉的、不被任何力量所强制的为大众利益而献出整个自己的自我牺牲精神是最高的个性发展、最高的个性威力、最高的自制力以及最高的意志自由的标志。自愿地为大家把生命牺牲,为大家去背十字架,去受火殛之刑,只有最发达的个性才能够办到。[1]

同时,陀思妥耶夫斯基也充分估计到这种奉献的爱对于人的极其艰巨性,他说,在这种情况下,只要为自己的利益做一点最细微的打算,事情就要糟糕。牺牲必须这样:把一切奉献出去,甚至希望人家什么也不给你,谁都不要为你受什么损失。这怎么能办到呢?这正像叫人不要想起白熊一样,你试着不要想起白熊。你就会知道,这该死的畜生还是会不断地浮现在你的脑海里。怎么办呢?没有什么办法,必须让事情自然而然地形成,在天性里形成,不自觉地包含在整个种族的天性里,总而言之:要有博爱的、爱人的原则——那就必须去爱。[2]

在陀思妥耶夫斯基看来,无论如何,尽管这一理想几乎是不可企及的,但真正的博爱却必须包括这样的内容。那内容就是:每一个个别的个

---

[1] 陀思妥耶夫斯基:《冬天记的夏天印象》,满涛译,见《陀思妥耶夫斯基作品集》;《赌徒》,上海译文出版社1988年版,第108—109页。

[2]《赌徒》,第109—110页。

人，毫无任何强制，毫不考虑利益，要社会颁布法律的时候，不要想到我，一点也不要担心我。反过来，"博爱"也应该对他说：我们将时时刻刻努力使你得到更多的个人自由，更多的自我表现。我们大家都支持你，我们大家都保障你的安全，我们专心一致地为你尽力，因为我们是弟兄，我们大家都是你的弟兄，我们人很多，我们强大有力，请你完全安心，愉快高兴，什么也不用害怕，信赖我们。这么一来，当然就无须均分了，一切都自然而然地分掉了。彼此相爱，一切就会迎刃而解。[1]

但这也真像是一种乌托邦，它不同于前一种"博爱"理想的地方在于，它不是植根于理性——利益计算的理性，而是要植根于感情和天性，但又很难说是现实的人的感情和天性，而人的感情与天性真的能重新培养和塑造，使之获得一种彻底的、真正的爱的能力吗？这种超越自我、超越自爱的爱真能成为人的天性吗？或者说人凭自身即便再经过几千年也无论如何还是不能普遍地达到这一点？应该说陀思妥耶夫斯基在此遇到了他的一个根本的困惑，他对那种以自我和物欲为中心的、半心半意、不上不下的"博爱"决不会感到满意，但他又不能明确地知道如何实现他心目中真正的博爱，实现真正的爱的理想。

无论如何，陀思妥耶夫斯基是以颇为怀疑的态度看待当时的社会主义者是如何想实现博爱的，他说，社会主义者看到没有博爱，就开始劝人相信有博爱。因为没有博爱，他就想制造博爱，用利益诱惑人，告诉人他能从这博爱得到多少利益，能占多少便宜，预先给地上的福利算一笔账，谁应得多少福利，每一个人又必须为了共同生活自愿地让自己的个性经受多少损失。可是，如果预先加以均分，这算得什么博爱呢？这只是一种蚁

---

[1]《赌徒》，第110—111页。在《卡拉马佐夫兄弟》中，佐西马长老说："平等只有在人的精神品格里才能找见，而唯有我们能够懂得这一点。是弟兄，才会有友爱情谊，而在还未出现友爱情谊之前，是永远无法均分财产的。"《卡拉马佐夫兄弟》上，第473页。

冢似的幸福，虽然在蚁冢里一切都很好，一切都井井有条，大家吃得饱饱的，过着幸福的日子。[1] 但陀思妥耶夫斯基还是在《地下室手记》等作品中提出了这一质疑：有些人可能宁愿贫困而自由，但不要蚁冢似的物质幸福，且不说由这种利诱（哪怕再加上威逼）是否真能最后达到博爱。近代的"博爱"是建立在利益和权力的基础之上，缺乏神圣的根基，正如索洛维约夫讥讽地说道："他们说，我们都是猴子变的，所以我们要互爱。"

舍勒对近代"博爱"主义有更系统的思考和批评，他分析了近代"博爱"的特点和社会基础，认为这种学说首先看重的是肉身幸福，只是在精神和灵魂以肉身幸福为条件时，才看重精神和灵魂的财富。进一步说，这种学说只是在其共时性上才看重"人类"，即活着的人，而不是看重在互为关联的历史关系中存在的人的群体，或一种也包括死者灵魂的超世俗秩序背景下的人群。这种学说看重的是人的外部现象，人的感官幸福，并且是在越来越脱离精神、脱离使物质财富在客观上有效的等级秩序的情况下，来看重这种感官幸福。博爱主义的爱人不是为了爱和人的自由的爱的能力而要求人的福利，正相反，它要求爱的目的只是为了福利本身。因此，它抵抗一切在人的价值、人的作品、人类机构中超越那些仅仅是共通的和纯类型的，即价值最低的人类自然特征的东西。它是一种革命色彩极其浓厚的激情，是一种要把一切人性中客观的价值差异拉平的激情。为了让人人有饭吃，为了实现一个全人类的国家、世界大同等主张，它要把个人、阶层、民族、国家的特殊规定统一起来，使之集中在一起，亦即把这些特殊规定消灭掉。它要用较大的、涵盖面更广的领域作为爱的对象，来与较狭窄的领域争斗。它认为一种以福利为秩序的爱所真正热爱的对象，

---

[1]《赌徒》，第 111—112 页。

并不是较高的质的价值及较纯净的价值充溢,也不是距离上帝即至善更近的价值,而只是在数量上更多的人而已。在舍勒看来,启蒙运动的思想家如伏尔泰、康德、沃尔夫所说的自律的"理性",是伦理学、逻辑学、经济学、法律等原则的超时间与超历史的概念总和,但在这所谓"理性"当中,永恒之光还在闪烁,而到了 19 世纪,片面而又实际的历史文学则严格遵循博爱主义思想的逻辑路径,把这个统一体作为观念渐渐地分解了。衡量人之所以为人所适用的公共标准,最终也变得愈来愈稀薄,越来越抽象,越来越趋于形式化。变到最后,广大群众谁也看不见,摸不着这个标准了。剩下来的是什么?是互相厮杀的人群的观念。他们各自从自己的利益出发,受着各自的人之本能的驱使,且不论这本能是种族、民族,还是国家、阶级,他们组成了一幅撼天动地大争斗的图景,在这里,只有一件事主宰着一切:那就是血淋淋的成功。[1]

　　舍勒还将博爱主义与基督教的爱的理念进行了比较。[2] 他认为近代的"博爱"观念、"人本主义",或称"对人类之爱"的观念和运动的价值评价是源于怨恨。"博爱"的对象据说不应该是人身上的"神性",而应该是单纯的"人",这里的"人类"只是当前的、可见的、尘世自然生物的"人类","博爱"对爱死者、敬重已故者,敬重他们的精神价值和传统缺乏虔诚乃至抱有敌意。而且,集体概念上的"人类"取代了人之存在的位格深度在其中呈现的"个体"和"邻人",它不是指向个体、也不是指向"贴近的"有形众生,而是指向人的总和——个人总数之和。"博爱"中爱之过程的主体方面与基督教语言所称之"爱"也迥然不同,情形如同这两种爱的对

---

[1] 舍勒:《爱的秩序》,林克等译,三联书店 1995 年版,第 87—94 页。

[2] 在此,舍勒用的词是 "allgemeine Menschenliebe",或可译为"普遍的人类之爱"或者"博爱"。以下叙述采用罗梯伦译文,但这个词的译名未用罗译的"普遍仁爱",而仍用"博爱"一词。

象不同一样。"博爱"首先不是行为,具体说不是精神的行为和运动,而是情感——而且是状态情感,这种情感通过心理感染的传输形式,首先在对苦和乐的外部表现的感性感知上产生出来。感官对疼痛所感受到的苦和对惬意所感受到的乐,是这一新"博爱"的核心。"博爱"的激情、它为追求感性上更为快乐的人类而掀起的聒噪、它那内心炽热的苦恼、它对一切被它看作进一步提高感性快乐度的障碍——在建制、传统、习俗方面的障碍——进行的革命造反,在它体内跳动的"革命之心",都同基督教之爱的明澈而又不失冷静的精神热忱形成鲜明的对照。然而,最根本的是,"普遍博爱"的价值评价所具有的根基与基督教伦理中爱的价值评价之根基完全不同。现代"博爱"的价值根基并不在于作为上帝国之一员的爱者获得心灵之赐富,并不在于爱者获得对他人之赐福的促进,而在于对所谓"总体福利"的促进。现代"博爱"本身只被看作能够增加公共福利的诸因素之一。爱涉及的范畴越大,则爱的价值就越多,于是理所当然的是,数量标准在此要排挤质量标准,直到以"人类的名义"砍掉一颗颗人头的法国革命为止。"普遍博爱"呼吁从民族和领土的"小圈子"跳出来,实现人在国家中以及最终在社会和经济上的平等,呼吁使生活的传统习俗统一化,呼吁实行更"人道"、更划一的教育。然而,在舍勒看来,尼采的斗争在这一范围内是对的:即这场社会历史性的情绪运动绝非基于一种本原的、趋于积极价值的运动,而是基于一种反抗情绪(仇恨、嫉妒、复仇欲之类),其矛头指向那些懂得积极价值的占统治地位的少数人;这样,现代"博爱"运动的核心便昭然若揭:它基于怨恨。"人类"并不是这一运动中的爱的直接对象,在这一运动中,"人类"只不过是针对所恨的对象打出去的一张牌而已。基于抗议和拒绝的现代"博爱"之目光和兴趣,首先投在人之本性中最低下、最具有动物性的方面——这些方面是"一切"人都有的。并且,说"博爱"发自怨恨还有第二层含义:

即它是对社群的亲近邻睦、对"共同体"的内在价值的反感和内在对抗的一种形式。[1]

四、爱能够实现吗？

陀思妥耶夫斯基作品中的人物，常常在心里隐秘地渴望着一种真正精神性的、伟大的爱，然而，这种爱能够在人间普遍地实现吗？人类真的能够实现"爱人如己"的伟大遗训吗？哪怕仅仅在怜爱中实现？或者只能在怜爱中实现？应该说，这些疑问反复在陀思妥耶夫斯基的作品中出现，说明陀思妥耶夫斯基确实深刻体会到人的有限性，体会到人在实行这一爱的理想过程中的步履维艰。

如前所述，陀思妥耶夫斯基在《冬天记的夏天印象》中已经涉及这个问题。在《罪与罚》中，拉思科里涅珂夫既尊重又怀疑索尼亚与都丽亚的那种牺牲，他心里想：她们以为只要我所爱的人们可以幸福，就让我的一生给糟蹋了吧！想学耶稣信徒的榜样，这在一个时期里也许能够安慰自己，能够说服自己，觉得为着善良的目的，的确应该这样做。然而，与世长存的不朽的牺牲者啊，你们曾仔细地估计了这种牺牲吗？这样做对吗？这样做有用或者说有意义吗？而你们自己长期这样做又受得了吗？倘若后来受不了，倘若后悔，怎么办呢？[2]

不仅存在着爱的奉献者、牺牲者能否一直坚持及爱的效果是否真的能够如愿的问题，还有一个严重的障碍是：你可能发现自己所爱的人，所奉献的对象是卑鄙的、下贱的，乃至根本不会改变这种卑贱。《少年》中的维尔西诺夫形象地对他的儿子这样说："我的朋友，完全像他们那样

---

[1] 舍勒：《道德建构中的怨恨》，见《价值的颠覆》，三联书店 1997 年版，第 91—104 页。
[2] 《罪与罚》，第 50 页。

爱人是不可能的，然而是应该的。因此你要给他们做好事，克制自己的感情，掩住鼻子，闭上眼睛（最后的一个动作是必要的）。你要忍受他们的作恶，尽可能不要生他们的气，'记住你也是一个人'。当然，你对他们要严厉，假如你的天赋比一般的人稍微高些。就天性来说，人是卑鄙的，他们喜欢爱人是由于惧怕；你可不要接受这样的爱，也不要不再鄙视。……只有几乎傻头傻脑的人才不可能活着而不鄙视自己，他是否正直诚实——这反正一样。爱自己亲近的人而不鄙视他——这是不可能的。依我看，上帝所创造的有血有肉的人是不可能爱自己亲近的人的。这些话一开头就存在着某种错误，"爱人类"必须理解为只爱你在自己心里所创造的那个人类（换句话说，就是你创造的是你自己，而爱的也是你自己），因此，这样的人类实际上是永远不会有的。"[1]

《卡拉马佐夫兄弟》中的伊凡也对阿辽沙述说过类似的爱的困惑，他感觉那种彻底奉献、完全无私的爱只是在基督那里才可能达到，而人不是基督，人与上帝有着永恒的距离。伊凡说："我一直想不通怎么能爱自己的邻人。据我看来，恰恰对邻人是没法爱的，只有离远些的人还可以爱。……要爱一个人，那个人必须隐藏起来，只要一露面，爱就消失了。"阿辽沙答道："但是人类中间仍然有许多爱，几乎和基督的爱相仿，这是我亲自有所体会的。"伊凡说他暂时还体会不到这种爱，他说问题在于："所以会这样，是由于人们的坏脾气，还是因为人们的本性就是如此。据我看来，基督的爱人是一种地上不可能有的奇迹。自然他是上帝。可是我们并不是上帝。比方说，假定我能够深深地忍受痛苦，但是别人却永远不会明白我受苦到怎样的程度，因为他是别人，而不是我。"[2]

---

[1] 《少年》，第 274 页。
[2] 《卡拉马佐夫兄弟》上，第 353—354 页。

这也是陀思妥耶夫斯基本人心中深深的疑问，1864年4月15日，他的妻子玛丽亚溘然病逝，次日，他面对妻子已经冷却的尸体陷入悲哀的思考，在他的笔记本上写道：

> 四月十六日。玛莎躺在灵床上。我还能再看到玛莎吗？
>
> 要想按照基督的遗训像爱自己一样去爱别人，这是不可能的。人生在世的法则不允许这样做。"自我"妨碍这样做……
>
> 总之，人在世界上极力追求一种与他的天性相对立的最高理想。当一个人不履行这种追求最高理想的法则时，亦即当他不再爱把自我奉献给人们或另一个人（我和玛莎）时，他便感到痛苦，并把这种情况称之为罪孽。这样，一个人就必然会不断地感到痛苦，这种痛苦只有在履行遗训的天堂快乐中即牺牲中才会得到补偿。这就是尘世间的平衡。否则，尘世生活是毫无意义的……只有耶稣基督一人能够实行，但耶稣基督是千古一人，是千古以来活生生的人的理想。[1]

这是陀思妥耶夫斯基一个极其重要的思想：人可能永远达不到基督，然而，当人不能够向他人完全奉献自己的爱时，他便感到痛苦，而这正是罪孽，这种痛苦也许永远无法摆脱，但人能感受到这种痛苦，能意识到自己的罪孽，而这又意味着一种希望。《卡拉马佐夫兄弟》中一位信念不坚的太太，丽莎的母亲霍赫拉柯娃在修道院里和佐西马长老有过一段谈话，当她问靠什么才能获得信仰时，佐西马长老回答道：

---

[1] 格罗斯曼：《陀思妥耶夫斯基传》，外国文学出版社1987年版，第403页。在"'自我'妨碍这样做"之后补加的一句另据谢列兹涅夫著《陀思妥耶夫斯基传》，黑龙江人民出版社1992年版，第228页。

"靠积极地爱的经验。您应该积极地，不倦地努力去爱您周围的人，您能在爱里做出几分成绩，就能对于上帝的存在和您的灵魂的不死获得几分信仰。如果您对于邻人的爱能达到完全克己的境地，那就一定可以得到坚定的信仰，任何疑惑都不能进入您的灵魂里去。这是屡试不爽的，也是确凿不移的。"

"积极地爱么？现在还有一个问题，而且是那么重要的问题！您知道：我很爱人类，您相信不相信，我有时幻想着抛弃所有的一切，离开丽萨，去当护士。我闭上眼睛，心里幻想着，在这种时候我感到自己具有无法战胜的力量。任何创伤，任何脓疮都不能使我害怕。我可以换绷带，亲手去洗涤，我可以做这些受痛苦的人的看护妇，我准备吻这些脓疮。……但是我能长久忍受这种生活么？"这位太太激动到近乎狂热地继续说，"这是最紧要的问题！这是我最感痛苦的一个问题。我闭上眼睛，自己问自己：你能不能在这条路上支持很久？假使您给他洗疮的那个病人不立即报答你的好意，反而做些任性的行为使你伤心，对于你的仁爱的服务不加珍重，不予注意，朝你吆喝，提出粗暴的要求，甚至在上司面前抱怨你，——这是痛苦难忍的人们常有的事，——那时会怎样呢？你的爱能继续下去吗？您知道，我已经心惊胆战地预料到：如果说有什么东西会使我对人类积极的爱马上冷却，那就是忘恩负义。一句话，我是一个需要报酬的工作者，我要求立即取得代价，那就是给我夸奖和以爱来报答我的爱。要不然我是不能爱哪一个人的！"

她带着真诚地自我谴责的狂热心情说着，说完，用挑战般的坚决神情看着长老。

"很早的时候，有一个医生就已经对我说过一模一样的话。"长老说，"这人年纪不轻，确是一个聪明人。他说得很坦白，和您一样，虽然带点玩笑口气,却是辛酸的玩笑。他说,我爱人类,但是自己觉得奇怪的是我对全人类爱得越深,对单独的人,也就是说对一个个个别的人就爱得越少。他说,我在幻想中屡次产生为人类服务的热望,也许真的会为了人类走上十字架,如果忽然有这个需要的话,然而经验证明,我不能同任何一个人在一间屋里住上两天。他刚刚和我接近一点,他的个性就立即妨碍我的自爱,束缚我的自由。我会在一昼夜之间甚至恨起最好的人来:恨这人,为了吃饭太慢,恨那人,为了他伤风,不断地擤鼻涕。他说,只要人们稍微碰我一下,我就会成为他们的仇敌。然而事情常常是我对于个别的人越恨得深,那么我的对于整个人类的爱就越见炽热。"

"那怎么办呢?在这种情形下应该怎么办呢?是不是应该为此感到绝望呢?"

"不必,既然您已经对这事感到难过,这就够了。您只要尽您所能的去做,就算是好事。您已经做得不错,能够那么深刻而且诚恳地反省自己。……即使您达不到幸福的境地,您也应该永远记住,您走的路是正确的,千万不要从这条路上离开。我很遗憾,不能对您说些比较轻松愉快的话,因为积极的爱和幻想的爱相比,原是一件冷酷和令人生畏的事。幻想的爱急于求成,渴望很快得到圆满的功绩,并引起众人的注视。有时甚至肯于牺牲性命,只求不必旷日持久,而能像演戏那样轻易实现,并且引起大家的喝彩。至于积极的爱,——那是一种工作和耐心,对于某些人也许是整整一门科学。但是我可以预言,就在您大惊失色地看到无论您如何努力也没能走近目的,甚至似乎反倒离它愈远的时候,——就在那个时候,我可以预言,您会突然达到了目的,清楚地看到冥冥中上帝的奇迹般的力量,那永远爱您、永远在暗中引导您的上帝的力量。……"[1]

正是因此，一个人在这里需要考虑的不是要如何迅速达到一种毫无杂念、完全纯洁无私的爱的状态，而只是要努力地去投入爱，去实践爱，努力地去做具体的、个别的善行，不断地，一次次地增加它们，去热爱他人，也热爱生活。当伊凡说他经历过种种使人灰心失望的可怕心境的打击之后却仍然渴望和热爱生活，仍然欣赏和珍重春天萌芽的嫩叶、蔚蓝的天空，珍重一些人以及人的业绩的时候，阿辽沙大声赞同说："我以为，世界上大家都应该首先爱生活。……一定要这样。应该首先去爱，而不去管什么逻辑，像你刚才所说的那样，一定要首先不管它什么逻辑，那时候才能明了它的意义。我早就想到这一点了。你爱生活，伊凡，这样你的事情就已经做了一半，得到了一半。现在你应该努力你的后一半，那样你就得救了。"[2]

当然，即便决心去爱人们，去以实际行动同情和关怀人们，也依然要碰到矛盾。例如，面对伊凡与米卡两位兄长，阿辽沙应该更同情谁？他对两人都爱，但当他们彼此发生可怕的矛盾时他怎么办？而阿辽沙的心是不能忍受暧昧不明状态的，因为他的爱永远是积极的爱。他不能消极地爱，一有了爱，就要立刻动手去帮助。但是要这样就必须先确定一个目标，明确地知道他们每人需要的是什么，什么于他真正有好处，然后才能去帮助他们每个人。[3] 而这是不容易的。在《白痴》中，叶甫盖尼·巴甫洛维奇也通过指出梅诗金公爵对娜斯塔霞的同情所造成的对阿格拉雅的伤

---

[1] 《卡拉马佐夫兄弟》上，第74—77页。

[2] 同上，第344页。

[3] 同上，第275页。这里有一个问题：这三兄弟似乎都表现出一种对于他们实际上的同父异母的兄弟、私生子斯麦尔佳科夫的鄙视，而没有表现出一点怜爱，这是颇有点奇怪的。

害,而揭示出恻隐之心的矛盾,他说:"为了表示同情,为了使她高兴,难道就可以羞辱高尚、纯洁的另一位姑娘,让她遭到那双傲慢可憎的眼睛的鄙视?……当时您的心在哪里,您的'基督式'的心?当时您明明看到她的脸:她的痛苦难道比不上另一个女人,比不上你的那个拆散好事的女人?"[1]

总之,对于作为有限存在的人来说,爱是极其艰难而又复杂的,然而,人要超越自身,超越自我而走向他人,又没有任何别的办法,而只能通过爱。而且,正如佐西马长老的话中所暗示的,谁又敢断定人就永远不能实现自己爱的理想呢?这里最重要的还是实际地投入爱,不要瞧不起任何个别的、有限的乃至细小的善行,一定要使善意实际地达到需要的人那里,达到痛苦的人那里,不要以"爱未来的崭新的人类"为借口,而先带着憎恨(哪怕只是对一部分人的恨)把现在的人们(哪怕是一个人)投入人为制造的苦难之中。陀思妥耶夫斯基在给一位母亲的信中写道:"您要知道,即使在小范围内为人表率,那也是一件极为有益的事情,因为这影响到数十个甚至数百个人。不说谎和老老实实过日子的强烈愿望会使您周围那些轻率的人感到羞愧,并且对他们产生影响。这就是您的功劳。在这方面可以大有作为。没有必要不顾一切地到彼得堡进医学院或者进妇女学习班自寻烦恼。我在这里每天都看到这样的人,……他们看不到自己身边的活动,却开始按照书本上写的那样抽象地爱人,他们爱整个人类却蔑视个别的不幸者,一见到他就觉得无聊并且避之唯恐不及。"[2]

这意味着从爱的主体来说,要从我做起,从现在做起;而从爱的对象来说,要从具体的人开始,从自己身边的人开始,从个别的事情开始。

---

[1] 《白痴》,第 533—534 页。

[2] 《书信选》,人民文学出版社 1993 年版,第 364 页。

就像"荒唐人"打算马上去帮助那小女孩时所说:"即使这种梦境永远不可能实现,即使不会有什么天堂(这一点我是清楚的!)——我还是要去传道。事情再简单不过:说不定在一天之中,一小时之内,一切都会立即办成!主要是必须像爱自己一样去爱别人,这才是要害,这才是关键,其他事情都无关紧要;你很快就会明白怎样才能大功告成。其实,这种真理不过是——老生常谈,被人重复和背诵过何止千百亿遍,但它却没有在我们的生活中扎下根来!'对生活的认识高于生活,对幸福规律的了解高于幸福'——这种论调必须驳斥!我要进行斗争。只要大家愿意去做,一切就会马上成功。"[1] 他马上就想去找那个他曾拒绝予以帮助的小女孩。"荒唐人"的看法也许仍然过于乐观,但他想立即投入行动的愿望却肯定是作者所赞许的。《少年》中的维尔西洛夫似乎也认识到了这一点:

> 我忽然意识到了,我为思想服务绝不是使我作为一个具有道德和理性的人免除义务,即在我的一生中至少要使一个人成为真正幸福的人的义务。……假如我头脑里有了这种思想的话。在自己的一生中一定要设法至少使一个人得到幸福,不过是实际的幸福,也就是真正的幸福,我把这作为每个有高度文化的人的一条金科玉律;正如鉴于俄国伐尽了树木,我主张订立一条法律或规定一项义务,使每个农人一生至少植一棵树。不过植一棵树还不够,可以下令每人每年植一棵树。一个最高尚的、有高度文化的人在追求崇高的思想时,有时会完全脱离现实,变得可笑的、任性的和冷淡的,我甚至简直要对你说——愚蠢的,不仅在实际生活中,而且甚至在他们的理论上到底也是愚蠢的。因此,踏踏实实地工作,至少使一个真正的人得到真正的幸福这个义务

---

[1] 《中短篇小说选》下,人民文学出版社1982年版,第666页。

会纠正一切的,并且会使这位善士本人精神为之一振的。[1]

《白痴》中的伊波利特并举了一个文职将军的事例来说明那乍看是偶然的、个别的怜悯行为的深远意义。这个将军毕生跑监狱去给犯人治病;他到了那里,总要走遍每一排把他围住的流放犯,在每一个人面前都停下来,询问每一个人的疾苦,几乎从来不对任何人说教。他给钱,寄一些必需的用品——像绑腿、裹脚、麻布之类,有时带几本劝人为善的书去分给每一个识字的罪犯,充分相信他们路上会读这些书,而且识字的会念给不识字的听。他很少询问人犯了什么罪,除非犯人自己开始述说,他就听着。他对所有的犯人一视同仁,不加区别。他跟他们说话就像对兄弟一样,但他们到最后都把他当作父亲。他多年如一日地这样做,死而后已;到后来,整个俄国和整个西伯利亚的犯人都知道他。一些心硬皮厚的罪犯也怀念老将军,而事实上将军去探望一批批犯人时给他们的钱每人难得超过二十戈比。诚然,他们怀念他的时候并非慷慨激昂或者庄严肃穆。有一个罪犯曾干掉十二条人命,杀死过六个孩子,唯一的目的是为了取乐,而某一天,大概二十年也只有这么一回,他忽然无缘无故叹了口气说:"不知老将军现在怎样了,是不是还活着?"说这话的时候也许还淡然一笑,——如此而已。[2]

伊波利特据此评论道:"然而您又何从知道,他二十年没有忘记的这位'老将军'在他心中永远播下了一颗什么种子?您又何从知道,一个人和另一个人的这种接近对被接近者的命运会产生什么影响?……当您撒下您的种子的时候,当您撒下您的'慈善'、做无论何种形式的好事的时

---

[1] 《少年》,第 614 页。
[2] 《白痴》,第 370—372 页。

候,您是在把您的个性的一部分给予别人,并把别人个性的一部分接纳到自己身上;你们互相交流,彼此沟通;只要稍加注意,您就会得到补偿,那就是知识,就是种种最意想不到的发现。您最终一定会开始把您做的事情看作一门科学,它将把您的整个生命吸引过去,也能够充实您的生命。另一方面,所有您的思想、所有您撒下后也许已经被您忘掉的种子,都将得到体现,都将成长发育;得之于您的人还将把它们交给别人。您怎么知道您在未来决定人类命运方面会起到什么作用呢,如果知识和毕生从事这项工作最后使您变得如此崇高,使您有可能播下至伟至巨的种子,为全世界留下至伟至巨的思想遗产?……"[1] 因此,伊波利特热烈地为个别的善行辩护,他说:"谁要是攻击个别的'善行',那就是攻击人的天性,就是鄙视他的人格。……个别的善行将永远存在,因为它是个人的需要,是一个人直接影响另一个人的切实需要。……要知道,人生是一条漫长的路,还有我们看不见的分岔多得不计其数。最高明的棋手、其中洞察力最强的也只能料到以后的几步棋;一位法国棋手能预先料到十步棋已经被当作奇迹大书特书。而人生有多少步棋要走?我们无法预料的又有多少?"[2]

在此,我们又同样看到了一种人生非理性、非计划的莫测,谁知道人类历史上迄今为止没有达到的目标,就一定永远达不到呢?同时代的俄国宗教哲学家索洛维约夫对此看来抱有希望和信心,他说:"如果单纯地以为爱迄今为止从未实现过,就否认它的实现的可能性,那就大错而特错了,要知道,许多其他事情,诸如科学和艺术、公众社会和控制自然力,都有过这种情况。即使理性意识本身,在人身上变为事实以前,也不过是动物界模糊的徒然欲念而已。在创造可以成为体现理性意识器官的脑力的

---

[1] 《白痴》,第 371 页。

[2] 同上。

失败尝试中,经历了多少地质和生物的时代。对于人来说,爱暂且像理性之于动物界一样:它在其胚胎或者天赋中就已存在,但还不是事实。如果说浩繁的宇宙分期——实现不了的理性见证人——最终没能阻止它的实现,那么在历史人类经历的较短几千年里,爱之不能实现,无论如何也没有给我们以任何理由,反对爱之将来实现。"[1]

在陀思妥耶夫斯基的《卡拉马佐夫兄弟》中,佐西马长老年轻时遇到的一位罪人朋友也如此说:"除非你实际上成为每个人的弟兄,四海之内皆兄弟的境界是不会实现的。人类永远不会凭任何科学和任何利益轻松愉快地分享财产和权利。每人都嫌少,大家全要不断地埋怨,嫉妒,互相残害。您问,这一切什么时候才能实现。实现是会实现的,但是必须先经过一个人类孤立的时期。……那就是现在到处统治人类精神的孤立,特别是在我们的世纪里,但是它还没有完结,它的末日还没有到。因为现在每人都想尽量让自己远离别人,愿意在自己身上感到生命的充实,但是经过一切努力,不但没有取得生命的充实,反倒走向完全的自杀,因为人们不但未能达到充分肯定自己的存在,反而陷入了完全的孤立。我们这个时代,大家各自分散成个体,每人都隐进自己的洞穴里面,每人都远离别人,躲开别人,把自己的一切藏起来,结果是一面自己被人们推开,一面自己又去推开人们。……但是肯定总有一天,这种可怕的孤立的末日终会来到,大家都会猛然醒悟,互相孤立是多么不自然的事。等到那样的时代风气一旦形成,人们将会惊讶为什么会这样长久地待在黑暗里,看不见光明。"[2] 这样一个人类互相孤立的时期就像是托克维尔在《论美国的民主》所描写的一种"个人主义"的状态,人类是否能跨越这一状态呢?

---

[1] 索洛维约夫:《爱的意义》,董友、杨朗译,三联书店1996年版,第55—56页。

[2] 《卡拉马佐夫兄弟》上,第453—454页。

我们后面在"人的问题"一章中还要看到,人类还要遇到植根于自身的深刻矛盾,遇到自由与人性的深刻矛盾,但有没有爱的理想还是很不一样,理想与希望的亮光将不断催人努力。

第五章　上帝的问题

一、成为问题的上帝

　　海因里希·奥特（H. Ott）说："今天，谁要谈论上帝，谁要思考上帝问题，他就必须明白一点：上帝在我们这个时代被打上问号了。"他说这句话有双重含义：一方面说明这个时代不再理所当然地以上帝的存在为前提；另一方面，这个"被打上问号"也可以指，恰恰这个时代有责任带着特别的迫切感去追问和探索上帝的真实性。[1]

　　陀思妥耶夫斯基也最深沉地陷入了这一矛盾：这个世界似乎并不必以上帝的存在为前提；但在有过对上帝的经验的西方世界里，人又那样苦苦地寻求上帝，暗暗地渴望上帝，哪怕有时是采取怀疑和否定的形式，也在怀疑之后仍然感到隐隐的不安，在激烈否定的同时又有一种撕裂自己肌体般的惨痛。即便如伏尔泰、费尔巴哈所言，上帝是人自己把他造出来的，是人自己的投影，如果上帝不存在，也应当造出一个上帝，但人类为

---

　　[1]　奥特：《上帝》，朱雁冰、冯亚琳译，辽宁教育出版社1997年版，第9页。

什么一定要造一个上帝呢？为什么在激烈的社会和宗教批判之后人又仍然常常要寻神呢？此正如伊凡·卡拉马佐夫所言：问题在于人类竟然会有上帝的观念，会有寻求上帝的思想，人类竟会对没有上帝感到不安。"上帝果真存在倒不奇怪，不稀奇了，稀奇的是这种思想——必须有一个上帝的思想——竟能钻进像人类这样野蛮凶恶的动物的脑袋里，而这种思想是多么圣洁，多么动人，多么智慧啊，它真是人类极大的光荣。"[1]

然而，这种寻求又依然是痛苦的，陀思妥耶夫斯基承认："最主要的问题……一个我自觉不自觉并为之痛苦了整整一生的问题，就是上帝的存在！"[2] 在陀思妥耶夫斯基与别林斯基最亲近的日子里，他也不同意别林斯基对基督的否定。然而他也深深地受到了时代的影响，感到了时代的倾向，这种倾向就像夜访伊凡的魔鬼所言："在这个时代信仰上帝是开倒车，我是魔鬼，相信我总可以吧。"[3] 陀思妥耶夫斯基在1854年2月结束苦役后给冯维辛娜的一封信中写道："因为我自己经受和体验过这一切，我才敢于向您说，在这样的时刻，谁都会像'一棵枯萎的小草'一样渴求信仰，而且会获得信仰，主要是因为在不幸中能悟出真理。我向您谈谈自己，我是时代的孩童，直到现在，甚至（我知道这一点）直到进入坟墓都是一个没有信仰和充满怀疑的孩童。这种对信仰的渴望使我过去和现在经受了多少可怕的折磨啊！我的反对的论据越多，我心中的这种渴望就越强烈。可是上帝毕竟也偶尔赐予我完全宁静的时刻，在这种时刻我爱人，也认为自己被人所爱，正是在这种时刻，我心中形成了宗教的信条，其中的

---

[1]《卡拉马佐夫兄弟》上，耿济之译，人民文学出版社1981年版，第350—351页。

[2] 谢列兹涅夫：《陀思妥耶夫斯基传》，徐昌翰译，黑龙江人民出版社1992年版，第75页。这是他在一封谈及贯穿《卡拉马佐夫兄弟》一书的主要问题的信中说的，亦参见《陀思妥耶夫斯基的上帝》，社会科学文献出版社1994年版，第121页。

[3]《卡拉马佐夫兄弟》下，第971页。

一切于我说来都是明朗和神圣的。这一信条很简单，它就是，要相信：没有什么能比基督更美好、更深刻、更可爱、更智慧、更坚毅和更完善的了，不仅没有，而且我怀着忠贞不渝的感情对自己说，这绝不可能有。不仅如此，如果有谁向我证明，基督存在于真理之外，而且确实真理与基督毫不相干，那我宁愿与基督而不是与真理在一起。"[1]

陀思妥耶夫斯基笔下主要的思想型人物也分有了作者的这一特征，上帝的问题在陀思妥耶夫斯基的作品中日渐突出。如果说陀思妥耶夫斯基前几部长篇如《被侮辱与被损害的》、《罪与罚》的主人公还是主要在为道德问题苦恼，那么在他后来长篇的主人公那里，上帝的问题则占据了越来越中心的地位，虽然它仍是与道德、时代的问题紧紧关联。《群魔》中的基里洛夫说："我不知道别人的情况，但我感到我不能像其他任何人那样行事。别的人都能起初想着这一件事，接着又立刻想另一件事。我可不能去想另一件事，我一辈子只想一件事。上帝折磨了我一辈子。"[2] 佐西马长老向伊凡指出，有关上帝的是否真的不存在、是否真的没有不朽的问题在他那里还没有最后解决，还在折磨着他的心，而他的最大悲哀，他心灵的全部痛苦也就在这里。[3] 米卡也承认自己"被上帝问题折磨着，老是被它折磨着"[4]。

陀思妥耶夫斯基笔下的主人公都暗暗地为上帝的问题而苦恼、激动，他们乃至被一种莫名的力量推向极端、推向彻底、推向边缘。基里洛夫是在生命的边缘提出上帝问题；伊凡、米卡是在道德的边缘提出上帝问

---

[1] 陀思妥耶夫斯基：《书信选》，徐振亚、冯增义译，人民文学出版社1993年版，第64—65页。
[2] 《群魔》，南江译，人民文学出版社1983年版，第152页。
[3] 《卡拉马佐夫兄弟》上，第94页。
[4] 《卡拉马佐夫兄弟》下，第896页。

题。在陀思妥耶夫斯基的作品中，作者看来认为一种温吞水的状态，一种不冷不热、无动于衷的状态还不如一种激烈争辩乃至否定上帝的状态。季洪面对怀着复杂的动机前来忏悔的斯塔夫罗金，引用了圣经《启示录》中的一段话："你也不冷，也不热，我巴不得你或冷或热。"说温顺的人更喜欢冷冰冰的人，而不是不冷不热的人，说哪怕是彻底的无神论，也比世俗的冷漠态度更值得尊敬，"彻底的无神论距离诚心诚意的信仰只有一步之差（不管他是否跨出这一步），而态度冷漠的人除了恐惧之外，没有任何信仰"。[1]《少年》中的维尔西洛夫也说：应信仰上帝，而完全不信，也是个极好的现象。[2]

　　成为主要问题的还不是上帝的单纯存在与否，以及他以怎样的方式存在，他如何可能存在，这种存在如何能够为人的理性认识和想像力所理解和把握的问题——就像与少年对话的老公爵所问："假如上帝是存在的，那么他一定是个体地存在的，不会是宇宙间某种弥漫的精气形状，也不会是液体的形状（这更难以理解），但如果是个体的存在的话，他是住在哪里呢？"[3] 真正成为严重的问题，最为人苦恼的还不是上帝自己如何可能存在的问题，而是上帝与他所造的世界、与他的造物的关系问题，换言之，作为造物的人也只能从这个角度，从这个途径去认识和体会上帝的存在。伊凡正是从这一角度去提出问题的，他在老卡拉马佐夫面前否定过上帝的存在，但在与阿辽沙谈话时又说可以接受上帝的存在，而真正使他激动不安的问题是在于如何接受上帝所创造的世界，接受一个还充斥着罪恶和血泪、存在着虐待无罪的孩子和动物的现象的世界。他说：

---

[1] 陀思妥耶夫斯基：《斯塔夫罗金的忏悔》，冯增义译，载《俄苏文学》，武汉大学编，1985年第5—6期合刊。

[2]《少年》，岳麟译，译文出版社1985年版，第273页。

[3] 同上，第43页。

我是早就决定不去思考究竟是人创造了上帝还是上帝创造了人的问题了。自然我也就不想再去仔细研究俄国小伙子们关于这问题的时髦的原理，——那是完全从欧洲的假设中引申出来的；因为在欧洲还只是假设的东西，到了我们俄国小伙子的心目中就立刻成了原理，不但小伙子们这样，也许连有些教授们也是这样，因为我们现在俄国的教授们也往往和俄国的小伙子们完全是一回事。所以我把那些假设一概略过不提。你我现在的任务究竟是什么？那就是让我尽快向你说清楚我这个人的实质，也就是：我是什么样的人？信仰什么？抱着什么样的期望？对不对？因此我现在声明：我直接而且简单地承认上帝。……我老老实实承认，我完全没有解决这类问题的能力，我的头脑是欧几里得式的、世俗的头脑，因此我们怎么能了解非世俗的事物呢。我也劝你永远不要想这类事情，好阿辽沙，尤其是关于有没有上帝的问题。所有这些问题对于生来只具有三度空间概念的脑子是完全不适合的。所以我不但十分乐意接受上帝，而且也接受我们所完全不知道的他的智慧和他的目的，信仰秩序，信仰生命的意义，信仰据说我们将来会在其中融合无间的永恒的和谐，信仰那整个宇宙所向往的约言，它"和上帝同在"，它本身就是上帝，诸如此类，不可胜数。这方面想出来的说法太多了。我的说法好像也不错，对不对？但是你要知道，归根结底，我还是不能接受上帝的世界，即使知道它是存在的，我也完全不能接受它，你要明白，我不是不接受上帝，我是不接受上帝所创造的世界，而且决不能答应去接受它。我还要附加一句：我像婴儿一般深信，创伤终会愈合和平复，一切可气可笑的人间矛盾终将作为可怜的海市蜃楼，作为无力的、原子般渺小的、欧几里得式的人类脑筋里的无聊虚构而销声匿迹，在宇宙的最后终局，在永恒的和谐到来的时刻，终将产生和出现某种极珍贵的东西，足以满足一切人心，慰藉一切愤懑，补偿人们所犯的一切罪恶和所流的一切鲜血，足以使我们不但可以宽恕，还可以谅解人间所曾经发生的一切。就算所有、所有这样的情景终会发生，会出现，但是我却仍旧不接受，也不愿意接受！[1]

世界上的罪恶及苦难的问题一直是神学所面对的一个最大难题，怀疑和否定上帝者常常提出，面对这样一个很不完善的现实世界，上帝要么是非全能的，要么是非全善的，甚至两者都不是。如果情况确实是这样的话，这样一个上帝的存在与否又有何意义？20世纪西方基督教思想家在这方面主要提出了三种解答：一是上帝有限说（如拉希德尔、鲍恩）；一是造就灵魂说（如坎普贝尔、柏格森和希克）；一是自由意志说（如尼布尔、麦奎利）。[2] 以上伊凡的话再一次以尖锐的形式提出了这个问题，但阿辽沙默默无语，佐西马长老的遗言也没有正面涉及这个问题。

陀思妥耶夫斯基的作品没有直接回答有关这个世界的罪恶和苦难的问题，没有直接提出一种神正论的回答，《卡拉马佐夫兄弟》全书乃至陀思妥耶夫斯基的主要作品与其说是正面回答，不如说是趋向于这样一种反问："假如真的没有上帝，这个世界将会怎样？"这在某种意义上当然仍可以说是针对前一个问题而发，但现在的关注主要在于：假如真的没有上帝，这世界将会怎样？人将会怎样？是否一切都可以允许？一切都可能发生？罪恶还有没有办法从根本上遏制，甚至还是不是可以被看作是罪？人是否能使自己长久地置身于一种没有上帝的境况？人在这种境况中是否仍可以充满希望、前景光明？这是从否定的、假设上帝不存在，而非肯定

---

[1]《卡拉马佐夫兄弟》上，第351—352页。

[2] 何光沪：《多元化的上帝观》，贵州人民出版社1991年版，第245—246页。

的、假设上帝存在的角度来提出问题,但它并非就是一种消极的辩护,它是在边缘处辩护,是在最后的界限辩护,甚至可以说是一种更积极、更有力的辩护。无论如何,在陀思妥耶夫斯基那里,仍然是联系人的世界,而尤其是联系人的罪恶和痛苦来谈论上帝的,这种谈论不是神秘主义的、玄妙的,而是极具现实感和社会关注的。

而即便在不涉及善恶的知识论方面,从一个未曾有过对上帝的明确体验和信仰形式的文明中生长起来的人那里,从一个希望的情感很强但理性也很强的人那里,是否也会发生这样的疑问和渴求,是否也会有类似的痛苦和希望呢?以下是我自己的一些疑问:

人不能没有身体、没有感觉而存在。而人有这种存在,人竟然出现,这世界竟然存在,并恰恰是这样存在,人也恰恰是这样存在,又很难设想是完全无因的、偶然的,而即便是偶然的存在、荒谬的存在,这世界与人毕竟是存在着。而这一切怎么可能?即便人不再存在,所有生物都浑噩无知,乃至回到一个完全冷寂的世界,这问题依然存在:这世界怎么可能?存在如何可能?这一切存在都要求必须另有一个更高的存在?一个我们虽然看不到却不能没有的存在?一个隐身的上帝?否则,我们不是要面对一个无根无垠的世界感到恐惧?而上帝又如何能够存在?他必须存在,但他必须以某种形式存在?超出时空以外的存在是怎样一种存在?人及其世界同时肯定和否定着上帝的存在,人同时呼唤和抵抗着上帝的存在,问题在于这世界毕竟存在了,并且有了自我意识,只要这意识一旦存在过,哪怕是一瞬间,这一亘古的问号就永远不会消失,即便在人消失之后也仍然不会消失。无视这一个问题,人类的一切努力和梦想就都显得有些可笑了,人间天堂即便实现也只是一个蚁穴似的游戏。一切的崇高和卑鄙,一切的大悲大喜、大恸大乐都失去了意义,甚至爱情也失去了意义,最美妙的艺术也失去了意义,但也许只剩下这一点意义:爱和美,或许再加上一点希望,不甘于绝望的希望。

人在绝望中呼喊,可是有谁会听到这声音吗?有什么关于一个绝对的听者的证据吗?佛陀、耶稣的神圣形象是否仍然只是我们的渴望和理想所创造的形象?是否他们仍然只是人对上帝的一种仿效?甚至他们本来也可能会像许多"异端"教派的创始人一样湮没无闻?然而,他们的存在、生活和思想不就像一个奇迹,一个人本身难以企及的奇迹?

如果说上帝本来就是没有的,可是这世界是怎么回事?用荒谬与偶然来解释也许可以解释人的产生,意识的产生,但在人产生之前还有这世界呢,还有这存在呢?至少我们知道这存在是存在的,而不存在是怎么一回事?即便人消失了,地球消失了,银河系消失了,宇宙冷寂了,这存在依然存在。一切都虚无化了,虚无也依然是某种存在。即便说虚无不是存在,存在将归于虚无,可问题在于我已经存在过了,这人及其世界毕竟存在过了。而且,更重要的是,我已经发问了。虚无又是怎么回事?谁能解释这虚无?解释为何人在思考过这一巨大无垠的存在与虚无的问题之后,还依然要为小小的得失而欢乐和痛苦,同时一些个人又会在个人的目标乃至社会的理想实现以后依然不满足和渴望?以及在世人艳羡的成功和幸福中依然感到某种不幸和缺失?

我的存在与世界的存在并不是封闭在我的意识里,我通过语言、文字、美术、音乐还可以感受到别的存在,感受到还有一些人同样也曾有过和我一样的疑问和呼喊,许许多多这样的人已经不在世上了,他们是不是现在已经知道了这秘密,而如果他们死后知道了这秘密,怎么他们生前就一点也不知道。至少我知道我生前是什么也不知道,我诞生于无也要归之于无?一切更多的希望都是傲慢?或者他们仍不知道,但这并不意味着就确证了无神论的结论,也许依然什么也确定不了,在这一切之上,仍然有一个巨大的秘密。所以说,不仅在生存论上,在道德论上,即便在知识论上,人也要被自身逼着寻求上帝。

二、假如没有上帝……

"假如没有上帝将会怎样?"这个问题并不是在陀氏最后的小说《卡拉马佐夫兄弟》中才提出来的,而是很早就出现在他的作品中了。例如在《罪与罚》中就已经出现了这样的问题。拉思科里涅珂夫在索尼亚的房间里先谈到索尼亚一家的不幸以及索尼亚为全家做出的牺牲(去做妓女),说即便索尼亚为之做出牺牲,在索尼亚的妹妹、可爱的波仑加身上也将发生与索尼亚同样的事,当索尼亚拼命喊道:"不!不!决不会的,上帝决不会允许发生这样可怕的事!上帝会保佑她"时,拉思科里涅珂夫带着一种恶意突然笑着说:"但是或许根本就没有上帝呢!"索尼亚翻脸了,不再理他,五分钟过去了,拉思科里涅珂夫默默地在房间里踱来踱去,最后走到她的面前突然跪下,他说他并不是向她,而是"向人类的一切痛苦致敬",但他又说:"你还是个有罪的人,你最大的罪过就是你白白地把自己毁掉了。""你过着你所万分讨厌的肮脏生活,却并没有帮助了谁。"拉思科里涅珂夫这些话是立足于尘世的观点,立足于没有上帝和不朽的观点说的,这样,如果牺牲自己的痛苦没有当世的弥补和报偿,就不会有什么意义。若无上帝和永恒,所做的牺牲和劳作就不能超越时间、超越尘世而在某个地方保存,铭记,若是这种牺牲和劳作也没有尘世的效果,自然也就没有什么价值。然而,索尼亚并不认为没有上帝,她相信上帝能做一切事情。她急速地、使劲地低声说道:"如果没有上帝,我会成个什么样的人呢?"她眼睛突然发亮地向拉思科里涅珂夫扫了一眼,意即如果没有上帝,她就只是个妓女,只是个罪人,只是个不幸的人。然而,有了上帝,这一切就都不一样了。有了另一种永恒的现实,这些牺牲和痛苦就会不管是否有尘世的酬报，而仍然不是徒劳的，它们不会在时间的深渊中下沉和泯灭，而是会被储存在永不消失的地方。

在《群魔》中，彼得·韦尔霍文斯基和几个人在酒店里喝酒，谈着无神论，他们都根本不承认上帝。当时，一个头发斑白的粗野的大尉坐在那儿听着，老是默不作声，一句话也不说，突然他站在房间当中仿佛是自言自语一般大声说道："倘若没有上帝，我还是个什么大尉呢？"他拿起制帽，把双手一摊，便走掉了。[1] 斯塔夫罗金说大尉"表达了一种相当严密的思想"。这是比假如没有上帝，人的痛苦和牺牲就会失去其根本意义更广泛、更进一步的推论，是在怀疑：假如没有上帝，不止是个人的痛苦和牺牲会失去意义，乃至就连一种正常的社会秩序也会不复存在。《少年》中那位情绪波动、放荡不羁的贵族维尔西洛夫也表达了同样的忧虑，当他跟儿子谈到他因那些无神论者不顾一切地诉诸暴力、破坏文化而流泪时，儿子不相信地问："你这么笃信上帝吗？"他回答说："这或许是个多余的问题。假定说，我不十分信仰，可是我还是不能不为这种思想发愁，我有时不能不想象，假如上帝不存在，人将会怎样生活，将来有一天这是可能的吗？我的良心总是断定，这是不可能的；不过在某个时期也许是可能的……我甚至毫不怀疑这个时期将会到来，可我总是想象着另一种情景……"[2] 这"另一种情景"才是他全身心的渴望。人可能在"某一个时期"不需要上帝，但是否能够永远不需要上帝呢？

荒淫的老卡拉马佐夫也似有不安，有一次他反复追问两个儿子有没有上帝和灵魂不死，并要他们正正经经回答，伊凡说没有上帝，也没有灵魂不死，阿辽沙说有上帝，也有灵魂不死，而"灵魂不死就在上帝里面"。

---

[1] 《群魔》，第 301 页。

[2] 《少年》，第 609 页。

当老卡拉马佐夫说"伊凡大概是对的",并说要把第一个想出上帝的人吊死时,伊凡却又说:"如果没想出上帝来,就完全不会有文明的。"老卡拉马佐夫说要让"修道院那一套彻底完蛋",伊凡则说,那样的话,"首先第一个就要把你抢劫一空。"[1] 伊凡后来对阿辽沙说,他在父亲那里声明没有上帝是故意用这话来逗阿辽沙,说他自己说不定也会承认上帝的。[2] "上帝是否存在?"或更确切地说"上帝可能确实不存在,但若真的如此,这世界会怎样呢?"这一问题,在伊凡那里还仍然是一个没有解决的问题,他的理性倾向于使他认为上帝不存在,但他又充分意识到上帝不存在的后果,意识到哪怕上帝只是世俗的不在,社会的不在,即人们不再信仰上帝将给文明与社会秩序带来的后果,尤其是在人们曾经信仰过之后。沙托夫则断定,倘若在俄国发生暴动,那一定是从无神论开始。[3]

然而,在"假如没有上帝,人将会怎样,世界将会怎样?"的疑问中,最突出的还是人在道德方面可能发生的变化,亦即"假如没有上帝,是否一切事情都可以做,一切行为都可以允许?假如没有上帝,道德将如何可能?"的问题。这个问题在《卡拉马佐夫兄弟》中占据了一个中心的位置,提出这一问题的伊凡·卡拉马佐夫也成为小说的第一主人公。但是,伊凡自己几乎从来没有直接陈述过这一问题,而差不多都是由别的一些人来反复陈述,这也反映出这一观点的广泛影响及其在人们那里所具有的根本的震撼性,我们下面就来看这些由他人作出的转述:

1. 据米乌索夫说,伊凡在一次大半是女士的聚会上跟人辩论时郑重声明:世界上根本没有什么能使人们爱自己的同类;所谓"人爱人类"的那种自然法则是根本不存在的,世界上到现在为止,如果有过爱,并且现在

---

[1] 《卡拉马佐夫兄弟》上,第193—195页。
[2] 同上,第350页。
[3] 《群魔》,第301页。

还有，那也并不是由于自然的法则，而唯一的原因是因为人们相信自己的不死。伊凡还特别补充说，整个的自然法则也仅仅在于此，所以人们对自己不死的信仰一旦打破，就不仅是爱情，连使尘世生活继续下去的一切活力都将立即灭绝。不但如此：那时也将没有所谓不道德，一切都是可以做的，甚至吃人肉的事情也一样。这还不算，他最后还下结论说，对于每个像我们现在这样既不信上帝、也不信自身的不死的人，道德的自然法则应该立刻变到和以前的宗教法则完全相反的方向去，而利己主义即使发展到了作恶的地步，也不但应该容许人去实行，而且还应该认为这在他的地位上是必要的，最合理的，几乎是最高尚的一种出路。[1]

2. 米卡补充说，他听到过伊凡说"恶行不但应该被允许，而且还被认为是对一切无神论来说是最必要、最聪明的出路"，伊凡承认他确实说过："假使没有不死，就没有道德。"[2]

3. 拉基金跟阿辽沙谈到伊凡所说的"既没有灵魂不死，就没有道德，一切都可以做"是一个诱惑人的学说，但他又说伊凡只是一个夸夸其谈的人。确实，在某种意义上，他和斯麦尔佳科夫正是伊凡理论的实践者和引申者，而且，在他们那里，这一切不再作为问题而是已成定论。[3]

4. 当伊凡叙述过"宗教大法官的传奇"，说他只要熬到30岁，就要把酒杯往地上一扔，但也许经过使灵魂腐化堕落的生活，也仍可以以卡拉马佐夫的方法幸存下来。阿辽沙问："是不是靠'一切都可以允许？'一切都可以做？"伊凡脸上突然变得苍白，但他说既然话已经说出，他不准备否认，他决不否认"一切都可以做"这个原则。[4]

---

[1] 《卡拉马佐夫兄弟》上，第93页。
[2] 同上，第93页。
[3] 同上，第112页。
[4] 同上，第394页。

5. 米卡在狱中说他惋惜上帝，说科学真是伟大，一种新人就要出现了，可他到底还是惋惜上帝。他说拉基金不爱上帝，完全不爱，"这是他们大家最要害的心病！……我问他：'不过这样一来，既没有上帝，也没有来生，人将会变成什么样呢？那么说，现在不是什么都可以容许，什么都可以做了么？'他说：'你还不知道吗？'他又笑了。他说：'聪明的人是什么都可以做的。聪明的人也知道该怎么做，可是瞧瞧你杀了人，却陷了进去，在监狱里烂掉！'"[1] 也就是说，在拉基金看来，什么都可以做，但关键是小心不要被人逮住。米卡说伊凡没有上帝，但有思想，自己比不上，想问他，"在他的泉水里喝一口水"，可他老默不作声，只有一次说了一句话，即当被问到"既然这样，是不是什么都可以干了呢？"伊凡皱着眉头说："我们的父亲费多尔·巴夫洛维奇是只猪猡，但是他的想法是正确的。"米卡说这简直比拉基金更彻底了。[2]

6. 斯麦尔佳科夫杀死老卡拉马佐夫之后对伊凡说："这的确是你教我的，因为您当时对我说了许多这类的话：既然没有永恒的上帝，就无所谓道德，也就根本不需要道德。""您当时真的说过，什么都可以做。"[3]

是否真的"没有上帝，就什么都可以允许"呢？为什么没有上帝，没有永生，道德就会失去根本的支柱而趋于崩溃？仅仅有社会和法律的制裁不够吗？仅仅有来自人的生存和发展的理由根据也不够吗？英国文学评论家理查兹的观点是具有代表性的一个肯定观点，他认为人的道德、价值和生命是无需对上帝的信仰来支持的，是可以独立自存的。在他看来，那使伊凡·卡拉马佐夫成了疯人的、看似矛盾的命题"如果上帝不存在，那么一切东西就都是合理的了"，其实并不是一个矛盾的命题，而只是一个哑

---

[1] 《卡拉马佐夫兄弟》下，第 890—891 页。

[2] 同上，第 897 页。

[3] 同上，第 956—957 页。

谜、一个故弄玄虚的文字游戏。假如上帝不存在就意味着人生无所由,价值体系无所系,那么一切当然也就合理合法了,然而,价值的体系和人生的途径之存在与否并非取决于神的存在,只不过这两个问题在历史上曾经纠缠在一起而已。他认为,我们公认的价值观念归根结底产生于我们作为社会人群的需要,虽然也能从对神的信仰中汲取有力的支持,然而这种支持并非必不可少。[1]

这一看法代表了西方近代以来人文启蒙的观点,似乎也可以为一些文明社会(例如中国)的历史所证明。但在陀思妥耶夫斯基的作品中,对此却表现出一种强烈的怀疑,甚至所隐涵的回答可以说是否定的,亦即归根结底,没有上帝,也就没有永生,也就不可能有稳定的道德秩序。当然,在一个时期里可能还是会保留一种习惯性的循规蹈矩,保留一种对外在的法律惩罚的畏惧,但却不会有一种根本的道德动机、不会有一种对于最后惩罚的怕。法律的惩罚是有可能逃避的、甚至道德的内心制裁也有可能在内心化解,尤其是在道德被主体化、个人化、相对化的时候——而这种主体化、个人化、相对化在没有上帝的情况下几乎无法避免。只有在上帝的面前,人所犯的罪才无可遁形。永生的罚也无可逃避,这种惩罚的力量特别强烈地表现在那些犯了不为人所知的罪行的人身上,如果连这样的罪人也因不安和恐惧而忏悔和自首自己的罪行,对犯罪就有了一种最可靠的制裁。

在《白痴》中提到的中世纪的食人者,正是因为害怕这种永恒的力量而不惜冒受到最严厉的法律惩罚而自首。在《卡拉马佐夫兄弟》中,也有一个因嫉恨杀死了自己所爱的女子的人,摆脱不了自己精神上所感受到的刑罚,他和佐西马长老反复讨论是否要公开宣布自己在十四年前犯下的

---

[1] 理查兹:《陀思妥耶夫斯基的上帝》,见《陀思妥耶夫斯基的上帝》,第160页。

这桩罪行，他知道自己只有坦白才有精神上的出路，但仍然极力抗拒，当他询问佐西马长老的意见时，佐西马翻出正好刚读过的《圣经》的一节："我实实在在地告诉你们，一粒麦子不落在地里死了，仍旧是一粒；若是死了，就结出许多子粒来。"他还不肯信，又随意翻了一下圣经，读到的话是"落在永生的上帝真是可怕的"。他相信了，但还是又一次回来，甚至想杀死唯一知情的佐西马长老，然后，这一内心的风暴终于过去了，他当众宣布了自己的罪行，做了自己应做的事，第一次感到了快乐和平静，并得以在这种心情中辞世。伊凡在叙述"宗教大法官的传奇"的开始，谈到了一首诗，讲圣母亲临地狱，看到了罪人和他们所受的苦刑，其中在油煎湖上有一群罪人最引人注目，他们中有些人已经沉入湖底，再也浮不上来了。"那些人已经被上帝遗忘了"，伊凡说这句话是"一句非常深刻有力的话"。而另一方面，格鲁申卡也提到厨娘讲的一个寓言：一个很恶的农妇死后被扔到火海里，守护她的天使记起她曾施舍过一棵葱，于是为此去向上帝求情，上帝回答说，你去拿那棵葱，到火海边去伸给她，让她抓住，拉她上来，如果能拉她上来，就拉她到天堂上去，如果葱断了，就只好让她还留在火海里，天使很小心地去拉她，差一点就拉上来了，可是另外的一些罪人看见拉她，就都抓住她，想跟她一起上来，这女人还是很恶，用脚踢他们，说："这是我的葱，不是你们的。"她刚说完这句话，葱也就断了。

不难想象这样一些寓言故事对于社会和大众道德的意义，然而它们又并非是浮浅的，而仍如伊凡所言是"深刻有力"的，伊凡也正是意识到这一点，才决不是轻飘飘地说出"若无上帝一切皆可允许"的话来，这句话在他那里并不像在拉基金那里一样，是一句得意洋洋的话，一句想用来为自己谋利的话，而是一句使他痛苦使他辗转不安的话。伊凡一方面从某种理性，从某种事实上的趋势意识到上帝的离去，另一方面又充分意识到这句话的极严重后果，所以最后竟在这巨大的压力下精神崩溃而发疯。他那种现代人的理智使之否认上帝，否定永生，可是，如果事实并不像他所想的没有永生，不是人一死就一切皆无呢？如果事实反而是像幻想中访问他的魔鬼所言呢？魔鬼说："你们所有的一切我们也有，我这是由于友谊才对你透露我们的秘密，虽然这是被禁止的。这是个关于天堂的神话。说的是在你们地上有那么一个思想家和哲学家，他'否定了一切，包括法律，良心，信仰'，尤其是否定了来世的生活。他死了，以为自己准会直接进入黑暗和死亡里去，但不料来世的生活竟出现在他的面前。他惊讶而且愤慨了。他说：'这不合我的信念。'他就因此受到处罚，您瞧，他被判处在黑暗里走亿万兆公里的路，在走完亿万兆公里以后，就会为他打开乐园的大门，宽恕他的一切。当时那个被判决走亿万兆公里路的人站了一会，看了看，就在道路当中躺下了，说道：'我不愿意走，根据原则我不能走！'问题就在他后来还是不躺了。他躺了几乎一千年，以后就站起来走了，他走到以后，天堂的门为他打开，他刚进去以后，还没有过两秒钟，他就感叹道，为了这两秒钟，不但值得走亿万兆公里，甚至可以走亿万兆的亿万兆次方！"[1]

  这种死后的惩罚对于那些厚颜无耻的人也许是唯一的一点顾虑了。老卡拉马佐夫甚至也偶尔表示过这种顾虑，他说："我们坐在这里，作孽作得太多了。我时常想：将来谁会替我祈祷呢？……我无论怎样愚蠢，对这类问题，总还是思索的，自然是偶然一想，不是永远想。我心想，我死的时候，鬼一定会用钩子来把我拉走的。可我又想：钩子么？他们是从哪里弄来的？什么做成的？铁的么？在哪里打的？他们那里还有工厂么？……这一点正是讨厌的问题的关键！……假使没有钩子，那就一切

---

[1]《卡拉马佐夫兄弟》下，第 974—976 页。

都滚它的蛋吧;这么说来,就又拿不准了:究竟谁用钩子拉我?因为假使没有人拉我,那么怎么办呢?世界上有没有真理呢?这些钩子应该造(虚构)出来,特意为了我,为我一个人……"[1] 当然,他决不会总是想,而只是偶尔想想,宗教的信仰不仅在他心里,在那时候的俄国也已经开始淡薄了。

在《卡拉马佐夫兄弟》中,佐西马长老、伊凡、佩西神父还在一起探讨了一种支配一切、而又保持纯洁的崇拜和信仰团体,一种最终完全转变为教会的国家的意义,尤其是它对于道德的意义,这当然带有一种理想的色彩,甚至是"无限辽远的理想"的色彩,但佐西马长老相信,将来一定会出现一种全世界单一的、统治一切的教会,"将来一定会这样,一定会这样,哪怕是到了千年万代之后,因为这是注定要实现的!用不着为时间和期限着急,因为时间和期限的秘密存在于上帝的智慧里,存在于他的预见里,他的爱里。"但这并不是教会下降为国家,教会异化为国家,而是国家改造为教会,国家上升为教会。伊凡在一篇文章里谈到了这一思路,他说,在古代,基督教最初的三个世纪里,基督教在地上只是教会。但当罗马的异端国家想要成为基督教国家时,结果就出现了这样的情况,就是它在成为基督教国家之后,只是把教会包含在内,而它自己许多机能上仍旧象以前一样,继续是一种异端的国家。而基督教会无疑地不能从自己的基础上,从自己所站立的那块磐石上有所让步,而只能奔向自己的目的,也就是上帝坚决树立并指示给教会的目的,其中包括把全世界都转变为教会。因此,作为未来的目的,并不是教会应在国家里求得一定的位置,只成为某种社会团体,而是恰恰相反,一切地上的国家以后应该完全转变为教会,只成为教会,摒弃同教会不相容的一切目的。佩西神父批评 19 世

---

[1] 《卡拉马佐夫兄弟》上,第 28 页。

纪明确宣扬的某些学说,这些学说认为教会应该逐渐化为国家,仿佛由低级形态上升为高级形态,随即在里面消灭,让位给科学、时代精神和文明。如果它不愿而且抗拒,那就只在国家内另腾出一个角落给它,还要加以监督,他说现在欧洲各国就到处是这样的情形。但是照俄国人的见解和希望,却并不是要让教会像由低级形态升为高级形态似的转化为国家,相反的,是国家最终不应成为别的,而恰恰应该只成为教会。

对此,米乌索夫冷笑地表示怀疑,他说:这是一种再没有一切战争、外交官、银行等的美妙的、乌托邦式的幻想。甚至有点像社会主义。比如说,那样的话,教会就要裁判刑事案件,判决鞭笞和徒刑,甚至死刑。伊凡解释说,即使现在就只有宗教社会法庭,教会也不会把人流放出去,或判决死刑的。而且犯罪和对于犯罪的眼光到那时一定会改变,自然是渐渐地改变,不是突然立刻就变,但是会很快变的。假使一切都是教会的,那么教会就一定会把犯罪和不服从的人开除出去,而不会杀他的头。但那时被开除出去的人到哪里去呢?那时他不但应该像现在似的离开人们,而且要离开基督。他一犯罪,不但是对于人类的反叛,也是背叛了基督的教会。自然,严格地讲,现在也是如此,但到底还没有明确地加以宣告,因此,现在的罪人常常想自己欺骗自己的良心,说"我偷了东西,却没有存心反对教会,我没有与基督为敌。"但是一旦教会代替了国家,他就很难再说这种话了,他除非否认地上的一切教会,说所有的人都是错的,大家都迷了正道,大家都属于虚伪的教会,只有自己这杀人犯和小偷,才代表真正的基督教会。这当然是很难自己承认的,需要有重大的条件,那是百年不遇的特殊情况。再从另一方面讲,教会自身对于犯罪的看法也应该抛弃现在那种近乎异端的看法,由机械地除掉被染污的分子,像现在为了保护社会所做的那样,变为完全而切实地拯救人,让人重新获得复活、再生的观念。佐西马长老补充说,实际上现在也是这样的,假使现在没有基督教会，那么罪人作恶就将没有任何阻挡，甚至事后没有对他的惩罚。这里说的是真正的惩罚，不是像他们现在所说的那种机械的、在大多数情况下只能使心灵更加痛苦的惩罚，而是真正的惩罚，唯一实在的、唯一令人生畏、使人安全、教人良心发现的惩罚。如果有什么东西即使在我们这个时代也能起保障社会的作用，甚至能使罪人本身得到改造，重新做人，那就唯有反映在人的良心中的基督的法则。只有认识到自己作为基督的社会的儿子所犯的罪孽，他才能对社会，也就是对教会承认自己有罪。因此，现代的罪人只有在教会面前，而不是在国家面前，才可能承认自己有罪。[1]

这里提到了不仅没有内心的上帝是不行的，甚至这种信念不最终制度化为一种君临一切的统一的团体也是不行的。但这样一个世界教会将会是怎样的呢？人们那时是自由的还是不自由的呢？它和一度对世俗社会取得过支配地位的罗马天主教究竟有何根本的不同呢？如何使所有的人都信任它呢？那些仍然忍不住犯了罪的人将被如何处置呢？他们如何被驱逐，又是否可以回来呢？由什么人、通过什么程序来决定这些事呢？对诸如此类的问题，我们尚难明确其答案，故而对这一思路亦难遽下判断，我们只是隐约地觉得，它也许含有某些深刻的内容，尚非我们现在所能及。[2] 而我们可以明确的一点只是，这种组织的意义显然主要是在道德方面得到强调的。

总之，我们在陀思妥耶夫斯基的作品中看到了这样一种思想倾向：即认为如果没有上帝，也就不会有永恒，不会有永生，不会有灵魂的不

---

[1] 《卡拉马佐夫兄弟》上，第 83 — 89 页。

[2] 借用一个中国的说法，这里主张的似是一种真正而非虚假的"王圣"，即使君临一切的国家真正神圣化、圣洁化的道路，而不是一种"圣王"，即使弱小的神圣信仰和教会逐渐化为国家、化为支配一切的权力的道路。

朽，而如果没有上帝与不朽，也就不会真正有根本意义上的罪与罚，有关善恶、正邪、功罪的道德判断就会失去最终的根据，对罪恶的惩罚也会失去根本的效力，因为一切法律、舆论与良心的惩罚都有赖于这一至高无上的和永恒的存在，有了他，罪才真正能成其为罪，罚也才真正能成其为罚。如果没有上帝，则一切都可能发生，一切都可以允许，人可以尝试一切，可以为所欲为，就像《罪与罚》中拉思科里涅珂夫杀人时所欲依据的思想，这思想是建立在无神论上的，建立在否定道德的绝对性的功利目的论上的。但有了上帝就不一样了，人就再也不能够为所欲为。不仅个人不可以为所欲为，任何集体乃至整个人类也不可以为所欲为。

在陀思妥耶夫斯基那里，相信上帝也就意味着相信永恒，相信灵魂的永生；而没有上帝，也就意味着没有永恒，没有灵魂的不朽；而没有上帝与不朽，也就不可能有道德。陀思妥耶夫斯基在其《作家日记》中写道："无论是一个人或一个民族，都不可能没有一个'更高的理念'而活下去，而在世界上只有一个这样的理念，那便是人类灵魂的不死；人为之生活的一切其他'更高的理念'，都从这一个流出……在失去灵魂不死的观念之后，凡是比野兽更高一点的人，都会觉得自杀是完全必然而不可避免之事……灵魂不死的观念乃是生命的本身，乃是良心的完整性与真实性的第一个泉源，也是其断然的程式。"[1]

但是，在信仰上帝与信仰永生、不朽之间是否有一种必然联系呢？乌纳穆诺（Unamuno）在《生活的悲剧涵义》中回忆和一位西班牙农民的谈话。他对那农民说上帝大概是有的，但是没有不朽。那农民回答道："那么这个上帝是要做什么呢？"柯拉柯夫斯基（Kolakowski）就此指出，这的确是信徒的自发性的反应；如果人类努力的成果不能留存，如果只有上帝

---

[1] 贝德叶夫：《杜斯妥也夫斯基》，时报出版公司1986年版，第99页。

是真实的，而且世界在看到自己最终的结局之后，把自己的造物主弃置于他所一直享有的同一种空虚或者充实中，那么，无论这个隐匿的上帝是否存在就都无所谓了。正如宗教批判家指出的，这种反应的要点不是我们想自私地渴望得到对于我们有限的困苦所付的上天的回报，而是如果除上帝之外一切都不能长存，那么，尽管人类有辛劳和痛苦，就连上帝也不会变得更好一些或者更富有一些，于是，无限的空虚就是上帝"最后的话"。如果宇宙和人类事务的进程不与永恒关联，那就是完全没有意义的。因此，信仰上帝和信仰永生二者是比分别的命题可能提示的更紧密地联系在一起。二者在逻辑上似乎是可以互相分开的，也就是说，我们似乎可以信仰其中一方，拒绝另一方而不自相矛盾。然而，信仰上帝和接受其他一切最终消毁说必定使上帝变得明显地"没用"——这不是从个人得到满足的方面上来看，而是从信徒的观点上看，上帝是世界的意义的保障者，是制定目标者，排除了他与造物的关系，我们就几乎不能够把握他的存在。另一方面，不信仰上帝的人仅仅信仰长生不老或不死也是没有意义的。[1]

陀思妥耶夫斯基的"假如没有上帝，道德如何可能"，似乎还可以与康德的"假如没有道德，上帝如何可能"[2]形成某种对照。在《纯粹理性批判》中，康德批驳了三种借助纯粹理性证明上帝存在的方法：即本体论的方法、宇宙论的方法以及物理学－神学的方法，他排斥了过去对上帝存在、灵魂不死和意志自由的传统论证，然而，人与世界的关系并不仅限于理性认识，世界是一个我们必须在上面行动的舞台，是一个道德实践与评价的王国。所以，在《实践理性批判》等道德形上学著作中，康德重新在道德基础上确立对上帝和不朽的信仰，他认为这种信仰是实践理性的必要

---

[1] 柯拉柯夫斯基：《宗教：如果没有上帝》，杨德友译，三联书店1997年版，第148—149页。

[2] 这是我尝试的一个概括。

条件。他对于上帝存在的道德论证是这样的：绝对命令统率绝对的善良意志、有德性的意志和神圣的意志。理性告诉我们，这样的一种意志应该幸福：一个好人应该幸福；因此，至善就在于有德性和享幸福，因为没有幸福，德性就不是完全的善。但是，在现实世界中，德性和幸福并不相称，有德性的人不一定得到幸福。因此必须有一个神，他按照应得的报偿来分配幸福。而要这样做，他必须有绝对的智慧，是全智者；他必须洞察人类，具有人类的道德理想，就是说，他又是全善的；他还必须拥有绝对的权力，以便把德性和幸福联系起来，亦即是全能的。这样一个全智、全善和全能的神就是上帝，证明不死也建立在同样的前提上：道德规律统率神圣性或一个绝对的善良意志。因为道德规律出自理性，它所责成的事必定可以实现。但是，我们不能在存在的任一时刻达到神圣性，而需要有无穷无尽的时间，需要有趋向这种完善的永恒的进展。换言之，灵魂必须是不死的。

这也就是说，道德的基础不是对上帝的信仰，而是恰恰相反，对上帝的信仰是道德理性的一个基本要求。利文斯顿指出：在传统上道德是以神学为基础的，而康德颠倒了这个顺序，而力图证明宗教的基本信念需要我们的道德理性的支持。于是康德就可以说："正是理性，借助于它的道德原则，能够第一次创造出上帝的概念来。"这就是康德在神学中的"哥白尼式的革命"。康德摒弃了以形而上学证明为基础的思辨神学。在他看来，认识上帝的唯一途径，是通过道德良知，唯一真实的神学，是道德神学。我们的道德本性要求宗教信仰的对象具有实在性，宗教信仰的对象是道德的基本要求，宗教是"对道德律之承诺的信任"。一方面，他对形而上学的有神论证明的批判，构成了同18世纪唯理主义神学主张的划时代的决裂；另一方面，他的神学即道德神学的概念，确实又是同启蒙运动中的宗教概念一致的。在康德看来，崇拜上帝与服从道德律是同义的。

而且,"离开了道德的生活方式,人自信能够做用来取悦于上帝的任何事情",在他看来都不过是"纯粹的宗教幻想"。[1]

康德批判纯粹理性,强调理性的有限性,为对上帝的信仰留下空间,然而这一信仰的空间是否过于狭小呢?这一信仰仅仅立足于道德的理性是否又过于单薄呢?总之,两人虽然都强调道德与上帝,但陀思妥耶夫斯基是站在道德崩溃的边缘以其全部的力量呼吁上帝,而康德则是理智地在道德的远景保留一位上帝的形象。

三、神人还是"人神"?

在《少年》中,农民、流浪的朝圣者马卡尔老人谈到人总要崇拜点什么,人如果不崇拜点什么,就无法活下去,人如果不崇拜上帝,那就会崇拜偶像——木头的,或黄金的,或思想上的偶像。[2] 甚至许多人在表面上崇拜上帝的时候,心里实际上却还是在崇拜金牛犊。不过,我们在这里不想涉及这种较世俗的对于物质的偶像崇拜,我们想考察人在否定上帝之后的一种更理想化的崇拜方式,这就是对于人本身的崇拜,或更准确地说,对"人神"的崇拜,对个别人间"救星"的崇拜(在这种崇拜与对整个人类的崇拜两者之间是有一种联系的),考察一种在否弃了上帝、救主之后,人自己要成为主人,成为上帝的热望。决定自杀的基里洛夫对于斯塔夫罗金提到"强奸幼女"一类罪犯仍然不能感到心安和默然,他开始说这一切都没什么,这一切都好,但他后来还是承认"他们不好",但他坚持这是因为"他们不知道他们好,他们一旦知道了,也就不会强奸幼女

---

[1] 詹姆斯·C. 利文斯顿:《现代基督教思想》上,何光沪译,四川人民出版社1992年版,第138—142页。

[2] 《少年》,第483页。

了。他们应该知道他们是好的,他们全都会立刻变好,每一个人都会变好。说谁若是教导人们说人人都好,他就会消灭目前这个尚存罪恶的世界。斯塔夫罗金说:"教导过人们的那个人被钉在十字架上了。"基里洛夫说:"他会来的,他的名字将是人神。"斯塔夫罗金问:"是神人吧?"基里洛夫强调说:"是人神,区别就在这里。"[1]

显然这"人神"是根本不同于神人,不同于耶稣的,"人神"是被人们当作神的人,而神人就是耶稣,是以人的形象出现的神。"人神"是要教导人们说人人都好而不是人人有罪,他是要鼓舞和崇拜人,他将被视为人类新的"救星"。

伊凡也同样表达过一种对类似于"人神"的理想。魔鬼在访问伊凡时,提到了他写的另一篇《地质学上的激变》的小史诗。在那史诗中,伊凡预感到了一个根本转折的时代正在到来,即人们将由信仰神人的时代走向信仰"人神"的时代。魔鬼转述伊凡的思想说:"他们打算毁灭一切,从吃人肉做起。据我看来,什么也不必毁灭,只要毁灭人类关于上帝的观念就行了,人们正应该从这一点着手去干!只应该从这一点、从这一点着手……只要人类全都否认上帝(我相信这个和地质时代类似的时代是会来到的),那么不必吃人肉,所有旧的世界观都将自然而然地覆灭,尤其是一切旧道德将全部覆灭,而各种崭新的事物就将到来。人们将联合起来,从生活中汲取可能的一切,但目的必须是纯粹为了谋取他们在现实世界上的幸福和快乐。人由于神和泰坦式的骄傲精神而显得伟大,成为人神。人借自己的意志和科学的力量,无限制地不断战胜自然,因而不断感到高度的愉快,以致在他心目中,这种愉快终于完全取代了过去一切关于天国的愉快的向往。每个人都知道他总难免一死,不再复活,于是对于死

---

[1] 《群魔》,第 316 页。

抱着骄傲和平静的态度,像神一样。他由于骄傲,就会认识到他不必抱怨生命短暂,而会去爱他的弟兄,而不指望任何的报酬。爱只能满足短暂的生命,但正因为意识到它的短暂,就更能使它的火焰显得旺盛,而以前它却总是无声无臭地消耗在对于身后的永恒的爱的向往之中。……现在的问题在于这种时代究竟会不会来到?假使会来到,那就一切都解决了,人类就会彻底走上了轨道。但由于人类根深蒂固的愚蠢,也许再有一千年还上不了轨道,所以对于每个目前已经认识真理的人,可以允许他完全随他的意思用新的原则来安排自己的生活。在这意义上,他是'什么都可以做的'。不但这样:即使这个时代永不来到,但既然上帝和灵魂不死总是没有的事,所以新人是可以被容许成为人神的,甚至整个世界上只有他一个人也可以,而且不用说,他凭着他这种新的身份,在必要的时候,可以毫不在乎地越过以前作为奴隶的人所必须遵守的一切旧道德的界限。法律对于神是不存在的!神站在哪儿,哪儿就是神圣的地方!我站立的所在,立刻就成为显赫的所在,……'什么都可以做',这就完了!"[1]

这一段话相当充分地说明了"人神"的理想及其与"什么都可以做"的联系。在经过各种各样的"什么都可以做"的尝试之后,经过种种残酷的血与火的洗礼之后(这一过程并没有被仔细描述过,也许还是难于描述的),人类将进入一个天堂般的纯朴、美好的社会状态,维尔西洛夫曾经沉思地设想过这样一种状态,那时,战斗已经结束了,斗争平息了。在诅咒、扔泥块和打呼哨以后出现了一片寂静,人们变得孤独了:先前那伟大的不朽的思想已经消失了,必须补它的缺;以前对那不朽的神的一种强烈而丰富的爱会转移到大自然,转移到世界,转移到人,转移到每根野草上去。因为逐渐地意识到人生的短暂和有限,人们会情不自禁地爱上——

---

[1] 《卡拉马佐夫兄弟》下,第 982—983 页。

以特殊的爱而不是以先前的爱——土地和生命。他们会在大自然中开始观察和发现先前想不到的现象和奥秘，因为他们会用新的目光，像情人看心上人那样观察大自然。他们会觉醒过来的，急切地互相接吻，急切地相爱，因为意识到时日的短促，意识到这一切都是留给他们的东西。他们都为别人而工作，人人都会把自己所有的东西分给别人，因此感到幸福。每个孩子都会知道并感觉到，在世界上每个人对他都像父母一般。每个人都会望着落日这样想：'哪怕明天是我的末日，明天我将死去，但还有他们活着，他们死后还有他们的子女。'这个想法会代替在阴间相会的想法。[1]

这一状态可能是一种无神，或者说以自己为神的人们可能享有的最好状态，也是近代以来许多人为之奋斗，更多人对之憧憬的理想，同时，这又是一种类似于原始黄金时代的时代，是一种向原始纯朴的回归。《一个荒唐人的梦》中也描述过这样一种社会状态，但也指出了这种社会的容易被败坏——容易被理性、文明所败坏的特点，人所骄傲的东西将可能转过来对准人自身。所以，维尔西诺夫在叙述了那一切美好之后，心情却突然又是一变。"可是……可是值得注意的是，我总是像海涅在创作《波罗的海上的基督》中一样，以幻想来完成我的画。我不能没有他，而且在孤独凄凉的人们中间我简直不能不想象他，他向他们走来，向他们伸过手来，说道：'你们怎么能忘记他？'于是仿佛有一层膜从一切人的眼睛上脱落下来了，传来了新的、最后复活的那伟大的、欣喜若狂的颂歌……"[2] 是的，我们怎么能忘记他？除非在人类中完全没有孤独凄凉，而对失去他的哪怕是残存的一点记忆也将使我们重感孤独凄凉。

与上述这种想使社会的、整体的人类成为神，创造人间天堂的肯定

---

[1] 《少年》，岳麟译，上海译文出版社 1985 年版，第 610 页。

[2] 同上书，第 611 页。

性理想形成对照的，则是工程师基里洛夫从一种个人的角度、一种开创性的但也是否定性的意志自由的角度所考虑的、每个人必须自己成为上帝的决定。他准备为否定上帝付出代价：如果没有上帝，那人自己就应成为上帝，而要证明这一点的最恰当方式就是自杀——以此来证明人获得的这一新的、可怕的绝对自由。他说，一方面，"上帝是少不了的，所以他应该存在"；可是，另一方面，"我知道并没有上帝，也不可能有"。于是他说："难道你不明白，一个人同时抱着这两种想法是活不下去的么？""倘若没有上帝，那么我就是上帝。"他认为：要是上帝存在，那么一切意志都是他的意志，我也不能违背他的意志。要是他并不存在，那么一切意志都是我的意志，我也必须表达自己的意志。因为一切意志都成了我的意志。难道整个地球上就没有一个人在抛弃了上帝并相信了他自己的意志以后，敢于在最重要的问题上表达他自己的意志？这就像一个穷人，一旦获得一笔遗产却害怕起来，认为自己渺小无能，不配把它拥为己有，因此也就不敢走近这一袋黄金一样。我可要表明自己的意志。哪怕只有我独自一人，但我还是要这么办。我必须开枪自杀。虽然自杀者比比皆是，但别人自杀都是有原因的。而无缘无故，只是为了表达自己的意志而自杀的却只有我一个。

基里洛夫对正准备杀死沙托夫的彼得·韦尔霍文斯基说："杀死另一个人，这是我自己的意志的最低点，但它充分说明了你的为人。我可不是你：我追求的是最高点，所以我要自杀。……我必须表明我不信神，对我来说，最崇高的思想莫过于没有上帝。人类的历史可以为我作证。人毫无作为，却发明了一个上帝，为的是活下去，不自杀；这就是迄今为止的全部世界史。在世界史上，我是第一个不愿意发明上帝的。让他们永远记住这一点吧。"他特别指出其他无神论者的不彻底性和暧昧性，他说："我！我不明白，何以到目前为止，一个无神论者虽然明知没有上帝，却又不立刻自杀？认识到了没有上帝，但又未能在同一瞬间认识到自己已变成上帝，这是荒唐的，否则你一定会自杀。倘若你意识到你是沙皇，那你是不会自杀的，而是要享尽一切富贵荣华。但是第一个认识到这一点的那个人却非自杀不可，否则让谁来开头，谁来证明呢？所以我非自杀不可，为的是开个头并证明这一点。目前我还只是迫不得已地当了上帝，我是不幸的，因为我必须表达自己的意志。所有的人都是不幸的，因为大家全都害怕表达自己的意志。迄今为止，人之所以如此不幸而又可怜，就是因为他害怕在最重要的问题上表明自己的意志，而是像个小学生那样仅仅在一些小事上逞强。我非常不幸，因为我非常害怕。恐惧是人的一种该死的感情……但是我要表达自己的意志，我必须相信我不信神。我要开个头，并把它结束，把门打开。我要拯救苍生。只有这一点才能拯救芸芸众生并使下一代脱胎换骨；因为照我看来，像目前这种肉体凡胎的人，一旦失去了过去的上帝，他是无论如何也过不下去的。三年来我一直在寻找我的神威的特征，并终于找到了：我的神威的特征就是自己的意志！这就是我可以用来在最主要的问题上表明我的独立不羁和我新的可怕的自由的一切。因为这种自由是很可怕的。我要以自杀来表明我的独立不羁和我新的可怕的自由。"[1]

  基里洛夫认为：阻止人们自杀的是两种偏见或两件事情：一件很小，另一件很大，但那件小的事情也很重要，那就是疼痛，包括对疼痛的害怕；而那件大的事情则是对地狱、报应的恐惧。他说，虽然任何人都得根据自己的情况下判断，但只有在把生死置之度外的时候才能获得彻底的自由。这是每一个人的目的。生活就是痛苦，生活就是恐惧，所以人是不幸的。如今一切全是痛苦和恐惧。人们之所以热爱生活，是因为他们喜欢

---

[1] 《群魔》，第 816—821 页。

痛苦和恐惧。他们就这样做了。如今人们是为了痛苦和恐惧而活着,这完全是个骗局。现在的人还不是他将来那个样子。将会出现一种新人,幸福而自豪的新人。谁能把生死置之度外,谁就会成为新人。谁能战胜痛苦和恐惧,他自己就能成为上帝。因为真正的上帝也做不到这一点。上帝不存在,但他是有的。石头里并无疼痛,但在对石头的恐惧中却有疼痛。上帝就是对死亡的恐惧所产生的疼痛。谁能战胜疼痛和恐惧,他自己就会成为上帝。那时就会出现新的生活,那时就会出现新人,一切都是新的……那时历史就会分成两部分:一部分是从大猩猩到上帝的毁灭,另一部分是从上帝的毁灭到地球和人的质变(安东·拉夫连季耶维奇则讥讽地插嘴说,再"到大猩猩"?)。人将成为上帝,并将发生本质上的变化。世界也将发生变化,种种思想和一切感情亦将如此,人们会粉碎骗局。任何人只要追求最大的自由,他就应该敢于自杀。谁要是敢于自杀,他就能识破骗局的奥秘。除此之外别无自由;这就是一切,此外就一无所有了。谁胆敢自杀,谁就是上帝。如今任何人都能这么办,因此也就不会有上帝,不会有任何东西。可是人一次都还不曾这么干过呢。他们没有一个是由于这个原因而自杀的,全是出于恐惧,而不是由于这个原因。不是为了消灭恐惧。谁若是仅仅为了消灭恐惧而自杀,他立刻就会成为上帝。[1]当斯塔夫罗金问道,你也喜欢生活,为什么要开枪自杀时,他说:生活是一码事,这又是另一码事。生活是存在的,而死亡却根本不存在。他说他并不相信未来的永恒生活,而是相信这儿的永恒生活。认为存在着一些瞬间,一个人可以达到这些瞬间,而时间却会突然停止,那时它就会成为永恒。[2]

加谬指出:基里洛夫是一位逻辑的自杀者,是为了一种观念、一种

---

[1] 《群魔》,第 150—151 页。
[2] 同上书,第 314 页。

思想去死的,这是高级的自杀。这样的推理具有传统的明晰性,若上帝不存在,基里洛夫就是上帝;如果上帝不存在,基里洛夫就应该自杀。因此,基里洛夫是为着成为上帝而自杀。这种逻辑是荒谬的,但又是顺理成章的。基里洛夫与尼采一样,认为消除上帝,就是要自己成为上帝——就要在今世实现福音书中所说的永生。但基里洛夫为什么在意识到人的绝对自由之后要自杀呢?他为什么不去做为所欲为的"沙皇"呢?这是因为基里洛夫认为需要为人们指明道路,需要向人们指明他们的自由,因而这是一种样板式的自杀,开路者的自杀。基里洛夫是为了对人类的爱而献出生命。而他死了,人们终于清醒了,这个世界上将充满"沙皇",基里洛夫自杀的枪声将成为最后的革命信号。[1]

20世纪一位杰出的神学家巴特的观点与"人神"的观点恰好构成一种深刻的对立,巴特认为人与上帝有着永恒的距离,人与上帝不可通约,其原因在于人的无一例外的罪性,在于人的有限性。人就是人,上帝就是上帝,上帝在天上,而人始终在地上,即使是最想入非非的理想主义者,也仍然是在地上。只有上帝才是神圣的,只有上帝的话才是神圣的话。因而绝不允许把世俗的东西神圣化,也绝不允许把神圣的东西世俗化。巴特拒绝将上帝之国与社会运动的目标相等同。上帝之国与世间的一切存在都有质的差别和距离,这也就是永恒与时间的质的无限差别和距离。上帝是绝对的他者,上帝绝非费尔巴哈所认为的是人的倒映或人之愿望的投射,上帝也不是人本身的秘密或密码,此世中的任何人不管他自诩或被人捧为多神圣伟大,他也依然是人,并且在上帝面前也依然是罪人、是不幸和可怜的人。人何能与上帝相比?而罪就是人想成为上帝,想以自己的方式成为救主、成为上帝。因而人必须谦卑,神学家尤须谦卑。人的自我只能在

---

[1] 加缪:《西西弗的神话》,三联书店1987年版,第137—147页。

十字架上的真理那儿得到，而不是从人自身那里得到。基督教会只应听上帝的话，而不是听从某某领袖、元首的话。巴特对纳粹的勇敢反抗表明了他的这一态度。[1]

四、"上帝之死"所意味的

在现代社会生活的层面，"上帝"看来不仅被打上问号，而且经常被宣告"已经死去"，"上帝之死"或者说"神圣隐没"看来正是现代社会的一个基本特征。"上帝之死"是首先在尼采一则有关"疯人"的寓言中以最具震撼力和预见性的形式提出来的。以下是这则寓言中在我看来最为重要的三段：

> 你们没有听说过一位疯人的故事吗？他在天光大亮的早上，点起一盏灯笼，跑到市场上去，不停地大叫着："我要找上帝！我要找上帝！"

> "上帝到哪里去了！"他叫道："让我来告诉你们。我们已经把他杀死了——是你们和我，把他杀死了。我们大家都是谋杀他的人。"

> 世界所有的一切当中最神圣最强大的东西，已在我们的刀下流血至死。谁来把我们身上的血清洗掉呢？我们有什么水可以洗净自身呢？我们得发明一些什么赎罪节日，发明一些什么神圣的游戏呢？这个行动的巨大性，对于我们难道不是太大了？难道我们自己不是必须

---

[1] 刘小枫：《上帝就是上帝》，见《走向十字架上的真》，上海三联书店1994年版，第42—75页。

变成神明，看起来才配得上这种行为？[1]

尼采意识到了"上帝之死"对于西方世界的整个后果和意义，他并不是不欢迎这一转变，但这首先还是作为一个事实，作为对事实的一种陈述以及预见，并且还带着几分惨痛而并不完全是欢欣鼓舞的心情表述出来的。[2] 上帝既死，人就不得不尝试使自己变成神灵；上帝既死，一直被压抑的某些冲动和疯狂也许就将空前惨烈地爆发出来。这后一点在20世纪已经得到了证明。[3] 索勒（D. Solle）说："'上帝死了'，这是欧洲二百年

---

[1] 尼采：《快乐的科学》第126节"疯子"。译文采用利文斯顿：《现代基督教思想》上，四川人民出版社1992年版，第386—387页。亦参见《快乐的科学》，中国和平出版社1986年版，第138—139页。

[2] 尼采与陀思妥耶夫斯基的关系亦值得注意，他是在他正常生命的晚年才"发现"陀思妥耶夫斯基的。1887年2月22日尼采在写给欧佛贝克的信中说："在几星期前，我连陀思妥耶夫斯基的名字都不知道，因为我是一个不读报章杂志的懒书生。不料有一天我在一家书店看到了他的法译本名著《地下室手记》。这对我来说真是一种意外的发现，就如同我21岁时发现叔本华，35岁时发现司汤达一样。"但尼采看来只读过陀思妥耶夫斯基的《地下室手记》《死屋手记》《被侮辱与被损害的》、《罪与罚》和一些短篇，尼采在1888年11月20日给勃兰兑斯的信中说："关于陀思妥耶夫斯基的道德文章，我固然愿意无条件接受你对他的那种批评，可是由于我从他那里获得了最有价值的心理学资料，所以我才如此尊重他，崇拜他。我现在有一种想法，不论陀思妥耶夫斯基如何跟我的思想底流相反，我都会产生一股不可思议的力量来对他表示感谢。换句话说，我今天敬爱陀思妥耶夫斯基，就如我对帕斯卡尔的敬爱。我所以要这样强调，是因为帕斯卡尔会给我无限的启示，而陀思妥耶夫斯基则是唯一给我高深基督信仰理论的人。"转引自李震：《杜斯妥也夫斯基的精神世界》，先知出版社1975年版，第82—83页。尼采在谈到罪犯是一种病态的强者的时候，说在这方面陀思妥耶夫斯基的证词具有重要意义，"陀思妥耶夫斯基是我从之学到一点东西的唯一心理学家，他是我生命中最美好的幸遇之一，甚至要超过我之发现司汤达。"见《偶像的黄昏》，周国平译，湖南人民出版社1987年版，第109页。

[3] 读一读英国史学家霍布斯鲍姆回顾20世纪的《极端的年代》一书是耐人深思的。他在卷首引了12位文艺和学术界人士对本世纪的看法，其中有9人的看法是偏于悲观和否定的，他们或认为20世纪"是西方史上最可怕的一个世纪"（伯林），"是人类史上最血腥动荡的一个世纪"（戈尔丁），"一个屠杀、战乱不停的时代"（迪蒙），一场"大灾难"、"大祸"（冈贝克），其间经历了"种种恐怖事件"（巴诺哈），我们只是些"残存的生还者"（李威），或认为人的思想观念已"转变成一个非理性、也比较不科学的心态"（弗思），"它为人类兴起了所能想象的最大希望，（转下页）

以来的历史中发生的、关系全局的重大事件。……作为经验,'上帝死了'的议论是对于那样一些已经变化了的心理社会条件的神学表述。"[1]

"上帝之死"的含义是什么呢? 它在不同的人那里有一些不同的意思。利文斯顿指出,"上帝之死"最普遍的涵意是: 上帝"不在场"、"不作声"或者"隐匿了"。这个观念是由马丁·布伯提出来的,意思是由于现在技术统治的发展,人类已经减少了真正的"我-你"关系的可能性,只有通过这种关系,上帝才能发言或者在场。人类目前的技术和生活方式使上帝不作声了。某些激进神学家,尤其是加布里尔·瓦哈尼安,则是从我们使上帝适应文化或归化的角度来谈论上帝之死的: 基督教世界把上帝弄成了一个文化上的偶像。已经死掉或即将死去的,正是这个人造的上帝。所以,瓦哈尼安有这样一种希望: 人们可以与圣经信仰的超验的、活生生的上帝再次相见。这种相见的时机也许尚未成熟,因此,我们必须没有偶像地等待。很多激进神学家,其中包括威廉·哈密尔顿、罗宾逊主教和哈维·考克斯,都追随朋霍费尔,宣告了作为父亲形象的上帝之死——亦即对于苦难和罪恶问题给了我们非常恰当的现成答案的那个上帝的死。我们必须学会没有这样一个上帝作为人类难题的解决者也能生活。上帝已赐予人类以自由以及对地球的控制权,我们已受到召唤,去行使我们自由和成熟的力量,承担起对我们的生活和我们的世界所负的责任。而按照保罗·范·布伦和另一些人的说法,"上帝"一词已不再具有任何清楚的或

(续上页)但是同时却也摧毁了所有的幻想与理想"(梅纽因),"证实了所谓正义、公理、平等等种种理想的胜利,不过是短暂的昙花一现"(瓦利安尼),其中只有2人是偏于肯定的,还有1人只说我们需要"不断地重新去了解它"。20世纪因战争、暴乱等人为原因而死亡的人类之高,更为人类史上所仅见,估计死亡数为1.87亿人。见《极端的年代》,江苏人民出版社1998年版,第1—3、18页。

[1] Dorothee Solle, *Stellvertretung*, 1965, s.11 f. 转引自奥特:《上帝》,辽宁教育出版社1997年版,第10页。

有意义的所指对象。"上帝"是一个空洞的用语。这是因为,与这个词相关联的,是一种过时的、形而上学的世界观,在这种世界观里,上帝被设想成一个超验的存在物,或者自然界的终极基础。[1]

在此,我们可以看到"上帝之死"的多重含义,但主要的思想应该说是两种:一种是仍然肯定上帝的存在,而说"上帝死了"只是一种比喻,比喻我们暂时看不见上帝,上帝从现代人的眼前隐退,从现代人的视野中消失,这种情形就像"日蚀"一样,是一种"神蚀",但"神"仍像"日"一样是存在的,并且这种情况不是永远的。例如布伯就是如此认为,他说:"当前,膨胀了的、巨大的"我—它"关系几乎未受到任何阻碍地攫取了主宰和控制权。这个关系中的我,一个没有能力与你对话、没有能力从本质上对待一个本质的我是时代的主人。这个变得无比巨大的我及其周围所有的它从本性上看既不可能承认上帝,也不可能承认任何真正的、对人表现出其非人本源的绝对实体。这个我走到中间,遮蔽了上天之光。"[2] "神蚀"的原因主要在人自己,在人的自我的极度膨胀。这一现象的性质主要是负面的。因此,"上帝死了"仅仅是我们目前这个时代的特征,"上帝之光"的遮蔽并不意味着它已经熄灭,到下一个时代,走到中间的遮蔽物就会让开。

因此,在某种意义上,说"上帝之死"在逻辑上是不通的,查恩特(H. Zahrent)说:"凡是逻辑地进行思考的人都无法绕开这个老老实实的非此即彼的问题:要么上帝死了,那么他就从来没有活着过——或者上帝曾经活着过,那么他就没有死。因为上帝不可能会死!"[3] 因为"上帝"是被视作至高无上的、全能全善的终极存在,所以,要么上帝根本就没有存

---

[1] 《现代基督教思想》下,第943—944页。
[2] 奥特:《上帝》,第15页。
[3] 《上帝》,第23页。

在过，根本就没有上帝，"上帝之死"于是就只是意味着一个虚假幻相的消失，一个人类自身眼障的清除；要么"上帝之死"只不过是一个比喻，上帝依然存在，只是人暂时看不到他了，或者说，人自身的生活和行为暂时不受其影响。但这样的话，上帝的存在又有何意义呢？无论如何，正如奥特所指出的，如果认真对待上帝的可疑性，那么，就不仅上帝问题要成为神学和一切基督教思想的中心，而且，人的问题、"人际性"可以被认为是决定上帝问题和决定所有我们关于上帝讨论的价值的关键。[1]

在60年代的美国，有一些神学家试图构筑一种没有上帝的神学，他们或者认为上帝的信仰是一种"形而上学的谬误"，与现代哲学不相容；或者认为上帝与人类的自由和完满不相容，或者认为世界上的恶排除了一个正义的上帝的可能性。美国"上帝之死"神学的突出代表哈密尔顿与阿尔提泽认为：我们必须否认上帝，以便作为人而得到解放。考克斯则在他1965年出版的《世俗之城》中宣称，世俗化远不是基督教信仰的敌人，他把城市生活和技术进步赞扬为解放的因素，认为它们使人类获得了新的发展和责任感。基督教的任务不是要成为一种"内心修养"的"宗教"，而是要充分参与世俗之城的生活。考克斯认为现代都市型的人可以把不能解决的那些事情搁置起来，而只去对付那些能解决的事情，现代人可以不浪费时间去思考"终极的"或"宗教的"问题，而依靠一些高度临时性或权宜性的解决办法生活，因为他感觉自己就是人类事业所拥有的任何意义的来源。人类生活由之得到价值的象征体系，是一个特定社会的投射和反映，它们没有任何永恒或神圣的东西。[2] 总之，这些不要上帝的神学家们以为，通过摆脱上帝的麻烦，通过与世俗社会妥协和适应现代世界的变

---

[1] 《上帝》，第20页。

[2] 麦奎利：《二十世纪宗教思想》，高师宁、何光沪译，上海人民出版社1989年版，第499—502页，亦见前引利文斯顿书，第937页。

化,可以使基督教更易为现代人接受。但正如麦奎利所指出的,他们看来没有领会到克尔凯戈尔的这一论点:人们越使基督教容易为人接受,基督教就越变得多余无用。[1]

尽管朋霍费尔常被视为是"上帝之死"神学的先驱,但他在 1944 年的纳粹监狱中写下的思想,看来与上述的两种观点都有所不同,而是表现出一种他自身特有的深刻性和复杂性而尤其值得我们注意和重视。

朋霍费尔首先描述了近代以来由于人类自律、世界自律而导致的"上帝"越来越被排挤出人类生活的过程。他指出,在历史方面,有一项伟大的发展,导向了世界自律的观念。在神学中,在赫伯特爵士的著作里,在他肯定理性是宗教认识的充分工具的说法中,可以第一次看出这一点。在伦理学中则是在蒙田和博丹的著作里,在他们用道德原则取代十诫的做法中,这一点第一次显示出来。在政治学中,则有马基雅弗利,他使政治学摆脱了道德的监护,并建立了"国家理性"的学说。再往后,还有格老秀斯及其国际法,他的国际法作为自然律,是一种即便没有上帝也仍将有效的法则。这个过程在哲学中一方面有笛卡尔的自然神论,他认为世界像一部机器,不需上帝的干预而自行运转;另一方面则有斯宾诺莎的泛神论,他将上帝等同于自然。最后,康德是一位自然神论者,而费希特和黑格尔则是泛神论者。这种日益增长的倾向就是肯定人和世界的自律。在自然科学中,这个过程似乎开始于库萨的尼古拉和乔尔丹诺,布鲁诺关于空间无限的理论。而这场约从 13 世纪开始的走向人类自律的运动,在我们这个时代已得到了某种完成。人类已学会了对付所有重要的问题而不求助于作为一个起作用的假设的上帝。在关于科学、艺术甚至伦理的问题中,这已成为一件众所周知的事情,很少有人敢于再向它提出挑战。但在过去一百

---

[1] 《二十世纪宗教思想》,第 499 页。

年左右的时间里，在宗教问题上也越来越如此了：事情正在变得很明显，每样东西没有"上帝"都行，而且同以前一样好。同在科学领域一样，在一般的人类事务当中，我们称为"上帝"的东西正越来越被挤出生活，越来越失去地盘。现在不论在道德上、政治上还是科学上，都不再需要上帝来作为一种"起作用的假设"了。在宗教上或哲学上也不再需要这样一种上帝了。[1]

朋霍费尔同时也批评各种反对这种人类自我肯定的基督教护教论。他说：基督教的护教论作了种种努力来向这样一个已经成年的世界证明，它不能离开"上帝"的监护而生活。即使在所有的世俗问题上做了让步，也仍然存在着所谓终极问题——死亡、罪过等，在这些问题上，只有"上帝"才能提供答案，而这正是需要上帝、教会和牧师的理由。在某种程度上，我们是依靠着这些终极的人性问题而生活的。但是，假如有朝一日它们不再这样存在了呢？假如它们不靠"上帝"也能得到回答了呢？他认为基督教护教论对"世界之成年"所作的抨击，首先是不得要领的，其次是卑贱的，第三是非基督教的。之所以不得要领，是因为它像是企图把一个成年人放回到少年时代去，就是说，企图使人依赖于他事实上不再依赖的东西，把他推回对于他事实上已不再是问题的问题之中；之所以是卑贱的，是因为它等于是为了一些人们所不知的目的，一些并非由人们自由选定的目的而企图利用人的软弱；之所以是非基督教的，是因为基督本人被换成了人类宗教性中的一个特定阶段，即人间的律法。[2] 朋霍费尔指出：上帝正越来越被挤出这个世界，是因为这个世界已经成年了。人们认为，没有上帝，认识和生活也是完全可能的了。甚至从康德以来，上帝

---

[1]《狱中书简》，高师宁译，四川人民出版社 1992 年版，第 153、173—174 页等。

[2] 同上书，第 154—155 页。

就被放逐到了经验之外的领域。神学一直在忙于进行反对达尔文主义等等的无用的后卫行动，努力要创造一种护教论，对付这种事态发展；另一方面，它也一直在调整自身，以适应这种事态发展，其途径是把上帝局限于所谓最后的问题上，作为某种 Deus ex machina（人力不够时出来解决问题或改变事态的神）。于是上帝变成了对生命难题的问答，对生活的烦恼和冲突的解决。然而，如果这一点没有做到，如果一个人不愿意看到他的幸福其实乃是毁灭，他的健康其实乃是疾病，他的活力其实乃是绝望，如果一个人不愿意把这一切称为它们其实所是的东西，那么神学家也就智穷才尽了。朋霍费尔认为，当耶稣祝福罪人时，他们都是真正的罪人。可是耶稣并没有先使每一个人成为罪人，他召唤他们脱离他们的罪，而不是召唤他们进入他们的罪。他从不对人的健康、活力或幸福本身提出任何怀疑，也不把这些东西看成坏的结果。否则，他为什么要去医治病人，恢复弱者的力量呢？耶稣为自己和上帝之国所要求的，是完整的人生及其一切表现形式。关键的问题在于：我们如何能够为着基督而要求收回一个"已经成年的世界"？[1]

不过，我们应该看到，朋霍费尔的主旨是反对把"上帝"，或者说把一种具有神圣、终极意义的关切，也是人类所应有的最大关切仅仅局限在个人的、内在的、私生活的领域。这对像他这样一个直接面对和热烈关切二次大战中的苦难和罪恶并为之献出了自己的生命的人来说，这样一种要求人们优先关切那些社会政治领域的严重问题的坚持也是最自然不过、最有意义的。人不能放弃自己的社会和政治责任。朋霍费尔明确地说：他关切的是不应把上帝逐到某种最后的隐秘所去，相反应该坦率地承认，世界和人类已经成年，不应该贬损人的世俗性，而应让人在其强有力之处去面

---

[1]《狱中书简》，第 165—166 页。

对上帝。所以，我们应该放弃我们所有的教士式的遁词，以及把精神疗法和生存主义视为上帝之先锋的想法。[1]

无论如何，在朋霍费尔看来，人能够通过神学或虔诚的话语来了解每一件事的时代完结了，我们正在走向一个完全没有宗教的时代：现在的人们简直不再可能具有宗教气质。那么，这对于基督教，对于现代人意味着什么呢？在一个非宗教的世界中，教会（教堂、教区、传讲、基督教生活）的意义是什么？没有宗教的前提条件，我们如何谈论上帝呢？我们如何以世俗的方式谈论上帝呢？我们在什么意义上是一种非宗教的和世俗的基督教徒呢？朋霍费尔指出，过去当人类智穷力尽之时，宗教性的人就谈起了上帝：他们或是为了解决所谓人不能自己解决的难题，或是作为人类失败时的支柱而召唤他来帮助自己，就是说，总是处在人的软弱或人生边缘时来谈论上帝的。而现在这样一个上帝已成了多余的。在今天，既然人们几乎不再害怕死亡，几乎不再理解罪的意义，死亡和罪还仍然是真正的边缘界线吗？我们谈论边缘，仅仅是急欲给上帝让出一席之地。而朋霍费尔希望：不在生活的边缘，而就在生活的中心；不在软弱中，而就在力量中；因而也就不在人的苦难和死亡里，而就在人的生命和成功里来谈论上帝。在边缘上最好是保持我们的平静，丢开那个未解决的问题。相信复活并不是解决死亡问题的方法。上帝的那个"彼岸"，并不是我们的感知能力的彼岸。以感知为基础的理论的超越，与上帝的超越毫无关系。上帝是在我们生活中间的"彼岸"。[2]

总之，在朋霍费尔看来，"上帝被挤出这个世界"的含义也就是"人类到了成年""世界已经成年"，人必须接受这一事实，这一承担。他说：

---

[1]《狱中书简》，第 170 页。
[2] 同上书，第 126—129 页。

我们必须生活在这个世界上（即使上帝不存在）。这正是我们确实看到的东西——在上帝面前！所以，我们的成年，迫使我们真正地认识到了我们与上帝面对面的处境。上帝实际上教导我们说，我们必须作为没有他也能过得很好的人而生活。与我们同在的上帝，就是离弃我们的上帝（《马可福音》15：34）。让我们在这个世界上不用他作为起作用的假设而生活的那位上帝，就是我们永远站在他面前的那位上帝。在上帝面前，与上帝在一起，我们正在不靠上帝而生活。上帝允许他自己被推出这个世界，被推上了十字架。上帝在这个世上是软弱而无力的，而这正是他能够与我们同在并帮助我们的方式，唯一的方式。《马太福音》第3章第17节清楚明白地告诉我们，基督帮助我们，不是靠他的全能，而是靠他的软弱和受难。

　　这就是基督教与一切宗教之间的决定性的区别所在。人的宗教性使他在自己的苦难中企望上帝在这个世界上的力量；他把上帝作为一个 Deus ex machina，然而《圣经》却使人转而看到上帝之无力与受难；只有一个受难的上帝，才能有助于人。在这个范围内，我们可以说，我们刚才所说的世界借以成熟的那个过程，就是放弃一种虚假的上帝概念，就是为《圣经》的上帝而扫清地面，这个上帝凭着自己的软弱而征服了这个世界中的强力和空间。

　　这可以说是一个我们相当陌生的"上帝"的概念，这不是一个全能的上帝，而是一个苦弱的上帝。这一上帝的形象是一个从世俗生活的观点看来几乎全是失败，死前几乎孤苦一人，遭门徒离弃、死时被钉在两个强盗中间，乃至连他们也讥笑和看不起他的耶稣的形象。这一形象与成功的伟人形象大相径庭，而这一形象也正是国人所最感陌生的形象，是一个失败者的形象，一个最让众人蔑视的形象。我们一向被教以跟随成功者、伟人、救星和英雄,然而我们是否能认识到:我们也许只有改弦易辙才能真正获得一种超越的信仰呢?朋霍费尔说,现在人受到的挑战,正是要在一个不信神的世界上参与上帝的受难,分担上帝的苦弱,人不应脱离此世,离开人群,而是要保持一种此世性。一个人只有通过完全彻底地生活在这个世界上,才能学会信仰,他必须以自己的步伐去接受生活,连同生活的一切责任与难题、成功与失败、种种经验与孤立无援,这才是真正参与上帝在此世的受难,并与基督一起警醒守望。然而,哪一些人更有可能趋近神呢?是那感觉经历过似乎是"上帝之死"经验的人,还是那"从未有过对上帝的经验"的人呢?朋霍费尔狱中日记中的一首诗中写道:"当人处境维艰时,无论是基督徒还是不信者,人们便走向神,神也走向每一个人;而当神处境维艰时,却只是有一些人走向神。"朋霍费尔又写道:"既然已经成年,世界就更加不信神,也许正因为如此,它比以往任何时候都离上帝更近了。"[1]

朋霍费尔并不像后来美国"上帝之死"派的一些神学家那样否认上帝或者更换"上帝"的概念,但他心目中的"上帝"所指为何呢?他说:"首先,不是对其全能等的抽象信仰。那不是对上帝的真正体验,而是对世界的局部延伸。与耶稣的相遇,意味着在对其唯一关心是为他人的耶稣的体验中,彻底调整人的存在。耶稣对他人的这种关切,即对超越的体验。这种摆脱自我而获得的自由,一直维持到死亡之时的自由,是他的全能、全知和全在的唯一基础。信仰,就是参与耶稣的这种存在(道成肉身、十字架与复活)。我们同上帝的关系,不是同一个在力量与仁慈方面都是绝对的最高存在物(那是关于超越的虚假概念)的宗教关系,而是一种通过参与上帝之存在,为着他人而活的新生活。超越性并不在超乎我们力所能及

---

[1] 《狱中书简》,第180页。

的任务之中,而是在我们手边最接近的事情之中。上帝在人的形式中,而不像在其他宗教里那样是在动物的形式中(怪异、混沌、遥远、可怕),不是在抽象的形式中(绝对的、形而上的、无限的,等等),也不是在古希腊的自主的人之半神半人形式中,他是为别人而生存的人,因此就是那在十字架上受刑的人。一个以超越者为基础的生命。"[1] 他认为教会也只有在为人类而生存时,才能成其为真正的教会,教会应该参加世界的社会生活,不是统治众人,而是帮助和服务众人。

但是,把对上帝的信仰归结为为人而生存,个人为他人生存,是否会使一种宗教信仰仅仅成为一种伦理呢?不过,我们应考虑到朋霍费尔的处境,以及他在抗击人间罪恶方面所看到的紧迫性和对教徒仅仅追求自圣的不满,我们还应考虑到上帝在西方世界所曾占有的支配地位以及可能仍然潜在地作为伦理之终极根据的意义。所以,在朋霍费尔看来,使上帝与人在当代仍然结合的一个恰当途径是使抱有信仰或希望获得信仰的人们更为关注人间、关注此世,是强调一种世俗性,是使超越的宗教落实为现世的伦理(但仍是以一种神宠、恩典为基础)。而对于从未有过对上帝的经验的人们来说,需要的倒可能是从另一端出发,即需要使伦理获得一种超越的、终极的根据,是要强调一种神圣化,而最后这样两种努力也许会在中间相遇,或者说殊途同归。

在某种意义上,以上一系列论述均可以视作是对陀思妥耶夫斯基在上一世纪所提出的"假如上帝死了……"的问题的不同解答,这些解答都还具有某种过渡的性质,就像这个时代也只是人类历程的一个中间驿站一样。人们甚至尚不清楚上帝退隐的过程及其后果是否已经充分地显示出来,是否已在 20 世纪的劫难中达到了最高点?人类在自己的可见未来是

---

[1]《狱中书简》,第 191 页。

否还要经历更大的苦难和更深的绝望？人类未来的希望是在人神、超人还是在于神人、上帝？如果说革命的"人神"的光芒已经黯淡，"超人"的形象又将如何呢？[1] 尼采视"超人"为"上帝的继承者"，"超人"同时也将超越人、取代人。他预言"超人"将在"上帝已死"的意识所引起的疯狂充分发泄之后出现，但这样一种新的存在真的能够在人类中产生，又真的能够取代上帝吗？在神学界，一度影响很大的"上帝之死"神学很快就衰落了，一些原本在某种程度上否认上帝、推崇技术文明的神学家态度也有了改变，考克斯在 1970 年发表的一篇文章中写道："我过去曾经相信甚至希望，人类有朝一日会超出自己的宗教阶段，……但是，人们一直在预言宗教的终结和上帝的死亡，已经预言了若干世纪了，而我已不再认真地相信那会发生，我也不再希望那会发生。"[2]

《卡拉马佐夫兄弟》中的佩西神父曾尖锐地指出经过一个分析的时代之后所发生的情况："人神"仍然无法代替"神人"。他说，"世间的科学集结成一股巨大的力量，特别是在最近的一世纪里，把《圣经》里给我们遗下来的一切天国的事物分析得清清楚楚，经过这个世界的学者残酷的分析以后，以前一切神圣的东西全都一扫而光了。但是他们一部分一部分地加以分析，却盲目得令人惊奇地完全忽略整体。然而这整体仍像先前一样不可动摇地屹立在他们眼前，连地狱的门都挡不住它。难道它不已经存在了十几个世纪，至今还存在于每个人的心灵里和民众的行动里么？甚至就在破坏一切的无神派自己的心灵里，它也仍旧不可动摇地存在着！因为即使是那些抛弃基督教反抗基督教的人们自己，实质上也仍然保持着他们过去一直保持的基督的面貌，因为直到现在无论是他们的智慧或者他们的热

---

[1] 这里有一个重大的不同，"人神"是集体崇拜的对象，而"超人"则是相对个人化的，甚至是孤独的。但他们都把希望完全寄托在人本身上。

[2] 《二十世纪宗教思想》，第 504 页。

情,都还没有力量创造出另一个比古基督所规定的形象更高超的人和道德的形象来。即使做过尝试,结果也只弄出了一些畸形的东西。"[1]

这种上帝的形象及其对上帝的信仰究竟是什么?为什么它仍然屹立、坚不可摧?在陀思妥耶夫斯基看来,这是因为那些分析和批判达不到那形象,甚至完全触及不到对上帝的信仰的深处,梅诗金公爵曾同一位无神论的、具有罕见的高度教养的饱学之士交谈,有一点给他印象很深,他觉得对方好像完全不在谈这个问题,并且始终如此。而梅诗金公爵还感觉到了:过去他所接触的不信上帝的,或所读的这样的书,虽然他们说的或在书里写的表面上看来是这个问题,其实却完全不是这个问题,他引了一个农妇、一个新生儿的母亲的话来说明基督信仰的实质,那母亲说:"做母亲的第一次发现自己的孩子在笑,心里有多么高兴;上帝每一次看到有罪的凡人真心诚意地跪在他面前做祈祷,我想一定也是那么高兴。"梅诗金公爵说这是一个乡下女人说的,但却说出了非常深刻、精细而又真正是宗教的思想,一下子表达了基督教的全部精神实质:即上帝好比我们的父亲,上帝喜欢人犹如父亲喜欢自己的亲生孩子——这个概念正是基督最根本的思想。宗教感情的实质同任何无神论都不相干;这里面不是那个问题,永远不是那个问题,各种各样的无神论永远只会擦着滑过去而不能说到点子上。[2]

显然,在陀思妥耶夫斯基看来,这种对上帝的信仰不是单纯理性范围的事,不仅对它的攻击,乃至对它的理智论证和辩护也实际上与它无涉,甚至现代神学也已基本上将这种理智论证抛到了后面。信仰首先是信仰的事情,信仰也是希望与爱。

---

[1] 《卡拉马佐夫兄弟》上,第249—250页。
[2] 《白痴》,荣如德译,上海译文出版社1991年版,第203页。

第六章 人的问题

上帝的问题是在人那里产生的问题,或者说,上帝的问题不是上帝本身的问题,按上帝的本义,这个问题在一个至高无上的存在那里不会是一个问题,所以这仍然是一个人的问题,是因人而产生,为人所困惑的问题。俄国流亡思想家森科夫斯基甚至说:"陀思妥耶夫斯基从不怀疑上帝的存在,但自始自终他都面临着(在不同时期是以不同方式解决着)这一问题,即上帝的存在给世界给人及其历史作用带来了什么?他认为,在陀思妥耶夫斯基看来,没有什么比人更为宝贵和重要的了,尽管同时也没有什么比人更为可怕的了。所以,"与其说是上帝折磨着陀思妥耶夫斯基,不如说是人在折磨着他。"[1] 但森科夫斯基可能低估了这两个问题的联系,人的问题折磨着陀思妥耶夫斯基,又正是因为他对人怀着渴望和接近上帝的理想。[2]

---

[1] 见王志耕介绍何云波的《陀思妥耶夫斯基与俄罗斯文学精神》(湖南教育出版社1997年版)的书评《文化寻访:对陀思妥耶夫斯基的深度审视》,《俄罗斯文艺》1998年第1期。

[2] 别尔嘉耶夫也谈到过类似于森科夫斯基的观点,但他更强调上帝的问题与人的问题两者之间的联系。他说:"而折磨着陀思妥耶夫斯基的,主要的却不是关于上帝的问题,而是关于人及其命运的问题,人类的精神之谜折磨着他。他的思想中充满着人学,而不是神学。他不是(转下页)

我们现在在这里反过来讨论面对上帝的人本身的问题，探讨人本身的问题也许可以帮助我们了解，人为什么要寻找上帝？现代人，至少占多数的一部分人又为什么被自身的逻辑、被人性、被时势推动着放弃上帝？在曾经有过上帝的生活世界里，如果说有一个"假如上帝死了，世界将会变得怎样"的极严重问题，那么，对它也许还有一个"假如上帝重返又将如何"的问题，是不是人们在重新皈依了上帝之后，最终还是要失去上帝、放弃上帝？当然，这一再次获得和失去上帝的过程可以极其漫长，不仅一个人乃至一个民族也看不到这一完整的循环，但只要答案是肯定的，就意味着人类历史确实处在某种循环之中。这样的问题就仍然回避不了：如果人性就是如此，人类就是如此"被创造"的，或者如此被区分的，人还能够从根本上改变自身，还能冲破这一循环吗？人或者必须等到最后审判日，然而那就不再有人类的历史？人可能还是要被逼得寻找上帝，可是那将永远只是一种孤独的旷野呼告？"宗教社会""世界教会""普遍和谐"是否将只是一个梦想，如佐西马长老所说的"那一天"仍然不可能到来？或者不可能持久？而如果人性负面的某些基本事实真的被如此认定，所影响的自然还不仅是人的宗教追求和终极关切，人对自身幸福及社会文化又能寄予何种希望？人的许多行动，诸如启蒙、救世、解放是否要失去动力和意义？或者不可能有长久的意义？诸如此类的问题都隐涵在陀思妥耶夫斯基对人的困境和状况的描述中，所以，在对上帝发问之后，我们也要对人发问。

（续上页）作为一个异教徒、一个自然的人来解决上帝的问题，而是作为一个基督徒、一个精神的人来解决人的问题。实质上，关于上帝的问题就是人的问题，而关于人的问题就是上帝的问题。也许，上帝的秘密，通过人的秘密，比通过本能地对外在于人的上帝的寻找，能更好地得以揭示。"见《陀思妥耶夫斯基的世界观》，耿海英译，广西师范大学出版社2008年版，第10—11页。

一、人的有限性

这里所说的"人的有限性"是从三个方面去理解的：一是人的知识的，尤其是理性的有限性；二是人在道德上的有限性，这在"怜悯与爱"一章中已有所涉及；三是人在达到幸福方面的有限性。当然，这三个方面并不是分离的，而是密切相关的。而这三种有限性又可说紧密联系于人的肉体生命、尘世生命的有限性：生命只有一次；身体的脆弱性；身体的需求、欲望不易满足，等等。[1] 我们以下想主要从上述范畴，尤其是人在知、情、意三方面的局限性来展示陀思妥耶夫斯基的疑问，这种疑问在《地下室手记》中被揭示得最为充分，成为一种感情强烈的质问。

青年陀思妥耶夫斯基早在1839年尚未开始他的文学生涯时就在给他兄长的一封信中写道："人是一个谜，需要解开它，如果你一辈子都在解这个谜，那你就别说你浪费了时间，我在研究这个谜，因为我想成为一个人……"[2] 他选择了通过文学来研究人、表现人和揭示人。他认为他仍然是遵循"以完全的现实主义在人身上发现人"这一俄国文学的道路，但他知道他并不是一般的、自然写实地刻画人们生活与行为的现实主义者，而"只是最高意义上的现实主义者，即刻画人的心灵深处的全部奥秘"。[3] 他想深入到人内心的全部阴深复杂，他甚至说，他有一个计划，"做一个疯子，让人们去狂怒，让他们来医治我，使我变得聪明。"[4] 这意味着陀

---

[1] 何怀宏：《良心论》第五章第四节"人的有限性与无限性"，上海三联书店1994年版。

[2] 《书信选》，人民文学出版社1993年版，第9页。其处女作《穷人》中的主角马卡尔写道："一个人有时候是奇怪的，是很奇怪的。"人对陀思妥耶夫斯基从来不是一种一览无遗的静物，而是一种暧昧但却生动的存在。

[3] 《陀思妥耶夫斯基论艺术》，桂林，漓江出版社1988年版，第390页。

[4] 《书信选》，第3页。《卡拉马佐夫兄弟》中的伊凡在对阿辽沙叙说宗教大法官的传奇前也对他说："我也许是在通过你来治疗我自己。"

思妥耶夫斯基不想笼统地赞美人、肯定人，他要正视有关人的一切，包括那些人们不愿正视的东西，他也不是要说出定论，说出有关人的"最后的话"，而主要是说出自己对于人的困惑和苦恼，他希望由他揭示的伤口能得到医治，而不是讳疾不言。

在陀思妥耶夫斯基早期的小说中，他主要注意的还是下层人们的痛苦，这些痛苦即便是内心的，也主要是由于外在的社会处境引起的，在《死屋手记》与《地下室手记》之后，他才获得了一种"新的视力"（舍斯托夫语），才开始从死返观生，从痛苦返观希望，从"地下室"来看"地上的芸芸众生"。这时他已不仅是注意下层人的痛苦，而是注意所有人的痛苦，不仅是注意社会环境引起的不幸，而是更注意深伏在人的本性之中的不幸。流放和苦役把他贬斥到了社会的最底层，从文学荣誉的高峰一下落到了甚至连其兄长也数年不与他通信的最深渊，在苦役营中，他接触到了各式各样受苦和犯罪的人，而且决不是居高临下或者旁观的，他就是他们中的一员。在写作《地下室手记》的那一年里，他又失去了自己的妻子、兄长和最好的朋友。开始他以为围困着他的只是"死屋"，是外在的禁止和强迫的共同生活，他想努力挣脱这"死屋"，后来他离开了"死屋"才发现：人还被更大的、更内在的、植根于人本性的"地下室"包围着，那种"地下室"就存在于人内心的深处，通常不易被人觉察，然而却常常从根本上影响着人的活动和行为。在《白痴》中，陀思妥耶夫斯基曾借梅诗金公爵之口描述过一个犯人被判死刑临刑前的感受——那实际正是他本人的感受，那犯人想："如果不死该多好哇！如果能把生命追回来，那将是无穷尽的永恒！而这个永恒将全都属于我！那时我会把每一分钟都变成一辈子，一丁点儿也不浪费，每一分钟都精打细算，决不让光阴虚度！"然而，那犯人真的被改判减刑了，后来那个"无穷尽的永恒"果然送给了他。那么，后来他把这一大笔财富怎样处置了呢？是不是每分钟都做到了"精打细算"呢？没有，他根本没有做到这一点；他浪费了好多好多分钟。亚历山德拉听后指出："可见，已有经验摆在我们面前：要真的每分钟都'精打细算'，日子是没法过的。不知为什么，反正没法过。"[1] 人并不是只有理性计算的动物，人并不能总是理性地安排自己的生活，实现那通过精心计算为自己带来最大利益的计划，何况不仅计算可能出错，而且实际利益也不一定等于快乐，快乐也不一定等于幸福，在幸福之上也可能还有更高的东西。

《地下室手记》的主人公中所不遗余力抗议的正是那样一种计算理性，一种欧几米德的理性，尤其是一种据说是依据这种完美的科学理性设计的尽善尽美的人间天堂。他猛烈批评建立在功利主义及合理利己主义基础上的启蒙和解放方案，指出人的极其复杂性和有限性。

"地下室人"质问道：是谁说人只是因为不知道自己真正的利益才做坏事的；说如果给他以启蒙，让他看到真正的、正常的利益，那么他便会立即停止干坏事，便会立即成为善良的和高尚的人，因为他既受了启蒙，并懂得了自己真正的利益，就会看出在善的里面有他自己的利益。但是，

---

[1] 《白痴》，上海译文出版社1991年版，第53—54页。参见《死屋手记》第365页所述："在所有那些年月里，尽管周围有几百个难友，我还是感到在孤寂中过日子，最后，我竟终于喜欢上了这种孤寂的生活。我在精神上处于孤寂状态之中，重新审核了过去的全部生活，对一切作了细微之至的分析，对过去的生活加以沉思，严格而毫不容情地批判自己，甚至有时还感谢命运给我带来这与世隔绝的机会，否则就不会有对自己的批判，对昔日的生活的严格的审核。当时我的心里充满了多大的希望啊！我心中思忖，下定决心，暗自发誓，在我未来的生活中再也不会发生过去曾经发生过的错误和过失。我给自己的一切未来拟定了一个计划，并认为一定要严格地照着它去办。我一定要办到这一点，而且能够办到这一点的盲目信心，在我身上复活了……我期待着自由，我呼唤着它早早地到来；我要在新的斗争中重新考验自己。"上海译文出版社1986年版。又见在陀思妥耶夫斯基在由死刑改为苦役之后给其兄长的信中谈到他的心情："每当回忆过去，想到浪费了许多时间，把时间耗费在迷误、错误、无所事事，无节制的生活上，想到我不珍惜时间，多次做出违心和勉强的事情——想到这些，我就感到非常痛心。生命是一种天赋的能力，生命就是幸福，每一分钟都可能无限幸福。"见《书信选》，人民文学出版社1993年版，第47页。

请问，在所有这几千年里，到底哪个时候曾有人只凭本身的利益而行动的？无数事实证明，人们明明知道，也就是说，完全懂得自己的利益所在，却把它们置之脑后，反而奔上另一条道路去冒险，去碰运气。你们的利益那是幸福生活、财富、自由、安宁，以及诸如此类等等，然而一个人可能明显地和明知故犯地对抗这整个清单。要知道人是愚蠢的，他即使不完全愚蠢，也是非常忘恩负义的。人喜欢照他所愿意的那样，而不是按理智和利益驱使他的那样去行动；把自己本身的随心所欲，自己本身的即便是最野蛮的任性、有时甚至是被激怒到发狂程度的幻想，看作最为有利的利益。这种任性对任何分类法都不适合，而一切体系和理论由于分类而经常化为乌有。理性是个好东西，但理性终究不过是理性，它只能满足人的理智的能力，而意愿却是整个生活的表现，即整个人的生活连同理性、连同一切感觉的表现。虽然我们的生活在这种表现里常常显得很糟糕，但它毕竟总还是生活，而不单纯是开开平方而已。一个人完全自然地想为满足自己的全部生活能力而生活，而并不是仅仅为了满足理性的能力，即他的全部生活能力的一个二十分之一。理性能知道什么呢？理性只知道它所能知道的东西，而人的本性是尽其所能充分地活动的。人有时会故意地、有意识地甚至去向往那对自己有害的、愚蠢的、甚至是最愚蠢的东西，仅仅是为了证明自己有权向往这种东西，而不愿受那种只向往使自己得到聪明东西的义务拘束。因为无论如何，它能给我们保存最主要的和最宝贵的东西，即我们的个性和我们的特性。"地下室人"甚至认为，人的最好的定义是：人是两只脚的和忘恩负义的动物。但这还不完全，这还不是他主要的缺点，他最主要的缺点是恒久的品行恶劣，也就是不理智；因为很早大家就知道，不理智正是由品行恶劣产生的。在"地下室人"看来，在每个人的回忆里都有一些东西是不能公开给所有的人，而只能给朋友看的，而还有一些东西即使对朋友也不能公开，而只能对自己公开，而且也得是偷偷地。最后还有一些甚至对自己也怕公开的东西，而这一些东西正是"地下室人"揭示给我们的，那正是我们每个人心中的"地下室"。陀思妥耶夫斯基小说中有一句话说"俄罗斯灵魂是黑古隆冬的"，但这还不只是俄罗斯的灵魂，人类的灵魂也是如此。[1] 而人有时之所以想坚持自己荒谬的幻想和最庸俗的蠢举不放，唯一目的正是为了向自己证明，人毕竟是人，而不是钢琴琴键。人类所有的问题似乎的确只在于：人总是不断地向自己证明他是人而不是风琴上的小销钉！当只有"二二得四"时兴的时候，还谈得上什么自己的意志？即便没有我的意志，也是"二二得四"。人却希望有自己的意志、自己的人性。

"地下室人"质问那些乐观主义的欲改造人类和人性者说：你们根据什么知道人不但能够，而且必须这样改造呢？你们是从哪里得出结论说，人类的意愿是如此迫切地应当矫正呢？我们又怎么知道这种矫正的确会给人带来利益？人喜欢创造和开辟道路，这是不用争辩的。可是他为什么也非常喜欢那破坏和混乱呢？这是否是因为他自己也本能地害怕达到目的和完成他所建造的建筑？你们凭什么知道他也许只是从远处而决不是从近处喜欢那建筑物的；他也许是仅仅喜欢建造它而不是为了想住进去。人是思想轻浮和其貌不扬的生物，他可能像棋手一样，只喜欢达到目的的过程，却不喜欢目的本身，而且谁知道呢，也许人类向地球上的一切突进的目的，只不过是为达到目的而经过连绵不断的过程，换句话说，只是生活本身，而并没有目的。目的不外乎是"二二得四"，也就是说是个公式，但"二二得四"已经不是生活，它已经是死亡的开始了。至少人总是有些害怕这个"二二得四"的，姑且假定人一心只想探索这"二二得四"的公式，在这种探索里漂洋过海，牺牲着性命，但仍在探索，还真的探索到了，那

---

[1]《地下室手记》，伊信译，载《世界文学》1982年第4期，第133—239页。

时便将没有什么东西可以探索了。你们为什么如此斩钉截铁地、郑重庄严地确信只有一种正常的和积极的幸福对人才是有利的呢？在理解有利这一点上是否出了差错？也可能人所爱的不只是一种幸福？也可能他同等程度地爱那苦难？苦难对于他，也许就像幸福那样，程度相等地同样有利？而人有时强烈地爱上苦难也是事实。这无须用世界历史来说明，而只要即便只是稍稍生活过的人，问一问自己的体验就知道了。人仅仅只喜爱幸福那简直是不怎么体面的。这并非是主张苦难，但也并非主张幸福。苦难在"水晶宫"里是不可思议的；苦难是怀疑，是否定，如果在"水晶宫"里怀疑，那还能算什么"水晶宫"呢？然而我深信人不会拒绝真正的苦难，也就是说永远不会拒绝破坏和混乱。苦难——须知那就是感觉对于人最巨大的不幸，可是我知道人喜爱它，不愿用任何乐趣去替换它。举例说，感觉要比"二二得四"的公式来得无比的高超。"地下室人"向自己也向人类提出了这样一个尖锐的问题："是廉价的幸福，还是崇高的苦难——两者中是哪一个更好些呢？"

　　作为一种对于目的论、功利论、合理利己主义、廉价的幸福论和"水晶宫"的抗议，"地下室人"的态度是相当激烈乃至趋于极端的，给了我们一幅有关人心及人性、人生的相当阴郁的画面。但我们也得承认，如果能够仔细深入地反省，可能在我们每个人的内心深处都会发现一个潜伏的"地下室人"，只是程度不同而已，并且一般人是害怕掘到这样的深度的，更不会像"地下室人"那样反复咀嚼乃至欣赏，这样做也是不无道理的。但"地下室人"的手记仍然反映了人的一种"深度的真实"，可以看作是对大量不惯于写英雄、写成功者、表现乐观主义的作品的一种合理反拨。《地下室手记》的末尾这样说：一般的小说里一定要有英雄人物，而这里却故意为"反英雄"人物集中了一切特征，所有这一切自然会产生非常不愉快的印象，因为我们大家多多少少都有缺陷，而又都或多或少疏远了生活。我们对生活甚至疏远到这种程度,以致有时把真正"活生生的生活"当作劳务,当作服役,心里都同意最好按书本行事,把自己的胆怯当作明智,并以此来自慰和自欺。这样看来,"地下室人"就似乎显得比大多数人更为"活生生些"。我们有时会把做个真正的、有自己的血肉的人看作沉重的负担,为此感到耻辱和羞愧,我们常常竭力想做个不曾存在过的一般性的人。[1] 而"地下室人"却想向我们展示具体的人、特殊的人,展示人的"活生生"的一面。

《卡拉马佐夫兄弟》中的残疾少女丽莎似乎表现出一些与"地下室人"同样的倾向,即表现出一种存心要坏,要折磨自己也折磨别人的思想倾向,虽然这表现在一个女孩那里可能显得有些突兀,以致遭到托尔斯泰、高尔基的批评,但这些想法是反映着人的一种有限性的。"我愿意有人折磨我,娶了我去,然后就折磨我,骗我,离开我,抛弃我。我不愿意成为有幸福的人!……我盼望混乱。我净想放火烧房子。我老想象着我怎样走过去,偷偷儿地点着它,一定要偷偷儿点着。人们在忙着灭火,而房子还在那儿燃烧。我心里知道,却一句不说。唉,全是胡说!可真是无聊啊!"阿辽沙轻声告诉她,这可能是因为她过的生活太富裕,还是做穷人要好些。丽莎说这话不对。说:"即使我有钱,大家全贫穷,我也仍旧吃我的糖果,奶油,谁也不给一点。"这正像"地下室人"所说的:"我需要安静。为了求得没有人来打扰我,我可以马上把整个世界只要一戈比就卖掉。是让世界消灭呢,还是让我喝不成茶呢?我要说,宁可世界消灭,我也得总是有茶喝。"丽莎也说:"要是我穷,我说不定会杀死什么人,而即使有钱,也说不定会杀人的!——干吗闲坐着!……我就是不想做好事,我只想做坏事,这跟病根本没什么关系。"阿辽沙问她:"为什么要做

---

[1] 《地下室手记》,第239页。

坏事呢?"她回答说:"就为的是希望什么都不剩下。"听了这些话,阿辽沙不禁沉思地说:"人有些时候是爱犯罪的。"[1]《赌徒》中的主人公也曾对波丽娜说:"人——天生是个暴君,喜欢虐待别人。"[2] 或者我们可以缓和一点说,人是爱折腾的,爱折腾自己乃至折腾这个世界,至少在一部分人那里是这样,他们不会消停,不会闲着,他们总是会生出一些事来的,而只要有一部分这样的人,这世界也就不会太安宁了。当然,这样也可能由此带来了一些好的效果(虽然负面的效果可能更多),使世界出现了一些未曾料到的变化。

人自身控制自己的善恶的力量毕竟是有限的。曾到处试验自己的力量"以便了解自己"的斯塔夫罗金最后绝望了,他感觉到了自己的限度,他在自杀前写给沙托夫的妹妹达丽娅的信中说:"当我为了自己并且为了自我炫耀而做这种试验的时候,我的力量看来是无限的,同早先在我一生中碰到的情况一样。我当您的面忍受了您哥哥的一记耳光;我公开承认我结过婚了。但是运用这种力量的目的何在,——这一点我可从来也没有看到,而且至今也没有看到,尽管您在瑞士曾表示赞许,我也相信了您的赞许。我依然像素来一样可以希望做好事,并从中感到愉快;同时我又希望干坏事,并且也感到愉快。但是这两种感情一向都很渺小,而且从来也不会十分强大。我的愿望太脆弱了;它们不能指导我。抱着一根圆木可以渡河,抓住一块木片可不行。"他厌恶彼得·韦尔霍文斯基的行径,但他自身又不知如何自拔,他最后想到了沙托夫的话:"一个同自己的乡土失去了联系的人也就失去了自己的神灵,也就是失去了自己的一切目标。"[3]

---

[1]《卡拉马佐夫兄弟》下,人民文学出版社 1981 年版,第 877—880 页。
[2]《卡拉马佐夫兄弟》下,第 877—880 页,又见《地下室手记》第 232 页,《赌徒》第 330 页。
[3]《群魔》下,人民文学出版社 1983 年版,第 893—894 页。

人是有限的、有死的存在，然而人又有渴望无限、渴望不死和永恒的一面。人有足够下贱和丑陋的一面，然而人又有向往高尚和美的一面，这才是人的完整的复杂性所在。连一些犯下极严重恶行的人也会突然有反省的时刻，他们有的幡然悔悟，走向新生；有的因绝望而自杀，至少不是全然陷溺于罪恶之中而毫不自觉；而更多的人则更经常的是处在善与恶的交战之中，在卑鄙下流与正当高尚之间摇来摆去。在陀思妥耶夫斯基的作品中的人物，不乏这种从善到恶，或者从恶到善的突然跳跃。《舅舅的梦》中向济娜求婚未成的莫兹克利亚科夫出于嫉恨，开始故意向公爵说谎，让他相信他只是在梦里向济娜求婚的，后来在济娜的诚实的感召下，突然又从一个极端跳到另一个极端，完全承认自己的谎言和偷听的可耻行为；《诚实的贼》中的叶麦利扬·伊利奇竟然偷了一直照管和扶养他的朋友的马裤，但又为此痛苦而死；《波尔宗柯夫》中的主人公讹诈上司，然而又会因一时怜悯而完全放弃自己的利益和优势。《罪与罚》中的莱比绥亚利珂夫的思想观点相当庸俗，但在关键的时候却能揭露卢辛的丑行；心肠甚软，深爱其妻子儿女的玛尔美拉陀夫却会在好容易得到一个职位后又作贱自己而使她们完全失望，使全家重新陷入悲惨的境地；而罪孽深重的司维特里喀罗夫却又会主动承担起安排父母双亡的孤儿孤女的责任。加尼亚一心想获得金钱而往上爬，但却到底不肯去取娜斯塔霞丢在火炉中指明给他的十万卢布。拉思科里涅珂夫、罗果仁、伊波利特、斯塔夫罗金、维尔西洛夫、伊凡和米卡等重要人物也都分有这种善恶兼具、卑鄙与高尚共处、残忍与同情并存的特征。以致米卡说人是太复杂、太宽广莫测了，他宁愿人能"狭窄一些"。他说他不忍看到一个有时甚至心地高尚、绝顶聪明的人，从圣母玛利亚的理想开始，而以所多玛城的理想告终。更有些人心灵里具有所多玛城的理想，而又不否认圣母玛利亚的理想，而且他的心还为了这理想而燃烧，像还在天真无邪的年代里那么真正地燃烧，这样的人就更加可怕。可怕的是，美不仅是可怕的东西，而且也是神秘的东西。魔鬼同上帝在进行斗争，而斗争的战场就是人心。[1] 阿辽沙说他的父亲和兄长们在自己害自己，同时也在害别人。有一种"卡拉马佐夫式的原始力量"，它是原始的、疯狂的、粗野的，而他自己也是卡拉马佐夫，他是修士，可他也许连上帝也不信。这种原始粗野的力量也同样潜伏在阿辽沙的心底，只是还没有爆发而已，描述阿辽沙离开修道院到社会上去的经历本是陀思妥耶夫斯基写作计划中的第二部分，但他的去世使这成为未竟之业。在审判米卡的法庭上，检察官基里洛维奇也感慨地说："我们是善与恶的奇妙的交织体。我们爱启蒙的席勒，同时也在酒店里酗酒，揪断我们醉鬼酒友的胡须。……究竟应该相信什么？是相信最初的叙说，相信把最后的活命之资拿出来，在美德之前低首下心的那种高尚正直的激情举动？还是相信事情的背面，那样令人厌恶的另一方面？人生一般总是在两种互相矛盾的真理之间寻找中庸，在这件事情上这样却不见得行得通。大概在第一件事情上他是真实不欺地高尚正直，而在第二件事情上也是真实不欺地无耻卑鄙。为什么？正就是因为我们具有那种宽阔的、卡拉马佐夫式的性格，——我说话的本意就在这里，——能够兼容并蓄各式各样的矛盾，同时体味两个深渊，一个在我们头顶上，是高尚的理想的深渊，一个在我们脚底下，是极为卑鄙丑恶的堕落的深渊。"[2] 而正如罗扎诺夫所言，陀思妥耶夫斯基是作家中最能同时包含和体验这样两个"在上和在下的深渊的"。[3]

---

[1] 《卡拉马佐夫兄弟》上，第 154 页。

[2] 《卡拉马佐夫兄弟》下，第 1055—1057 页。

[3] V. Razanov, *Dostoevsky and the Legend of the Grand Inquisitor*, Corroll University Press, 1972, p.16.

二、人的差别

　　人具有某些共性，包括在有限性方面也具有共性：任何人都不是神，任何天才、任何伟人都仍有某种自己的局限，但即便就在这有限性中，人又是千差万别、甚至差距悬殊的。人不是笼统的人，只要稍微观察一下现实的人，就会发现人与人之间不仅在身体、面貌，更在性格、精神方面存在着种种几乎是无法替代、无可逾越的距离，由此就构成许多种人的类型。

　　从陀思妥耶夫斯基的早期作品可以看出，陀思妥耶夫斯基对人的个性类型是敏感的，尤其对那些处于弱势的人们——如受屈辱的小官员、落魄的穷人、被追逐的孩子、脆弱的青年等，不仅是敏感的，而且还是满怀同情的。但是，他对人的差别的更深刻和全面的认识是在西伯利亚的"死屋"中达到的。那一段生活不仅是他"生平头一回接触黎民百姓"，而且是他"自己也突然变成了黎民百姓，变成了像他们一样的苦役犯"。[1] 在一种"强制性的共同生活"中，他要和自己一向最陌生的人在一起生活，甚至要和自己最厌恶的人在一起生活，在苦役营中，不可能有"物以类聚、人以群分"的自由，而这种自由是有可能使人们对与自己不同的人产生无知和隔阂的。在苦役营中，有各种类型极其鲜明、个性趋于极端的人，他们也常常正是因此而锒铛入狱。苦役的日子是痛苦的，人并不愿以这种代价去换取对人性更深、更全面的认识，然而它客观上还是达成了这种认识。《死屋手记》为我们提供了一幅形形色色的人物群像，而且，这些人物的差别几乎有一种无可改变的性质。陀思妥耶夫斯基与许多别的作家的不同并不在于只有他意识到这些人的个性差别，而别人意识不到这些差别，而是在于：他更强烈和明确地意识到，在人们中间总是存在着的气

---

　　[1]《死屋手记》，第100—101页。

质、兴趣、理智能力、道德水平、价值追求、生活方式等方面的大的差别、大的分类，不仅在某种意义上可以说是与生俱来的，发展到一定阶段就几乎还是无可更改的。

我们首先注意道德上的差别。例如，在出身贵族的苦役犯中，A 某某从很小就表现出卑鄙的倾向，他不曾读完任何学校，为了弄钱而告密，并诬陷他人，被判苦役只是使他觉得可以更放手去干龌龊的勾当，他狡黠、聪明、英俊，但对极粗野的禽兽般的肉欲却欲壑难填，为了自己最小的寻乐，他可以采取最冷酷无情的手段杀人，可以随时为一点小利出卖别人，在狱中他又成了一个职业的告密者，他几乎可以说是一个天生的恶棍，是"道德上的夸西摩多"。[1] 狱中还有一个天性残忍的鞑靼人罪犯，据说他曾为了一种变态的快乐慢慢地、津津有味地宰杀一个孩子。[2]

与此形成对照的，"有些人的性格生来就美好得如同上帝赋与的一般"，例如一个同样是鞑靼人的青年阿列依，他待人诚恳、温柔，只是因无意中随哥哥参与了一次抢劫而身陷囹圄，但即便在狱中他也没有受到邪恶的影响而走上歧途，甚至没有变得粗暴。他避开一切争吵和漫骂，但并不让人随便侮辱，他学习俄语，并尽力学习各种手艺，极其聪明而又谦虚知趣，给《死屋手记》的作者留下了难以忘怀的极其美好的印象，作者在写到他时充满怀念、眷恋和同情。[3]

当然，这样的善、恶两个极端还是很罕见的，这样的不遇到极有力的机缘、在有限的一生中就几乎不会改变的类似于天生的恶棍和纯洁的天使的人还是极少，大多数人可能还是处在亦善亦恶、时善时恶、可以转变、乃至急剧转变的状态。如另一个贵族军官阿基姆·阿基梅奇一向循规

---

[1] 《死屋手记》，第 37、96—100 页。

[2] 同上书，第 61—63 页。

[3] 同上书，第 78—84 页。

蹈矩，不去多思考而只是执行命令，突然有一次他犯了规，自己决定处死了一个甚恶的上司，而到了狱中他又恢复了以前的循规蹈矩。而另一些不仅看似粗野、也曾确实有过残忍行为的人也常常表现出内心的善良，以致作者感觉狱中的这些人也许压根儿就不比那些还待在监狱外头的人坏。陀思妥耶夫斯基在后来给兄长的信中写道："在狱中四年，我终于在强盗中间看到了人。你信吗：存在着深沉的、坚强的、美好的人，在粗糙的外壳下挖掘金子是多么愉快。"[1]

另一个值得注意的差别是才能性质和程度上的差别，这方面的差别看来比道德上的差别要较为固定、较为多样。人们崇尚成功，然而要获取成功的因素却极为复杂，不是仅仅拥有社会条件、个人机会或者相应才能就能达到目标的，有时只是在某一方面差一点就难于成功。在《涅朵奇卡》中，涅朵奇卡的继父叶菲莫夫确有巨大的演奏小提琴的才能，他虽然出身贫穷，但本来并不是没有机会像他的一位日耳曼人朋友一样取得成功的，然而仅因缺乏耐性、喝酒和放纵自己，却一蹶不振，只能天天在家里责骂自己的妻子和孩子妨碍了他。《白痴》中的列别杰夫也不乏机智和才干，甚至可以说"生来是个塔列朗"（一位权变多诈的法国外交家），可是不知为什么到头来只是个列别杰夫。他能灵机一动产生许多设想，然而这些设想却在不断加强下变得过于复杂，节外生枝，脱离原来的方向而向四处岔开去，正是由于这个缘故，他一生没干出什么名堂来。[2]《死屋手记》描写了在支配者和被支配者、领头者和追随者方面的差别。《死屋手记》的作者写道："在我们的牢房里，也像所有其他牢房一样，总有一些穷光蛋，不是赌输，便是喝酒喝光，或者干脆生来就是叫花子。我说'生来'，而

---

[1] 《书信选》，第 59 页。
[2] 《白痴》，第 539 页。

且我要特别着重地说这个词儿。确实,不论在什么环境里,不论在什么条件下,在我们人民中间永远存在着,而且将来还会存在着一些奇怪的人,他们驯顺,也并不很懒惰,但命中注定要当一辈子叫花子。他们永远孤苦伶仃,他们永远邋里邋遢,他们看上去永远像是受着某种压制,露出心头十分沉重的样子,一辈子听从某一个人呼唤,受某一个人差遣,通常就是受那些游手好闲或突然发财和飞黄腾达的人的奴役。任何一项创举,任何一种主动精神,对他们来说,都是忧愁和累赘。他们仿佛生下来就不能有所作为,而只能侍候旁人,不能依照自己的意志生活,而只能当别人的傀儡;他们的使命仅仅是执行旁人的吩咐。除此之外,任何情况,任何变动,都没法子使他们发财致富。他们永远是一贫如洗的叫花子。我发觉,这样的人不单单在人民大众中有,而且在所有社会团体、阶层、党派、新闻界和协会里也有。"[1]

作者说:这些人的性格特征是,几乎永远在所有的人面前羞辱自己的人格,而在共同的事业中甚至不能扮演二流角色,而只能是三流角色,这一切性格特征都是他们天生就有的。[2] 作者举了例如老是被人取笑、甚至自愿充当小丑角色的斯库拉托夫;同样被嘲笑、集天真、愚蠢、狡狯、孟浪、纯朴、胆怯、吹牛和无耻于一身,在任何环境里都想做生意的犹太囚犯伊萨依·福米奇。才能、气质的差别并不是和道德的差别成正比,倒不如说,这种种差别是以一种无比复杂的形式和比例混合在一起,微妙地表现在每一个具体的人身上的。作者举了一个叫苏斯洛夫的囚犯为例,他属于那些从不会发财致富、不会改善自己境况的人们当中的一个,他主动来侍候作者,看着作者的眼色行事,仿佛把这看作是他一生中主要

---

[1] 《死屋手记》,第 75 页。
[2] 同上书,第 91 页。

的使命,他对手艺一窍不通,常常为赌摊望风,站一通宵来挣取五戈比,他为人逆来顺受、唯唯诺诺,甚至受到压制也不敢反抗,连谈话对他也是一桩吃力的事情。他受到囚犯们普遍嘲笑的一件事是,在被押解来西伯利亚的路上,被判轻刑的他竟然做了一个被判服多年苦役的罪犯的替身来到这里,而所获得的酬劳只是一件红衬衫和一个银卢布。然而,在他这种无能的后面却隐藏着一颗善良的心。作者本以为苏斯洛夫只是为了钱来侍候他,当苏斯洛夫有一次被指责后不肯接受他的钱,并躲到一边失声痛哭时,他才发现并非如此,以致作者感到要认清一个人有时是很困难的,甚至在交往多年以后,你才能发现那后面的东西。作者指出,就是在那些最无学识、最受压抑的受难者中间,也有一些在精神发展上最细腻不过的人。在监狱里有时会发生这样的情况,你认识一个人有好多年,心里总以为他不是人,而是一只野兽,因而瞧不起他。但是忽然无意间他的内心世界由于不由自主的冲动而暴露无遗,于是你就会看见他的内心世界多么丰富多彩,他的感情多么充沛,他的心地多么善良,多么清楚地理解自己和别人的苦楚,以致你的眼睛似乎一下张了开来,在最初的时刻,甚至不敢相信你自己耳闻目睹的一切。当然,也有相反的情况:有时良好的教育和十足的粗野和恬不知耻并行不悖,使人感到厌恶,无论你的心肠是多么善良,也无论你过去对他抱有什么看法,你在自己的心中再也找不到宽恕或为他辩解的理由。[1]

《死屋手记》的作者也写到了那些敢作敢为的人,例如经常访问他、向他提出许多问题的彼得罗夫。他说话从容不迫,极其自然,然而却是一个最富有果敢精神和无所畏惧的人,他所犯的罪是当兵一次挨揍时突然刺死了一位上校,他想干的事情会毫不动摇、不顾一切、全力以赴地去干,

---

[1] 《死屋手记》,第 327—328 页。

直到把它干成。然而，作者从来没有在他身上发现过高度的判断力和理智。作者觉得他属于这样一类人，在发生某种激烈的群众行动和变革的时刻，他们会突然出人头地地大显身手，从而一举发挥出自己的全部影响。他们不是一些夸夸其谈的空谈家，但也不能成为事业的发起人和主要领导人；然而，他们却是事业的执行者和实干的带头人。他们随随便便地开始行动，没有发出特别呼喊，但他们首先逾越主要障碍物，既不犹豫，也不恐惧，迎着刀山火海上，大家紧跟在他们身后投入行动，盲目地冲着，一直冲到最后一道围墙，通常在那儿把自己碰得头破血流。[1] 也就是说，他们能成为集体行动打头阵的人，乃至成为将帅，但还是因知识和理智不够而不能成为领袖，真正的领袖可能是那些从知识阶层出来而又极擅长与群众打交道的人。作者还回顾了监狱里的一次请愿事件：在一切类似的事情上，永远会有一些主谋和领头的人。这些领头的人大体上是些出类拔萃的人物，他们不仅在监狱里，而且在所有的作坊、营地和其他地方都颇负众望。这是一种特殊类型的人，到处都有，而且彼此极其相似。这种人满腔热血，渴望正义，他们无比真诚地相信，正义确定不移地会实现，更主要的是，立刻就会实现。他们由于性情激烈而败事，但也正因为性情激烈才对群众产生影响。临到末了，群众还是喜欢跟着他们走。他们的火热心肠和真挚的愤慨影响着所有的人，最后，连那些最优柔寡断的人也追随在他们左右了。他们对于成功的盲目信心甚至连那些最冥顽不化的怀疑派都为之心动，虽说这种信心的根据是那么不可靠、那么幼稚可笑，以致不仅旁观者，连当事人自己事后也会感到惊异，群众怎么竟会跟着他们走？这主要的原因是因为他们冲在前头，而且毫无惧色。他们目光短浅得惊人，不过，这也正好多多少少构成了他们的力量所在。作者举出这样的人有马尔

---

[1] 《死屋手记》，第138页。

蒂诺夫、安东诺夫等。[1]

"死屋"是陀思妥耶夫斯基认识人和观察人的学校，是比他所受到的学校教育更深刻、更广阔的"再教育"，虽然这"再教育"是代价高昂、没有人会自愿承担的，但客观上还是为他后面试图进一步破解人这个谜的文学创作打下了深厚的基础。在西伯利亚的日子尤其使他熟悉了下层，熟悉了广大的普通百姓，在意识到人的差别，意识到不同人各自根深蒂固的本性之后，浪漫社会主义的幻想就此埋葬，理性启蒙的观念也遭到质疑。正是在西伯利亚的苦役生活之后，在陀思妥耶夫斯基的小说中，出现了一种对动辄试图改造人们的天性，破坏人们的各得其所的"启蒙"和"解放"话语的深刻怀疑。在《庄院风波》中，陀思妥耶夫斯基讽刺了福马在庄院中实行的改革，福马逼着庄园的老仆加甫里拉学法语，不准另一个年轻憨厚的仆人法拉莱做粗鄙的、乡下人的梦，而要他做文雅、优美的梦，法拉莱又不会撒谎，于是老是挨罚；福马又把一个佣人捧为一个诗人，然而，后来那佣人会做诗之后就把鼻子翘得老高，咬文嚼字，不跟下人说话，每周换一次高雅的姓名，最后终于进了疯人院；法拉莱后来也还是照做那种粗鄙的梦不误，但却成了一个挺不错的车夫；加甫里拉更老了，学到的几句法国话早已完全忘掉。

三、多数与少数

对于人的种种差别，我们也许可以从数量上做出一种归纳，即大致地分出一个多数与少数，这一多数和少数不是以职业、阶级、种族等标准划线的，它们的具体成员也不是固定不变的，而是变动不居的。但这一多

---

[1] 《死屋手记》，第333—334页。

数和少数却可能在任何时代都始终存在，即在任何社会里都始终有一个多数和少数，也许比例有所不同，范围有所广狭，但多数还是多数，少数仍是少数。一般来说，这一多数比那个少数更重视物质而非精神，更重视安全、温饱而非自由、独立；更依从权力、权威而非自身的判断；更相信外在的奇迹而非内在的神明。也就是说，多数和少数主要是以人的精神状态与价值追求划线的，可能也与人们的天赋气质和才智水平密切相关。情况是不是真的如此呢？人类在历史上是否真的可以被如此区分呢？这种情况能否改变呢？比方说，在真的由圣王支配世界、由圣人引导世界的条件下改变？甚至在上帝亲临人间的条件下改变？是否所有的人真的能普遍地像托洛茨基所设想的那样都提高到亚里士多德、歌德、马克思的水平？或者说提高到精神上的圣徒的水平？人们是否能普遍地都更为重视精神生活，都极为珍视思想自由和有独立思考的精神和能力？如若不能，人类还可以对自己抱有何种期望？这是不是有关人性的一个基本事实？甚至于，这是不是有关人类、有关上帝创世或"创造"的一个最大的谜呢？

我们视这一问题为有关人的最重大问题，也认为它是陀思妥耶夫斯基的最重大的同时也没有解决的困惑。如果说前面的问题陀思妥耶夫斯基虽是作为问题提出来的，但还是表现出自己强烈的倾向性，预示着他认为有望解决问题的可能方向的话，那么，他在这里确实遇到了他最严重的、也最真实的难题，甚至陷入一种难以解脱的困境之中。陀思妥耶夫斯基在此遇到了一种巨大的冲突，他对"人民"的崇拜与他对事实上的"人民"的感受处在一种矛盾的状态中。他不知道如何解决这一矛盾，因而，他只能够把它说出来，把这一最大的疑问和困惑交给读者。

这一最大的疑问在他最后的著作《卡拉马佐夫兄弟》中的"宗教大法官的传奇"中，以一种极为集中和强烈的形式表达出来了。然而，正像他的许多其他问题一样，这一问题也早就可以在他以前的作品中略见端倪。

在《女房东》中，穆林老头发表了"脆弱的人会自己放弃自己"的哲学见解，说"脆弱的人一个人撑不下去！哪怕把什么都给他，他也会自己来奉还一切；你把人间半个王国归他所有试试看——你猜结果会怎样？他马上会缩得很小很小，躲进一只鞋里去。你把自己交给脆弱的人，——他会自己把自由缚起来交还给你。自由对一颗愚蠢的心毫无用处！"[1] "地下室人"也在其手记的末尾宣告了类似的观点："我们为什么有时要乱折腾，为什么胡闹，为什么要求？我们自己不知道为什么。假如我们胡闹的要求会达到目的，我们就会更糟。好吧，不妨试试看，譬如说给我们更多的独立性，把我们中随便哪一个的双手解开，放宽我们行动的圈子，减轻对我们的管束，于是我们就……我可以向你们保证；我们又会立刻反而要求管束的。"[2]

在《白痴》中，陀思妥耶夫斯基罕见地突然以作家的身份在第四部的开头部分插入了一大段议论，他说：有这样一些人，对之很难用什么话可以把他们最典型、最有代表性的方面一下子完全表现出来。这是一些通常被称作"普普通通"、"属于大多数"的人，他们确实构成任何社会的绝大多数。小说家该怎样处理这些寻常的、"普普通通"的人，该怎样把他们放到读者面前，使他们或多或少引起读者的兴趣呢？在叙述过程中完全绕过他们决计不可能，因为寻常的人们每时每刻并且大量地构成连接日常事件的必要环节；要是绕过他们，就会破坏真实性。如果小说里全部都是典型，或者为了提高兴趣干脆只写些稀奇和子虚乌有的人物，那就没有真实性可言，恐怕也引不起兴趣。作家必须努力发掘有意思和有教益的特色，甚至在寻常人中间发掘。比方说，如果某些凡人的根本实质恰恰在于他

---

[1] 陀思妥耶夫斯基：《早期中短篇小说》一，上海译文出版社1983年版，第434页。
[2] 陀思妥耶夫斯基：《地下室手记》，《世界文学》1982年第4期，第239—240页。

们一成不变的平凡性,或者更好的是,如果这些人物尽管作了极大的努力无论如何要摆脱千篇一律的旧谱老调,可是到头来依然故我,依旧谱唱老调,那么,这样的人物甚至会具有某种独特的典型性,可以成为一种不甘心做凡人的凡人典型,他们千方百计想成为与众不同、独树一帜的人,而事实上连一点点独树一帜的本钱也没有。

陀思妥耶夫斯基指出:《白痴》中的某些人物就属于这类"普通"或"平凡"的人,瓦尔瓦拉·普季岑娜和她的哥哥加甫里拉·阿尔达里昂诺维奇正是这类人物。的确,最糟心的莫过于做一个这样的人:手里有钱,出身清白,相貌可以,受过相当教育,人也不蠢,甚至心地善良,但在这同时却没有任何才华,没有任何特点,甚至没有一点儿怪脾气,没有一个属于他自己的思想,无一不"和大家一样"。钱是有的,但不是罗特希尔德那样的财阀;家世清白,但从来乏善可陈;相貌可以,但显示不出什么性格;学问不错,但不知道往哪儿用;有头脑,但没有自己的思想;有良心,但缺乏宽广的胸怀;如此等等,一切方面均无例外。这样的人世上非常之多,甚至比表面上看起来还要多。同所有的人一样,他们也可再分为两个亚类:一类想法狭隘,另一类"聪明得多"。前一类人的日子比较好过。对于狭隘的"普通"人来说,最省力的就是自命不凡,自以为与众不同,并且毫不犹豫地引以为乐。加甫里拉则属于后一类;属于"聪明得多"的一类人,这一类人比前一类日子要难过得多。尽管他浑身充满出类拔萃的愿望,甚至即便有时候(也可能是一辈子)把自己想象成旷世奇才,可是在自己心里总保留着一条怀疑的蛆虫,这条蛆虫能导致聪明人最后完全绝望;纵使认命屈服,也已经被深入骨髓的虚荣心彻底毒化过。不过,这里的例子毕竟是个极端,绝大部分这类聪明人的命运远远不是那样悲惨。然而,这些人一心想出类拔萃,从少年时代直至无可奈何的暮年,往往要折腾很久才认命屈服。甚至有一些奇怪的事例:为了要出类拔萃,诚实人不惜干下流事；在一定条件下甚至决定豁出去干卑鄙透顶的事，只要能达到梦寐以求的目的；可是，就像命中注定似的，一到节骨眼上他总是会表现出足够的羞耻之心或能力有限而未干卑鄙透顶的事。

加甫里拉就是这样，他带着厌恶和憎恨看待他们家道的清寒和式微。他甚至对母亲的态度也是傲慢和轻视的，尽管他自己十分清楚地懂得，他母亲的名声和性格眼下也是他的前程的主要支柱。当上了叶班钦将军的秘书之后，他立即对自己说："做坏蛋就做彻底的坏蛋，只要能赢。"可是，他几乎从未成为彻底的坏蛋。[1] 加甫里拉可以说是一种不甘于平凡的凡人，是多数中间的少数——即那些想成为少数，却仍属于多数的人，他是多数中不安其命的少数，因为这样的人毕竟在多数中仍处于少数。他属于多数，但他不安于身处多数而梦想跻身于那最成功的少数，想攀到顶峰，可是又没有特殊的才干，他也不想走普季岑脚踏实地的道路起家。普季岑17岁的时候睡过马路，卖过削笔刀，而加甫里拉想完全跳过这番苦熬，一开始便重本厚利，但他虽然还算聪明，却并没有什么特别的过人之处，他极想得到一大笔钱，[2] 他曾经想通过与阿格拉雅的婚姻来达到目的，但这目的多么猥琐，并且他又性格软弱，希望得到对方保证之后再采取行动，而这种行为自然要遭到阿格拉雅鄙视而决计得不到她的爱情。他虽然贪财，但也爱面子，毕竟又保有一种自尊心，所以他也不曾从火炉中取出那10万卢布。应当说这种追求和自尊还是有让人敬佩的地方的，虽然他终究是个懦弱的失败者。而属于多数中前一类的普季岑则是踏踏实实的，普季岑并不指望成为罗特希尔德，并不为自己树立这样的目标，普季岑谦逊而安详，总是不声不响地微笑，他向加尼亚证明自己不做

---

[1] 《白痴》，第423—426页。

[2] 在某些方面，他及列别杰夫的外甥与《少年》主人公的理想有相似之处。

任何缺德事,所以加尼亚骂他犹太佬没有道理;至于银根这样紧,那不是他的过错;他行事合情合理,实质上他不过是代办"这些"事情的一个经纪人;由于他办事认真负责,已经在一些顶呱呱的人物那里享有极好的声誉,他的业务正在扩大。"我不能成为罗特希尔德,也没有这个必要,"他笑着补充说:"可是在李捷依内大街上会有我的一栋楼,也许会有两栋,到那时我就收场。""没准儿会有三栋,谁知道!"他暗自思忖,但从不说出来,一直隐瞒着这个理想。造化喜欢并厚待这样的人,它会给普季岑的奖赏不是三栋,而一定是四栋楼,就因为他从小就知道自己永远不能成为罗特希尔德。不过,造化的赏赐决不会再超过四栋楼,普季岑的事业也将至此为止。[1] 普季岑仍可说是多数中的成功者,但是是自安其分、自得其乐的成功者。

这里涉及的还只是世俗的成功,如果涉及完整的人生,涉及生命全部的意义呢?完整和深刻地提出人的生命的意义,提出人的问题的是在"宗教大法官的传奇"中。这可以看作是陀思妥耶夫斯基最重要的疑问。罗扎诺夫说:"传奇"看起来只是小说的一个插曲,可以分离,但实际上,却构成全书的核心,没有它甚至作者不会写这本书,而且不会写许多书,至少会缺少许多最好的段落。[2] 他认为陀思妥耶夫斯基以前的小说可视作对此的准备,伊凡成为最后与最全面的发言人。[3] 沃德(B. K. Ward)也指出,"传奇"被普遍认为是最高理智与艺术水准的写作。[4] 别尔嘉耶夫说"传奇"是陀思妥耶夫斯基作品的至高点,是他的辩证法的王冠,最根

---

[1] 《白痴》,第 427 页。
[2] V. Razanov, *Dostoevsky and the Legend of the Grand Inquisitor*, p.7.
[3] 同上,p.17.
[4] B. K. Ward, *Dostoyevsky's Critique of the West*, Wilfrid Laurier uni. press, 1986, p.2.

本的人性自由问题由之得到了解决。[1] 但在我看来，与其说陀思妥耶夫斯基解决了这个问题，毋宁说他只是在提出有关人的自由和生命意义的最重大问题，而且是在"多数与少数"这一令他最感困惑的结构中提出这些问题的。

"多数与少数"这一看似仅仅是数量的问题，对人却具有一种头等的重要性，尤其是在我们正处身其中的这一各个领域都正向"多数支配"发展的时代里。说陀思妥耶夫斯基早就对这一问题感到困惑并非空穴来风，他强烈地感受到多数与少数之分近乎是一个人性的基本事实（所以他反复地提到它），但他又不愿相信这是事实（所以他宁愿让有争议或可谴责的人物来表达这一意见）。他不仅借伊凡·卡拉马佐夫之口表达了这一困惑，此前他也借《罪与罚》的拉思科里涅珂夫，《群魔》中的希加廖夫之口表达过这一困惑。拉思科里涅珂夫把人分成多数与少数；分成大多数普通人和极少数能说出新话的人。希加廖夫在他的社会体系中，也把人类分成不相等的两部分作为最终解决问题的办法，说最后是十分之一的少数享有个人的自由和对其余十分之九的多数的无限权力。下面我们在分析"宗教大法官传奇"中自由与人性的深刻矛盾时，亦将看到这一多数与少数的区分。

四、自由与人性

在《卡拉马佐夫兄弟》中，阿辽沙与伊凡在酒馆的相遇和长谈构成了全书最重大、最震撼灵魂的一次精神事件，因为"宗教大法官的传奇"就包含在这场谈话之中，在这一"传奇"中提出的问题可视作是陀思妥耶夫斯基的临终一问。因为，据说他从年轻时就关注这一主题，而他之所以把

---

[1] 贝德叶夫：《杜斯妥也夫斯基》，时报文化出版公司1986年版，第171页。

"传奇"放入《卡拉马佐夫兄弟》,是由于他恐怕自己不能再活着完成另一部小说了。[1]

阿辽沙与伊凡兄弟俩在隔绝多时后开始互相吸引,互相理解,他们首先谈到生活,伊凡说对生活的渴求是卡拉马佐夫家的特征,阿辽沙赞同说,应当首先爱生活,而不管什么逻辑。然后他们就开始谈到上帝的问题。伊凡说俄国的青年现在一心一意地讨论永恒的问题,全宇宙的问题,那些不信上帝的就讲改造全人类,讲社会主义与无政府主义,然而这是同一问题的两面,说他也愿意承认上帝,但却不能接受上帝创造的世界——人生活在其中的世界,不能接受其中到处可以见到的罪恶和苦难,尤其是加于孩子的罪恶和苦难。有许多苦难是人为制造的,人不知怎样才能做到真正爱自己,这就又把谈话的路线从上帝引回到了人,引到了人性的深处,但却仍然始终不离上帝,面对上帝!伊凡感觉这样一个人的生活世界和过程就建立在荒诞上面,而且他不愿接受最终的和谐来抵消这过程的荒诞和苦难。

我们已经粗略描述了引出"宗教大法官传奇"的谈话背景,即先谈到上帝,由讨论上帝的问题引出生活世界的问题,引出人的问题,但上帝依旧隐然地存在。整个"传奇"也都是宗教大法官在上帝面前诉说人的问题,诉说有关人的最大的困惑,其潜台词是:你为何如此造人?既然人已经如此被造,人性已然如此,你是否还有回来的必要?这是一个九十岁的老人在诉说,代表统治的少数在向上帝叙说,他此时已位及人间至尊,具有极高智慧,握有极大权柄,但也曾备受艰难和迫害,到过沙漠,吃过蝗虫和树根。他以前也许一直拒绝权力,坚持一种最纯洁的信仰,坚持所有人的

---

[1] J. Wasserman ed., *Fyodor Dostoevsky: The Grand Inquisitor*, Charles E. Merrill Publishing Company, 1970, "Introduction".

自由选择，但后来却改变了想法。九十年来这是他第一次讲出他在这整个九十年中经过对人性的深入观察和沉思默想之后提出的最大疑问，这是代表人对上帝的提问，被造者对造物主的提问，代表衍生者对自身所由来之源的提问，所提出的问题是有关人性、人生、人间社会及其历史命运的一个根本问题。整个场景都是宗教大法官在对上帝、对"你"说话。

这一由伊凡转述的"宗教大法官的传奇"是发生在16世纪，即在耶稣被钉十字架之后又过了一千五百多年，上帝重新以人的形象，出现在头天刚烧死过异教徒的西班牙的塞维尔，[1] 他悄悄地、不知不觉地出现，可是很奇怪，大家全认出了他，围住了他，他为人们祝福，使一个盲者复明，一个死去的女孩复活，人们骚动了，这时宗教大法官本人出现了，他远远地看到了一切，然后带着卫队抓住了这人，投入了监狱，到了晚上，宗教大法官却独自一人来到囚室中。

宗教大法官悄悄而又热烈地对囚犯说：是你么？真是你么？如果你真的是上帝，你不应在你以前说过的话上再添加什么，你也不应夺去人们的自由，这自由当初你在地上的时候曾经那么坚决地维护过。不管你新宣示些什么，因为它们将作为奇迹出现，因此必然会侵犯人们信仰的自由，而他们的信仰自由，还在一千五百年以前，你就曾看得比一切都更为珍贵。你不是在那时候说"我要使你们成为自由的"么？但是你现在看到这些"自由"的人们了。我们曾为此花了极高的代价，但是我们终于以你的名义完成了这件事。十五个世纪以来我们为了这自由而艰苦奋斗，现在已

---

[1] 重返尘世的基督与教会代表的冲突自中世纪以来是许多作家的题材，包括陀思妥耶夫斯基可能熟悉的一些作家如伏尔泰、歌德、巴尔扎克、雨果等。而一个直接的俄国资源可能是 A·迈科夫的史诗《皇后的忏悔：一个有关西班牙宗教大法官的传奇》，它发表在陀思妥耶夫斯基主编的杂志《时代》1861年第1期，当然，两者的内容是很不同的，前者要空洞得多。参见 Victor Terras, *A Krarmazov Companion*, The University of Wisconsin Press. 1981, p. 230。

经完成了，完成得很彻底。你不相信完成得很彻底么？你知道，现在，正是现在，这些人比任何时候都更相信他们完全自由，而实际上他们自己把他们的自由交给我们，驯顺地把它放在我们的脚前。这就是我们以你的名义完成的工作，不知道你所希望的是这样的自由吗？[1]

宗教大法官的这一连串问话揭示了"传奇"所围绕的主题：人类的自由及其使他们放弃自由的本性，也揭示了在现实的人们中间一个基本的区分：即宗教大法官所说的"我们"和"他们"、少数和多数，这一区分将贯穿这一"传奇"的始终。所以，如果要问到这里所说的究竟是何种自由，谁之本性，那么可以简单地说是指选择的自由，即选择价值目标的自由，而非单纯摆脱限制和羁绊的自由，并且这种自由有一种只有自觉自愿地选择上帝、选择精神信仰才是真实的自由的含义，这里的人性则不仅含有人本身的局限使人与上帝有绝对的距离的含义，也意味着某种人性的差别，即大多数人可能终归要选择面包、奇迹或只是被动地、惰性地接受信仰。

一千五百年前，耶稣说："真理必将使你们得自由。"这是他的真理，后来他的名字被信奉了，基督教支配了世界，然而所有人真的是自由的吗？或者人类现在所达到的状态就叫作"自由"？因为，这就是人们自由选择的结果？人们信仰基督了，然而这是他们自由选择的信仰吗？他们真的由衷地相信他们自以为信仰的东西吗？或这是他们自己选择的信仰？他们宁愿为这信仰放弃一切？难道他们的"自由"只是表现为自愿放弃自由的"自由"？他们最后实际上只是自由地选择了不自由？他们是否在放弃自由之后仍相信他们是完全自由的呢？宗教大法官看来认为情况就是这样。他还向上帝指出群众的反复无常：今天他们敬仰你，吻你的脚，明天在我的一挥手之下，就可能争先恐后地跑到烧死你的火堆上添柴。大法官

---

[1] 《卡拉马佐夫兄弟》上，第 375 页。

认为他和少数跟随他的人的功绩，恰好在于他们终于接受了群众自愿放弃的自由，而且他们这样做，是为了群众的幸福。陀思妥耶夫斯基在他为"传奇"准备的笔记本中，宗教大法官如此对上帝说："我们比你更人性，我们热爱大地。""我比你更爱人性。"[1]但是，当多数群众不自由时，少数统治者不也是不自由的么？

而这一过程是怎样发生的呢？群众为什么会甘愿放弃自己的自由呢？他们不是为了换取他们更为看重的东西才肯放弃吗？而他们所更看重的东西究竟是什么呢？宗教大法官于此指出了三种诱惑，即奇迹、神秘和权威。[2] 在宗教大法官看来，再没有比在这三种诱惑中所揭示的一切更真实的了，在这三个问题中，仿佛集中预示了人类未来的全部历史，同时还显示了三个形象，其中囊括了大地上人类天性的一切无法解决的历史性矛盾。

第一个诱惑可以说是最基本的诱惑，这就是以奇迹形式出现的广义的面包、食物，或者说物质生活的诱惑，它诱使群众用自己本可有的精神独立和自由去换取面包，换取物质生活的不断改善。宗教大法官对作为囚犯的上帝说：群众放弃自由，这是因为，对于人类和人类社会来说，从

---

[1] Wasiolek ed., *The Brothers Karamazov and the Critics*, Wadsworth Publishing Company, Inc. 1967, p.17.

[2] 这三个诱惑见《新约全书·马太福音》第四章："当时耶稣被圣灵引到旷野，受魔鬼的试探。他禁食四十昼夜，后来就饿了。那试探人的进前来，对他说：你若是上帝的儿子，可以吩咐这些石头变成面包。耶稣却回答说，经上记着说：人活着，不是单靠面包，乃是靠上帝口里所出的一切话。魔鬼就带他进了圣城，叫他站在殿顶上，对他说，你若是上帝的儿子，可以跳下去，因为经上记着说，主要为你吩咐他的使者，用手托着你，免得你的脚碰在石头上。耶稣对他说：经文上又记着说：不可试探主你的上帝。魔鬼带他上了一座最高的山，将世上的万国，与万国的荣华，都指给他看，对他说，你若俯伏拜我，我就把这一切都赐给你。耶稣说，撒旦退去罢，因为经上记着说：当拜主你的上帝，单要事奉他。于是魔鬼离了耶稣，有天使来伺候他。"（又见《路加福音》第四章）。

来就没有比自由更难忍受的东西了!你看见这不毛的、炙人的沙漠上的石头么?你只要把那些石头变成面包,人类就会像羊群一样跟着你跑,感激而且驯顺,尽管因为生怕你收回你的手,你的面包会马上消失而永远在胆战心惊。但是你不愿意剥夺人类的自由,你拒绝了这个提议,因为你这样想,假使驯顺是用面包换来的,那还有什么自由可言呢?所以,你说"人不能单靠面包活着"。但是你可知道,大地上的魔鬼恰恰会借这"尘世的面包"为名,起来反叛,同你交战,并且战胜你,而大家全会跟着他跑,喊着:"谁能和这野兽相比,他从天上给我们取来了火!"你可知道,再过一些世纪,人类将用理性和科学的嘴宣告,根本没有什么犯罪,因此也无所谓罪孽,而只有饥饿的人群,旗帜上写着:"先给食物,再谈道德!"人们将举起这旗帜来反对你,摧毁你的圣殿。

"传奇"发生的16世纪正好处在近代的入口,这也就是一系列革命和造反的开始,"上帝之死"的开始。宗教大法官似乎预见到了在这之后几百年间将要发生的事情,预见到了人们将到处反抗基督教的权威,并且以反叛骄傲和自豪。人们把神殿推倒,血溅大地,但在他看来这只等于是小孩子们在课堂里造反,轰走老师,那种骄傲只是孩子和小学生的骄傲。宗教大法官在其所处的16世纪的西班牙还是基本安全的,但他已预感到还将有一次大的造反,而这次造反的旗帜将主要以面包、食物和富裕的"人间天堂"为号召。在群众的眼里,不仅自由的精神生活,甚至对精神的仪式崇拜也将退居次要,乃至完全被物欲所代替,对物质的追求将成为最高乃至唯一的追求。而且这种物欲的引发和推动追求也可以以奇迹的形式出现,这形式在现代社会一是以某种激动人心的理由剥夺和平分,再一个更重要的、始终起作用的奇迹和崇拜则就是科技。

宗教大法官对上帝说:"你答应给他们天上的面包,但是我再重复一句,在软弱而永远败德不义的人类的眼里,它还能和地上的面包相比么?

就算为了天上的面包有几千人以至几万人跟着你走，那么几百万以至几万万没有力量为了天上的面包而放弃地上的面包的，又该怎么样呢？是不是只有几万伟大而强有力的人是你所珍重的，而那其余几百万人，那多得像海边沙子似的芸芸众生，那些虽软弱却爱你的人就只能充当伟大和强有力的人们脚下的泥土么？"

这里又明确出现了少数与多数的分别，前面宗教大法官笼统说到的"人类"看来实际就是指"多数"，指"大众"。不管他们对地上面包的追求是怎样低俗的追求，他们不是本性如此，并且几乎无可更改么（面对上帝的潜问则是"他们不就是如此被你造的么"）？而且，他们不是也应当有自己如此生存和追求的权利么（哪怕这种追求就意味着最终要放弃自己的精神自由）？而我们（少数）不是也要站在他们（多数）的立场上为他们想想么？看来宗教大法官正是这样想的，他说：我们也珍视弱者。他们没有道德，他们是叛逆，但是到了后来他们会成为驯顺的人的。他们将对我们惊叹，将把我们看作神，因为我们作为他们的领袖，竟甘愿把他们惧怕的自由承担下来而统治着他们，——因为他们到后来觉得做自由人真是太可怕了！但是我们要说，我们服从你（上帝），我们是以你的名义进行统治的。我们要继续欺骗他们，因此我们将永不放你走近我们的身边。而我们正因为要作这种欺骗而忍受着痛苦，因为我们不能不说谎。这就是沙漠里第一个问题的大意，这就是你为了你认为高于一切的自由而加以拒绝的。然而在这问题里却包含了这世界上的伟大的秘密。

自由的高扬的精神与充分饱餐地上的面包、精神生活与物质生活两者是否可以兼得呢？克鲁泡特金写过一本书叫《面包与自由》，认为自然资源与工业技术足以使一切人得到所需要的面包，只要废除私有制，实行共产公有，便可保证所有人过上安居乐业，充分享有一个无政府社会中的自由的生活。许多社会主义者也设想首先满足物质需求，以改变产权关系为号召,然后才提升人们的精神,使人们享有充分的自由,最后实现包括丰富的精神生活的全面发展。

弗洛姆也写过一本书叫《逃避自由》,他已观察和意识到现代社会的人们尽管拥有政治和价值选择的自由,但却常常奇怪地要逃避这自由,而宁可只注意物质生活而放弃自由,但他仍然希望能通过转变人们的心理和观念来对此进行医治。[1] 而在宗教大法官看来,面包与自由这两者也许是"不可兼得的",或者说,"天上的面包"与"地上的面包"两者是不可兼得的,因为多数人永远不善于在自己之间好好地进行分配,亦即如果集中注意于面包,他们将永远也分不平,他们将一直吵闹和争斗下去。而"不可兼得"的更深理由则还在多数人也许从本性上就不愿承受自由的重负,而更喜欢不断扩大"面包"的数量以及自己所能占的份额。问题不是多少算够,而是不会有够的时候。而且,再多也会有跟他人比起来还是少的情况。尤其是在一个多数意见占支配地位的世界里,怎么可能把他们已经紧盯着面包的视线移开呢?

陀思妥耶夫斯基本人在1876年给阿列克谢耶夫的一封信中写道:石头和面包是当今的社会问题,即环境的问题。这并不是预言,历来都是如此。与其向那些一无所有的乞丐——由于饥饿和压迫,他们与其说像人倒不如说像动物——宣传不作恶、顺从、洁身自好,还不如先给他们吃饱肚子。这样做更为人道。这是魔鬼对基督提出的第一个问题。如今欧洲的和俄国的社会主义,人们到处都在否定基督,首先在为面包而奔波,求助于科学,断言说人间一切苦难的唯一根源是贫困,生存斗争,"环境所迫"。基督对此的回答却是"人不单单靠面包而活着"——这就揭示了一个普遍的公理以及人在精神上的渊源。魔鬼的思想只适合于那些形同动物

---

[1] 弗洛姆:《逃避自由》,北方文艺出版社1987年版。

的人，基督知道单靠面包无法使人获得新生。倘若缺乏精神生活，缺乏美的理想，人就会忧伤，死亡，发疯，自杀，或者沉湎于种种多神教幻想。由于基督本身和他的言行体现了美的理想，因而他决定：最好把美的理想播种在人们的心里，内心有了这种理想，彼此就会亲如兄弟，那时候彼此就会互助，大家也就会富裕起来。否则如果你给他们面包，他们也许会因为无聊而彼此成为仇敌。那么，假如同时给以美和面包呢？陀思妥耶夫斯基认为：那样的话，人的劳动、个性、为亲人做出自我牺牲的精神也还是会荡然无存，一言以蔽之，人的整个生命，生活的理想将消失殆尽。因此最好只告诉他们一个精神上的理想。这就说明，福音书的这一片断讲的就是这个问题，而不仅仅是因为基督饿着肚子，魔鬼才建议他拣起石头使之变成面包。这也就证明基督的答复就是揭示了人性的奥秘："人不单单靠面包而活着"（也就是说人不同于动物，但人的奥秘还有另一面，在那一面他又同于动物，他有身体，身体可能就是他的原罪）。倘若事情仅仅涉及解除基督的饥饿，那又何必笼统地谈人的精神世界呢？再说也不合时宜，无需魔鬼的劝告，基督早就可望得到面包了，只要他愿意。许多青年向往社会主义也就是盼望世界上实现这样一种制度，那儿处于首位的是"面包"，而且分"面包"是人人均等，也不再有什么地产。这些社会主义者期待着那种个人无须承担责任的社会结构，他们实际上是爱财如命，其根源就是灌输给他们的那套思想。[1]

"面包"的问题不单纯是一个"面包"的问题，一个经济的问题，它也是一个社会问题，一个分配正义的问题，一个涉及到人间社会和政治秩序的基本问题，一个涉及到权威、崇拜以及统治的合法性的基本问题。[2]

---

[1] 《书信选》，第 328—330 页。

[2] 甚至一些以面包引诱和发动群众的人也只是把这作为手段，他们所注目的是政权——夺得并巩固它。

正是因为这一点，宗教大法官甚至对上帝提出了批评：他说如果你同意采用以"面包"为旗帜，你就可以解决了每一个人和全体人类的那种普遍的、永恒的烦恼，那就是"该崇拜什么人"的问题。人一旦得到了自由以后，他最苦恼的问题，无过于赶快找到一个可以崇拜的人。但是人们所寻找的总是已经无可争辩的崇拜对象，最好无可争辩得使一切人都会立即同意共同对他表示崇拜。因为这些可怜的生物所关心的不只是要寻找一个我自己或者另一个人所崇拜的东西，而是要寻找那可以使大家信仰它，崇拜它，而且必须大家一齐信仰和崇拜的东西。正是这种一致崇拜的需要，给每一个人以至从开天辟地以来的整个人类带来了最大的痛苦。为了达到普遍一致的崇拜，他们用刀剑互相残杀。他们创造好些个"上帝"，互相挑战说："丢掉你们的上帝，过来崇拜我们的上帝，不然就立刻要你们和你们的上帝的命！"这样一直会继续到世界的末日，甚至到世界上已不再存在上帝的时候；因为人们同样还是要朝着偶像膜拜的。你不能不知道人类天性的这个根本的秘密，但是你却拒绝了对你提出的那面可以使一切人无可争辩地对你崇拜的唯一的、绝对的旗帜——那一面地上的面包的旗帜，而且是以为了自由和天上的面包的名义而加以拒绝的。人们深切关心的是寻找一个对象，以便把随自己这个可怜的生物与生俱来的一份自由赶快交付给他。但是能握有人们的自由的只有那个能安慰他们的良心的人。本来随着面包你就能得到一面无可争辩的旗帜：只要你拿出面包，人们就会崇拜你，因为面包是绝对无可争辩的东西，但与此同时，假如有人越过你而占有他的良心，那时候他甚至会抛弃你的面包，去追随那掠取了他的良心的人。在这一点上你是对的。因为人类存在的秘密并不在于仅仅单纯地活着，而在于为什么活着。当对自己为什么活着缺乏坚定的信念时，人是不愿意活着的，宁可自杀，也不愿留在世上，尽管他的四周全是面包。这是对的，但是结果怎样呢？你并没有接过人们的自由，却给他们更增添了自由！难道你忘记了，安静，甚至死亡，对人来说要比自由分辨善恶更为珍贵么？对于人是再也没有比良心的自由更为诱人的了。但同时也再也没有比它更为痛苦的了。你不去提供使人类良心一劳永逸地得到安慰的坚实基础，却宁取种种不寻常的、不确实的、含糊可疑的东西，人们力所不及的东西，因此你这样做，就好像你根本不爱他们似的，——而这是谁呢？这竟是特地前来为他们献出自己的生命的人！你不接过人们的自由，却反而给他们增加些自由，使人们的精神世界永远承受着自由的折磨。你希望人们能自由地爱，使他们自由地追随着你。你想取代严峻的古代法律，改为从此由人根据自由的意志来自行决定什么是善，什么是恶，只用你的形象作为自己的指导，——但是难道你没有想到，一旦对于像自由选择那样可怕的负担感到苦恼时，人们最终会抛弃你的形象和你的真理，甚至会提出反驳么？他们最后将会叫嚷起来，说真理并不在你这里，因此，简直不可能再比像你这样做给他们留下更多烦恼事和无法解决的难题，使他们纷乱和痛苦的了。因此你自己就为摧毁你自己的天国打下了基础，不必再去为此责备任何人。宗教大法官看起来是在为天主教辩护，为它以千年计的世俗化历史辩护，为它在社会层面的成功辩护，但也可说是为一种几乎命定的"精神异化"辩护，为人性辩护。

在宗教大法官看来，尽管人心中总有一种隐隐的对于沉溺于物质生活的不安，但人们还是软弱的、意志薄弱的，又是叛逆的，人世间只有三种力量可以征服和俘虏他们的良心，使他们得到幸福，这三种力量就是奇迹、神秘和权威。这其中，"奇迹"是前面所说的"地上的面包"的"诱惑"的表现形式，同时也是一种独立的力量。在这方面，宗教大法官也对上帝表示了一种质询的态度，他问：人类的天性难道能拒绝奇迹，哪怕在生命的可怕时刻，在内心发生了触及根本的最最可怕而痛苦的疑问时，仍旧能只凭良心作自由的抉择么？你知道你的苦行将记载在《圣经》里，直到永远而且流传八荒。你指望人们跟随着你，就会永远留在上帝身边，并不需要奇迹。然而你不知道，人一旦抛弃了奇迹，他同时也就会抛弃了上帝，因为人寻找的与其说是上帝，还不如说是奇迹。而既然人没有奇迹就没法过下去，他就会为自己去造出新的奇迹、他自己的奇迹来，就会去崇拜巫医的奇迹，女巫的邪术，尽管他也曾做过一百次叛徒、异教徒和无神派。当人们对你讥笑、嘲弄，对你喊叫：'你从十字架上下来，我们就会信仰这是你'的时候，你没有从十字架上下来。你所以没下来，同样是因为你不愿意用奇迹降服人，你要求的是自由的信仰，而不是凭仗奇迹的信仰。你渴求的是人们对你自由的爱，而不是那种囚犯面对把他永远吓呆了的权力而发出的那种奴隶般的惊叹。但是在这方面你对人们的估价也同样过高了，因为显然他们虽然生来是叛徒，但却仍然是囚犯。你看看周围，自己想想，现在已经过了十五个世纪，你再去看一看他们：你把谁提得跟你一样高了呢？我敢起誓，人类生来就比你想象的要更为软弱而且低贱。

　　当然，以上所说并不包括人类的全部，并不是指所有人，区分"少数与多数"的主旋律再一次出现，并且构成一种创世的神秘。宗教大法官对上帝说：你的伟大的预言家在寓言和幻想里说，他看见了第一次复活的全体参加者，每族各有一万二千人。但即使有这么些人，他们也已经仿佛不是人，而成为神了。他们背负了你的十字架，他们几十年来在饥饿的、不毛的沙漠中受煎熬，拿蝗虫和树根做食物，——你自然可以指着这些自由、自由的爱的孩子，自由而庄严地为了你的名而牺牲的孩子们来自豪。但是不要忘记：他们总共只有几千人，而且全是神，可是其余的人呢？其余那些软弱的、不能忍受强者们所忍受的事物的人，他们又有什么错呢？无力承受这么可怕的赐予的软弱的灵魂，又有什么错呢？那么难道你真的只是到少数选民这里来，而且是为了少数选民而来的么？如果是这样，那么这就是神秘，是我们所无法了解的了。既然是神秘，我们也就同样有权利来宣扬神秘,并且教他们,重要的不是他们的心灵的自由抉择,也不是爱,而是神秘,对于这种神秘他们应该盲从,甚至违背他们的内心盲从。我们就是这样做的。我们改正了你的事业,把这事业建立在奇迹、神秘和权威的上面。人们也很喜欢这样,因为他们又像羊群一般被人带领着,从他们的心上卸去了十分可怕的赐予,那给他们带来了那样多痛苦的赐予——自由。

然而,当宗教大法官说:"我们拥护的不是你,而是他(指撒旦),这就是我们的秘密。我们早就不拥护你,而拥护他,已经有八个世纪了。整整八个世纪以前,我们从他那里接受了你愤然拒绝的东西,接受了他把地上的天国指给你看时向你呈献的最后的礼物:我们从他那里承受了罗马和恺撒的宝剑,只宣布自己是地上的王,唯一的王,虽然我们至今还没有能彻底完成我们的事业。……本来你当时就可以拿起恺撒的宝剑来。为什么你却拒绝了这最后的赠礼?你如果接受了伟大的魔鬼的这第三个劝告,就可以解决人类在地上所寻求解决的一切,那就是:向谁崇拜?把良心交给谁?大家怎样最后联结成一个无可争辩的、和谐一致的蚁穴?因为要求全世界联合一致正是人们第三个,也是最后一个痛苦问题。"这时,宗教大法官肯定越过了自己的界限,逾越了自己的身份,正是基于此,阿辽沙说宗教大法官实际上并不信仰上帝。伊凡也承认,也许在宗教大法官垂暮之年,他清楚地看出了唯有那个可怕的伟大魔鬼的劝告,才能勉强给这些软弱无力的叛徒,这些"为了开开玩笑而创造出来的不成熟的试验品"建立起一种最起码的生活秩序。

但是,宗教大法官在这里至少是提出了如何安排地上王国,安排包括多数与少数的社会政治秩序,包括如何在上帝的旗帜下安排,以及如何达到所有人团结一致这样一些最困难的问题。他认为:整个人类永远渴望着一定要把自己组成一个世界性的整体。有许多伟大的民族具有伟大的历史，但是这些民族越高超，就越不幸，因为他们对全人类世界性联合的要求比别的民族更强烈。他阐明了自己的立场，一种似乎不同于上帝的立场，一种自居少数、却致力于照顾多数、照顾所有人的立场。他对上帝说你为你的选民骄傲，但是你只有选民，而我们却使所有的人得到平静。还有，在这些选民里，在本可以成为选民的强有力的人们里，有多少人由于等你等得疲倦，已经或者将要把他们的精神的力量、心的热忱转移到另一个阵地去，最后终于举起他们自由的旗帜来反对你。而这旗帜本是你自己举起来的，亦即有少数精英亦将成为无神论者。

这是对即将来临的"现代"的预感，但宗教大法官似乎对自己统治下的现状或者革命之后的世界还是基本上满意的。他说，在我们这里，大家都将得到幸福，不会再发生反叛和互相残杀，好像在你的自由里到处都在发生的那样。我们会使他们相信，他们只有在把他们的自由交给我们并且服从我们的时候，才能成为自由的人。他们自己会相信我们是有理的，因为他们会记得，你的自由把他们领到了多么可怕的奴役和骚乱的境地。自由、自由思想和科学会把他们引进那么令人迷惘的丛林，使他们面对着那么多奇迹和无法解释的神秘，以至有一些不驯服而狂暴的人会残害自己，另一些不驯服而意志软弱的人会互相残害，而所剩下来的其余软弱而不幸的人将会爬到我们的脚下，向我们哭诉：“是的，你们是对的，只有你们掌握了他的神秘，我们现在回到你们这里，把我们从自己的手中救出来吧！”他们在接受我们的面包时，自然会明显地看到，我们是从他们那里把他们用自己的手弄到的面包取了来，然后再分给他们，并没有任何奇迹；他们将看到我们并没有把石头变成面包，但是实际上他们将的确为了能从我们手里取得面包而高兴，更甚于单单为了面包本身！

前面说到，处在 16 世纪的宗教大法官预感将会有一场大的造反，这实际上可以说正是处在 19 世纪的陀思妥耶夫斯基的预感。宗教大法官预感在这场天翻地覆的大造反中,那些精神的少数将被驱逐,羊群将被搅散。然而,宗教大法官看来相信,在这场血与火的大灾难之后(如果那时人类还没有自毁或者说面临最后审判的话),那时候他们会再寻找藏在地底下陵寝里面的我们(因为我们会重又遭到驱逐和折磨),寻到以后,就对我们哭喊:"给我们食物吃吧,因为那些答应给我们天上的火的人们,并没有给我们呀。"到那时候就将由我们来修完他们的高塔,因为谁能给食物吃,谁才能修完它,而能给食物吃的只有我们,用上帝的名义,或者假称用上帝的名义。他们没有我们是永远永远不能喂饱自己的!在他们还有自由的时候,任何的科学也不会给予他们面包,结果是他们一定会把他们的自由送到我们的脚下,对我们说:"你们尽管奴役我们吧,只要给我们食物吃。"这样,羊群会重新聚拢来,重新服从的,而且这一次将会永远不再改变了。那时候我们将给予他们平静而温顺的幸福,软弱无力的生物的幸福,——因为他们天生就是那样的生物。我们将最终说服他们不要再骄傲,因为你把他们抬高了,因而使他们学会了骄傲;我们将向他们证明,他们是软弱无力的,他们只是可怜的小孩子,但是小孩子的幸福却比一切的幸福更适宜。他们会胆小起来,望着我们,害怕地紧偎在我们的身边,就像鸡雏紧偎着母鸡。他们会对我们惊讶,惧怕,而且还为了我们这样强大、聪明,竟能制服住有亿万头羊的骚乱羊群而自豪。他们对于我们的震怒将软弱地怕得发抖,他们的思想会变得胆小畏缩,他们的眼睛会像妇人小孩那样容易落泪,但是只要我们一挥手,他们也会同样容易地转为快乐而欢笑,变得兴高采烈,像小孩子似的嬉笑歌唱。是的,我们要强迫他们工作,但是在劳动之余的空闲时间,我们要把他们的生活安排得就像小孩子游戏一样,既有儿童歌曲、合唱,又有天真烂漫的舞蹈。我们甚至也允许他们犯罪,他们是软弱无力的,他们将因为我们许他们犯罪而爱我们,就像小孩一样。他们不会有一点秘密瞒着我们。我们可以允许或禁止他们同妻子和情妇同房，生孩子或不生孩子，——全看他们听话不听话，——而他们会高高兴兴地服从我们。压在他们良心上的一切最苦恼的秘密，一切的一切，他们都将交给我们，由我们加以解决，而他们会欣然信赖我们的决定，因为这能使他们摆脱极大的烦恼和目前他们要由自己自由地做出决定时所遭受的可怕的痛苦。这样，所有的人，亿万的人们，除去几十万统治他们的人以外，全将享受幸福。因为只有我们，只有我们这些保藏着秘密的人，才会不幸。将会有几十亿幸福的赤子和几十万承担了分辨善恶的诅咒的受苦的人。他们将无声无息地死去，他们将为了你的名悄悄地消逝，他们在棺材后面找到的只有死亡。但是我们将为了他们的幸福起见，保藏着秘密，而用永恒的天国的奖赏来引诱他们。因为其实在另一世界里即使真有什么，也决不是为像他们那样的人准备的。人们预言，并且传说，你将带着你的选民和那些骄傲而强有力的人们降临人世，重获胜利，但是我们可以说，他们只是救了自己，我们却救了芸芸众生。"[1]

叙述至此，正如罗扎诺夫所说的，我们的心态几乎已经完全改变，已经差不多忘记在这之前两兄弟的谈话，而充满了另一种思想，"人们可以说这是人类意识中最悲惨的思想，上面引述的文字是世界文学中最痛苦的文字"[2] 借用一句时髦的话，陀思妥耶夫斯基不仅预见到"现代"，还预见到"后现代"或"后后现代"。如果说这就是人类的尘世命运，这就是人类命运的"永恒循环"，那么这样一幅图景确实是阴郁可怕，让人绝望的。人类是否还有其他的出路呢？是否还有其他的路好走呢？这种状态是否仍是中途而不是最后的境地呢？

---

[1] 以上对"传奇"的引述主要根据耿济之译本，《卡拉马佐夫兄弟》上，人民文学出版社 1981 年版，第 374—391 页；另外也参考了徐振亚与冯增义的译本，浙江文艺出版社 1996 年版，第 299—319 页。

[2] V. Razanov, *Dostoevsky and the Legend of the Grand Inquisitor*, pp. 159-173.

伯尔曼（H. Berman）认为：在"宗教大法官的传奇"中，陀思妥耶夫斯基摈弃了宗教与法律二元论的西方观念；转而要求法律的精神化，或者像他写的那样，"国家转化为教会"，亦即经济、政治和社会制度改变为以精神自由和献身之爱为特征的世界大同。在陀思妥耶夫斯基描述出其梦想后，仅隔一代人，那个时代便于1917年来到了俄罗斯，虽然所取的方式与陀思妥耶夫斯基期望的完全相反。而且，虽然是以一种不同的方式，它今天也正在美国化为现实。教会与国家的分离（按这个词在美国宪法中的意义）的确变得越来越绝对，但这仅仅意味着，国家本身正因为美国生活方式这种世俗宗教变得愈发神圣了。[1] 伯尔曼认识到俄国与美国、社会主义与资本主义的某些容易被人忽视的共同点和相关性（例如实际上都重视"面包"，都重视满足物质的欲望），但对它们之间的区别和对立（尤其在手段上的区别）却认识不够，并且由于作者写这一著作采取的是法律与宗教关系这一特定视角，这一批评尚没有接触到"传奇"的核心，即有关人、人性、生命意义和自由精神这一核心。

别尔嘉耶夫接近了这一核心。他认为，"宗教大法官的传奇"包含了陀思妥耶夫斯基宗教观念中最佳的建设性部分；它比《作家日记》中的或佐西玛、阿辽沙的故事中所包含的更为一致。基督的隐藏形象跟尼采笔下的查拉图斯特拉相近：同样具有崇高的自由精神与贵族精神。这是陀思妥耶夫斯基给我们的教训中非常重要的一部分，但直到现在却似乎一直未能引起人们的注意。在他之前没有一个人这样强烈的把基督跟自由的精神——这自由精神是只有极少数人才能达到的——联系在一起。[2] 别尔嘉耶夫注意到了人性中少数与多数的分别，但他倾向于认为：宗教教义是

---

[1] 哈罗德·J. 伯尔曼：《法律与宗教》，梁治平译，三联书店1991年版，第128页。
[2] 贝德叶夫：《杜斯妥也夫斯基》，时报文化出版公司1986年版，第184页。

否具有普遍性，纯粹是质方面的事，跟人数全然扯不上关系：这种教义的真确性可能在少数人身上比千百万人身上显示得更为强大有力，而单独一个宗教天才也可以比一大群人传达得更多。[1]

然而，即便如此理解，这些问题依然存在：那么，大多数人是否能上升到这少数的水平（哪怕是最终）？人在宗教信仰、道德水准方面的差别无疑要小于他们在智力和才能水平方面的差距，换言之，前一种能力在人类中具有更大的普遍性、广泛性和可变性，但是否即使在这方面，也仍然冲不破多数与少数的畛域呢？而如果一种精神追求仅仅在少数人那里达到一种"普遍性"，那么它是否还有意义，是否还值得少数人代表人类去追求呢？这少数能代表人类吗？难道就由这少数而不是多数来体现人之为人的特性？这少数与多数的关系又如何安排呢？其政治的架构又如何设计呢？而且这少数人，作为人不是仍与上帝有着绝对的距离？

劳伦斯则也许是从另一方面接近到这一核心。当默里告诉他说"'传奇'是陀思妥耶夫斯基的整个线索"，劳伦斯开始不以为然，以为传奇是"废话"，后读了几遍，觉得自己从中听到了"对基督的最后的、基督无法回答的批评。"在他看来，宗教大法官的意见就是伊凡的意见，而伊凡的意见也就是陀思妥耶夫斯基本人的意见。他说："毋庸置疑，大法官说出了陀思妥耶夫斯基自己对耶稣的最后意见。这意见坦率说来就是：耶稣，你是不确切的，人们必须纠正你。耶稣最后默默地吻了大法官，正像阿辽沙对伊凡做的一样。"这意见是建立在两千年的历史经验之上的，也是建立在对人性的深刻洞察基础上。人不能不忠于他的本性。没有任何灵异能使他永远超越其限度。

那么，什么是现实生活着的人们、普通人的界限呢？劳伦斯认为，

---

[1]《杜斯妥也夫斯基》，第180页。

是以下三种倘不满足人类就不能持续，普通人也不能"自由"（不能跟随上帝）的生命要求：1.他要求作为一种奇迹，来自上帝之手的面包；2.他要求奇迹意义上的神秘；3.他要求自己能拜倒在前的权威。这三种要求妨碍了人们"自由"，它们是人的"弱点"。只有少数人能摆脱这要求，能强大到足以能成为满足基督要求的基督徒。而大部分人是软弱的、反叛的，他们甚至不能分享尘世的面包。因而基督教对大多数人是太困难了，它只能被少数圣徒或英雄实现。它甚至于只是一个不可能实现的理想，因为它要求的比人性所能承受的要高。这样，可行的结构就须交给大法官，以他的名义建立教会与国家。耶稣是从人应当是自由的和无限的而爱人类，而大法官是从人事实上的样子爱人类，是爱现实和有限的人。

  在劳伦斯看来，人确实总在寻求奇迹、神秘与权威，今天则是从科学和机器中寻求奇迹，我们必须同意人就是这样的，他们认为物质的生活（面包、金钱）就是真实的生活，地上的面包就是天上的面包。只有少数人能看到这分别，群众不可能看到，永远看不到。"陀思妥耶夫斯基也许是第一个认识到这一折磨人的真理的人"，而一旦认识此就将改变历史进程。少数人应掌握面包再分给群众，否则，如果人们"自由地"去抢夺面包，人类就将走向毁灭。否认金钱，认为那是魔鬼的东西，就将把群众掷给魔鬼，我们不能这样，而是要接受限制，用一种等级制方式来安排这些：给人们面包、奇迹和权威。这正是基督教的爱人类，是服务于全能的主，正是他造就了两种人。许多热情的人以为把地上的面包给穷人就是"天上的面包"，可是那不是，尤其对于穷人那不是！那对他们恰好是天上面包的丧失。

  那么什么是"天上的面包"呢？劳伦斯认为，每代人都必须自己回答："天上的面包"就是生命，是现在的生活。使生命活跃和欢乐的就是"天上的面包"，"地上的面包"只是其副产品。大多数人不会理解这一点，但它是基督教的根本真理。只有少数人理解,让他们承担起责任吧。我们在得到"地上的面包"的过程中所尝到的就是"天上的面包"。奇迹与神秘是结合在一起的。权威就是那掌握面包的,陀思妥耶夫斯基说得很深刻:把他们自己的面包拿来再分给他们,给回他们,那有奇迹的意义,使面包味道更好,这就是为什么在民主制下,尘世的面包失去了它的香味的缘故。人需要服从什么人不是他的软弱,而是他的本性,他的力量,能使他接触远处更伟大的生命。正像宗教大法官所说,精选者的神秘是基督教的一个不可解的神秘,历史上自然产生的人们中的主(Lord)也是人的一个不可解的神秘,我们必须接受这神秘。这样做并不是残忍,而是对事实的重新发现,只是到18世纪末,所有人的完美性的幻觉才占据了文明民族的想象,但这是一个幻觉。伊凡必须重述老的真理:即大多数不可能辨别善恶,因为这是极其困难的,甚至那些按生命价值生活的美好单纯的人,现在也只能通过金钱来评估价值。"所以让那些有特别天赋的少数来辨别善恶,确定对金钱价值的生命价值吧,让多数人在一种等级制中带着感激接受这决定,服从他们吧。这里面有何残忍和邪恶呢?耶稣吻了大法官,意思就是,谢谢你,你是对的,聪明的老人!阿辽沙吻了伊凡,意思也是:谢谢你,你是对的,你挑起了担子!"让他们为他们重新发现了真理欢乐吧。[1]

  劳伦斯的看法特别值得注意。但他看来过于轻易地自以为解决了这个问题,而这个问题实际上仍然存在。确实,以前大多数对"传奇"的评论者和研究者似乎都未充分地考虑由人性、人的差别,尤其是多数与少数之分,将带来的问题的严重性和复杂性。这个问题不仅在"宗教大法官的

---

[1] See J. Wasserman ed., *Fyodor Dostoevsky*, *The Grand Inquisitor*, Charles E. Merrill Publishing Company, 1970, pp. 96-103.

传奇"中是明摆着的,也贯穿于陀思妥耶夫斯基"后西伯利亚时期"多部长篇小说的始终——从《罪与罚》拉思科里涅珂夫把人分为两种,到《群魔》希加廖夫把人分为两部分的社会体系,再到《卡拉马佐夫兄弟》,这个问题始终突出地存在。但人们却常常对此视若无睹,或采取简单的解决办法,这是否是一个简单化的时代的影响所致呢?无论如何,这里我们可能要遇到一个最大的神秘,遇到一个近乎无解的问题。即如果情况不是如此又将怎样呢?如果人性不是如此,不是存在差别,不是有多数与少数之分,就像人在知(知识)、情(幸福)、意(道德)方面没有什么局限性,而是完善并且齐一的话,这世界又会怎样呢?这样的人类是否还是人类呢?甚至如果多数也是少数,也像少数那样更为渴望和追求精神的目标,哪怕他们个人道德水准不低,但在精神目标的理解上却存在着无法通融的差异,那么人类间的争斗是不是反而会更加激烈、更加可怕呢?甚至人类早就要因这更激烈的争斗而不存于世了呢?这样一来,就又可以说是沉默的、惰性的多数既是拖住了又是支持了这一世界了。[1]

所以,宗教大法官代表少数对上帝的诉说实际是独白。百姓不说话,上帝也没有说话。在故事中,上帝在整个宗教大法官诉说的过程中一直默默无语,他只是一直热心地静静地听着,直率地盯着大法官的眼睛,不反驳也不解释。最后也是一言不发地走近老人,默默地吻了一下宗教大法官那没有血色的、九十岁人的嘴唇,这就是全部的回答。上帝无言,然而他毕竟吻了一下宗教大法官,劳伦斯认为这就是表示赞同,而我们却远不敢如此肯定。然后他就走了。宗教大法官说出了自己最深的困惑和疑问,然而他得不到回答,永远得不到回答。那也许是无法解答的,或者说

---

[1] 林肯说:"上帝愿要一般的人……他把这种人的数量制造得那样多。"转引自萨缪尔森:《经济学》上册,商务印书馆1990年版,第117页。

是超出人所能理解的。它在我们面前永远是一个谜，是一个亘古的疑问，一个横在天地之间的疑问。从上天和地下两方面都没有回音。百姓根本不会提出这个疑问，"百姓默默无语"，而上帝也不开口，也许他是无法用人所能理解的语言来回答。总之，此时还没有"最后的话"。最后的话也许要等到那最后的一刻。然而，无论如何，问题已经提出，并且，"宗教大法官的传奇"中毕竟包含着一些非凡的、可以庆幸而又可以害怕的、极其寻常而又不同寻常的东西，它在这一时刻使我们离一种上天的奥秘最近，离一位上帝最近，哪怕这是一个无言的上帝。但上帝还是走了，总之，在人类进入"现代"的门槛的时候，上帝走了，什么话也没说就走了。这也许就是朋霍费尔所说的"世界已经成年"、"人类已经成年"。故事结束了，人类在自己的尘世生活中也只能好自为之了。

第七章　社会秩序的构想

以上人的问题，尤其是人性的问题，人的差别，多数与少数的问题，以及这种人性本身与自由、与上帝、与精神信仰的关联问题，可以说是一个贯穿本书的基本线索，一个我们提出来用以观察陀思妥耶夫斯基提出的问题的基本视角。陀氏作品中的思想者和提问者无疑是属于少数，"个人行为的道德问题"一章是讨论少数能否逾越某些道德界限，道德限制是否只是为多数而设。"集体行为的道德问题"一章则是讨论少数行动精英是否能不计手段地利用多数，哪怕最终是为了他们的利益。有关怜悯与上帝的章节也无不涉及这一问题。本章我们将考虑由这一基本线索所直接带来的社会秩序的安排问题。在如何建构一种适合于人的社会秩序；如何处理人的差别，安排多数与少数；如何对待贵族与文化的价值；以及在实现社会理想的过程中如何处理大众与知识者的关系等方面，陀思妥耶夫斯基的作品中包括着一些有力然而模糊的、需要整理和分析的观念，他在这些方面处在一种强烈的疑问乃至自相矛盾之中，下面我们就来观察这些观念和设想。

一、社会公正和理想秩序

陀思妥耶夫斯基早期小说中的"小鸟""破布"以及"老鼠"等隐喻都涉及到社会公正问题,杰武什金在信中把瓦兰卡比作"天空中自由飞翔的鸟儿",他说这种鸟儿本应是专门用来安慰人和点缀大自然的,然而却老是处在烦恼和不幸的弱者地位。所以,他又引了这样的诗句:"为什么我不是一只凶猛的鸟儿?"以便保护瓦兰卡,使其"免遭那些猫头鹰和猛禽来啄食"。[1]

这种受欺凌的状况使人不能不思考社会秩序的公正性问题。杰武什金说:"我虽然是个无知的人,愚昧的人,但是我的一颗心跟旁人的没有什么两样。我的面包是我自己的,虽然是普普通通的面包,有时甚至是又干又硬的面包。但是面包是我用劳力挣来的,我完全有权利合法享用。我只是做些抄写工作,但是我还是觉得自傲,因为我在工作,我在流汗。抄写有什么可耻?我写字写得很工整,很出色,看起来很舒服,大人也很满意。我替他们抄写最重要的公文。当然,我写文章没有文采,我自己也知道这一点,就是没有这种该死的本领。正是因为如此,我在机关里得不到提升,……这些我都明白。但是,如果大家都去写文章,那么谁来抄写呢?我提了这样一个问题,请您回答我,……我现在意识到,我是有用的,我是必不可少的,一个人不能让胡说八道搅混自己的思想。好吧,如果他们认为我像老鼠,我就算是一只老鼠好了!可是这只老鼠是有用的,这只老鼠能带来好处,人家养活这只老鼠,还要奖赏这只老鼠,——瞧这是一只什么样的老鼠!"[2] 他又说:"一个人的社会地位是命中注定的,全凭上帝的意旨。有的人注定要戴上将军的肩章,有的人只配做一个九等

---

[1] 《穷人》,《中短篇小说》一,上海译文出版社 1983 年版,第 3、87 页。

[2] 《中短篇小说》一,第 48—49 页。

文官。有的人专门发号施令，有的人只能战战兢兢地唯命是从。这是根据每个人的才干决定的。这个人有这样的专长，那个人有那样的专长，而才干是由上帝亲自赋予的。我担任公职已经三十年光景，工作上无可指摘，品行方面端端正正，从来没干过什么为非作歹的事情。我扪心自问，觉得作为一个公民，我有我的缺点，但是同时有我的美德。"[1]

杰武什金看来并不反对这种按才干分配职位的政治秩序，只要分配得公平，他同意各得其所。但他还是感到屈辱，心怀抱怨，因为人们还给这些高低不同的职位带上了荣辱的感情色彩，似乎职位的不平等也意味着人格的不平等，还有人蓄意侮辱他，而其职位的收入又使他甚至不能达到一种像样的生活水准，不能使他应付一些突然的特殊变故，所以他感觉自己作为人的尊严受到了伤害。而奇怪的是，他特别感到受伤害的反而是那些抱着同情来描写穷人窘境的作品，以为这最伤他们的自尊心，认为那等于是偷看穷人怎么过穷日子，看他有没有像样的背心，有没有齐全的内衣，有没有靴子，什么衬里，吃什么，喝什么，抄写什么，碰上马路的路面不好，为了爱惜靴子，怎样踮着脚走路。[2] 在他看来，一个穷人，总不免多心。他用另一种眼光看人世间，斜着眼睛打量每一个过路人，惶惶不安地朝四下里张望，留神听人家说的每一句话，穷人比一块破布还不如，不可能得到别人的尊敬，只得任凭人家乱写一通。在一些人看来，穷人身上的一切必须暴露无遗，不应该有任何珍藏于内心的东西，当然根本谈不上一星点自尊心。人们在某个地方为一个穷人认捐，可是每给他十个戈比，都要来一番正式的审查。他们以为他们白白地给了他钱，——其实并不如此。他们掏出钱，却也看到了穷人的寒碜相。[3] 而他最感不平是那

---

[1] 《中短篇小说》一，第 70—71 页。
[2] 同上。
[3] 同上书，第 80—81 页。

种世袭，先天情况造成的不平等，他在都市，在高楼大厦面前往往会感到自己很渺小，"仿佛有人用手指朝我的好奇的鼻子弹了一下，我就比水还顺从，比草还谦卑地走开，战战兢兢地走开了。"然而，他说他想弄清楚，那些大房子里究竟在干些什么，那些上流社会中的人究竟在干些什么，说要等深入了解以后再来评评看，我们莫名其妙地把自己看得一钱不值，总觉得低人一等——到底公平不公平。[1] 他最感到痛苦的是一种精神的伤害，尊严的伤害，而这又和贫穷有关，和人们把贫富与尊严联系在一起的价值观念有关。

　　在经历了长期的西伯利亚的苦役生活，与普通民众有了亲身的、无可逃避的、平等乃至更等而下之的共同生活之后，陀思妥耶夫斯基对社会公正的问题有了一些新的更为深入全面的认识，他特别提到处在下层的人们对于社会公正和等级秩序的看法。《死屋手记》的作者写道，下层民众对上层贵族有一种深深的距离感和排斥意识，一个普通囚犯来到狱中会很快被其他囚犯当作自己人，而一个出身名门的贵族就截然不同了。贵族总是很少数，在狱中也同样是。无论他怎样正直、善良、聪明，他将长期受到其他囚犯的憎恨和鄙视；他不易为大家所了解，主要的是不会为大家所信任。他不是朋友，也不是难友，虽说随着岁月的流逝，他也终于达到了人们不再欺侮他的地步，但他毕竟不易成为"自己人"，会总是痛苦地意识到受到别人的疏远和孤立。这种疏远，从囚犯们方面来说，有时并非完全出于恶意，而是无意识的。"不是自己人"，仅此而已。而世上没有比生活在不是自己人中间更可怕的事了。一个庄稼汉，立刻会在狱中找到一个和他一模一样的俄国庄稼汉，立即会一见如故，谈得十分投机，经过两个小时，他们兴许会亲密无间、和和睦睦地住在同一个小木房或窝棚里。而

---

[1] 《中短篇小说》一，第109页。

对贵族们来说就是两码子事了。他们和普通老百姓之间横着一条无底的深渊,并且只有当那位贵族忽然为外部环境所迫而确实在事实上丧失了自己以前的权利,变成一个普通老百姓时,这条深渊才被充分地察觉出来。[1]

普通百姓囚犯甚至不愿让贵族囚犯参与他们的体力活,也不愿让贵族参加他们的请愿,彼得罗夫对作者说:"你们算是我们什么样的难友呢?"作者知道这话并不带恶意,没有一点讥讽、仇恨和嘲笑的意思,甚至是带有一种真挚的纯朴和天真无邪的困惑,彼德罗夫的意思只是说作者不是他们的难友,仅此而已,因而"你走你们的路,我走我们的路,你们有你们的事情,我们有我们的事情"。[2] 这已经是一种很客气的、经过彼此了解之后的态度,普通百姓囚犯对贵族囚犯更一般的态度是抱着一种阴郁乃至仇恨的感情,尤其是在置身于他们中的头几年。双方会接受互相其实谁也改变不了谁的事实,接受物以类聚、人以群分的道理,然而在狱中他们又不可能分开。所以,作者痛感,除去丧失自由、被强制性劳动以外,在苦役生活中还有一种苦难比任何别的苦难都要更为可怕,那就是:强制性的共同生活。共同生活自然在别的地方也有;但是到监狱里来的有些人,并不是每个人都乐意或者可能和其他人过共同生活的。每一个苦役犯都感觉到这种苦难,不过,大多数人自然是无意识的。[3] 作者感到自己身边虽然有几百个难友,却还是在孤寂中过日子。作者还痛感到在形式的刑罚平等之下实际存在着的惩罚不平等。这是另一种同样与形式平等对立的实质不平等,是一种与在上的、幸福状况的实质不平等不同的在下、痛苦状态的不平等,但却很容易被人们所忽略。作者在经历了一种与民众的也许是最彻底的结合之后,对贵族与百姓的可能融合得出了一个

---

[1] 《死屋手记》,第 329 页。
[2] 同上书,第 344 页。
[3] 同上书,第 29 页。

近乎绝望的结论。

但是，另一方面，普通囚犯又在某些事情上尊重贵族们，尊重他们的见解和评判，希望得到他们的赏识。《死屋手记》的作者写道："囚犯们可以嘲笑我，因为我在劳动时不是他们的得力助手。阿尔马佐夫可以轻蔑地看我们这些贵族，在我们面前吹嘘他会烧雪花石膏。但是，在他们对我们的排挤和嘲弄中还掺和着另外一种东西：我们以前是贵族；我们属于和他们过去的主人一样的阶层，关于他们的主人，他们是不会留下美好的记忆的。但是，现在，在监狱的剧场内，他们在我面前纷纷让路。他们承认，我在看戏这一点上能比他们判断得好，比他们见多识广。他们当中对我最不抱好感的人（这我心里清楚）如今也希望我夸一夸他们的戏，并且不带任何自卑的心理把我让到比较好的位置上。我现在一边判断，一边回忆我当时的印象。我当时就似乎觉得——我记得这一点，——在他们那公正的自我判断中全然不存在妄自菲薄的心绪，有的只是自尊心。我们人民的最崇高、最显著的特点，便是正义感和对正义的渴望。在所有的地方，不论碰到什么情况，不管值不值得，那种像公鸡般好斗的作风，在我们人民中间是没有的。只要把表面的、非固有的硬皮剥掉，并且不怀任何偏见地、更仔细地靠得更近一些看看内核，——有的人就会在人民身上看到一些他过去所不曾预料到的东西。我们的圣贤们能够指教我们人民的地方并不多。我甚至可以肯定地说，——恰恰相反，他们自己还得向人民学习。"[1] 囚犯们不仅尊重贵族们的审美鉴赏力而分给他们好的座位，他们也按各人出钱的多少来分配座位。位置并没有规定的价钱：每人出他能出或愿出的数目。当有人端着盘子前来收钱的时候，几乎人人掏腰包朝盘子里放点儿钱，哪怕半戈比的铜币也行。囚犯们的想法是："你比我富

---

[1] 《死屋手记》，第 199 页。

有，你就到前面去，虽说我们在此地是平起平坐的，但是你比我出的多：因此，像你这样的观众，在演员们的心目中就更讨人喜欢些，——你应该有头等位置，因为我们在这里不是为了几个钱，而是出于敬意，所以我们自己应该把自己分成类。"作者说这里面包含着真正的、高尚的自尊心，这不是对金钱的尊敬，而是对自己的尊敬。[1] 同样，监狱里的聚赌者雇人望风时，望风人为了五戈比就得在零下三十度的过道里熬上六七个小时，谛听任何一点动静，若有失误就得遭受严厉的惩罚，这里同样表现的是一条冷酷无情、不容有反驳的论据："拿了钱，就得一本正经地当差。"

《庄院风波》中的农民和仆人也表现出类似的、各得其所乃至自我隔绝的正义观。当福马到打谷场上问大家："你们可知道到太阳有多少里地？"一个农民说："这谁知道？知道这些不是我们的学问，是老爷们的学问。"福马逼着老仆加甫里拉学法语，加甫里拉抗议说："你要是坐下来看书，我有责任不让闲人打搅你，这才是我真正的差事。"[2] 卡拉马佐夫家的老仆格里戈里也有类似的特征，有自己简单粗朴却异常明确的、基本的善恶观和正义观。维尔西洛夫家的农奴、园丁，后来云游四方、朝拜圣地的马卡尔老人懂得在再低下的地位中也仍然保有自己的尊严，乃至仪表堂堂，少年多尔戈鲁基为其性格所吸引，并由此感觉到：主要的是那恭敬的态度，那种谦逊的恭敬态度正是实现最高平等必不可少的；不仅如此，缺乏那种恭敬态度，就不会获得优越的地位。正是由于毫不骄傲自满，他才是一个非常正派的人，是一个不论自己的处境如何，不论他的遭遇怎样都会尊重自己的人。[3]

---

[1] 《死屋手记》，第 200 页。

[2] 陀思妥耶夫斯基：《庄院风波》，《中短篇小说》二，上海译文出版社 1983 年版，第 460、465、523 页。

[3] 《少年》，第 165—166 页。

车尔尼雪夫斯基在其小说《怎么办》薇拉的第四个梦中,描绘了一个美好的理想社会,这是一个所有人都平等自由的社会,并且平等优先于自由。人们住在高大的水晶宫里,到处都是铝制品,繁重的工作几乎都由机器代劳,人几乎只要走动走动,管理管理机器就行,大家在一起干活和吃饭。虽然每个人可以高兴怎样生活就怎样生活,不过绝大多数人,百分之九十九的人都喜欢共同生活,他们能够这样愉快、幸福地生活的唯一原因只是他们开了窍,开始把大量的人力和财力用来为自己谋福利,能够好好地安排,懂得怎样运用财力更实惠。这儿有各种各样的幸福,想要怎样的幸福就有怎样的幸福,每个人都享有完全的、毫无拘束的自由。这就是未来的美满社会,人人要为之工作,向它突进。[1] 而我们知道,陀思妥耶夫斯基《地下室手记》的一个主旨就是强烈质疑这种"水晶宫"的社会构想,而他的质疑所依据的主要是人的极其复杂性和有限性。由于人在道德、知识方面的有限性,人不可能达到那种完美的幸福。而且,如果只是追求物质生活的幸福,对人来说简直是不怎么体面的。

陀思妥耶夫斯基并没有提出自己肯定的社会理想,在他的小说中有一些方案,也多是由有争议乃至反面的人物提出来的,亦即是作为问题提出来的,这并不意味着其中就没有他认为正确的值得肯定的因素。事实上,陀思妥耶夫斯基倒经常把自己的一些思想放到他并不赞许的人物身上,由他们的嘴来说出,这甚至可以说是一种作者的策略,他不希望他的思想一开始就因为由他赞许的正面人物说出而处在某种优先的特权地位,而是希望他的思想能引起争论,能得到修改和验证。另外,他也期望着总是从现实的人出发,从复杂的人性出发,来探讨尽可能多的各种社会设计的可能性。而这其中关键的一个问题是多数与少数的关系。

---

[1] 车尔尼雪夫斯基:《怎么办》,人民文学出版社1984年版,第422—435页。

《群魔》中的希加廖夫不满意于柏拉图、卢梭、傅立叶及上述"铝制圆柱和水晶宫"的社会理论，认为这一切只不过适合于麻雀、蚂蚁，而不适合于人类社会。但是，既然未来的社会形式在当前是不可或缺的，大家也都在准备采取行动，那么为了避免继续犹豫下去，他说他现在就提出自己的世界制度体系。但他承认：他最后被自己的材料给弄糊涂了，而且他的结论直接跟他的初衷相抵触。他的理论"从无限的自由开始，却以无限的专制告终"。但他仍坚持，除了他这个解决社会问题的方案之外，再不可能有任何其他方案。跛腿教师也认为：傅立叶，尤其是卡贝，甚至还有蒲鲁东本人，他们都有许许多多最专断也最狂热的解决问题的办法。希加廖夫在解决问题的时候，说不定比他们清醒得多。读了他的书以后，对于有些事情几乎就不能不表示同意。他可能比任何人都更接近现实主义，他的尘世乐园也几乎是真实的，这乐园就是人类由于失去了它而正在喑然叹息的那一个，只要它确实存在过的话。总之，他特别强调希加廖夫理论的现实性。[1]

但是，希加廖夫尽管说想用十个晚上，每晚一章来阐述他的体系，小说中实际再没有出现过他本人的直接陈述，我们从他本人那里只知道他的初衷是要从"无限的自由"开始，而实际上却是以"无限的专制"告终。也就是说，起点是美好的，为人向往的，人们是享有无限自由的，然而却由于某种现实的，出于人们自然本性的逻辑，走向了"无限的专制"。据跛腿教师所说，最后只剩下少数人（十分之一）享有个人的自由并对多数（十分之九）享有无限的权力，这十分之九的人虽然是没有个性，动物一般的，却也是伊甸乐园式的原始纯朴。跛腿教师认为这一系列蜕变过程及改造他们的措施，是非常高明的，是以自然界的事实为基础的，而且十分

---

[1] 《群魔》，第534—538页。

合乎逻辑。在这一漫长过程中，多数人是自愿还是被迫放弃自由的呢，我们无法从希加廖夫本人那里得其详，但从跛腿教师那里所描述的过程看，确实有些像宗教大法官所描述的多数人自愿放弃自由的过程，或者说是多数人自愿放弃自由与少数人对他们进行改造驯导双管齐下的过程。总之，与下面彼得·韦尔霍文斯基的陈述比较起来，它还是一种相对温和的、自然而然的过程。

彼得·韦尔霍文斯基对希加廖夫的社会体系也有一个陈述，我们要注意到他不太关心价值目标而更关心手段，主张采取一种快办法，哪怕因此死一亿人也在所不惜的特点（而希加廖夫连杀死一个沙托夫也不同意），所以他所叙述的"希加廖夫学说"明显带有他自己的色彩，表达了他自己的思想观念，所以这一学说也许可以更正确地称之为"彼得·韦尔霍文斯基的学说"，或者可以将它看作是对"希加廖夫学说"的一种极端的、歪曲的引申。总之，虽然这种引申也仍是"希加廖夫学说"一个可能的逻辑结果（如果不择手段的话），我们认为还是有必要区别这两种陈述。彼得·韦尔霍文斯基叙述说，要有一种监视制度，每个社会成员都要监视别人，并有告密的义务。每个人属于大家，大家也属于每个人。人人都是奴隶，从奴隶的地位来看，大家一律平等。只有在万不得已的时候才能诉诸诽谤和凶杀，而主要的则是平等。首先要降低教育、科学和才能的水平，只有那些有很高才智的人才能达到很高的科学和知识水平，而有很高才智的人却是用不着的。有很高才智的人总是要攫取权力并成为暴君，他们不可能不成为暴君，他们一向成事不足而败事有余，因此要把他们放逐出去或处以死刑。西塞罗要被割去舌头，哥白尼要被挖掉眼睛，莎士比亚要被乱石砸死。奴隶应该是平等的：以前还不曾有过没有专制主义的自由和平等，然而在动物当中却必须有平等。彼得说他拥护如此阐述的"希加廖夫学说"，说把山削得一般高低是个好主意，它并不可笑。用不着教育，科学也太多了。就是没有科学，物资也够用一千年，但是应该叫人们听话。世界上只有一样东西不够多：服从。对教育的渴望已经是一种贵族的渴望。人只要有了家庭或爱情，他就会产生对财产的欲望。因而要埋葬这种欲望，可以利用酗酒、造谣、告密；利用前所未闻的骄奢淫逸；把任何一个天才都扼杀在襁褓之中。他说要把一切都归结为一个公分母，要彻底的平等，"必不可少的只是必不可少的东西"——这就是地球今后的座右铭。不过还需要惊厥；我们这些统治者会注意这一点的。奴隶必须有统治者。绝对服从，完全丧失个性，但是每隔三十年使他们发生一次惊厥，突然之间大家就开始你吃我、我吃你，这当然是有一定限定的，因为只不过是为了消愁解闷。烦闷是贵族的感情；欲望和痛苦是为我们安排的，而为奴隶安排的却是另一套。[1]这里描述的已经是一种最终达到的状态：虽然是"无限专制"，但在奴隶中，在十分之九的多数中，却仍保有绝对的平等。社会理想已经转换成一种政治统治术，为了维持统治，就必须在被统治的多数中保持一种绝对的平等，削平才智的山峰，扼杀任何一个可能的天才，不要有教育，也不要有家庭、爱情或对私有产权的欲望，让他们处在一种无知无欲的快乐状态中，而只有少数统治者（即"我们"）还留有欲望和痛苦，除了使用的手段不同之外，这种最后的状态确实与宗教大法官所描述的最后结果相似，甚至就像是殊途同归。

在《一个荒唐人的梦》里，陀思妥耶夫斯基描述了在另一个星球上的"理想社会"，这也可以说是一种"反面乌托邦"的雏形，其中描述了一个纯朴的安乐乡怎样因一个地球人的来到，因输入"文明"而堕落的结局。这个理想社会看来是处在一种无政府的状态，生活在其中的人（姑且称之为"人"）的理智与志趣与地球上的人不同，他们不存奢望，生性淡

---

[1] 《群魔》，第 553—555 页。

泊，观赏树木时怀有深切的爱，他们用这种态度看待整个自然界——看待和他们相安无事的各种动物，他们都像孩子一样活泼愉快，在景色秀丽的灌木丛和树林里到处漫游，唱着美妙的歌曲，吃着清淡的食物，吃着树上结的果子、森林中的蜂蜜，以及同他们友好相处的动物的奶汁。为了衣食，他们只需要从事少量轻松的劳动。他们男女相爱，生儿育女，但是从未有淫欲冲动的狂暴表现，他们的孩子是公有的，因为所有的人共同组成了一个家庭。他们坚决相信，只要人间的欢乐达到尘世上的最大限度，那么对他们（无论是生者和死者）来说，同整个宇宙更广泛地进行接触的时刻就会到来。然而，他们终于堕落了，堕落的根源就是"一个现代、追求进步的俄国人"，他们由此学会了说谎，热衷于弄虚作假，体会到谎言的妙处。后来很快出现了淫欲，淫欲引起嫉妒，嫉妒产生残暴……没过多久就发生了第一次流血：他们惊异、恐慌，发生了分歧、分裂。出现了各种帮派，并且互相敌对，展开了责骂、攻讦。他们懂得了羞耻，羞耻上升为道德。出现了荣誉的概念，每个帮派竖起了各自的旗帜。他们开始虐待动物，动物逃避他们，纷纷躲进森林，变成他们的仇敌。当他们犯罪时，就发明了正义，并且制定出整套整套的法典来维护正义，为保证法典的贯彻执行，还架设起断头台。他们唯恐私利受到触动，总是尽力损害和缩小别人的利益，并把这种事情视为生活的要义。于是，出现了奴役，甚至是自愿的奴役：弱者甘愿服从强者，以便强者能帮助他们去压迫更弱的弱者。出现了一批贤哲，贤哲向他们哭谏，指出他们如何骄横自大，如何放肆和不顾和睦，如何丧尽廉耻。这些贤哲不是受到讥笑就是遭到石块的痛击。神殿的门口洒下了他们圣洁的鲜血。以后又出现了一些人，他们开始考虑：怎样才能把大家重新联合起来，使每个人既能照旧只顾自己，同时又不致妨碍别人，从而使大家可以共同生活在一个融洽的社会之中。为了实现这种理想，终于爆发了多次战争。所有参战的人这时坚定地相信，学问、智慧和自我保全感最后必将促使人们联合成一个和睦无间、合乎理性的社会，为了加速事业的发展，"智者"就力求尽快把不了解他们思想的"愚者"消灭干净，以免"愚者"妨碍这种理想取得胜利。[1] 这就已经接近于是地球上人类的状况了。思考的人们不禁要问：人类是否只能在一种原始的纯朴（无政府的或有政府的，但即便有政府和强制，也是隐蔽的，几乎不为多数所知的，他们还是快乐幸福的）与一种混乱的文明之间循环呢？甚至他们连原始的乐园也不可能再恢复呢？或者这种恢复只能通过无知而快乐的多数与有知而痛苦的少数的分野来达到呢？

二、贵族与文化

贵族的问题在此主要从与精神文化关联的角度考虑，而不是从与社会地位、经济利益关联的角度考虑。例如，《舅舅的梦》的情节是围绕着一个年老的贵族 K 公爵，一个拥有四千个农奴的大庄园主展开的，莫斯卡列娃太太竭力想安排她自己的女儿济娜与他达成婚姻，这里有很强烈的经济动机，但也可能有另外的原因，或如莫斯卡列娃所说：他是我们贵族阶级的遗老，是我们贵族的残骸，如果说在我们当代社会中还有什么富有骑士风味的、壮丽的东西，那么它恰恰在社会的上层。公爵再寒碜也还是公爵，公爵就是住茅屋也和住宫殿一样。[2] 但这位公爵确实是老朽了，虽然心地极好，却实际上是个浪荡公子，挥霍财产的能手，但幸运地在快要破产的时候又得到了一笔大庄园的遗产。K 公爵也想出国去了解"新思想"，因为现在大家都为"新思想"到那里去，所以他也想来一点儿"新思想"。他想为现代文明做一些事，以前在法兰克福的时候，曾想解放他

---

[1]《中短篇小说选》下，第 658—664 页。
[2] 陀思妥耶夫斯基：《舅舅的梦》，山西人民出版社 1980 年版，第 21 页。

带去的一个农奴，然而，那农奴却自己跑了。他每天化装要花很多时间，装束打扮极其优雅。然而，即使他没有耗费他的神志，也早就耗完了他的记性，说起话来颠三倒四，结结巴巴。最后他在聚会上被完全揭穿了虚饰，大家都知道了他实际上是没牙、独眼、瘸腿、用束腰、假发、脸上装弹簧、隆鼻子，连小胡子也是假的。总之，公爵整个儿都酥了，是一个熟透了的贵族，一颗很快就要自己掉下来的果子。

当然，这只是贵族阶级在一个方面的代表，它只是体现了贵族趣味一个外在的方面，即礼义的方面，文雅的方面，而且这些礼仪已经越来越徒具形式，失去了原有的精神。当时许多贵族实际上已经很穷，他们同时感到了在下的经济势力和在上的沙皇以及官僚阶层的压迫。赫尔岑不仅对专制沙皇，也对官僚阶层感到鄙夷和愤怒，因为后者是完全依赖于前者的。在某种意义上，他是站在贵族自由主义的立场上反对沙皇专制及其官僚制度。当时整个贵族阶级已入困境，已呈衰态，但是，即便在那时，也还是有许多生气勃勃的贵族，乃至有精力无处发泄的贵族。19 世纪初期不仅有十二月党人的反抗，19 世纪灿烂的俄罗斯文学也主要是由出身贵族的作家们启动和创造的，他们笔下出现了奥涅金、皮却林、彼尔、包尔康斯基等各种贵族的群像。俄罗斯贵族，尤其是其中的知识分子，有一种强烈的非功利特征，一种自我放弃、自我牺牲的精神，他们不是俯首于上方，而是要扑向下层，满心要为民众做一些事情。

然而，预感到自己的命运，预感到贵族这一阶级乃至生活方式即将消灭的贵族们，还是不能不感到有一点黯然神伤。即便天真烂漫，早已没有等级观念，自己若不是偶然得到一笔遗产也会穷途潦倒、去充任抄写人员的梅诗金公爵，在参加一次贵族们的宴会时说："我到这里来的时候心中是痛苦的，我……我怕你们，也怕自己。最怕的是自己。我返回彼得堡来的时候，立意一定要见见我国的精华，见见古老家族的代表人物，我自己便属于这类代表,论世系我本人在其中名列前茅。……我需要亲眼看一看,自己得出结论:俄罗斯人的整个这一上层是否真的不中用了,真的过完了他们的时代,耗竭了源远流长的生命,只能死去,但出于妒忌还在跟……未来的人们作渺小得可怜的争斗,妨碍着人家而并不意识到自己正在消亡?……可事实怎样呢?我看到的是些高雅、诚恳、聪明的人;我看到的是一位对我这样一个少不更事的人十分爱护、耐心地听我说话的长者;我看到的是一些既能谅解又能宽恕的人,一些心地善良的俄罗斯人,几乎同我在国外遇见的一样善良和真诚,几乎毫不逊色。……被人取笑有时候挺不错,甚至更好;这样更容易相互宽恕,也更容易想通;总不可能一下子全都理解,不可能一开始就完美无缺!要达到至善至美,先得对许多事情不理解!如果我们理解得太快,恐怕也就理解得不透。……您以为我为那些人担心,认为我是他们的辩护士,民主派,倡导平等的演说家?我为您担心,为你们大家,也为我们大家担心。我自己是古老世家的公爵,现在和公爵们坐在一起。我是为了拯救我们大家而说话,希望我们这一阶层不消失。明明可以保持在前列当领头的,为什么要消失,给别人让位?只要我们站在前列,我们就是领头的。让我们先做仆人,才能成为头领。"[1]但那宴会上的贵族实际上已是徒有其表。

《少年》中的贵族维尔西洛夫也说:"你以为我为农奴制而发愁吗?我不能忍受人民的解放吗?哦,不,我的朋友,我们曾经也是解放者。我移居国外不是由于任何不满。……我出走与其说是由于后悔,倒不如说是由于自尊心,请你相信,我当时绝对没有想到我已经到了做一个卑微的皮靴匠来了此一生的时候。Je suis gentilhomme avant tout et je mourrai gentilhomme!(我首先是贵族,我也要死为贵族。)可是我到底很忧愁。在

---

[1] 《白痴》,第 506—509 页。

俄国，像我们这样的人大概有一千名左右；的确，也许不会更多，但是为着使思想不灭，这就很够了。"[1] 他惋惜贵族也是惋惜思想，是为了文化的价值和优越性。所以他对儿子说："是的，孩子，我要对你再说一遍，我不能不尊重我的贵族身份。我们经历几个世纪创造了一个在任何地方还没有见过的、在整个世界上还没有的、最高的文化典范——世界性的、同情一切人的典范。这是俄罗斯的典范，但是因为它选取于俄罗斯民族最高的有教养的阶层，所以我荣幸地属于这个阶层。这个阶层把俄罗斯的未来掌握在自己手中。我们也许总共只有一千人——或许多些，或许少些，但是如今整个俄罗斯只为了产生这一千人而存在。人们会说这不够，会感到愤怒：这么多世纪和这几百万人全都消耗在这一千个人身上了。依我看，不少啦。"[2] 然而，这并不意味要使进入这个阶级的门封闭，要使这样一个创造思想和文化的阶层完全自我循环。维尔西洛夫认为：俄罗斯贵族典型从来同欧洲的不一样。俄罗斯贵族丧失了特权后，现在还不失为最高的阶级，成为荣誉、光明、学术和崇高的思想的保护者，而主要的是不囿于一个阶级，囿于一个阶级就等于观念的死亡。相反的，在进入这个阶级的大门老早就开启了；现在更到了把大门完全敞开的时候了。要让荣誉上、学术上和忘我精神的任何功绩使每个人都有权利跻身于上层人物之列。这样，阶级就自然而然地成为最优秀的人物的一个集体，这是字面上的真正含义，而不是像从前那样只就特权阶级的含义来说的。阶级只在这种新的、不如说革新的形式下才能存在下去。但他也不得不承认，将荣誉和启蒙观念作为每个想加入这个不是故步自封而是不断革新的阶级的人的誓约，现在还是一种乌托邦的理想，然而他问：以后为什么就不可能这样呢？假如这种想法只存在于少数人的头脑里，那么它就还没有消亡，还会

---

[1]《少年》，第 602 页。
[2] 同上书，第 606 页。

像在一片漆黑中的一星火光发出光辉。[1]

陀思妥耶夫斯基在自己的记事薄中也表达过类似的观点，他写道："我们的优秀人物是什么。贵族已经垮掉了。在法国也垮掉了。荣誉军团曾深入人心，但没有解决问题。（在欧洲优秀人物是由权力造成的。）我们的彼得大帝为了压制大贵族而实行了十四等级制。这与荣誉军团相类似。也曾深入人心，但也没有着手去解决问题。没有被人民的精神所认可，而且官吏开始声名狼藉。（雇佣的官吏、奸商、律师、银行家更是有过之而无不及。）可是缺少了优秀人物是不行的。但彼得大帝也是按照西方精神行事，才划分了十四个等级，因为优秀人物过去来自政府，而并非出自人民的精神。将来优秀人物来自人民，而且理应如此。这在我国比其他地方应该更容易组织。确实，人民还沉默着，虽然也已经举出了，除神人阿历克赛以外，如苏沃洛夫、库图佐夫。但人民还没有表示意见。知识分子的意见很含糊，人民也不理解，而且也听不到。天知道知识分子认为谁是优秀人物。巴黎公社和西欧的社会主义不要优秀人物，而要平等，会砍掉莎士比亚和拉斐尔的脑袋。我们人民没有嫉妒心；请给人民做好事吧，您便会成为人民英雄。"[2] 而且，陀思妥耶夫斯基还表达了自己的这一观念："我永远不能理解这样的思想：只有十分之一的人应该获得高度发展，而剩下的十分之九的人只应该成为他们的材料和工具，自己则处于愚昧之中。我不愿意思维和生活，如果离开了以下的信念：我们全体九千万俄国人（或者不管以后出生多少），总有一天大家都会是有教养，富有人性和幸福的。我知道并坚信，普遍的教育在我们国内对谁都没有害处。"[3] 但他还没有深入思考"普遍优秀"这个概念本身可能就包含有矛盾，以及即便实

---

[1] 《少年》，第279—280页。
[2] 《记事薄摘录》，见《陀思妥耶夫斯基论艺术》，漓江出版社1988年版，第384页。
[3] 《陀思妥耶夫斯基论艺术》，第182页。

现了普遍教育，为潜在的、贫困的天才打开了通路，从整个社会来说，可能还是会分出多数与少数，在自然而然的居前与拉后之间还是会有一种内在的紧张。

总之，在普遍发展与优越文化之间并不是没有矛盾和紧张的，尤其是在陀思妥耶夫斯基所处的时代里，处在社会变革乃至暴力革命的压力下，一种优越的文化是否将会毁灭？一切文化是不是都要用功能和有用性来衡量？在《群魔》中，斯捷潘表达了这样一种困惑和忧虑。斯捷潘人格的一个特点是他能够触动自己朋友最深的心弦，使对方心里对那种永恒的、神圣的烦恼产生一种最初的、还不大清晰的感受，能够欣赏它的人们一旦体验到了这种精神烦恼，日后就再也不会拿它去换取廉价的物质满足了。[1] 当斯捷潘说到解放农奴的"伟大日子"时，他不同意许多知识分子对农民及其文化恭维过甚，说我们跟所有性急的人一样，对待我们可爱的农民未免太匆忙了，我们把他们变成了时髦人物，若干年以来，整个文学界一直把他们当作新发现的奇珍异宝大加吹捧。我们给长满虱子的脑袋戴上桂冠。然而，一千年来，俄国农村给我们的只不过是卡马林舞。他说一位并非缺乏幽默感的杰出的俄国诗人，第一次看到伟大的拉舍莉（法国著名女悲剧演员）登台演出的时候，不禁欣喜若狂地叫道："我可不愿意拿拉舍莉去交换一个农民！"而他倒想更进一步：他情愿拿全体俄国农民来交换一个拉舍莉。"现在已到了应该保持比较清醒的看法的时候了，不可把我们祖国的煤焦油当成女皇香。"[2] 在一次节日的演说会上，作家卡尔马津诺夫也带着一种微妙、又有点挖苦的笑容说："在我们的时代，把桂冠放在一个高明的厨师手中，要比放在我的手中合适得多。"一个神学生

---

[1]《群魔》，第 51 页。
[2] 同上书，第 43—44 页。

立刻叫道:"一个厨师也更为有用!"这之后,斯捷潘走上了讲台,他说:"当代青年的热情就跟我们那个时代一样纯洁而光辉。只发生了一件事:目标转移了,一种美被另一种美取而代之!整个令人纳闷的问题只不过在于何者更为优美:是莎士比亚还是皮靴,是拉斐尔还是煤油?"在遭到非议之后,他无比激动地尖声叫道:"而我现在宣布,莎士比亚和拉斐尔高于农民的解放,高于民族性,高于社会主义,高于年轻一代,高于化学,高于几乎全人类,因为他们已经是成就,全人类的真实成就,也许还是有可能取得的最高成就……你们可知道,你们可知道,没有英国人,人类还能活下去,没有德国也成,没有俄国人更是不妨,没有科学也成,没有面包也成,只是没有美那可不成,因为那样一来世上的事就毫无办法了!全部秘密就在这儿,整个历史就在这儿!没有美,科学本身片刻都不能存在。"[1]

斯捷潘的批评是有所指的。我们可以约略回顾一下19世纪俄国知识界对于文化的态度,别尔嘉耶夫指出,恰恰是在19世纪下半叶俄罗斯知识界提出了文化的价值问题。例如,拉甫罗夫在《历史信札》中甚至直接谈到了文化的罪孽。19世纪60年代的俄罗斯虚无主义是针对特权阶层的,并且只为特权阶层设立的文化的道德反省。俄罗斯的虚无主义与西方人有时所说的虚无主义很少共同之处,它没有任何高雅之处,却恰好使每一种高雅的文化受到怀疑,并且要求它为自己辩护。杜勃罗留波夫、车尔尼雪夫斯基、皮萨列夫都是俄罗斯的启蒙者。他们与西方的启蒙者,与伏尔泰或狄德罗很少相似之处,亦即他们不像西方的启蒙者那样推崇文化(卢梭可能是西方启蒙者的一个例外),但却崇拜科学,主张现实高于艺术,生活高于美,他们反对空想、静观而呼吁行动、干预,用科学主义、唯物主义和功利实用来作衡量的标准。例如皮萨列夫就反对普希金,反对美学,

---

[1] 《群魔》,第641—642页。

乃至否认创作者的个性，否认个人精神生活的意义，否认哲学和文学艺术的意义，他甚至提议大家都来写关于自然科学的通俗文章以取代长篇小说。[1] 屠格涅夫的小说《父与子》中的虚无主义者巴札罗夫常被认为其身上有皮萨列夫的影子，巴札罗夫说"一个好的化学家比二十个诗人还有用。"说念普希金的诗没有一点用处，认为"大自然不是一座庙宇，它是一座工厂，我们人就是这个工厂里的工人"。[2]

到了19世纪70年代，知识分子所提出的文化问题与60年代虚无主义又有些不同，这时首先是关于享用文化的阶层以及在平民前面的知识分子的债务问题。许多知识分子认为：享有特权的阶层所以有文化，是因为劳动人民流血流汗，现在这一债务应当偿还。对虚伪的文明生活的憎恨促使人们到平民生活中寻找真理。因此，平民化，脱下自己虚伪的文化外罩，希望弄清真正符合事实的生活的实质，这一点在托尔斯泰那里得到了最充分的表现。他认为在"自然"中比在"文化"中有更多的真理，更值得崇拜和赞美。托尔斯泰抨击文化，他试图走向人民和劳动，有时甚至想否定他本人的伟大作品。他竭力追求的不是形式的完美，而是生活的智慧，而他自己也想成为生活的导师。别尔嘉耶夫指出：把约伯的痛苦和快要自杀的托尔斯泰的痛苦相比较是很有意思的。约伯的喊叫是那种在生活中失去了一切，成为人们中最不幸者的受苦人的喊叫。而托尔斯泰的呐喊则是那种处在幸福的环境中拥有一切，但却不能忍受自己的特权地位的受苦人的呐喊。[3]

19世纪中叶的大部分俄国知识者都不惜为了"人民"而否定文化，大概只有列昂季耶夫是一个突出的例外。根据别尔嘉耶夫的描述，列昂季

---

[1] 别尔嘉耶夫：《俄罗斯思想》，雷永生等译，三联书店1995年版，第131—137页。
[2] 屠格涅夫：《父与子》，巴金译，人民文学出版社1978年版，第232、256、253页。
[3] 《俄罗斯思想》，第131、137、139页。

耶夫是文艺复兴式的人物，喜爱繁荣的文化，他认为，人最珍贵的东西是美。从美的角度来看，无论是人的苦难，还是残酷的折磨，都可以容忍。但他并不是一个残忍的人，他是从人的最高价值角度来鼓吹残酷性的，这一点和尼采一样。列昂季耶夫是俄国第一个美学家，他主张"没有受苦受难的人性，而只有优美的人性"。列昂季耶夫最反对快乐主义和幸福论，信奉美学悲观主义。他认为当时俄国自由主义主张的财产平均进程是荒谬的、畸形的，但同时又是不可避免的，认为世界正在走向庸俗。文化的命运这一主题是他以十分尖锐的形式提出来的。他预见到文化的可能堕落，他讲的很多话都早于尼采和施本格勒，具有世界末日论的倾向，在他那里，美学评价比道德评价占优势，他带着自己所固有的思想的另一种激进性和真诚坦率承认：基督教的平等真理在社会生活中的实现会导致反常现象。实质上他是不希望这种实现的，他认为自由和平等会产生市侩习气，他的全部思想都是对俄国的民粹主义、俄国的解放运动、俄罗斯对社会正义的探索、俄罗斯对上帝之国的追求的美学反动。他是贵族，是国家强力政权的拥护者，但他首先是一个浪漫主义者，他对市侩习气和资产阶级作用的仇视是浪漫主义者的仇视。他后来也赞成社会改革，赞成解决工人问题，他之所以如此，与其说是从热爱正义，希望实现真理出发，不如说是从尽量保存过去美好事物的愿望出发。列昂季耶夫对待文化的态度与托尔斯泰主义和民粹主义是对立的。他不怀疑蓬勃发展的文化的可辩护性，哪怕这种文化是以极端不平等和不公道造成的巨大痛苦为代价换来的。他说，人民的一切痛苦都是有根据的，因为他们使普希金的出现成为可能，对于他来说，文化的美好和繁荣是与多样性和不平等联系在一起的，平均的过程会危害文化，把文化发展引向歧途。[1]

---

[1]《俄罗斯思想》，第93—94、126、140—141页。

最后，别尔嘉耶夫本人有关贵族与文化的观点也颇值得注意。别尔嘉耶夫认为：历史与文化按自身的原则，总是贵族式的，以为凭借群众的数量优势和从事文化的人数骤增，就可以改变和提升历史与文化的性质，就可以复苏精神生活，这未免天真之至。把群众的数量视作一笔财富，不失为最伟大的偏见。当然，必须澄清这样的误会，即把"群众"等同于"无产阶级""人民"。群众是数的范畴，它不能确定最高价值和最高的质。各个阶级（阶层）中都有群众：资产阶级的、小资产阶级的、小官员的……一切阶级（阶层）的分子均可以组成群众，群众极易适应技术文明，也极乐意用它来装备自己，但是，群众却很难认同精神文化。文化的基石是建立在贵族原则上的，即建立在质的选择的原则上。文化的创造想尽可能地趋向完满，并达到高质，这表现在认识、艺术、高尚灵魂的铸造和情感传达中。真理、美、正义、爱不取决于量，而取决于质。选择的贵族原则会造出文化精英、精神贵族，只是他们断然不能拘于封闭的自我，不能孤立地躬行自我确定和自我欣赏，否则，他们因为远离生命源头，其创造力会枯竭、蜕化，甚至消亡。一切集体的贵族主义总难逃脱蜕化、消亡的厄运，当文化价值的创造不能很快地传播到无质的群众中去时，文化的民主化过程便应运而生。没有什么比那些封闭的文化上流人士所践行的自我欣赏和鄙薄大众更值得摈弃。而伟大的天才不进入这个档次，他们知道，人的精湛、丰厚的文化素养，一旦缺乏同具有深度和广度的生活过程的联系，便会黯淡无光。真正的精神贵族主义与自己的服务意识相连，而不与自己的权益禄位相连。贵族主义渴念进入精神的自由，卓然独立于周遭世界，不苟合于人的数量，而只聆听内在的即上帝的和良心的声音。贵族主义是个体人格的一种现象，不能把它混淆于无质世界的奴役。当然，人间的圆融和丰盈仍不能奠定在贵族主义之上，因为它有自身的致命弱点，如隔绝、封闭、傲慢、鄙弃劳苦大众等。那种由社会进程产生的种姓的贵族主义，是一种虚伪的贵族主义。[1]

别尔嘉耶夫区分精神意义上的贵族和社会意义上的贵族，前一种贵族只是内心的、精神上的，非世袭的，乃至不固定的；而社会贵族主义是种族的贵族主义，不是个体人的贵族主义，即具有种族的质，不具有个体人的质。精神贵族主义则迥异于社会贵族主义，它是个体人的贵族主义，拥有个体人的质，凝聚着个体人的高贵及才华，人格主义必须以这样的贵族主义为前提。自由的贵族主义拒斥混同于无质的大众，也拒斥种族和种姓的决定论。洛伦茨·斯泰因曾说，种姓是社会战胜了国家。的确，贵族作为种姓阶层，它往往很难适应国家的法规，在此意义上，贵族政体是反国家化的。贵族化关联于自由，不关联于民主。人民大众很少关注和体认自由，自由是精神贵族主义的特性，但第一次感悟到个体人的价值和荣誉的贵族，应把这馈赠给全人类，馈赠给每个人，因为他们都是人。对此，只有少数的贵族分子有所意识。现在面临的问题是，具有正面价值的贵族的质如何才能转注给大众，人的内心如何能贵族化。我们即使欢迎民主化，也不能把一切人机械地、均衡地并置在一个水准上，不能否弃质。这种民主化应当同时也是贵族化，即把贵族的质和贵族的权利馈赠给人民大众，每个人都应成为贵族分子。其中尤其无产者最不能自足，社会革命要提升的正是他们，因而迫切需要的不是革命精神而是精神革命，需要每个人都实现自己的个体人格，实现个体人格即意味着人成为贵族型的人。贵族主义具有两重意象，即个体人的贵族主义的意象与社会群体的贵族主义的意象，前者实现个体人格的质，但会发生社会化，会被转注给社会群体，而且转注的形式极多。社会的一切阶级和集团中的大多数人都不具有

---

[1] 别尔嘉耶夫：《人的奴役与自由》，徐黎明译，贵州人民出版社1994年版，第101—102、104—105页。

个体人的高质，尘寰中没有纯正而善良的阶级，仅有纯正而善良的个人。阶级和等级总是对人的奴役。真正的贵族主义携带个体人格的意象，不携带社会集团的、阶级的、等级的意象。

在别尔嘉耶夫看来，正确审视不同凡响的大人物与无足轻重的小人物的关系，找出他们之间的差异，是与贵族主义相关联的另一个重要问题。凡渴求非习惯性生活、不苟合于习惯性的人，就不再是一个小人物，奇迹便悄然而至。这与个人的天分和才华并无十分重要的关系。相反，那些貌似不同凡响或貌似才华横溢的人，按其天性，也可能正是碌碌之辈。如有些大历史活动家、国家级的人才、客体化的思想家，其中大部分都可列入这一档次。真正不同凡响的优秀的人应该是：突破生存的有限性和习惯性，内在地充满无限性，拒斥生存的客体化以臻永恒。真正的贵族主义植根于无限的主体性王国，不建构任何客体性王国，它不是权利和特权，它对自身无所需要，其全部宗旨即在于奉献和服务。真正的贵族主义的本性是不占据社会的任何位置，不占据统治的位置，也不占据奴隶的位置，因为统治者在本质上是庶民，而统治只不过是庶民的杂耍。[1]

在别尔嘉耶夫那里，成为精神意义上的贵族即意味着成为精神上独立自足的"个人"，成为独特无二的"自己"。然而问题在于这一切是否可能，所有人是否都能成为这样的"个人"？尽管这样的"个人"总是从下层、从民间涌现，但他们在数量上可能仍然属于一个少数，而离开某种社会等级结构，离开某种客观的评价、承认和尊重，这样的个人从平庸中、从群众中的"涌现"和"突出"是否反而更少可能？

而即便精神和文化意义上的少数"贵族"满心想扑向人民，脱胎换骨，这里也要遇到一个困境，这一困境正如伯林所描述的：文明、贵族的

---

[1] 《人的奴役与自由》，第150—157页。

少数如何能重新变成质朴的农民？以及，在某个层次，他们拥有他们能给而农民没有的东西，这种东西与闲暇有关，那么，是否有必要以及如何将这些东西还报，服务于人民，教育人民与儿童呢？如果我知道我不得不喜爱肖邦与莫泊桑，而这些更好的人——农民或儿童——不知道，那么，我有没有权利依照我的信念来教导别人？站在文明发展尾端的我，有权碰触他们的灵魂么？这不是要把天生健康的孩子变成我们的病态模样么？他们不是觉得这诗与音乐不可解，烦冗无聊么？托尔斯泰就毕生挣扎于这两极端之间：一边是事实、自然、实然、纯真，另一边是责任、公道、应然、教育，一边是强迫他人的不义，另一边是自行其道的不义，而民粹主义、社会主义者及一切理想主义者皆然。他们走入民间，却又拿不定主意自己是去教，还是去学？他们不知道人民究竟应该欲求什么？他们不知道自己不惜性命去争取的"人民福利"究竟是"人民"事实上欲求之利，还是只有他们改革者才知道的"人民"的"真正利益"？他们一边称颂精神和谐、简朴、人民大众，一边又心仪少数精英之文化及其艺术；既不屑于社会上文明人的腐化，又力言他们有将大众提升于与己相齐的文化水平的义务。[1] 总之，这是一个难解的矛盾。

三、"人民"崇拜与结合之路

发生对"人民"的崇拜的一个潜在动因可能是来自知识分子想在人间实现自己的社会理想，尤其是想实行根本的社会变革却感到自身的力量不足，从而寻找现实力量的尝试，或者也可说是"少数"中的一些人试图寻求多数人支持的一种努力；而另一方面，随着近代以来平等潮流的汹涌和

---

[1] 伯林：《俄国思想家》，彭淮栋译，联经出版事业公司1987年版，第338页。

民主观念的大倡,"人民"也确实已成为最具号召力的旗帜和政治合法性的一个主要根源。虽然"人民"的口号在近代以来的主要倾向是具有革命性的,"人民"不仅被认为是打破旧的社会秩序、实现新的理想社会的主要力量,也被认为是正在来临的新社会的主人,但"人民"在某些时候也可作为统治者保守政治权力和稳定社会秩序的工具。对"人民"的崇拜是一世界性和现代性的潮流,虽然它在俄国还是表现得更为强烈和特殊。[1] 在19世纪俄国社会的上层,除了个别的例外,从斯拉夫派到西欧派;从保守主义者、自由主义者到社会主义者、激进主义者、革命民主主义者;从沙皇到反对沙皇专制的无政府主义者、恐怖主义者;从贵族到官僚、到平民知识分子,几乎无一例外地都推崇"人民"。这里也许只有"人民"例外,"人民"或者是没有具体的名字:谁都是,谁都不是;或者是专指农民或体力劳动者,而他们当时甚至不知道自己正被推崇,用普希金的一句话说是:"百姓默默无语。"他们总是"沉默的大多数"。

  陀思妥耶夫斯基的思想基本上也没有脱离这一时代的氛围,虽然他也表现出自己的独特性。在1849年5月6日回答秘密审讯委员会的提问时,他说他把文学看作人民生活的一种表现,社会的一面镜子,但他认为作家只应该为艺术操心,思想是自然而然会产生的,而不必特意表现出一种倾向性,并认为文明并非来自人民,而是来自上层,为新概念下定义的只能是那个先于人民接受了文明的社会上层。[2] 在西伯利亚十年的艰苦生活之后,他对人民与文化的问题有了更完整的看法,这反映在他1860年为征订《时报》起草的广告中。他在其中认为俄国人民早在一百七十年前

---

[1] "人民"崇拜当然不仅限于此,它有一个远为广阔和持久的范围,它在近代以来就广泛地为具有各种不同倾向的派别所共享,它今天也巍然屹立,甚至成为一个不容质疑的原则,一个现时代最大的禁忌。

[2] 《陀思妥耶夫斯基论艺术》,冯增义、徐振亚译,漓江出版社1988年版,第450—451页。

就避开了彼得的改革，并且从那时候起就与文明阶层分离了，单独过着一种自己的、特别的、独立的生活，而即将来临的解放农奴的社会变革则是要使文明及其代表者与人民的根基熔于一炉。俄国人无法使自己纳入欧洲从自身的民族基础上形成的、与之格格不入的、决然相反的西方生活方式，——就好比我们不能穿那种不是根据我们的身材剪裁的衣服。我们俄国人终于确信，我们也是一个独立的民族，一个十分独特的民族，我们的任务是为自己建立一种新的生活方式，我们自己的、来自俄国根基的、来自人民精神和人民基础的新方式。而在进入新生活之前，彼得改革的追随者与人民基础之间的和解是必不可少的。这不是指斯拉夫派与西欧派之间的和解，而是说文明和人民基础之间的和解。无论如何需要联合，而且要尽快联合——这就是我们的基本思想。那么，与人民的接触点究竟在哪儿呢？怎样迈出与他们接近的第一步呢？这就是问题，就是每一个珍惜俄罗斯的名声、热爱人民、怜惜人民幸福的人所应该关心的事情。不消说，要达到任何一种和解与和睦的第一步便是文化和教育。假若人民事先没有受到教育，他们就永远无法理解我们文化人。其他道路是不存在的。不过这第一步应该由受过教育的阶层迈出，他们应该利用自己的地位，而且要加紧利用。扩大教育，并且要尽快地扩大——这就是当代的主要任务，是从事任何活动必须跨出的第一步。[1]

陀思妥耶夫斯基与斯拉夫派一样谈到并推崇"人民"，他甚至更重视这个问题，并把对"人民"的崇拜推到看起来更彻底、更极端的程度。他认为，关于人民的问题和对人民的看法，对人民的理解，现在是最重要的问题，涉及到整个的未来，甚至可以说是现在最实际的问题。可是，"人民"对于大家还是理论，仍然是一个谜。人民的爱好者还是把"人民"当

---

[1] 《陀思妥耶夫斯基论艺术》，第 453—456 页。

作理论,还没有一个人按照"人民"的本来面目那样去爱他,而是按照想象中的"人民"去爱。他说:"我这样想;我们未必完美到能成为人民理想并要求人民一定要成为和我们一样的人。请别奇怪从如此荒谬的角度提出的问题。但这个问题在我们这里从来也没有以另一种方式提出过:'谁更美好,我们还是人民?人民追随我们,还是我们追随人民?'——现在大家,只要头脑里有一点想法和真心关怀公众事业的人都这样说。因此我要真诚地回答说:相反,我们应该崇拜人民,期待人民的一切,包括思想和方式,崇拜人民的真理并承认人民是真理。"[1]

但是,陀思妥耶夫斯基对何为"人民"及"人民性"有自己特殊的理解。他特别强调作为一个贵族、一个作家的普希金就体现了"人民性",普希金对个人主义的拜伦主义做出了反应,普希金的伟大就在于他迅速地,而且在几乎完全不理解他的人们的包围下,找到了坚实的道路,为俄国人找到了伟大的和渴望的出路,这个出路便是人民性,对俄国人民的真理的崇拜。普希金理解俄国人民、而且从来没有人像他那样,对俄国人民的使命理解得如此精深,对人民的爱如此博大。由于人民的贫穷痛苦而怜爱人民,是任何一个地主,特别是具有人道精神和受过欧洲教育的地主都能做到的。但人民要求,不仅仅是因为痛苦而爱他们,而是要求爱他们本身。"爱他们本身"是什么意思呢?即"你爱我所爱,敬我所敬",否则人民永远不会把他当作自己人。普希金正如人民所要求的那样爱人民,他没有去猜测应该怎样爱人民,没有准备,没有学过;他自己却突然成了人民。他崇敬人民的真理,把人民的真理当作自己的真理。虽然人民有缺点和许多恶习,但他能区分出其精神的伟大本质,而且是在别人都不这样看待人民的情况下把它当作自己的理想而铭刻在心。普希金第一个宣布,俄

---

[1]《陀思妥耶夫斯基论艺术》,第185页。

国人不是奴隶,从来也没有做过奴隶,这就是普希金的论题。他承认我们的人民具有高度的自尊感,他预见到我们的人民将以平静的自尊态度接受农奴制的废除,这样的人民自由了,但保持着如此的品格,丝毫也不想侮辱自己原来的主人,而是说:"你是独立的,我也是独立的,如果你愿意,就上我这儿来,你如做了好事,我总是会敬重你的。"[1] 在陀思妥耶夫斯基看来,这就是普希金笔下的人民形象。

"人民"的概念一直具有某种暧昧性,陀思妥耶夫斯基有时似乎认为它包括所有的人,即不仅包括社会下层,包括体力劳动者,也包括社会上层,包括脑力劳动者,包括知识分子,这时它接近于是"民族性"。陀思妥耶夫斯基在一篇文章中以对话人的身份问道:为什么人民性只能是普通老百姓的人民性?难道说随着人民的不断成熟他们的人民性会消失吗?难道说"有教养的人"就不再属于俄国人民了吗?他认为恰恰相反,随着人民的不断成熟,他们的天赋也在不断成熟和稳固,人民性也就流露得更明显。"有教养的人"与老百姓的分化纯粹是出于外界条件(彼得改革),这些外界的条件不允许人民大众追随有教养者把俄国人民的全部力量投入到改革中来。由此有教养者就是十分孤立的一个小团体,如果人民不追随他们,不走同一条正路,那他们也就无法充分表现自己,他们表现自己就只能是十分片面的、无力的,甚至可以说,不能像全体俄国人民和他们在一起的情况下那样表达自己。但不能从这种分化就得出结论说有教养者丧失了人民性,说他们已经蜕化了。他问道:"为什么我们不是人民?为什么要剥夺我们这个光荣的称号?"[2]

然而,就像在许多其他人那里一样,在陀思妥耶夫斯基那里,"人民"更多的时候还是指广大的居于社会下层的人们,指体力劳动者,尤其是指

---

[1] 《陀思妥耶夫斯基论艺术》,第 257—158 页。

[2] 同上书,第 49—50 页。

当时俄国的农民。这时候,文学与人民的关系也就是指艺术家与普通老百姓的关系。不过,陀思妥耶夫斯基虽推崇文学的"人民性",但他并不认为作品必须渗透到人民之中,为人民所广泛阅读,喜闻乐见,作者用人民的语言说话,作品的人物出身平民才是具有"人民性"。陀思妥耶夫斯基认为,不仅普希金笔下那些普通人的形象体现了人民性,那些贵族的形象也体现了人民性。并且,这种"人民性"不能根据老百姓现在是否能够欣赏他的作品来判定。因为,老百姓在自己的发展方面由于某些客观原因还没有行动,但是他们一旦发展了,普希金就马上对他们也具有了"人民性"。人民处于现在的发展水平上不可能完全理解普希金,他们今后会理解他的,并且能从他的诗作中学会认识自己。人民诗人为什么一定要在教养方面低于人民中最高的阶级呢?普希金处在他那个教养水平上永远不可能被普通老百姓理解,不必为了求得普通老百姓的理解而去迎合他们,用他们的语言说话(虽然他是很会这样做的),不必向他们隐瞒自己的教养。人民在自己基本的感情、愿望、追求方面几乎永远是正确的;但是他们的道路在很多方面有时是不正确的、错误的,最可悲的是人民表达理想的形式往往与他们的追求背道而驰,当然这种矛盾是暂时的。[1]

正是因此,陀思妥耶夫斯基认为在贵族奥涅金、阿乐哥身上都具有人民性,塔吉雅娜不肯跟奥涅金走,忠实于丈夫,不把自己的幸福建立在别人不幸的基础上也具有人民性,她的根基是童年的回忆,是奶娘,是人民。普希金是伟大的人民诗人。在普希金的长诗中包含着解决"一个无法解决的老问题"的办法:"屈服吧,骄傲的人,首先打掉自己的傲气;屈服吧,无所事事的人,首先在故土上耕耘。"陀思妥耶夫斯基说这就是根据人民的真理和人民的智慧解决问题的办法。陀思妥耶夫斯基也因此认为

---

[1] 《陀思妥耶夫斯基论艺术》,第52页。

涅克拉索夫乃至莱蒙托夫的作品也都具有"人民性",说他们都热爱人民,说屠格涅夫的《贵族之家》中贵族少女丽莎的美也是人民的美,丽莎是人民的典型。

在陀思妥耶夫斯基的作品中,还极其强调人民与上帝的联系。《群魔》中的沙托夫说:"谁要是没有人民,他也就没有上帝!你们想必知道,凡是不再了解自己的人民并跟他们失去了联系的人,全都立刻在同样的程度上丧失了对他们父辈的信任,不是渐渐变成无神论者,就是慢慢变得冷漠起来。"他并劝告斯塔夫罗金通过"农民的劳动"去找到上帝。[1]《卡拉马佐夫兄弟》中的阿辽沙想:对于俄罗斯普通人的温顺的灵魂,对于被劳累和忧愁所折磨,特别是被永远的不公平和永远的自身的和世上的罪孽所折磨的人们,见到圣物或圣者,跪在他的面前膜拜,是一种无比强烈的需要和最巨大的安慰。他们觉得:"尽管我们有罪孽,不诚实,易受诱惑,但无论如何,世上某处总还有一位圣者和高人;他有真理,他知道真理;那么真理在地上就还没有灭绝,将来迟早会转到我们这里来,像预期的那样在整个大地上获胜。"阿辽沙认为,人民就是这样感觉,这样推想的,他明白这一点。[2] 佐西马长老在他的临终遗言中为俄罗斯教士辩护,有人批评教士在修道院里隐居,拯救自己,而忘却了友爱地为人类服务。佐西马长老说:"但是我们还要看一看究竟是谁最为友爱尽力?实际上隐居的不是我们,而是他们,然而人们看不到这一点。古来就从我们里面产生民众的领袖,为什么现在就不会出现呢?跟他们同样驯良温顺的持斋者和沉默者有朝一日终将会站起来,建立伟大的事业。只有人民能够拯救俄罗斯。而俄国的修道院从古以来就和人民在一起。人民隐居的时候,我们也

---

[1] 《群魔》上,人民文学出版社1983年版,第48、340页。

[2] 《卡拉马佐夫兄弟》上,人民文学出版社1981年版,第36页。

隐居。人民像我们那样地信仰上帝，没有信仰的领袖，即使他的心很诚恳，他的智慧很出众，在我们俄国也是一点事情都做不出来的。这一点你们应该记住。人民一旦起来迎战无神派并且战胜了他们，统一的、正教的俄罗斯就会出现。你们应该珍重人民，保护他们的心，静悄悄不事张扬地教育他们。这就是你们教士的义务，因为人民的心中是有上帝的。"他认为并不是人民，而是当时上等社会的人远离上帝，说我们的人民仍旧相信真理，承认上帝，在感动地哭泣。上等社会的人却不是这样。他们跟在科学的后面亦步亦趋，想单单依靠自己的智慧来建设合理的生活，而不像以前一样依靠基督，他们已经宣告犯罪是没有的，罪孽也是没有的。按他们的想法这话也对：因为如果没有上帝，还哪里有犯罪呢？在欧洲，人民用武力反对富人，人民的领袖到处领他们杀人流血，教训他们说愤怒是应该的。但是，"他们的愤怒是可诅咒的，因为它是残忍的"，唯有上帝能拯救俄罗斯，像他已经拯救过许多次那样。拯救将来自人民，因为他们保持着信仰和谦恭。他们虽然做了两世纪的奴隶，却并没有奴性。他们的态度和举止是自由的，没有一点委屈的样子。不记仇，不妒忌。"你有钱有势，你聪明而有天才，——好吧，愿上帝赐福给你。我尊重你，但是我知道我也是人。仅仅我尊敬你而不加妒忌这一点，就向你显示了我做人的尊严。"佐西马长老说他向往着看见，而且仿佛已经看清楚了未来：将来甚至最淫荡的富人最终也会在穷人面前为他的富有感到羞惭，而穷人看到这谦卑自会谅解，欣然对他让步，以和蔼的态度对待他的庄严的羞惭。结果一定是会这样的，因为情况正在朝这方面演变。平等只有在人的精神品格里才能找见，而唯有我们能够懂得这一点。是弟兄才会有友爱情谊，而在还未出现友爱情谊之前，是永远无法均分财产的。[1]

[1] 《卡拉马佐夫兄弟》，第470—473页。

然而,"人民"的概念还是可以分析,如果说"人民"是指占多数的群众,他们(至少在某一阶段内)更有可能跟谁走吗?宗教大法官所说的"三个诱惑"对他们是否有更大的力量呢?俄国后来的历史发展是不是证明了"地上的面包"的更大吸引力呢?抑或这一过程尚只是永恒循环或上升的一个环节呢?

"人民"在现时代确实是一个时髦的口号乃至克敌制胜的法宝,一旦情况涉及到需要取得成功,需要获得力量,就不能不到"人民"那里去寻找。开始也许是一些先行者努力试图去理解"人民",体会"人民",后来也许就发展到以"人民"的代表自居,甚至认为自身的思想和意志更能体现"人民"的真正利益和意志。近代以来诸多政治派别都谈论"人民",都推崇"人民",而后谈者往往气势和力量上要胜过先谈者,愈后谈者也愈激进。

陀思妥耶夫斯基对未来的灾难也不是全无预感,他说:"人民也能够接受我们带来的许多东西。我们总不能完全在人民面前自惭形秽,甚至面对他的任何真理也应如此;我们所有的就让它留在我们身边,我们决不以它去换取世界上的任何东西,甚至,在最坏的情况下,也不会去换取和人民结合的幸福。不然的话,就让我们双方各自灭亡吧。但这种情况根本不会发生;我完全相信,我们带来的这个某种东西是确实存在的,不是海市蜃楼,而是具有形象,有形式,有重量,虽然如此,我还要重申,许多东西以后还是一个谜,连期待它的结果都感到可怕。例如,有人预言,文明会毒害人民;这似乎是事物发展的过程,在这一过程中,与出路和光明的同时,会有许多谬误和虚伪,惊慌不安和种种恶习侵入,大概只有在将来的几代人中,也许,还要经过二百年,善的种子才会发芽生长,而等待着我们和我们的孩子的,也许,是某种可怕的灾难。"但他仍然倾向于相信:我们的人民是如此博大,如果有新的浊流在某个地方喷涌流出,那么它们也终究会在人民中间自然地流失。[1]

  我们从陀思妥耶夫斯基的一篇讽刺小说《一件糟心的事》中，可以看出他对社会上、下层隔阂之深的认识，以及对上层人士与民众结合的怀疑。故事发生在 60 年代初的改革时期，作品的主人公伊凡·伊里奇·普拉林斯基是一个怀着复杂的动机想亲近下属、体恤下情的新派高官，他说在他看来，人道高于一切，要记住下属也是人，应该人道地对待他们。人道能够拯救一切，使人类免于不幸。说他坚持和信奉这样的思想：人道，特别是用人道的态度对待下属，对待从官员到录事、仆役、庄稼汉，可说是当前全面改革和更新的所谓基石。如果人们在精神上互相拥抱，就会友爱地彻底解决一切问题。然而当他夜里访客欲归，出门一看到车夫不在时就立刻大发雷霆了，然后他正好步行到他的下属十四级文官普谢耳多尼莫夫的家门前，恰又逢这位小官员正在举行小公务员和平民参加的婚礼，这时他又立即决定要出人意料地去参加，以便给众人一个惊喜，树立自己的亲民形象；想说几句话鼓舞人心；笼络这官员成为自己的人。然而，他的行为只是使参加婚礼的众人感到极其拘谨，当他试图活跃气氛后，他又嫌他们自由得出格，他和主人的处境都变得越来越难堪，当他走进这所房子的时候，他真诚地想伸开双手，拥抱全人类和自己的下属，可是过了还不到一个钟点，他痛心地承认，他憎恨普谢耳多尼莫夫、新娘以及他们的婚礼。不仅如此，他凭普谢耳多尼莫夫的面色和目光也能看出：普谢耳多尼莫夫本人也同样憎恨他的上司，认为他把好好的一件事给搅了，他最后使主人多花了不少钱，自己酩酊大醉而占据了新婚夫妇的新床酣睡。在《冬天记的夏天印象》中，陀思妥耶夫斯基还讽刺一位现代的地主，为了要和人民打成一片，也穿了俄国农民的衣服，穿着它去参加农民的集会；可

---

[1]《陀思妥耶夫斯基论艺术》，第 186 页。

是，农民远远望见他，就在自己伙伴当中嚷开了："这个人为什么穿着化装舞会的衣服上咱们这儿来啦！"可见这个地主到底还是没有和人民打成一片。陀思妥耶夫斯基想：也许，要和大家搅在一起，就得完全搅在一起；要离群索居，就得完全离群索居。[1]

别尔嘉耶夫指出：陀思妥耶夫斯基是有其特殊风格的"民粹派"（narodnik），信仰着一种宗教性的"民粹主义"。这种对于人民的特殊的爱，是西方所不知的一种现象，因为只有在俄罗斯我们才见到"知识分子"与"人民"的永久对立，见到把"群众"理想化，以至于到最后向这理想化的群众敬拜，在他们之中去找寻神与真理。民粹派表现了文化运动的薄弱，对于文化的使命缺乏健康的意识。在俄罗斯的历史中，没有强固的文化传统，没有在往日的光辉中所建立起来尊贵而扎实的任何社会阶层可供联系，因之这有教养的少数便发现被卡在沙皇的权威与人民的生活中而进退维谷了。[2] 因此，出于精神自卫的本能，为了找寻"作战基地"，这少数人便开始把前述的力量理想化——有时是理想化其中的某一方，但有时甚至同时把两方都理想化。它终于允许了若干普通人加入了它的行列，到了这个时候，它才用了"知识分子"（intelligentzia）之名。对"知识分子"而言，"人民"代表了一种神秘而有逼迫力的力量，这力量掌握了生命的秘密，是某种特殊真理的贮藏所；在人民身上，知识分子找到了他们业已丧失的神。他们不大相信自己是荷光者，他们怀疑文化的内在价值，而这对于传递文化之不可否定的使命而言，是一个很不可取的心理状态。知识分子从道德、宗教与社会观点，对这使命投以怀疑眼光，认为文化是"非

---

[1] 《赌徒》，满涛译，上海译文出版社 1988 年版，第 1—60、72 页。契珂夫 1897 年写的一篇小说《我的故事》，可视作是最早的描写知识者与工农结合的作品之一。

[2] 高尔基也说，知识分子是处在沙皇的铁锤和人民的铁砧之间。见《论文学》，人民文学出版社 1978 年版，第 168 页。

正义"所产生的果实,是以太高的代价购取而来,它代表了跟人民的生活的破裂,是对其有机的整体性的的摧残;它是一种对人民的罪恶,是脱离人民,遗忘人民。这种罪恶感在19世纪从头至尾追逐着俄罗斯的"知识分子",将他们的创造力釜底抽薪;而这乃是由于受过教育的阶级未能充分的意识到文化的绝对价值,甚至还对这价值带有道德上的怀疑。

在这个理论中,"人民"究竟是什么呢?别尔嘉耶夫指出:对这个问题的回答是极不确定的,也是极困难的。[1]对大部分民粹派而言,人民并不是"民族"或"国家"——前述二词意指一个整个的有机体,而是带着社会与阶级含意的,主要是指农民与工人,是靠体力劳动的下层社会阶级。贵族,制造业者,商人,学者,文人,艺术家不被看作是人民的有机部分,事实上,这些人被标示为"布尔乔亚"或"知识分子",是跟"人民"对立的。在革命的和唯物论的民粹派中,这种阶级概念自然是占着支配地位的,但在虔信宗教的人民派和亲斯拉夫派中,这种阶级概念也同样占着支配的地位。对斯拉夫派的人——陀思妥耶夫斯基也是如此——而言,"人民",最主要的是指单纯的百姓,尤其是指农民;在他们看来,知识分子这个阶级是跟人民、跟人民的真理隔开了的。"农民"乃是真正的信仰的守护者。如果我是贵族,或是商人、学者、作家、工程师、医生,我就无法感到自己是"人民"的一部分,我就不得不把他们看成是一种神秘的力量,是跟我相对立的,我必须向他们跪拜,视之为更高的真理的荷载者。俄罗斯最伟大的天才们,即使在他们精神生活与创造力的顶端,也

---

[1] 托尔斯泰在《安娜·卡列宁娜》中也通过列文之口表达了对"人民"含义的疑问:当别人赞扬开往塞尔维亚的俄罗斯人志愿军,认为是表达了人民的意志和热情时,列文说,我自己也是人民,我怎么没有感到这一点呢?基蒂的父亲则说,人民其实一点都不知道这件事,列文甚至评论道:在一个有八千万人口的国家里,总是可以找到成千上万失去社会地位和不顾一切的人,他们哪里都愿意去:造反、到国外去,他的结论是:"人民"这个字眼太不明确了。见《安娜·卡列宁娜》下,人民文学出版社2003年版,第890页。

无法忍受精神的高峰与高岸的自由；他们怕孤独，急忙冲向人民生活的平原，期望由于这样做而达到更高的真理。他们没有那属于山巅的抒情风格；他们惧怕孤独，惧怕遗弃与冷漠，想在人民的集体生存的温水中寻求庇护。

别尔嘉耶夫认为，陀思妥耶夫斯基在宣扬"在人民面前谦卑""在人民中寻求真理"时，"人民"二字所意指的实际上是一种神秘的有机体，是民族的灵魂——而这个民族则是一个巨大的、神秘的整体，其绝大多数分子乃是单纯的百姓，是"农民"。别尔嘉耶夫认为这种"人民观"有一个根深蒂固的错误，必须在此更正：事实上，要触及人民，并无须到人民之间。那孤独而与其渊源切断的漂泊者，仍旧可以在其自己生命的深处找到他的人民及其生活，而仅由于他自己有这个深处，就可以属于人民。"人民"这一成分并非在我自己之外，并非在"农民"身上，而是在我之内，在我的生命的最内在部分，在这一部分，我并不像是被封锁的漂泊者。对于那些构成"人民"的人，我跟他们的实际关系只是表面上的；要使我自己"属于人民"，我无须处在农民和一般平民中间，而只要向我自己精神的内在去探视。陀思妥耶夫斯基比人民本身更"人民"，比整个的农民阶级加在一起更"人民"，他并非是在"农民"中寻见"人民的真理"，那真理是在他精神的深处。那真理即天下一家，做真正的、彻底的俄罗斯人，意即成为人人的兄弟，成为四海一家的人。别尔嘉耶夫并且说，许多俄罗斯人对人民的信仰甚于对神的信仰，并意图经由人民而走向神，而"人民崇拜"实际上是俄罗斯谬误的基本环节。在俄罗斯人的意识中，宗教成分和"人民"成分是如此相混，以致难于分别，而在他们的正式宗教中，两者往往几乎是二而一的。人民信仰的是一个"俄罗斯的基督"，它是个民族神，是个农夫神，带有民族与农夫的特点——它是正教的根本核心里的一个异教倾向。在俄罗斯的基督教中有一个严重的危险，即"人民"成分会凌越"普遍精神"。俄罗斯的宗教心灵,当它变得狂喜超拔的时候,几乎总是采取这样或类似这样的形式:自然的人民成分会变得比"精神"的光芒更强。历史验证了陀思妥耶夫斯基的预言,但验证的与其说是积极方面不如说是消极方面。有一点陀思妥耶夫斯基错得特别厉害:他以为"知识分子"因无神论和社会主义而污秽了,人民则抗拒了这些诱惑,仍旧忠于基督的真理。这是他宗教性的民粹主义的幻觉,俄国革命业已证明了它的虚妄。放弃基督教的是"人民",而"知识分子"那时却在向它回归。一个民族的宗教生活绝不可再臣服于某一阶级的观点之下(这一错误,不但斯拉夫派未曾免除,陀思妥耶夫斯基亦然),而是必须诉诸个人的人格;拯救必须在每个人的精神之内寻求;而这一点,本是与陀思妥耶夫斯基的主要精神方向相合的。[1]

别尔嘉耶夫还分析了民粹主义产生的社会历史背景,他认为民粹主义是俄罗斯的特殊现象,它有多种表现,有保守的、革命的、唯物主义的和宗教的民粹主义。斯拉夫主义者、赫尔岑、陀思妥耶夫斯基和70年代的革命者都是民粹主义者。把人民看作真理的支柱,这种信念一直是民粹主义的基础,它把人民与民族区别开来,甚至将这两个概念对立起来。宗教的民粹主义者和斯拉夫主义者陀思妥耶夫斯基与托尔斯泰在多数场合都把人民看作是农民、社会的劳动阶级,非宗教的、革命的民粹主义则更把人民和劳动阶级的社会范畴完全等同起来。斯拉夫主义者认为,在纯朴的公民中,在农民中比在受过教育的人和统治阶级中,保持着更多的俄罗斯人民性和俄罗斯民族所特有的东正教信念。总之,人民与知识分子、受教育阶级、贵族以及统治阶级通常被认为是对立的。民粹主义是彼得大帝时

---

[1] 贝德叶夫:《杜斯妥也夫斯基》,孟祥森译,时报出版公司1986年版,第150—154、164、167—169页。

期俄罗斯历史的非有机性的产物,是大量俄罗斯贵族的寄生性的产物。相当小部分的最优秀的俄国贵族获得了很大的荣誉,在他们中产生了民粹主义意识。这种民粹主义意识是"良心的劳动",是罪孽和忏悔意识,它在托尔斯泰那里达到了顶峰。并且,尽管都具有民粹主义的思想倾向,但比较温和的40年代的"理想主义者"后来被比较激烈的60年代的"现实主义者"所代替。同样,后来比较温和的民粹主义者又被更激烈的马克思主义者所代替,比较温和的孟什维克又被更激烈的布尔什维克所代替。在希望俄国的农民和村社制度能使俄国避免市侩气的资本主义道路的意义上,赫尔岑也许可以算是一个民粹主义者,但他也认识到:"群众是在平等的观念下理解均等的压迫。"他认为"真理掌握在少数人那里。""憎恨王冠是小事情,重要的在于迅速遏止对招牌换记的尊崇;清算大人物侮辱小人物的罪行是小事情,重要的在于辨清 salus populi(民众万岁)的罪。"[1] 70年代是行动的民粹主义占优势的时代,知识分子为了尽自己的义务,赎自己的罪过而走向人民,深入到人民中去,起初这并不是革命运动,为自由而进行的政治斗争退居到次要地位,民粹派知识分子深入到人民中去,是为了和他们打成一片,教育他们,改善他们的经济地位。只是在政府开始迫害带有文化性质的民粹主义运动之后,民粹主义运动才具有了革命性质。70年代民粹派的命运是悲剧性的,因为他们不仅受到政府方面的迫害,而且人民本身也没有接受他们,这是由于人民有与知识分子不同的世界观,不同的信仰。有时,农民把民粹派知识分子泄露给政权的代表,而这些知识分子本是要为人民献出生命的。这种情况使知识分子转而从事恐怖斗争。[2] 开始的一些民粹主义者,如米哈依洛夫斯基尚,是捍卫

---

[1] 转引自别尔嘉耶夫《人的奴役与自由》,第167页。
[2] 《俄罗斯思想》,第102—103、109、112页。

个性的社会主义者,但后来的民粹主义则走向革命,走向以人民的名义否定个性和文化价值,尽管这种转向实际上是源于对民众的失望,但对于"人民"的崇拜并不稍减,民粹主义的失败被认为只是涉及到理论和方法,而并不涉及到"人民"这一价值核心,民众将以更大的规模和更激烈的手段被动员。

第八章 时代与文明

奥登（Auden）认为卡夫卡与他的时代的关系，就跟但丁、莎士比亚、歌德与他们的时代的关系一样，[1] 我们对陀思妥耶夫斯基也可作如是观。而且，我们还可以对这一"时代"做更广泛和延深的理解，我们可以在整个"现代性"（modernity），尤其是充分展开了的"现代性"范畴中来思考他的作品的意义。沃德（B. Ward）指出，陀思妥耶夫斯基是最能显示西方现代性危机的一个思想家，其作品涉及现代文明的各个方面，而且，陀思妥耶夫斯基的意义还在于，他总是在永恒问题的观照下处理特殊时代的问题。[2] 布雷德伯里认为，陀思妥耶夫斯基描写"地下室人"、拉思科里涅珂夫等人物都是为了阐明现代性，随着人们对他不懈探求的"现代性"加深认识，他对未来的一代又一代人的想像力和焦虑之情具有决定性的影响，他看来抓住了"现代性"在政治、哲学、心理学和艺术形式上的基本特征。[3] 索尔仁尼琴也在 1996 年 11 月在莫斯科召开的"陀思妥耶夫斯基与世界文学"的国际会议上提出：陀思妥耶夫斯基是俄罗斯作家和哲学家

---

[1] 这是奥登 1941 年提出的，见奥茨：《卡夫卡的天堂》，载《外国文艺》1980 年第二期。
[2] B. Ward, *Dostoyevsky's Critique of the West*, Wilfrid Laurier University Press, 1986, pp. 1-7.
[3] 转引自《费奥多尔·陀思妥耶夫斯基》，《外国文艺》1998 年第二期。

中思想最为敏锐的人,未来的 21 世纪我们将会落后,而他不会。他逐步前进并且创造了永恒的精神。[1]

确实,陀思妥耶夫斯基极其关注时代。他 1861 年创立的刊物名字就叫《时报》,这本杂志 1863 年被禁后,1864 年他又创立另一期刊名叫《时代》,后来他还做过《公民》杂志的编辑。《作家日记》定期的写作也可以说是为了更贴近读者,更贴近时代。与许多大师如福楼拜、叔本华、霍夫曼等不同,他从来不曾厌恶报章,他喜欢读报,爱钻研报章消息。他给伊万诺娃写信说:"顺便问一下,您是否订报?看在上帝的份上读吧,现在不读报是不行的,不是为了赶时髦,而是为了清楚和明确地把握住大小事件之间的明显联系。"[2] 他曾经考虑每年出一份《年鉴》,按一定计划和意图把全年发生的事件都综合在一本书里,加上标题和索引,并按事件发生的月份和日期进行分类,以便这种《年鉴》可以为这一年俄国生活的特征勾勒出一个完整的轮廓。他计划的这新年鉴想尽量少收政府的法令,而主要是选择那些多少能表现当前人们的精神生活和俄国人民个性的事例,即"在一切材料中只选那些能反映时代特征的东西,选入的材料都要能表现一种观点、一种方针、一种意图、一种能阐明全部事实的见解"。[3]

然而,作为一个小说家,陀思妥耶夫斯基对时代的关注最主要地还是表现于他的小说。正像屠格涅夫的六部长篇小说与赫尔岑的《往事与随想》所自承是时代的记录一样,他的小说也可以视作是对时代生活的一种直接而又深层的记录和反映,他的主要长篇或直接受到当时某些案件的刺

---

[1] 转引自《俄罗斯文艺》1998 年第 4 期。

[2] 《书信选》,第 182 页。

[3] 此处对《年鉴》设想的叙述参见《群魔》,第 168—169 页,莉莎维塔·尼古拉耶夫娜的计划,但这实际上也正是陀思妥耶夫斯基的想法,见其札记《心愿》,他在 1869 年 3 月给斯特拉霍夫的一封信中也说到想编纂一本大型的、人人常备的年鉴,60 个印张,小号字排印,每年 1 月出版。

激（如《群魔》《卡拉马佐夫兄弟》），或正在写作过程中，类似的案件就出现了（如《罪与罚》）。在某种意义上，不仅陀思妥耶夫斯基的政论、文学评论，他的小说也经常是"攻守的手足，感应的神经"。他与时代保持着一种紧密的联系——不仅从内部，甚至也从外部。他不仅注意到时代的现在，也注意到它的未来。

我想再引克尔凯郭尔在 19 世纪中叶写的一段话："无论如何，时代在最深刻的意义上所需要的，能够用仅仅一个词来充分和完全地表达出来的就是：它需要——永恒。我们时代的不幸正在这里：它不变成什么别的，而只是时代、暂时，却不耐烦听到任何永恒……"[1] 这"时代"甚至也不耐烦听到历史，它是立足于现在的、平面的、即时的，与历史传统明显有一断层。而在临近 20 世纪末的时候，这个"时代"看来并没有过去，我们依然处在这个时代，处在"现代"。我们甚至看不到它要过去的明显征兆。

时代与永恒，或者说时代与永恒的关系，这也是我想通过陀思妥耶夫斯基要关注的一个主要问题，我不敢奢望完全澄清它，但我期望展示它和突出它，人们对"现代"或"现代性"的反省和讨论正趋于热烈，然而这种讨论似乎缺少极重要的一维——即不仅从这时代本身，也不仅放长眼光从历史的角度，还从永恒的角度来观察反省和批评"现代"。我这里所说的"历史"是指那离我们较远、那基本上已经过去了的传统，而离我们较近的这段时间，我们今天依然生活在其中的这一时期则可称之为"时代"或者说"现代"。"永恒"在我这里则指一个民族、一种文化、一个个人的价值体系中最核心、最深沉、同时又最具超越性的东西。这样，我们看到，"现代"正是从背向"历史"，弃绝传统而从"渎神"，从"脱魅"而成为"现代"的。在"现代"与"历史"之间，有着一道把它们明确隔

---

[1] S. Kierkegaard, *The Point of View*, London: Oxford University Press, 1939, p.110.

开的深渊,"现代"与"永恒"之间的关系亦然。但现在我们却想从永恒的观点来观察时代,从永恒的观点来展开我们对"现代"的反省和批评;另一方面,我们也不想脱离时代来观察永恒,或者说不想脱离人,不想脱离现实来观察永恒。我们要始终站在此岸来遥望彼岸,而不论此岸是多么泥泞,两岸距离是多么遥远。

一、现时代的"精神状况"

现时代是一个什么样的时代?它的主要特征和主导观念是什么?陀思妥耶夫斯基特别注意其精神的方面,注意其主导思想。《白痴》中的列别杰夫说他在阐述《启示录》方面很有研究,已经解释了十四年。说现在正处在第三匹马即黑马的时代,骑在马上的手里拿着天平;因为当今一切都要称分量,都要按合同办事,人人一心谋自己的权利,"一钱银子买一升小麦,一钱银子买三升大麦",可在这同时又想护住自由的精神、纯洁的心灵、健康的肉体和上帝所赐的一切。但是光凭权利是护不住的,随后到来的将是一匹灰色马,骑在马上的名字叫作死,再后面便是地狱。[1] 这

---

[1] 《白痴》,上海译文出版社1991年版,第184页。有关四匹马的预言见《新约全书·启示录》第6章:"我看见羔羊揭开七印中第一印的时候,就听见四活物中的一个活物,声音如雷,说:你来。我就观看,见有一匹白马,骑在马上的拿着弓,并有冠冕赐给他,他便出来,胜了又要胜。揭开第二印的时候,我听见第二个活物说:你来。就另有一匹马出来,是红的,有权柄给了那骑马的,可以从地上夺去太平,使人彼此相杀,又有一把大刀赐给他。揭开第三印的时候,我听见第三个活物说:你来。我就观看,见有一匹黑马,骑在马上的手里拿着天平。我听见活物中,似乎有声音说,一钱银子买一升麦子,一钱银子买三升大麦,油和酒不可糟蹋。揭开第四印的时候,我听见第四个活物说:你来。我就观看,见有一匹灰色马,骑在马上的,名字叫作死。阴府也随着他。有权柄赐给他们,可以用刀剑、饥荒、瘟疫、野兽,杀害地上四分之一的人。"顺便说说,陀思妥耶夫斯基对时代的感受与预见,包括对"宗教大法官的传奇"中的预见,与《启示录》很有关系,罗扎诺夫曾专门分析过这一点。《少年》中的维尔西诺夫对儿子发表了一番对于时代的见解之后,也说:"你可以去读读《启示录》。"见第270页。

种人人谋利、平等交换、履行合同的原则正是对现代资本主义社会基本原则的一个描述。

在《白痴》中，还有列别杰夫与普季岑、加尼亚、叶甫盖尼·巴甫洛夫等人的一场谈话，列别杰夫面红耳赤地冲人们说："现在我敢向你们这班无神论者挑战：你们有什么办法拯救世界？你们，包括从事科学、办实业、开公司、拿工资以及其他的人们，你们为世界找到了正常发展的道路没有？靠什么？信贷？什么是信贷？信贷会把你们引向何处去？"普季岑回答说："信贷至少有助于达到普遍的合作和利益的平衡。"加尼亚也说："人要活、要吃、要喝，这是普遍的需要，而缺乏普遍的合作和利益的兼顾是不可能满足这种需要的——这样一个坚定不移的、说到底也是合乎科学的信念恐怕是相当牢固的思想，足以成为人类未来若干世纪的支点和'生命泉'。因为，自我保存的本能是人类的正常法则。"列别杰夫质问道：难道仅此而已？！除了满足私利和物质需要之外，就不接受任何道德基础？普遍的和平和幸福难道只是出于需要？叶甫盖尼也问道：难道人类的全部正常法则就在于自我保存？如果说这是正常法则，那么毁灭法则乃至自我毁灭法则不也同样正常？

列别杰夫说这句话是个切中要害的思想，是个深刻和精辟的思想，是个巧妙而带暗示性的思想，他认为自我毁灭法则和自我保存法则在人类身上势均力敌，魔鬼同样统治着人类，一直要到我们还不知道的时间之极限。但问题仍然不在于此，我们的问题在于人类的"生命泉"是否衰竭了，是否恰恰由于大力发展了铁路及工业文明的潮流而衰竭了？他说铁路也许可望作为时代潮流的形象概括，它"轰隆隆"地来去匆匆，据说是为了造福人类。当一位退隐的思想家抱怨说："人类变得过于喧闹，过于追求实利，缺乏精神上的安宁"时，另一位到处游历的思想家则以胜利者的姿态回答他说："闹就闹吧，给饥饿的人类运送粮食的滚滚车轮总比精神安宁更好。"然后就志得意满地扬长而去。"而我,卑贱的列别杰夫,就是信不过给人类运送粮食的车轮!因为如果缺乏行为的道德基础,给全人类运送粮食的车轮,会冷冰冰地把很大一部分人类排除在享用所运货物的乐趣以外。"列别杰夫有意把"火轮和铁路的时代"说成"混沌和铁路的时代",说在这个时代里生命泉枯竭了,人们都酥化了。[1]

《少年》中的克拉夫特则指出:现代——这是平庸和没有同情心的黄金时代,不学无术、懒惰、无能和渴望坐享其成的时代。谁也不动脑筋,有思想的人很少。如今大家都砍伐俄罗斯的森林,让土地贫瘠,变为荒漠,只适合于加尔梅克人居住。假如有一个有远见的人栽植树木,大家都会笑起来:"难道你能活到树木长大成材吗?"另一方面,一些有抱负的人却谈论着千年后将会怎样。鼓舞人的思想不见了。大家好像住客店,明天就要离开俄罗斯,都得过且过。他说现在最优秀的人都是疯子,普通的和没有才华的都纵情作乐。就仿佛在突然之间,道德观念一点都没有了,而且还装出这样一副模样,好像从来就没有过道德观念似的。然而,克拉夫特又觉得这一切都不值一提,最好都不提,[2] 后来克拉夫特自杀了。

谈到支配着现时代的基本思想,陀思妥耶夫斯基有时把它称之为"伟大的思想"或者"日内瓦思想"。当少年多尔戈鲁基问他的父亲维尔西洛夫什么是"伟大的思想",维尔西洛夫答道:"吩咐这些石头变成食物——这就是伟大的思想。"多尔戈鲁基继续追问:"这是最伟大的吗?您的确指出了一条道路,但这是最伟大的吗?"维尔西洛夫回答说:"很伟大的。但不是最伟大的。伟大的,然而是次要的,只在眼下是伟大的。人一吃饱肚子就会把过去的事情忘得一干二净的;相反的,他会马上说:'我吃饱了,

---

[1] 《白痴》,第 343—345、348 页。
[2] 《少年》,上海译文出版社 1985 年版,第 77—78 页。

现在干什么呀?'问题始终是明摆着的。"儿子又问:"有一次您谈到了'日内瓦思想';我可不懂,'日内瓦思想'是怎么回事?"父亲答道:"'日内瓦思想'是一种没有基督的美德,我的朋友,是一种现代的思想,或者不如说是现代文明的思想。"换言之,这种思想是一种不再需要上帝,目光专注于物质、经济生活、财产和所有权的思想,是一种要"让石头变食物、荒山变良田"、要征服自然,使之为人类服务的思想。[1]

这一时代的支配思想自然极大地影响着人们的价值观念,塑造着他们的心愿、志向、理想和个人抱负。这一理想表现于个人就是希望能迅速地发财致富,希望拥有大笔的金钱,希望物质生活充裕和丰富,这不仅是普通人广泛持有的理想,也为许多在别一时代本可有别一种追求的优秀者所渴望,至少被他们视作是达到自己目的的主要手段。借用西哀士的一句话来说,"市民便是一切"或者说"财富就是一切""金钱就是一切"。穷人自然想变富,而富人富了还想更富,《穷人》中杰武什金说,一个手艺人非常正当地梦想有自己的一双好靴子,但就在这一幢房子里,在楼上或楼下的豪华的大房间里,一个有钱人夜里梦见的也还是"靴子",当然是另一种样式的"靴子",样式虽不同,但终归是"靴子";从这个意义上来说,我们大家都可以说是"皮匠"。这本来也没什么关系,然而糟糕的是没有人在有钱人身边,没有一个人凑着他的耳朵低声说:"你朝四下里瞧瞧吧,难道你看不到比靴子更高尚的、更值得关心的事情吗?"[2]

虽然是迫于生计,《罪与罚》里拉思科里涅珂夫的杀人计划的直接目

---

[1] "伟大的思想"有时有更广泛的用法,泛指一个时代的基本观念和支配情感,例如维尔西洛夫有一次说到"伟大的思想"多半是一种情感,有时在极漫长的时期里还没有一个定义,而人们只知道它永远是活的生命的源泉,它不是理性的,不是臆造的,不是枯燥乏味的,而是令人愉快的。见《少年》,第280页。

[2] 《穷人》,见《中短篇小说》一,上海译文出版社1983年版,第110—111页。

的，也是一个获得金钱的计划，至少他自以为是这样，他不惜为此采取一切手段，甚至包括杀人。而这样一个并非自在的目的进入他的心灵，并且有如此的力量支配他的行为，不能不说是时代的氛围在其间起了巨大的作用。也许真正的问题还不在于那多数被物质和金钱吸引，而是那"少数"也被它们吸引，有越来越多的优秀者也投入到了发财致富的时代洪流之中。成为百万富翁、亿万富翁成了这时代一件最光彩的事情，成为许多父母教育自己的子女的目标，成为许多少年准备为之奋斗一生的理想。那个敏感、颖悟的少午多尔戈鲁基心中所怀抱的也同样是这一个理想，尽管他不再是像拉思科里涅科夫那样不择手段，而是考虑采取一种不与道德相违的手段，即通过苦行禁欲、严格的节俭来不断积攒金钱而成为巨富，以往一向被用来提升精神的手段（苦行）现在是被用来达到一个最实际、最物质化的目的。这一时代的"精神状况"看来恰恰是最缺乏精神的一种"精神状况"。

我们在青年人的身上往往可以看到时代精神的最强烈影响，例如上面提到的多尔戈鲁基，他很珍惜他的思想，希望别人不要打扰他，想单独过日子，不依靠任何人，也不为人类的伟大未来而工作。他说："个人自由，也就是我自身的自由，应当放在首要的地位。"而其思想所集中指向的具体目标，就是做一个像罗特希尔德一样的巨富，他相信他的目的必定能够达到，而全部的秘诀只有两句话：不屈不挠，坚持到底。他从一个积攒了五千卢布的乞丐的故事中得到了启发：即要坚持不断地积攒钱，甚至一戈比一戈比地积蓄，以后就会产生巨大的效果。然而，要用这种方法来积蓄钱，就只好吃最简单的食物，吃面包和盐，这就要像在修道院里一样生活，遵守苦行戒律。为了达到这个目的，他开始试验，第一个月只吃面包和水，每天吃不超过两磅半黑面包。他说，他的"思想"及其力量的要点乃是金钱——这是使甚至最渺小的人登上最重要地位的唯一手段。

金钱当然是一种专横跋扈的权力，同时也是最高的平等，它的全部主要力量就在这一点上，金钱会把一切不平等削平。但他又说需要的不是金钱，甚至也不是权力；需要的只是靠权力可以得到，而没有权力就无论如何得不到的东西，这就是对力量的意识，这就是世人为之如此努力奋斗的自由的最完善的定义。"自由！"他说他终于说出了这个伟大的字眼，对力量的意识是令人神往的、美妙的。他说，他保证那时仍会到处甘居末位，而只要知道他拥有或可以拥有就够了，他不必实际地享有，他仍要吃得简单，不置邸宅，不办宴会，不结婚，他甚至会把他所有的几百万财产赠送给人们，让社会去分配他的全部财产，而他又重和渺小的人们打成一片，仅仅是为了向自己证明：我有力量抛弃它。[1]

　　如果说多尔戈鲁基思想的具体内容是典型资产者的发财致富，作为一个思想者，一个仍然具有精神追求特征的贵族私生子，他另一方面又试图超越它，他遐想达到目的后仍重返贫穷，在证明自己能够拥有财富之后又将其抛弃，但这种超越的方式也仍然不能不采取这个时代人们所艳羡的方式，即不能不首先通过得到财富。早在多尔戈鲁基之前，已经有一些抱有同样理想甚至采取同样方式的少年出现在陀思妥耶夫斯基的作品中了。时代精神的影响几乎是无孔不入的，《白痴》中一批年轻"虚无主义者"的出场给人留下了深刻的印象，他们以"权利"和"正义"的名义，上门找梅诗金公爵算账，要求一种并无可靠证据的财产继承权。而为达此目的，他们中有的人不惜采取在报上发表夸张其辞、对一位母亲构成伤害、揭她的丑的文章，文章作者始则宣称"公开真相是普遍的、崇高的、造福于人的权利"，后又为某些地方的歪曲事实辩解，说应首先看目的动机，看社会效益。加尼亚梦想着有几十万卢布，列别杰夫的外甥也想靠面包和

---

[1] 《少年》，第 66—71、97—113 页。

克瓦斯度日以积攒钱。

社会主义经常被认为是与资本主义敌对的，但是，两者长期对垒的情况却不应当掩盖它们在某些基本点上的一致性：例如同样重视产权、财产关系（前者只是认为应当变换主人），同样最重视"使石头变成食物"等等。两者比较起来则当然后者更具根本性，前者可以包容在后者之中，是后者孕育了前者，正像在某种意义上也可说是自由主义宽容地催生和孕育了革命民主主义一样。[1] 人们所说的"现代社会"，至少在目前，其主体是指资本主义社会。近代以来的世界是资本主义不断扩张的世界，它有时看来像是退缩了，打败了，但它最后还是甚至无需硝烟地取得了胜利。两者合力造成了目前的世界。别尔嘉耶夫指出：列昂·布鲁阿《老生常谈的注释》一书提出资产阶级性与社会主义的对立只是相对的不无道理。赫尔岑也认为社会主义有可能仍然属于资产阶级。而对此，大多数社会主义者对此却如堕五里雾中，甚至完全不能理解资产阶级性的精神问题。有产者是十足的个人主义者，绝不允许他人危及他的财产和金钱。另一方面，他也是十足的集体主义者，他的意识、良心和判断都社会化了，无产者一旦握持胜利，一旦上升为有产者，他就想做这个世界的君主。这时，历史上的同一个故事便重演如昔。通常，无产者之所以在自己的分配中反抗有产者，要求实现自己的权利，不外乎他想成为有产者。而这种反抗本来不应是一种社会的对立，而应仅仅是精神的对立。反抗资产阶级性的革命也是精神的革命，是价值的根本转向。当然，这并不排斥和否定无产者为改

---

[1] 《群魔》上，第404页。老一代的自由主义者斯捷潘评论车尔尼雪夫斯基的《怎么办》说："我同意，作者的基本思想是正确的，然而这就更加可怕！这简直就是我们的想法，完全是我们的想法；是我们，是我们首先播下了这种想法，培育了它，把它预备好了，——其实在我们之后，他们又哪能说得出什么新鲜的话来！但是天哪，这一切是怎样表达出来的，是怎样被歪曲了、被糟蹋了啊！"

变自己的社会地位所进行的社会革命,只是这种改变和这种革命要携带精神性。[1]

陀思妥耶夫斯基在《冬天记的夏天印象》中也写道:资产者为什么到现在还是好像对什么东西觉得胆怯,好像很不自在?害怕工人吗?可是工人在灵魂深处也都是私有者,他们的整个理想也就是要成为私有者,尽可能积聚更多的财物,天性就是这样,天性不是随便取得的,这一切需要经过长年的培养。[2] 社会主义者发动下层最好的办法也就是告诉他们,他们将成为生产资料的新主人、资本的新主人。但平分财富在人们都关注物欲的情况下显然还是难于分平,所以这多数的占有或者是名义上的,或者还要经过争斗,最后仍落入少数人的手中。

发动群众者中当然不乏真正具有献身精神的革命者,但正如赫尔岑所指出的,法国大革命的少数派、真正的革命者曾想提升群众,但他们反而被群众淹没,雅各宾派仍属于少数派,发展水平的不同使他们与人民生活相隔离,他们构成了一种世俗的教士集团,准备担当人民群众的世俗牧师。他们代表了那个时代的最高思想,然而不是普遍的认识,不是每个人的思想。这新的教士集团开始没有掌握强制手段,不论有形的或无形的都没有。他们手中只有一种工具——信念,然而光靠信念是不够的,一切错误便来自这里,因为它还需要另一个条件——脑力的平等!在进行你死我活的斗争时,在高唱胡格诺派的圣歌和神圣的《马赛曲》时,在火炬燃烧、鲜血遍地时,这种不平等是不会被意识到的;但是最后,封建君主的阴森大厦崩溃了,墙壁终于被推倒,铁锁被砸破,大门被打开了,群众一拥而入,然而这却不是他们所期望的群众。这不是斯巴达人,不是伟

---

[1] 《人的奴役与自由》,徐黎明译,贵州人民出版社1994年版,第158—160页。又参见《群魔》第100页:社会主义者和共产主义者又常常是令人难于置信的守财奴。

[2] 陀思妥耶夫斯基:《冬天记的夏天印象》,《赌徒》,上海译文出版社1988年版,第107页。

大的罗马公民。"我是奴隶,不是俄狄浦斯!"无法抗拒的污泥浊水淹没了一切。1793 与 1794 年的恐怖时代反映了雅各宾派内心的惶惑:他们发现了骇人的错误,想用断头台纠正它,但是不论砍下多少脑袋,还是只能在崛起的市民阶层面前垂下自己的脑袋。一切都向它屈服,它战胜了革命势力和反动势力,它冲垮了旧体制,用自己代替了一切,因为它是唯一的实力派,当代的多数派。市民阶级不是革命产生的,他们有自己的传统和作用,那是与革命思想格格不入的另一种方式。贵族把他们踩在脚下,列入第三等级;自由以后,他们便踏着烈士的尸体,建立自己的秩序。少数派不是被镇压,便是被市民阶级所吞没。[1] 这就是近代革命的逻辑,也就是说,或迟或早,少数的无私激情仍然要被多数的实利潮流所淹没。而正是近代革命开启了这一物欲的潮流的闸门,使这一潮流汹涌澎湃。然而,多数不是有平等的权利追求他们自己所理解的幸福吗?而且,他们不是确实能够在其中其乐也融融吗?尊重他们不也应当包括尊重他们的这种追求和愿望?难道一定要去"唤醒"或改造他们——甚至不惜使用流血与压制的策略手段?

二、现代社会所取代的和所趋向的

那么,现时代取代了什么,又趋向于何处呢?在其理智成熟之年大部分时间生活在 19 世纪西欧的赫尔岑,一位敏锐的观察者和思想家继续写道:在商人的影响下,欧洲的一切都变了。账房先生的正直取代了骑士的荣誉,循规蹈矩取代了优美的风度,僵化的程式取代了礼节,狭隘取代了高傲,菜圃取代了花园,向一切人(即一切有钱人)开放的旅馆取代了

---

[1] 赫尔岑:《往事与随想》中,人民文学出版社 1993 年版,第 415 页。

公馆。从前人际关系中一切古老而统一的观念动摇了,但是对人与人的真正关系的新认识还没有发现。这种混乱的真空状态,给中产阶级一切浅陋和卑劣的方面提供了特殊的发展机会,这个阶级的目的便是不择手段地发财致富。分析一下半个世纪以来流行的道德准则,其中有罗马的国家观念和哥特式三权分立理论,新教和政治经济学,公共福利观和人各为己说,布鲁图和肯佩斯,福音和边沁,收支账目和卢梭。头脑这么杂乱无章,心中却装着一块永远指向黄金的磁铁,在这种情况下,欧洲一些先进国家发展到目前这样的荒谬局面是不足为奇的。一切道德都归结为一点:不足者必须用一切手段取得,有余者则用一切手段保护和扩大自己的财产。在市场上为开展交易而举起的旗帜,成了新社会的神幡。人实际上只是财产的附属物,生活变成不断为金钱而奋斗。1830 年以后的政治问题仅仅是市民阶级的问题,多年以来的斗争无非表现了统治阶级的欲望和要求。生活堕落为证券投机,一切变成了交易所和市场——报纸,选举,议会,莫不如此。一切政党和政见在市民世界中逐渐形成了两大壁垒:一方面是坚决拒绝放弃垄断权的私有主市民,另一方面是企图从他们手中夺取财富、又无力夺取的非私有主市民,那就是说,一方面是贪婪,另一方面是觊觎。[1]

在此所谈到的现代社会所失去的一种"荣誉感"和"义务感",当然是少数人的荣誉感和义务感,它们是被汹涌而来的、多数人的物质利益的观念所取代。维尔西洛夫说:荣誉这个词的含义就是义务,国家由上等阶级统治的时候,土地是坚实的。上等阶级总是有他们的荣誉感和他们对荣誉的准则,这准则也许是不完善的,但几乎永远成为一种结合力,使土地坚实。它们在道德上是有益的,而在政治上更为有益。但是,奴隶,也就

---

[1] 《往事与随想》中,第 424—425 页。

是一切不属于这个阶级的人忍受着。为了使他们不再忍受，就要让他们有平等的权利。这本来是好事。但是根据经验看来，迄今无论什么地方权利平等之后，都发生了荣誉感的低落，因而义务感也就低落了。利己主义代替了先前的团结观念，一切都降低到个人的自由。解放了的人们缺乏团结的思想，终于丧失了一切崇高的结合力，连已经取得的自由也不再加以捍卫了。[1] 维尔西洛夫说他也许是用一种奇怪的观点来看俄罗斯的：俄罗斯曾经遭受过鞑靼人的侵略，后来又有两个世纪的农奴制，当然是因为这两者都合乎我们俄国人的兴味。现在给予了自由，就应该忍受自由：我们能不能忍受呢？自由是不是合乎我们的兴味呢？——这是一个问题。[2] 联系到"宗教大法官的传奇"，这个问题还可以更广泛地表述为：自由是不是合乎所有人的兴味呢？或者说，自由是否合乎多数的兴味呢？他们是不是把它看得最为重要呢？自由不仅是件可以享受的东西，也是一件必须承担的东西，目前人们对自由的最广泛和最急迫的运用只是用它来追求自己的物质利益，是否还有对自由的更有意义的运用，不辱没它的运用呢？而当更真实完全的自由与物质利益两者不能兼得时，人们将选择哪一个呢？

《群魔》中的卡尔马津诺夫也认为：俄国革命思想的全部实质，就在于否定荣誉。在《少年》的末尾，一位前面从未出现过、与小说情节全然无关的人物尼古拉·谢苗诺维奇读了少年多尔戈鲁基的全部自述手稿并做出了评论。[3] 评论人从文学创作的角度谈到时代的变迁，他指出现在许多俄国的贵族家庭正以不可阻挡的趋势大批转变为偶然凑合的家庭，少年本人也正属于这样一个家庭，少年在自己的生活中已经碰不到以前的俄国贵

---

[1] 《少年》，第 279 页。
[2] 同上书，第 306—307 页。
[3] 《少年》一书是以多尔戈鲁基自述的口气写成的，我们可以考虑这也是作家本人放在书尾的一个评论。

族的典型了，不过，这一自述仍可成为未来时代的艺术素材，成为无秩序的，但已经过去的时代未来景象的材料。了解一个混乱的时代反映在一个少年内心的东西并不是毫无价值的，因为一代人是由少年组成的。然而，他说假如他是个有才华的俄罗斯小说家，他一定会从俄国世袭贵族中去挑选他的主人公，因为至少在那个有文化修养的俄国人典型中，才有可能发现美好的秩序和给人以美的印象的外表——而这是小说里为了给读者以美的影响必不可少的东西。普希金还在《俄国家庭的传说》中就拟定了自己未来的小说情节，这里面的确蕴藏着我们至今所有的一切美好的东西。至少有我们甚至多少已经使之臻于完善的东西，这样说并不是要无条件地同意那种美的正确性和真实性；可是这里面有荣誉和义务的完善形式，而在俄国，除了贵族以外，任何地方不但没有完善的东西，甚至连尚在萌芽状态的东西也没有。这个"荣誉"好不好，这种"义务"对不对——这是次要问题；更重要的是形式的完美，存在某种秩序且不是用命令指定的，而是亲身经受的秩序。最重要的是，我们有没有某种到底是我们自己的秩序，其中包含着希望，可以在其中休养生息；有没有至少是建设，而不是那永久的破坏，不是到处横飞的碎木片，不是垃圾和尘埃，两百年来从这些垃圾中没有产生过什么结果。而从最近以来，那些一块块和一团团的东西与无秩序和妒忌挤成一堆，急促地从美好的典型中分离出去了。除了历史的形式以外，在我们的时代已经没有美的典型了，读者第一眼就会把贵族们当作已经退出了活动领域的人，并且相信已经没有活动领域留给他们了。再下去——连他们厌世的子孙也会不见踪影了；将会出现我们还不知道的新人和新的幻景；但那是些什么人呢？如果他们是不美的，那么今后就不能有俄国小说了。[1] 可是，那时是不是还不仅仅不可能有小说？

---

[1] 《少年》，第 729 页。

在现在的时代里，难于找到真正发自内心的尊敬。在《永久的丈夫》中，一个青年人说："做一个真正的公民，比做上流社会人士更强。我这样说，是因为在我们这个时代，要指出谁在俄罗斯是真正值得尊敬的人，实在太难了。您是否同意我这种看法：人们不知道他应该尊敬谁，这是时代的痼疾。"[1] 任何人可以品评任何人，谁也不"凛"谁，这就是这个时代的现实。一些以前没有这种权利的人更乐意不负责任地尽情享受这一权利。小说《群魔》的叙述者评论道："我们这个乱世究竟是怎么一回事，我们又是从什么东西向什么东西过渡——我不知道，而且我认为也没有任何人知道——除了一些不相干的客人。然而一些最恶劣的势利小人却忽然取得了优势，开始大声批评一切神圣的东西，而早先他们是嘴都不敢张的，但那些在此之前一向十分顺利地居于上风的佼佼者，却突然对他们唯唯诺诺，自己一声不吭；有的还恬不知耻地胁肩谄笑。"[2] 他指出：在社会动荡或风云变幻的乱世，总是到处有势利小人应运而生。这些人不是指那些抱有明确但却荒唐的目的的、总是迫不及待地要跑在所有人前面的所谓"进步分子"，而是指一些败类。在一个过渡时期，这种每个社会里都有的败类就会像沉渣似的泛起，他们非但没有任何目的，甚至也没有一点思想的征候，而只是拼命发泄不安和焦躁。此外，几乎总是不自觉地供那一小撮抱着一定目的而采取行动的"进步分子"驱使。[3]

甚至在更早的普希金的时代里，诗人也已经深切地感觉到被实利的庸众（当然也包括上层社会的庸众）任意品评的痛苦："对于你们，利益就是一切，／你们要把阿波罗的石像，／也放到秤上去论斤两，／你们看

---

[1]《赌徒》，第 603 页。

[2]《群魔》，第 610 页。

[3] 同上。

不出它有什么利润。"[1] 他也只好如此鼓励诗人们："你将听到愚人的指责，社会的冷嘲，／可是坚持下去吧，你要沉着而平静。／你是个帝王，必须孤独地活下去。／请任你的心灵走在自由之途上。"[2]

大量的受过一些教育、拥有一定知识、但却缺乏一种精神性追求、缺乏一种高度的鉴赏力和评判力的"半科学者"，成为这一新时代新的评判主体，成为新的决定审美趣味和价值追求的主要力量。沙托夫说："半科学是直到本世纪尚不为人们所知的人类最可怕的灾难，它比瘟疫、饥荒和战争还糟。半科学是迄今还不曾有过的一个暴君。这个暴君拥有自己的祭司和奴隶，人人都怀着满腔热爱和至今仍不可思议的迷信向他顶礼膜拜，就连科学本身在他面前也战战兢兢，并可耻地对他一味姑息。"[3] 斯捷潘把自己的朋友也都称之为"半瓶子醋"。"半科学者"贴切地适合于这一句法国俗谚："他们什么都知道，只是究竟哪些东西是好的他们不知道。""半科学者"又往往同时是自以为是的"唯科学论者"，只是他们大部分还达不到那科学的高峰，更不知还有更高的山峰。"他们努力想知道一切，自以为知道一切，却还是有些最根本的东西他们不知道。"

而且，唯科学主义往往是与功利主义、物欲主义并行。对此，佐西马长老有过一个批评，他说："他们有科学，但是科学里所有的仅只是感官所及的东西。至于精神世界，人的更高尚的那一半，人们却竟带着胜利甚至仇恨的心情把它完全摈弃、赶走了。世界宣告了自由，特别是在最近

---

[1] 普希金：《诗人和群众》，查良铮译，《普希金抒情诗一集》，新文艺出版社 1957 年版，第 238 页。

[2] 普希金：《致诗人》，《普希金抒情诗一集》，第 271 页。

[3] 《群魔》，第 334 页。亦可参见辜鸿铭对"半受教育的人"的论述。在普及科学教育下的"半科学"或"半受教育的人"的概念是一个值得研究的概念，在辜氏那里，"半教育的人高谈某些大词、新词，却连这些词的真实意义也没弄懂，并且极其自信和骄傲，以为自己掌握了最新的知识和科学"，参见《辜鸿铭文集》中《中国语言》等文，海南出版社 1996 年版。

时代，但是在他们的自由里我们看到了什么呢：只有奴役和自杀。因为世界说：'你有了需要，就应该让它满足，因为你跟富贵的人们有同等的权利。你不必怕满足需要，甚至应该使需要不断增长。'这就是目前世界的新信条。这就是他们所认为的自由。但是这种使需要不断增长的权利会产生什么后果呢？富人方面是孤立和精神的自杀，穷人方面是嫉妒和残杀，因为只给了权利，却还没有指出满足需要的方法。有人说，世界正愈来愈趋于一致，因为距离缩短了，可以从空中传达思想，所以友善相处的局面正在形成。唉，像这样的所谓人们的一致你们不必去相信。当他们把自由看作就是需要的增加和尽快满足时，他们就会迷失了自己的本性，因为那样他们就会产生出许多愚蠢无聊的愿望、习惯和荒唐的空想。"[1]

这样一个几乎人人都在要求自己权益、不断满足自己的物欲的社会将走向何方呢？现代世界的结局将会怎样呢？生活在其中的人们将何以自处呢？这是多尔戈鲁基向其父亲提出的一个尖锐问题，对此维尔西洛夫久久地避不作答，后来终于说了几句话，他说，即使一切国家的预算都能平衡，没有赤字，有一天它们也会完全陷入混乱。大家都会一致地不理欠帐，以便在普遍的破产中让大家无一例外地都能复兴。但是全世界的所有保守分子会群起而攻之，因为他们都将成为股东和债权人，不让破产。那时自然会开始普遍的酸化；会有大批犹太人跑来开始建立犹太王国；而在这以后，那些从来没有股票而且一无所有的人，也就是所有穷人们，自然不愿加入酸化，斗争就会开始，经过许多次失败后，穷人们会消灭持有股票的人，剥夺他们的股票，他们当然做起股东来了。他们或许也会发表一种新的见解，但也许不会。更确切地说，他们也会破产的。至于在这个社会里自处的办法是最好努力快些使自己专业化，从事建筑业，或当律

---

[1] 《卡拉马佐夫兄弟》上，第468页。

师。[1] 不过，在《少年》中，马卡尔老人还有一句评论，说今天的士兵是"变坏了的农民"，律师则是"被雇佣的良心"。[2]

在《罪与罚》的末尾，陀思妥耶夫斯基写到了一个梦，小说的主人公，正在服苦役的拉思科里涅珂夫生病发高烧，人事不省时做了一个梦，他梦见全世界遭到了一场可怕的新的奇怪的瘟疫，从五洲的腹地传到欧洲。除了很少的选民之外，大家都要被毁灭。有几种新的细菌攻入人身体，这些细菌都赋有智力与意志。被它们所进攻的人立刻便变得疯狂横暴了。但是人从来没有像这些遭难者那样认为自己是那么有智能，那么完全把握住真理，他们从来不认为他们的决断、他们的科学结论、他们的精神论证是可能有误的。整个的村庄、整个的城市和人民都传染疯了。大家都兴奋了，互不了解。每人都以为只有自己得到了真理，苦恼地看着别人，捶胸，哭泣，扭着手。他们不知道怎样判断，他们对于辨别什么是恶，什么是善，不能统一意见。也不知道谁该受罚，谁该宣布无罪。人们在一种无缘无故的仇恨中互相残杀。他们集结成军队互相攻打，而且即使在行军时，军队都会互相攻打起来，队伍散了，士兵们互相攻击，互相刺呀，砍呀，咬呀，吃呀。城里的警钟终日响着，人们跑到一块，但是为什么召集他们以及谁召集他们，并没有人知道。最普通的行业都荒废了，因为人人都提出自己的意见，自己的主义，他们不能一致，土地也荒芜了。人们相聚成群，决定一致干些事情，起誓保持团结，但是马上又开始干与他们所建议的十分不同的事情。他们又互相责难，互相殴斗，互相残杀。大火灾与饥荒发生了。所有人与所有东西都陷于毁灭。瘟疫流行，越传越远。在整个世界上只有少数人能够被救。他们是纯洁的选民，注定要创造新人类

---

[1] 《少年》，第 269—271 页。

[2] 同上，第 495 页。

和新生活，使大地更新，纯净，但是却没有人看见过这些人，没有人听见过他们的话和他们的声音。[1]

这个梦耐人寻味，生活在20世纪的我们已经看到了梦中的一些景象变成现实，而还有一些景象是否是对我们即将进入的未来新世纪的暗示呢？

三、俄罗斯与西欧

俄罗斯的传统标志是一只双头鹰，但它似乎只满足于在行动上东扩，在思想观念和精神文化上却很少东顾（晚年的托尔斯泰也许是个例外[2]），而是只瞩目于西方。[3] 19世纪的俄罗斯贵族们经常长期生活在西欧，其子弟接受西欧式的教育，上流社会通行法语，尤其在知识分子中，更有一种如饥似渴地了解西欧的新思想和新见解的风气。西欧在他们眼里就代表进步、文明和未来，西欧是许多俄罗斯知识者的第二祖国，有时甚至居第一位。

在陀思妥耶夫斯基那里，开始也表现出一种强烈的认同欧洲的情感态度。在西欧派与斯拉夫派的论争中，他常常更倾向于前者，认为西欧派

---

[1] 《罪与罚》，第641—642页。

[2] 托尔斯泰晚年在他的日记里写道："孔子的中庸之道妙极了，同老子一样——顺应自然法则即智慧，即力量，即生命。""我的良好的精神状态也要归功于孔子，而主要是老子，应该给自己开辟一个阅读园地，收入爱比克泰德、马可·奥勒留、老子、佛、帕斯卡、《福音书》，这对于一切人都是必需的。""读孔子，越来越深刻，越来越好。没有他和老子，《福音书》就不完全了。而没有《福音书》他却过得去。"托尔斯泰甚至也曾谈到陀思妥耶夫斯基应当读孔子和老子，以学会一种中庸之道，以能够在这个世界上活得下去。这一说法可能是有道理的，虽然要以牺牲一些思想为代价。参见《列夫·托尔斯泰文集》第十七卷日记，人民文学出版社2000年版，第126—127页。

[3] 这种情况我相信迄今依然如此。

更实事求是、眼光更远大。陀思妥耶夫斯基在其政论中反映出一种民族主义的倾向,对犹太人、土耳其人、波兰人都表现出一定的排斥性,然而对文化的欧洲却情有独钟。陀思妥耶夫斯基在强调普希金的民族性和人民性的同时,也强调他与西欧文化的相通,强调他的世界性和人类性,认为西方了解和欣赏普希金只是时间的事,这有待于未来的欧洲人。而在把握未来的欧洲人的意义上,俄罗斯人却具有某种优先性和自由。陀思妥耶夫斯基说他深信,在俄国社会里,要求普遍的人性,要求创造力对一切历史的、全人类的东西以及对所有各式各样的题材作出反响——是这个社会正常的状态。此外,俄国人对于一般人性的反应能力甚至比其他民族更强,构成了他们最高尚、最优秀的性格特征。[1]

在《少年》中,维尔西洛夫表达了类似的意见,他说"欧洲创造了法国人、英国人和德国人的崇高的典型,但它几乎还一点不知道它的未来的人。眼下它似乎还不愿意知道。这是可以理解的:他们是不自由的,而我们却是自由的。只有俄罗斯人,甚至在我们的时代,也就是要比至福千年早得多的时代,只在他们仍是地道的欧洲人的时代,就已经获得了成为地道的俄罗斯人的资格。这就是我们不同于其他民族的最重要的民族差别。在这方面我们是绝无仅有的。我在法国是法国人;和德国人在一起,我便是德国人;和古希腊人在一起,我便是希腊人,所以我是地道的俄罗斯人。我所以是真正的俄罗斯人,并且尽了最大的努力为俄罗斯效劳,是因为我体现了它的主要思想。……对俄罗斯人,欧洲像俄罗斯一样珍贵;欧洲的每块石头都是可爱的、珍贵的。欧洲也像俄罗斯一样是我们的祖国。噢,更像呢!……只有俄罗斯不是为自己,而是为思想而生存的,你必须同意,我的朋友,有个事实是值得注意的:差不多一百年来,俄罗斯压

---

[1]《陀思妥耶夫斯基论艺术》,第 36 页。

根儿不是为自己,而只为欧洲而生存的!"[1] 陀思妥耶夫斯基在《作家日记》中还写道:"即使你是敌视欧洲的人,也必得承认,这就是欧洲,这是'神圣的奇迹'之国。您是否了解,这种'神奇'对我们是多么宝贵,我们多么热爱与尊敬她,这种爱胜过兄弟之间的爱,这种尊敬胜过我们对自己伟大的种族的尊敬,胜过我们对所有伟大的、美丽的、完善的东西的尊敬。您是否知道,这个宝贵的和亲爱的国家的命运怎样折磨着我们,我们为她而落泪,为她而心脏紧缩,那些越来越笼罩于天际的阴森森的乌云使我们多么恐惧。"[2]

对于陀思妥耶夫斯基来说,欧洲是弥足珍贵的。但这似乎更多地是指欧洲的精神文化而不是物质文明,更多地指它伟大辉煌的过去而不是现在。伊凡·卡拉马佐夫跟阿辽沙说他想到欧洲去一趟,他说他知道这也不过是走向坟墓,只不过是走向极其珍贵的坟墓,如此而已!在那里躺着些珍贵的死人,每块碑石上都写着那过去的、灿烂的生命,那对于自己的业绩、自己的真理、自己的奋斗、自己的科学所抱的狂热的信仰。他会匍匐在地,吻那些碑石,哭它们,但同时心里却深知这一切早已成为坟墓,仅仅不过是坟墓而已。[3] 陀思妥耶夫斯基对欧洲的现状和所代表的时代方向有十分犀利的认识和批评,他很小的时候就盼望去欧洲,然后直到他四十岁的时候才终偿夙愿,来到了西欧,但这对他未曾不是一件好事,他能够更独立、更清醒地观察和思考欧洲了。他已经有了丰富的经验,包括在西伯利亚苦役生活的经验,他的根已经深深地扎进了俄罗斯的土壤,不再容易被令人眼花缭乱的新奇印象所动摇。他夏天去的欧洲,然而在冬天他才记下自己的印象,这有助于他更冷静地反省自己的印象。他回想自己曾

---

[1] 《少年》,第 607—608 页。
[2] 别尔嘉耶夫:《俄罗斯思想》,三联书店 1995 年版,第 69 页。
[3] 《卡拉马佐夫兄弟》上,第 343—344 页。

对这次旅行抱有多大的期望，说他想看到这个"神圣奇迹之国"的一切，被"一种不可遏止的渴求新事物、变动地点、获得一般的、综合的、全景的、透视的印象的欲望侵袭了"。这种不断渴望新奇事物的欲望也正是一种典型的现代人的欲望，然而欧洲却给他留下了阴郁的印象。陀思妥耶夫斯基讥讽地写道：我们俄国人，谁不认识欧洲比认识俄国加倍清楚呢？[1]他记起与别林斯基结识时一批人怀着甚至达到古怪程度的敬仰心情迷醉着西方，徒劳无益地梦想欧洲几乎有四十年之久，他说我们这里可以称得是发展、科学、艺术、公民权、人性的一切，几乎毫无例外地都是从"神圣奇迹之国"来的，从童年起，整个生活就是按照欧洲的方式安排下来的。难道有什么人能够抵抗得住这影响、吸引和压力吗？但为什么我们仍没有脱胎换骨变成欧洲人呢？如果即使处于这样无法抗拒的影响之下也还没有脱胎换骨，那么，难道人类精神和本国乡土真有一种什么化学的结合，使人无论如何也不能离开乡土，即使离开了，结果也还是非回去不可吗？[2]

　　陀思妥耶夫斯基警醒到把西欧的思想、理念照搬到俄国的危险。在《白痴》中，叶甫盖尼·巴甫洛维奇曾对梅诗金公爵的悲剧的原因有过一个分析，他说："首先是您天生缺乏经验；其次是您天真得异乎寻常；再次是惊人地缺乏分寸感；最后则是头脑里塞满了一大堆纯理性的观念，而您凭着您少有的诚实至今把它们当作真正的、属于本性和直觉的信念！您得承认，公爵，在您对娜斯塔霞·菲立波夫娜的关系中从一开始就包含有某种程式化的民主因素，就包含有所谓'妇女问题'的吸引力。……作为一个青年人，您在瑞士如饥似渴地思念祖国，如同向往一片神秘的乐土

---

　　[1] 这一认识带有盲目崇拜的性质，所以赫尔岑所说的另一方面的话也可以说是同样准确的，构成辩证的两面。他说"我们对西欧的无知已成为我们的传统。"因为实际上"他们比我们所了解的低得多"，当时在欧洲占统治地位的已经是市侩的气质，而不是独立自由的贵族气质。参见《往事与随想》上册，项星耀译，人民文学出版社1993年版，第422页。

　　[2]《冬天记的夏天印象》，满涛译，《赌徒》，上海译文出版社1988年版，第61—69页。

第八章　时代与文明　　351

那样向往着俄国；读了很多有关俄国的书，也许是些出色的好书，但是对您有害；您带着渴望干一番事业的血气回国，准备像俗话说的一头扎进工作中去！不料，就在那一天，您听到关于一个苦命女子的令人肠断的悲惨故事，别人对您——一个骑士式的童男——讲起一个女人！当天，您看到了这个女人；您对她的美貌，对一种超尘脱俗、非仙即妖的美着了魔。再加上您的神经质；再加上您的癫痫症；再加上我们彼得堡能叫人发疯的融雪天气；再加上在一个陌生的、对您来说几乎是光怪陆离的都市里度过的一整天，包括遇见的人、目睹的场面、意想不到的结交、难以置信的现实、叶班钦家的三位小姐，其中有阿格拉雅；再加上旅途劳顿、头晕目眩；再加上娜斯塔霞·菲立波夫娜家的客厅和那里的情调气氛……试问，在这样的时刻，您对自己还能期望什么呢？"[1] 叶丽薇塔则更为直率和激烈，在小说的结尾，她激动地指着已经失去正常人的理智、完全不认得她了的梅诗金公爵说："在此地我至少为这个可怜的人按俄国方式哭了一场，昏头昏脑的蠢事做得够了，该清醒过来了。所有这一切，国外的全部生活，你们的整个欧洲——统统都是一片空幻，我们在国外也都是一片空幻……记住我的话吧，到时候您自会明白！"[2] 在此一种不费力气的"拿来主义"遭到了反对。斯捷潘指出："要想获得一种见解，首先就需要劳动，自己的劳动，自己的首创精神，自己的实践！不费一点力气那永远也得不到任何东西的。我们会劳动的，我们也会有自己的见解的。要是我们永远无所事事，那么迄今一直代替我们工作的那些人也就会代替我们形成一种见解，我指的还是那个欧洲，还是那些德国人——我们两百年来的老师。况且俄国这个难题也实在太大了，若是既没有德国人，自己也不

---

[1]《白痴》，第 532—533 页。

[2] 同上书，第 564 页。

劳动，那么单靠我们是解决不了的。二十年来，我一直在敲警钟，一直在号召大家劳动！"[1] 陀思妥耶夫斯基在他最后一次关于普希金的著名讲演中，也是呼吁人要立足乡土、自己劳作。

叶甫盖尼对俄国的自由主义和社会主义提出批评，他说："我决不反对自由主义。自由主义不是罪过；它是一个整体中不可缺少的组成部分，少了它，整体就会瓦解或毁灭；自由主义跟最安分的保守主义同样都有存在的权利。但我攻击的是俄国的自由主义，我再说一遍，我之所以攻击它，就因为俄国的自由派并不是俄罗斯自由派，而是非俄罗斯自由派。……我认为，我们的自由派至今只来自两个阶层：一是过去的地主；一是教会学校培养的人。由于这两个阶层最后都成为不折不扣的社会等级，成为某种完全独立于民族之外的东西，而且一代比一代愈来愈明显，结果凡是他们过去和现在所做的一切，都是绝对非民族的……我们所有的社会主义者也都来自地主或教会学校学生。所有我们那些大言不惭、招摇过市的社会主义者，包括在国内和在国外的，无非都是些农奴制时代地主出身的自由派。……从这一事实可以看出我所指的那类俄国自由主义的全部本质。俄国的自由主义并不攻击事物的现行秩序，而是攻击事物的实质、攻击事物本身；不是单单攻击秩序，不是攻击俄国的制度，而是攻击俄国本身。我说的自由派甚至发展到否定俄国本身，也就是恨自己的母亲，打自己的母亲。俄国每一件不幸的、不顺利的事实都把他们逗乐，甚至引起他们的狂喜。他们痛恨民间习俗、俄国历史，痛恨一切。"[2]

这里所说到的攻击俄国本身主要是指攻击俄国的宗教精神，在陀思妥耶夫斯基看来，俄罗斯与西欧的根本分歧是宗教精神的分歧，是东正教

---

[1] 《群魔》，第 46 页。
[2] 《白痴》，第 305—307 页。

与天主教的分歧,而社会主义只是表层的、从天主教衍生的现象,这是陀氏的一个很特殊的看法。濒于精神失常前夕的梅诗金公爵在一次宴会上说:"要知道,社会主义也是天主教和天主教本质的产物!社会主义和它的兄弟无神论一样来自绝望,从道德意义上说与天主教相反,目的是要取代宗教已经丧失的道德权威,去满足人类精神上犹如涸辙之鲋那样的渴望,不是靠基督,而是靠暴力去拯救人类!这也是通过暴力获得自由,通过剑和血达到统一!'不得信奉上帝,不得私有财产,不得拥有个性,fraternite ou la mort(博爱或死亡),两百万颗脑袋!'根据他们的所作所为你们将了解他们——这话已经说了!别以为这一切都是无害的,对我们并不可怕;哦,我们必须反击,而且要快,快!必须让我们的基督放射光芒给西方以迎头痛击!我们所保存的基督是他们从来不知道的!……在这种情况下,我们俄国人的强烈感情不光使我们,也使整个欧洲吃惊。在我国,如果某人改宗天主教,就非成为耶稣会教友不可,而且还是最秘密的地下教友。如果某人成为无神论者,他一定开始要求用暴力,也就是用剑铲除对上帝的信仰!这是为什么?为什么一下子如此凶猛?你们岂会不知道!因为他发现了过去在这里忽略的祖国,自然高兴;他登上了岸,找到了陆地,急忙趴下来吻它!产生俄国无神论者和俄国耶稣会教友的原因不仅仅是虚荣,不仅仅是庸俗的虚荣心,还有精神上的痛苦,精神上的渴念,向往崇高的事业,向往坚实的陆地,向往他们本已经不再相信的祖国,因为他们从未了解过它!俄国人成为无神论者太容易了,比世界上任何其他国家的人更容易!我们的人成为无神论者还不够,他们一定要信奉无神论,好像那是一种新的信仰而根本不在乎他们所信奉的是虚无。我们的人就是渴到这样的地步!'凡是没有根基的人就没有上帝。'这不是我的话。这是我在旅途中遇见的一位旧派教徒商人说的。不过他的原话不是这样的,他说:'不要故土的人也就是不要自己的上帝。'……将来也许唯有俄国的思想、俄国的上帝和基督才能使全人类面目一新、起死回生。"[1]

沙托夫进一步阐述了上帝与民族的关系,他首先转述斯塔夫罗金曾经有过的主要思想,这种思想认为:还没有一个民族是根据科学和理性的原则组织起来的;在各民族的生活中,理性和科学一向是,现在也是只履行次要的辅助性的职务;今后也将履行这种职务,直至时间的终了。各民族是由另一种控制并统治着它们的力量所形成和推动的,但这种力量的起源却是人们既不知道也说不清的。这种力量是一种孜孜不倦地想一直走到终点的力量,而同时它又否认终点的存在。这是一种不断地、孜孜不倦地证明自己的存在并否认死亡的力量。它是生命的精髓,就像《圣经》所说,是"活水之河",《启示录》预言它们有干枯的危险。它就是哲学家们所说的美学原则,他们还把它跟道德原则等同起来。这一动力最简单地说来就是"寻找上帝"。任何一个民族在它存在的任何一个时期,其人民的全部活动的唯一目的,就是寻找上帝,自己的上帝,必须是自己的,而且对他的信仰也是唯一真实的信仰。上帝是一个民族在其从诞生直至消亡的整个期间综合了全体人民的特征而形成的个人。所有民族,或许多民族拥有一个共同的上帝,这种情况还从来不曾有过,每一个民族总是拥有一个与众不同的上帝。各民族的上帝一旦开始具有共同特征,也就是民族消亡的征兆。当各民族的上帝渐渐具有共同性的时候,那么这些上帝以及对这些上帝的信仰,便随同各民族本身渐渐趋于消亡。一个民族越是强大,它的上帝也越是独特。从来还不曾有过一个民族没有宗教,宗教就是善恶观念。每一个民族都有自己的善恶观念和自己的善与恶。当许多民族的善恶观念开始具有共同性的时候,各民族也就开始消亡,善与恶的区别也开始模糊与消失。理性从来也不能确定善与恶,甚至都分辨不出善与恶,即便大致

---

[1] 《白痴》,第 500—502 页。

上分辨一下也做不到；正好相反，理性总是可耻而又可怜地混淆善恶；而科学则借助拳头来解决问题。

  当斯塔夫罗金批评沙托夫对他的思想做了改动，并说沙托夫把上帝贬谪为民族的普遍象征时，沙托夫反驳说，恰好相反，他是把民族抬高成上帝了。他说民族是上帝的躯体。任何民族都不过是一个民族，只要它还拥有自己独特的上帝，而且不容分说地排斥世上的其他上帝；只要它还相信可以依靠自己的上帝战胜其他一切上帝，并把他们从世界上撵出去。自从开天辟地以来，所有的民族都有这种信念，起码是所有伟大的民族，所有比较引人注目的民族，所有站在人类前列的民族。不能违背这个事实。犹太人活在世上只是为了等待真正的上帝，他们把真正的上帝留给世界了。希腊人把大自然神化了，并把自己的宗教，即哲学和艺术遗赠给世界。罗马把建立了国家的民族神化了，并把国家遗赠给各个民族。法国在其全部悠久的历史中只不过体现和发展了罗马上帝的思想，如果说它最后把自己的罗马上帝抛进了深渊，并沉湎于被他们暂时称作社会主义的无神论中，那只是因为无神论毕竟要比罗马天主教健康一些。倘若一个伟大民族不相信只有在自己身上才有真理，不相信只有它才具有能力和天赋凭借自己的真理使所有的人复活并拯救他们，那它立刻就会变成人种学的材料，而不成其为伟大民族了。真正伟大的民族永远也不屑于在人类当中扮演一个次要角色，甚至也不屑于扮演头等角色，而是一定要扮演独一无二的首要角色。一个民族若是丧失了这种信念，它就不再是一个民族了。然而真理只有一个，因此在所有的民族当中只有一个民族可能拥有真正的上帝，尽管其他的民族也各自拥有自己独特而伟大的上帝。而唯一"体现了上帝旨意"的民族就是俄罗斯民族。[1]

[1] 《群魔》，第332—335页。

沙托夫的观点自然可以视作是一种趋于极端以俄罗斯民族为中心的观点，但陀思妥耶夫斯基在其作品中也通过别的人物展示了另外一种观点：如《少年》中的克拉夫特断定俄罗斯民族只是一个二等民族，命中注定只能成为供更高贵的种族利用的材料，在人类的命运中没有自己的、独立的作用。当他的观点引起非议时，季霍米罗夫则为之辩护说："你们要解放思想，如果俄罗斯只不过是供更高贵的种族利用的材料，那么，为什么它不应该成为这样的材料呢？这还是起着一种相当体面的作用。由于任务扩大了，为什么不平心静气地接受这种思想呢？人类正处在已经开始了的蜕化的前夕，只有瞎子才会否认当前的任务。如果你们不再相信俄罗斯，那就别管它，去为未来工作吧，——为未来的、还陌生的人民工作吧，但这种人民将由全人类组成，没有种族的区别。俄罗斯本来就有消亡的一天；各民族，甚至那些最有才能的民族生存至今总共一千五百年，至多两千年。生存两千年或两百年，这还不是一样吗？罗马人并没有作为一种生气勃勃的力量生存一千五百年，也变成了材料。他们早已不存在了，但是他们留下了一种思想，这种思想已成为今后人类命运中的一个要素。怎么能对人说，没有事情可做呢？我不能想象，有一天会出现无事可做的局面！你们为人类做事吧，其余的一切都不必担忧。"[1] 任何民族都有自己的兴衰，有些民族在一个时期里甚至达到了居于世界主导的地位，然而它仍不免衰落，而有些民族甚至永远没有达到世界高峰的时候，它只是达到了自己的高峰。

美国在19世纪尚不处在世界的中心地位，它还远在西欧之西，在大多数俄国知识分子热衷观察和仿效的视野之外。但到了20世纪，美国开始走向了世界的中心，两次在世界大战中出手挽救欧洲，并取得某种霸权

---

[1]《少年》，第62—64页。

地位,与前苏联处在一种长期的冷战对峙状态中。托克维尔在19世纪对俄罗斯与美国人这两个民族未来将造成的一段"两极世界"有一个天才的预见。[1]《群魔》中的基里洛夫和沙托夫曾经到美国做苦工,他们的体力在那里被压榨到极点,而他们感兴趣的也不是利用在那块新大陆出现的获利机会,而正是要寻求这样一种也许对锻炼精神不无益处的炼狱。《罪与罚》中的司维特里喀罗夫在自杀前跟一个门卫说:他是要往美利坚去。[2]《卡拉马佐夫兄弟》中的少年柯里亚则说"离开祖国到美国去是卑鄙,比卑鄙还坏"。[3] 米卡被捕后,他兄弟想安排他逃往美国,米卡不想去,说:"美国有什么?在美国也仍旧不过是所谓空忙!"[4] 赫尔岑谈到想离开分崩离析的欧洲,去美国是条出路,那里富足、充满机会,实用理性发达,但与欧洲比较起来也要贫乏、枯燥一些,而人类理想主义者本来就少,也许不久就会绝迹的。[5]

四、陀思妥耶夫斯基的影响

陀思妥耶夫斯基逝世已经一百多年了,他的作品和思想深深地影响

---

[1] 托克维尔在《论美国的民主》中写道:当今世界上俄国人和英裔美国人两大民族将在神不知鬼不觉之中壮大起来,当人们的视线只顾他处的时候,它们突然跻身于各国之前列,而全世界也几乎同时承认了它们的存在和强大。其他一切民族好像已接近它们发展的自然极限,但这两个民族却在不断壮大。美国人在与自然为他们设置的障碍进行斗争,俄国人在与人进行搏斗。为了达到自己的目的,美国人以个人利益为动力,任凭个人去发挥自己的力量和智慧,而不予以限制。而俄国人差不多是把社会的一切权力都集中于一人之手。前者以自由为主要的行动手段,后者以奴役为主要的行动手段。"他们的起点不同,道路各异。然而,其中的每一民族都好象受到天意的密令指派,终有一天要各主世界一半的命运。"商务印书馆1988年版,第480—481页。

[2]《罪与罚》,第602页。

[3]《卡拉马佐夫兄弟》下,第836页。

[4] 同上书,第901页。

[5]《往事与随想》上,第418页。

了这个世界和这个世纪。然而，这种影响的确并不是均匀和持续的。它有时隐而不显，像地下的溪流，但从不干涸。它也像埋得很深的矿脉，需要读者用力去挖掘。它预示了风暴，甚至提出了明确的警告，但往往只是被一个精神的少数注意到了，而当风暴真的突然提前来临的时候，当人们都热衷于行动的时候，它自然被人们忘记，直到尘埃落定，它才又被人们记起。

意大利作家莫拉维亚曾经谈到陀思妥耶夫斯基的小说比托尔斯泰的小说更富有现代精神，从陀思妥耶夫斯基产生了一整个流派，直到卡夫卡和贝尔纳诺斯。我们的确可以看到这方面的影响巨大。比如说，仅《地下室手记》一篇，就给20世纪的作家提供了诸多的灵感，是现代派和存在主义文学滥觞的一个源头。但是，我们这里将主要利用本书初版以来十年间的一些新的翻译成果，注意的是陀思妥耶夫斯基在思想和精神方面的影响，且围绕着道德、上帝与人的问题。

据刘小枫的介绍，"新精神哲学"是俄罗斯帝国晚期出现的一种文化思潮和精神突破，其代表性成员一是来自以索洛维约夫为中心的哲学家、学者圈子，包括别尔嘉耶夫、弗兰克等；一是来自以梅列日科夫斯基及其妻子吉皮乌斯为中心的文人、作家、诗人圈子，包括罗扎诺夫、明斯基等。而陀思妥耶夫斯基是白银时代"精神更新运动的真正始祖"。[1]

陀思妥耶夫斯基逝世不久，俄国哲学家索洛维约夫（1853—1900）就发表了悼念他的演讲，他说："在陀思妥耶夫斯基身上，俄国社会失去的不仅是一位诗人或者作家，而是自己的精神领袖。"[2] 他认为不能把陀思

---

[1] 参见刘小枫为俄国新精神哲学精选系列丛书所写的"编者序"，见弗兰克：《俄国知识人与精神偶像》，徐凤林译，学林出版社1999年版，第1—6页。

[2] 索洛维约夫等：《精神领袖——俄罗斯思想家论陀思妥耶夫斯基》，徐振亚、娄自良等译，上海译文出版社2009年版，第3页。以下的论述参见第3—27页。

妥耶夫斯基看作一般的小说家,看作天才和智慧的文学家,在他身上有某种更了不起的东西。"精神领袖"在一个时代的全体国民中只有一人,而这人就是陀思妥耶夫斯基。和走向明确、简单和固定的托尔斯泰的艺术不同,在陀思妥耶夫斯基的艺术世界里,一切都在运动。陀思妥耶夫斯基的一生都是奋斗和受难,他没有对他遭遇的暴力(判刑)心怀愤恨,显示了比任何外部力量更加强大的精神道德力量。置身于死屋的种种惨状使陀思妥耶夫斯基第一次有意识地接触了老百姓情感的真实,并从这一角度看清了自己过去志向的谬误。从西伯利亚回来后,积极的社会理想在陀思妥耶夫斯基头脑里虽然一时还不完全清晰。但他十分明确三个道理:第一,少数人,哪怕精英,也无权以强暴来实现源自几个人的先进思想;他的理想希望着人类的团结,但关键是要自由地同意团结,并且承认任何人都有自己的私事和工作、自己的职业和专业,完全不必为了全人类的事业抛弃它们,只要内中没有任何违反道德准则的东西。全人类的事业之所以是全人类的,就因为它能容纳一切什么都不排斥。其次,陀思妥耶夫斯基从未把人民理想化,也从未像崇拜偶像那样崇拜人民,但他领悟到社会真理不应是少数头脑的产物,而是要植根于全体老百姓的情感;最后,这一真理具有宗教意义,它必然和基督的理想联系在一起。陀思妥耶夫斯基坚称,俄国人尽管一副野兽形象,但他内心却保存着另一个形象——基督的形象。这样,一种积极的宗教理想使陀思妥耶夫斯基大大高于那些主流的社会思想。他从西伯利亚回来,没有个人怨恨,依然奋力进行道义斗争,以消除社会不公。但他真诚的信念是,恶的铲除不能借助暴力,不能以暴制,而要以爱的无限力量和暴力斗争。

索洛维约夫对"怎么办?"这样一个相当长时间以来一直似乎是一个迫切的问题做出了自己的回答。他说,这个问题等于认为已经有什么现成的事要办,只要动手办就行,而忽视了另一个问题:办事人自己准备好了吗？而办事人如果不行或者未做准备，再好的事也会办砸。于是，因为目前并不存在的理想，人的全部行动便整个儿转化为破坏目前存在的一切，转化为暴力，不知不觉中，社会理想就被偷换成反社会活动。然而，要是通过破坏来实现社会理想，那么人类所有恶劣的嗜好，所有凶恶和疯狂的本能，都将找到用武之地和使命；这种社会理想对自己的奉行者不提任何道德条件，它需要的不是精神力量，而是肉体暴力。而一个人如果把按自己的设想改造世界的权力建立在自己道德的痼疾上，建立在自己的凶恶和疯狂上——无论他外在的命运和事业怎样，就其本质而言都是杀人犯。走向拯救的第一步，应是感到自己没有力量，没有自由；谁充分感觉到这一点，谁就不会杀人；但是，如果只是停留在第一步，那他会自杀。所以还应该迈出第二步——承认自己真实的善，承认超人类的善，也就是上帝，对此有了信心，也就对人有了信心。索洛维约夫指出，正是在携带了精神性和道德性这一点上，使陀思妥耶夫斯基不同于那些外在的、表面的"社会理想"的先知与信徒。在那些为数不多的不满足于外在的理想而是感知和宣扬深刻的道德变革的必要，指出俄罗斯和人类精神新生的条件的预言家中，陀思妥耶夫斯基占据着首要地位。他比其他人更深刻地洞察未来王国的本质。

对托尔斯泰与陀思妥耶夫斯基的系统的比较研究，可以说梅列日科夫斯基（1866—1941）开始得最早，他的长篇论著《托尔斯泰与陀思妥耶夫斯基》在1901年就已出版，但因为我们长期习惯于从"苏联"的立场接受和评判俄罗斯文化，它差不多有一个世纪一直在中国人的视野之外，而他对他们两人的理解其实迄今仍然保持着一种深刻的直接性和综合性，他的研究在第一手的细节体验和总体洞见上都胜过后来的诸多托尔斯泰和陀思妥耶夫斯基的研究者。

梅列日科夫斯基认为，在普希金、歌德那里，有一种艺术天才和思想智慧的平衡或相应性,而在托尔斯泰那里,却没有或只有水平很低的相应性。"对于自己的天才而言,他不够智慧,或者,对于他的智慧而言,他的天才又过分了。""就其对无理性生命的秘密之最为深刻的观察而言,他似乎不是七十岁,而是已经七百岁;就其聪明、就其意识而言,才十七岁,甚至七岁。"[1] 换言之,托尔斯泰是最好的观察者、天才的描述者;但却是笨拙的思想者,易走极端的说教者。在托尔斯泰那里有一种一般的俄罗斯心智也常有的把一切过度简单化、"粗线条化"的倾向,而陀思妥耶夫斯基却是足够复杂的。复杂者不容易说教,不容易有信徒;简单者却容易说教,容易以断然的语气下结论,容易有信徒。这种简单化也容易走极端。试以托尔斯泰对科学和文学艺术的否定为例,他试图证明"经验的知识一文不值",断言从牛顿到赫尔姆霍兹的近代科学的全部发现,全是彻底的"雕虫小技","我们全部的科学、艺术——不过是一个巨大的肥皂泡",他自己还有歌德的写作还不如一个农民的孩子费季卡,等等。[2]

梅列日科夫斯基也指出了托尔斯泰思想的一种"立己主义"特征,认为托尔斯泰在其早期的艺术作品中生动地表现出一种对于自己、自己的肉体、自己的肉体生活或者"自我"的爱;在其后来的作品中则表现出一种对于自己的这种爱的厌恶、愤恨。然而,"无论在这里还是在那里,两种表面上如此对立的情感的首要基础和结合体都是'我',无论这个'我'是得到了极度的肯定,还是被极度否定。一切都在'我'之中开始和完结;爱和恨都不能打破这个圈子。""只有对自己的爱——这是一切的起点,一切的终点。对自己,仅仅对自己的爱或者恨,才是两条主要的、仅有的,

---

[1] 梅列日科夫斯基:《托尔斯泰与陀思妥耶夫斯基》,杨德友译,辽宁教育出版社 2000 年版,第 1、4 页。
[2] 《托尔斯泰与陀思妥耶夫斯基》,第 2 页。

有时隐蔽，有时公开的轴线。"[1] 梅列日科夫斯基倾向于认为不仅托尔斯泰的早期作品，后来的作品也都是凭借这两条轴线而旋转、而运动的。

梅列日科夫斯基指出，和托尔斯泰相反，陀思妥耶夫斯基不喜欢谈论自己。他不善于以自己的私生活引起普遍关注，他的自我揭露和对他人的谴责都一向很少。托尔斯泰所向往、追求的一切，像抛弃财产、体力劳动、和人民打成一片等，在陀思妥耶夫斯基就是如此，而且他在一种极度严厉的条件下体验到这一切的。命运使他在苦役中体会到普通人的劳动和贫困，他也不是在关于死亡的抽象思索中，而是站在绞刑架上认识到了死亡是恐怖的。他深知，他的生命、拯救都取决于体力，这是他是否能够忍受住苦役磨难的问题。他不必凭借抽象议论抛弃财产和有教养社会的条件，因为他自己就已被抛弃。[2]

梅列日科夫斯基有一种对俄罗斯乃至欧洲世界的未来的预感。他引述陀思妥耶夫斯基的话说："欧洲还从来没有像在我们时代这样被充塞了这样的敌对因素。好像一切的下面都被挖开，塞进了炸药，就等着第一颗火花了。而托尔斯泰也说："火始于火花，不到把一切都烧光之时，火不会熄灭。"梅列日科夫斯基据此引申说：

> 有谁敢说，数量微不足道的……一小伙俄罗斯人因为有了新的宗教信仰就一定不会是这一颗火花？炸药惧怕火花，安抚自己说：这没什么，这只是火花，它才是一颗：我们却数不胜数，虽然都一样，都渺小，灰色，但我们能够窒息它，扑灭它。——然而，火花更怕炸药：火花周围是死寂、黑暗、宁静的。……火花的死亡仅仅是死亡呢？还

---

[1] 《托尔斯泰与陀思妥耶夫斯基》，第 46、53 页。
[2] 同上书，第 114—125 页。

是新的、可畏的生命？为了实现爆炸，则火花中必须含有某种最细小又最伟大的、最弱的和最强的东西，它可以对自己说：

非我莫属。

具有新宗教信仰的俄罗斯人应该牢记，欧洲世界的命运可能将取决于他们每个人身上意志的某种不可把握的最后的运动。

……

他们应该牢记，也许，他们逃避不了清算的那一天，到那时候他们不再可能把自己的责任推卸给任何人，到那时候，他们应该说出这句最后的、最可怕的，因而似乎又是最可笑、最狂妄、然而又是不可避免的、唯一有理性的话来：

非我莫属。[1]

梅列日科夫斯基预感到了俄罗斯在 20 世纪的世界的某种"非我莫属"。另外一些作家也有类似的预感。他们知道将有一种"诸神的竞争"或支配性的信仰，知道这将带来社会的激荡，但他们并不明确地知道这信仰是什么，这激荡有多大。别尔嘉耶夫在《俄罗斯共产主义的根源和意义》一书中专门有一章谈到 19 世纪俄罗斯文学和它的预言性。[2] 而他在 1923 年出版的研究陀思妥耶夫斯基的专著《陀思妥耶夫斯基的世界观》才更深刻地认识到陀思妥耶夫斯基的预见性，[3] 他在后来的《俄罗斯思想》《自我认识——思想自传》等多部论著中也都对陀思妥耶夫斯基有精

---

[1] 《托尔斯泰与陀思妥耶夫斯基》，第 331—333 页。

[2] 参见别尔嘉耶夫《俄罗斯思想的宗教阐释》所言："俄罗斯文学——世界上最富预言性的文学。她充满了预感和预言，她具备大难临头的惊恐。"邱运华、吴学金译，东方出版社 1998 年版，第 76 页。

[3] 本书第一章对它的台湾孟祥森译本多有征引，包括陀思妥耶夫斯基对 20 世纪的影响，而大陆最近也推出了耿海英的译本。

辟的论述，我们在前面已有引述，故不在此赘言。在别尔嘉耶夫看来，陀思妥耶夫斯基是真正的哲学家，是俄罗斯最伟大的哲学家，他从哲学学到的很少，可以教会哲学的却很多；19世纪俄罗斯知识分子的精神与智力的历史可以陀思妥耶夫斯基现象为一分界线，而这一现象意味着，在俄罗斯诞生了新的灵魂，甚至可以说在俄罗斯思想和文学中开始了一个"陀思妥耶夫斯基主义"的时代，我们都是他的精神继承人。陀思妥耶夫斯基的创作说明俄罗斯民族中蕴含着最伟大的精神可能性，但人民最需要的个人责任、自我约束的思想，陀思妥耶夫斯基由于仍受惑于俄罗斯的民粹主义和集体主义，尽管他否定和反对虚无主义，但在这方面的阐发还是有所不足。[1]

我们下面就来专门察看一下有关虚无主义的问题，这也是特别涉及到道德的问题。俄国宗教哲学家弗兰克（1877—1950）专门写有一篇名为"虚无主义的伦理学——评俄国知识分子的道德世界观"的长文，收在1907年出版的著名的《路标》文集中。[2] 他认为，当时俄罗斯社会的两个最重要的事实是，由知识分子意识所领导的、曾大有希望的社会运动之破产，和随之而来的那些曾是最坚固的道德传统与观念在俄国知识分子氛围中的轰然崩塌。但他看来还是低估了未来社会运动的能量，尤其是被国际战争激发的能量。他追问的一个让人震撼的问题是：如何解释那些纯粹正直、受过优秀人物教诲的俄国知识分子，竟能在一夜之间就堕落到行凶抢劫和兽性的肆无忌惮？为什么政治犯罪这样不知不觉地与刑事犯罪同流合污？他的回答是：这是自以为有思想意义和被宣传为新理想的理论的胡作非为。那么问题就在于，何以这种宣传能够获得成功而知识界却找不

---

[1] 别尔嘉耶夫：《陀思妥耶夫斯基的世界观》，耿海英译，广西师范大学出版社2008年版，第18页及133页以后。

[2] 弗兰克：《俄国知识人与精神偶像》，徐凤林译，学林出版社1999年版，第44—80页。

到一种足够强大而坚固的道德传统来遏止它。

在弗兰克看来,道德性实际在俄国知识分子的心灵中占据独一无二的地位,甚至可称之为是一种"道德主义"。[1] 对真和美的追求在俄国知识分子的内心都显得微弱、胆怯、压抑和迟疑。而对善的追求则是俄国知识分子热烈的渴望,得到他们倾心的支持。但是,现在他们所追求的"善"具有一种鲜明的道德功利主义色彩,所谓的"人民福利"居于至高无上的地位,为了这种"善"可以采取一切手段,可以践踏一切道德规范。所以,弗兰克说,俄国知识分子之道德主义其实只是其虚无主义的表现和反映,"虚无主义的道德主义"是俄国知识分子精神面貌的最基本最深刻的特点。他们相信这种"善"能够以绝对形式实现。这种信仰在心理上确实类似于宗教信仰,并且在无神论知识分子意识中取代了真正的宗教。他为这一思想可以牺牲自己,也毫不犹豫地为此牺牲他人。他把自己的同时代人分成两类:一类是世界之恶的受害者和牺牲品;另一类是世界之恶的罪魁祸首。他同情前一类人,但不能直接帮助他们,因为他的活动应当只造福于他们的遥远后代;他憎恨后一类人,并把同他们做斗争视为自己活动的迫切任务和实现自己理想的基本手段。就这样,从对未来人类的巨大的爱中,产生了对现实的人的巨大的恨,建立人间天堂的激情变成了破坏的激情。这种俄国知识分子世界观的基本特点就在于把虚无主义和道德主义原理熔为一炉,而虚无主义的论据其实可以摧毁真正的道德原则规范。综上所述,可以把古典的俄国知识分子定义为"尘世幸福之虚无主义宗教的战斗僧侣"。一小撮异在于尘世和鄙视尘世的人向尘世宣战,为的是以强力

---

[1] 布尔加科夫也说:"良心的痛苦,这惊人的痛苦决定了我国文化的全部性质,我想,也决定了我国全部哲学发展的全部性质。""在所有的哲学问题中我们最喜爱的始终是伦理问题。"见《精神领袖》,第354—355页。

造福于世界，满足世界的物质需要。对真正人人应遵守的绝对价值的不承认，对大多数人的物质利益的崇拜，为暴力高于法制提供了证明。由此，那些主观上纯洁无暇、大公无私、自我牺牲的社会信仰的服务者，就不仅与那些强盗、自私的杀人犯、流氓和淫荡之徒为伍，而且与他们具有精神上的相似性，这个事实是知识分子信仰的内容本身亦即它的虚无主义的逻辑后果。

弗兰克指出了道德的重要性：道德的崩溃将带来其他方面的崩溃。在所有的虚无主义中，道德的虚无主义是最可怕的。我这里所说的"道德虚无主义"是指道德手段的虚无主义，或者说，道德行为的虚无主义，而目的甚至可能是以"至高道德"形式出现的。但如果否定行为的道德、手段的道德，也就差不多等于否定整个的道德了，因为最重要的还是行为，切实地影响他人和社会的还是行为，最需要约束、也有可能约束、并且应当约束的还是行为。而上述的道德虚无主义却对此置之不理，而它还会带来其他方面的，比如文化的、历史的虚无主义。仅仅是个人的虚无主义也许还不可怕，甚至是知识阶层之外的某个群体的虚无主义还不算是特别可怕，特别可怕的是知识阶层的虚无主义，因为它一定会发展为理论的虚无主义，乃至主导舆论的虚无主义。甚至仅仅是单纯的虚无主义理论也还不算最可怕，最可怕的是它还和一种末世论结合在一起，和一种新世纪的启示录结合在一起。于是，一种对道德规范的践踏反而可能以一种"新的崇高理想"的形式出现，获得一种巨大的动员力量。

我们在考察这些涉及道德的问题时，如果回顾一下陀思妥耶夫斯基的文学作品，他其实已经在其中预示了他的坚定的道德立场。他在《罪与罚》中对个人行为的检讨、在《群魔》中对集体行为的反省、和在《卡拉马佐夫兄弟》中对"人是否什么都可以做"的一种形而上学的反思，都意味着一个基本的答案就是：无论个人或群体的目的多么高尚、后天的效果多么良好，人类也仍然需要遵守道德的基本戒律，这些戒律首要的就是"不可杀人！""不可伤害和杀戮无辜者！"[1]

困难或者说还存在暧昧的可能是涉及更高目标的另一些问题，是基本道德与至高信仰或上帝的关系，是对这一上帝的理解和对人性的认识。的确，上帝的问题离不开人，离不开道德。正如沃尔什基所说："认识上帝这个问题，陀思妥耶夫斯基并不是作为独立的宗教问题而特别提出来的，而是与道德问题紧密联系在一起的；这个问题直接来自他良心最深层的道德需求。"[2] 他认为，在陀思妥耶夫斯基文学创作的早期，他是仅仅把道德作为道德的问题，而不掺杂有关上帝和不朽的宗教问题的。在《穷人》中，一种深厚同情的道德，一种深沉的人道主义已经初见端倪。而到了《地下室手记》，则出现了一种对个性的辩护和自由的思考，由此他开始将道德与宗教问题紧密地联系起来，尤其是在陀思妥耶夫斯基的最后几部作品中，在《卡拉马佐夫兄弟》以及《作家日记》的几乎所有文章中，他认为"如果没有不朽，也就没有美德"。在沃尔什基看来，这是陀思妥耶夫斯基宗教意识最完美、最成熟、最后的表达方式，也是他道德探索的最高阶段。相对于信仰上帝和灵魂不朽的问题，道德问题的提出和解决在后期陀思妥耶夫斯基那里处于从属地位。而在我看来，这种关系还是一个可以继续讨论甚或争议的问题，至少，道德的问题是一个优先的焦点问题，而且，对它的处理可以保留某种独立性。

---

[1] 20世纪的加缪在"不做受害者，也不当刽子手"等系列文章中最好地继承了和生动有力地表达了陀思妥耶夫斯基的这一规范伦理学的基本思想，同时，他也在《西西弗斯的神话》等论著中探讨了诸如自杀等道德形而上学的问题。而他的《鼠疫》等文学作品也洋溢着一种道德精神。正如安德森在其所著《陀思妥耶夫斯基》中所言："十九世纪的陀思妥耶夫斯基、二十世纪的阿尔伯特·加缪就是两个能够在小说中做哲学的极富天才的作家的楷模。"见马寅卯译，中华书局2004年版，第1页。

[2]《精神领袖—俄罗斯思想家论陀思妥耶夫斯基》，第153页及以后。

罗扎诺夫在其《陀思妥耶夫斯基的"大法官"》的专著中，天才地看出《卡拉马佐夫兄弟》中的"宗教大法官的传奇"是"整个作品的核心，作品只是围绕着这个核心"，没有这个思想，"不但这部长篇小说不能被写出来，而且他的许多作品都不能被写出来：至少在这些作品里所有最出色和最高尚的段落都不会出现"。[1] 但我以为，罗扎诺夫认为宗教大法官就是代表了恶在发言，具有魔鬼的特征，以及他对基督教的三个分支的划分：崇尚普遍性的罗曼民族的天主教；崇尚个性的日耳曼民族的新教；以及在罗扎诺夫看来体现了两者的一种内在统一的、斯拉夫民族的东正教，并认为后者最符合福音的精神是过于简单化了。而追求一种普遍的自由哲学的别尔嘉耶夫似乎也对人性的看法过于乐观，他同样有些倾向于把宗教大法官就看作恶的化身，并认为他代表了天主教，当然，又不止于天主教，在其他的教会，包括东正教，在所有的强权、所有对人的监护中，都有大法官的精神。在这一点上，他不同于罗扎诺夫而具自由主义色彩。他还认为传奇中的宗教大法官在继续诱惑人，而我认为他与其说是在实行诱惑，不如说是表达困惑，他不是在面对人说话，而是在面对上帝说出他的困惑。我认为宗教大法官提出的有关人性差异的问题依然顽强地存在，仍然还是一个悬而未决的问题，对普遍的、所有人的自由构成了一个挑战。

的确，罗扎诺夫注意到具体，强调了个性。他说，世界的困难不在于那些崇高和全面的社会纲领，而在具体的"小事情"中。你的鞋子硌脚，任何"宇宙的和谐"都不会让你高兴。幸福取决于无限的个体。有多少个体——就有多少"幸福"。所以，要珍惜个体；珍惜整个生命，这是唯一的准则，没有别的准则。人尽可走自己的路，但不要妨碍别人。而也

---

[1] 罗札诺夫：《陀思妥耶夫斯基的"大法官"》，张百春译，华夏出版社2002年版，第4页。

许正是因此，陀思妥耶夫斯基才对我们显得无限的亲切。陀思妥耶夫斯基是一位最具亲切感、最具内在性的作家，你在读他的时候仿佛是在倾听自己的心灵，只是比平常更为深刻。[1] 伊万诺夫也说："他使我们的心灵、我们的信仰、我们的艺术都变得复杂了，他就像'特纳创造了伦敦的雾'一样创造了，——就是说发现了、揭示了已经开始、还没有被意识到的我们的复杂性。"[2] 布尔加科夫甚至说："凭良心说，他应当被列为一切时代和一切民族最伟大的作家和最伟大的思想家。"[3] 舍斯托夫也认为："陀思妥耶夫斯基是个说不完的题目。很少有人能这样忘我地献身于探究人类存在的最后秘密。"[4]

然而，恩格尔哈特说的是对的：尽管可以对陀思妥耶夫斯基的思想小说作出尽可能多的分析评论，但还是很难穷尽和超越陀思妥耶夫斯基所喜爱的人物形象的高度。这些生动而又复杂的形象永远保持着一种对阐释的开放性。恩格尔哈特还准确地预见到陀思妥耶夫斯基的人物很快在西方也要被称为"自家人"，传遍全欧洲。其原因他认为应该在19世纪欧洲精神发展的整体环境中去寻找；陀思妥耶夫斯基预见到了丧失自身主要基础的欧洲世界观的即将破灭。这也就是为什么陀思妥耶夫斯基之所以是对当代思想有巨大影响的人物、领袖和预言家，同时他又是一个令人费解的谜，当代人为了自我解放，无论如何应破解这个谜。他小说的思想内涵在很大程度上决定了他充当"当代欧洲精神领袖"的角色地位。[5]

下面我们就来看看两个欧洲作家的意见。法国作家纪德在萨特之前

---

[1] 《精神领袖—俄罗斯思想家论陀思妥耶夫斯基》，第254—255页。
[2] 同上书，第380页。
[3] 同上书，第361页。
[4] 同上书，第519页。
[5] 同上书，第529—532页。

对法国知识分子具有某种很重要的影响，以致他活跃的时代被称为"纪德的时代"。他在 1908 年写道："在巨人般的托尔斯泰后面，又显现出了陀思妥耶夫斯基的身影，而且越来越大。应该将他，将陀思妥耶夫斯基，而不是托尔斯泰，与易卜生和尼采并列。他跟他们同样伟大，也许还是三人中最重要的一位。" 对法国式的沙龙人士的机智来说，很难乍一眼就把握或者深入理解陀思妥耶夫斯基。然而，"过快地被人理解的东西维持不了多久。""让陀思妥耶夫斯基的成功姗姗来迟的那些神秘的原因，也将让他的成功变得更为持久。"[1] 在一战之后，在陀思妥耶夫斯基一百周年诞辰的时候，纪德又在纪念大会上发表了讲话，并在随后一年做了六次讲座。他谈到，走极端的思想往往容易流行，而陀思妥耶夫斯基试图寻求某种平衡的共识。他所创造的奇迹是，他书里创造的整整一大批人物每一个都首先是依据自己才存在的，都带着各自特殊的秘密，为我们展现了复杂的内心问题；而这些问题也恰恰是依靠了每一个人物才得以存在的，他们互相碰撞，互相斗争，形成了人的完整图像。或者我们可以这样说，他们中很多人都有些极端，但总体上看，恰恰形成了一种平衡。无论多么高深的问题，陀思妥耶夫斯基的小说都敢涉及，但是从来不以抽象的方式来涉及它，在他的小说中，思想永远是依靠了个体的存在而存在的；思想永恒的相对性就在于此，思想的威力同样也在于此。他的思想从来不是绝对的，而几乎总是相对于他的人物，而且相对于这些人物生活中一个确切的时刻，它们可以说是这些人物在一种特别状态、在一个特别时间里获得的。纪德又一次给我们真切地描述了陀思妥耶夫斯基思想的问题性，一种依系于活生生的人物的问题性。

---

[1] 纪德：《关于陀思妥耶夫斯的六次讲座》，余中先译，广西师范大学出版社 2006 年版，第 1、27 页。

纪德承认巴尔扎克小说中的人物比陀思妥耶夫斯基的人物要更为复杂多样，他的《人间喜剧》也更为绚丽多彩。然而，他认为，"无疑陀思妥耶夫斯基达到了更深的区域。他触及到了任何小说家都望尘莫及的要点。"陀思妥耶夫斯基从来不为观察而观察，它也不是诞生于一个预先设计的理想，因此，它不是理论的，而是沉浸在现实之中，它诞生于思想和实践的相遇中。更确切地说，陀思妥耶夫斯的每一部作品都是时间受孕于思想的产品。陀思妥耶夫斯基认为智力高的聪明人几乎没有行动的能力，即行动其实是以平庸的智力为前提。行动者必然精神平庸，因为高傲的精神自己就妨碍了自己行动；他在行动中看到了对自身思想的一种限制。思想不行动，但它促使行动。在陀思妥耶夫斯的好几部小说中，我们看到这一奇怪的角色分工，这一令人不安的关系，这一隐秘的默契，一方面，是一个思想着的人，另一方面，是在前者的启迪下代替他行动的人。《群魔》这整本书颇有预见性地揭露了俄罗斯眼下正痛苦承受的革命。[1]

20 世纪是行动的世纪。有一句讥讽思想者的话是，"思想的巨人，行动的矮子"。但是，陀思妥耶夫斯基想说的却是，"行动者永远是矮子"。诚然行动者凭着时势和运气有的会造成巨大的影响，但那影响并非就是他期望或预料到的。或者我们至少可以说，"思想归思想，行动归行动"。深思熟虑的思想者自然并不一定就能在行动上成功，而行动者乃至取得某种成功的行动者也并不就证明他有多么高深的思想。

另一位欧洲作家，也是至死认为自己是一个"欧洲人"，并为经历两次世界大战的欧洲哀伤和痛挽的德语作家茨威格也深深地爱着和推崇陀思妥耶夫斯基。他把巴尔扎克、狄更斯和陀思妥耶夫斯基三人称为"19 世纪独特的伟大小说家"把他们"置于首位"，而且，认为他们各有自己的

---

[1]《关于陀思妥耶夫斯的六次讲座》，第 29—149 页。

领域,"巴尔扎克是社会的世界;狄更斯是家庭的世界,陀思妥耶夫斯基是一和万有的世界。"在他写的《三大师》中,陀思妥耶夫斯基是最长的一篇。茨威格说,如果不从内心去体验,陀思妥耶夫斯基就什么也不是。只有在最底层,在我们永恒和不变的生存里,在根源所在的地方,我们才有望和陀思妥耶夫斯基建立起联系。他个人的问题每个都与一个人类无法解决的难题紧密相连。[1] 生活把他三次摆荡到高处,又三次把他拉了下来。而陀思妥耶夫斯基的性格是足够顽强和坚毅的。"王尔德从监狱里出来就结束了,而陀思妥耶夫斯基从监狱里出来才是开始。"最后一次灾难是他的妻子死去,不久他的哥哥,同时还有他最好的朋友和助手都相继谢世。两家的沉重债务都落到了他的肩上。他开始了流亡欧洲历时数载的无目的的漫游。在流亡的那些年月里,陀思妥耶夫斯基对那些外国作家名流毫无所知,他们对他也毫无所知。对于他来说,工作就是拯救。工作的时候他就是生活在俄国,生活在故乡。于是他写出了《罪与罚》、《白痴》、《群魔》和《赌徒》。而他后来以最后的精力和最高的艺术完成他的对民族前途的遗嘱,那就是《卡拉玛佐夫兄弟》。

在茨威格看来,托尔斯泰的一生是说教性的,是一本教科书,是一本宣传册子。陀思妥耶夫斯基的一生则是一个艺术品,是一部悲剧,是一种命运。陀思妥耶夫斯基的主人公都是火山性的。这是因为,每个人最终都只能证实创造了他的上帝。他的主人公都不是平静地安置到我们这个世界里来的,他们凭自己的感受触及到了最根本的问题,他们都用最新的悟解力同时结结巴巴地讲到了世界的重大问题。而在欧洲已经僵化成冰冷概念的一切问题,在他们的心目中都还是火热通红的。陀思妥耶夫斯基的作品能够被评为世界文学中最卓越之作,最不朽之作。卡拉玛佐夫的悲剧

---

[1] 茨威格:《三大师》,申文林译,人民文学出版社2005年版,第60—77页。

丝毫不逊于俄瑞斯特的错综复杂的情节，不逊于荷马的史诗，不逊于歌德作品的宏伟规模。但是陀思妥耶夫斯基缺少舒缓，缺少自然风景。他的领域是灵魂世界，而不是大自然，他的世界就是人性。陀思妥耶夫斯基是心理学家中的心理学家，人心的深度神秘地吸引着他。他的真实世界是无意识、潜意识、无法解释的东西。自莎士比亚以来我们还没有学到过这么多感情的秘密和感情交错的神秘规律。陀思妥耶夫斯基像唯一从冥间世界回来的奥德修斯那样，给我们讲述了精神的冥间世界。他为人物的深度提出了新的标准：在他以前还没有哪个肉体凡胎的人知道这么多精神不朽的秘密。[1]

也许正是由于这些原因，陀思妥耶夫斯基的思想和人物虽然是强烈地具有时代的、民族的特点的，但又是超越时代和民族的。陀思妥耶夫斯基不仅是俄国的，也不仅是欧洲的，而且是世界的，是人类的。在经过了激烈动荡时代的冷落之后，陀思妥耶夫斯基不仅在他的故乡俄罗斯又重新被推崇、被讨论，在同样经历了多年运动革命的中国也开始重新被注意，而且，这一次不仅是他的杰出文学成就被广泛注意了，他的思想观念和精神力量也得到了关注。

陀思妥耶夫斯基在自己的作品中，似乎没有提到过中国，这本身似乎就很说明问题。但在他关于普希金的演说的手稿中，曾想引用巴尔扎克小说《高老头》中的一个片断，其中一个贫苦大学生借一篇寓言向自己的同伴提出是否有权杀死一个无用之人的问题，问题提得十分明确而尖锐："倘使在巴黎，能够单凭一念之力，在中国杀掉一个年老体衰的满大人，从而大发横财，你打算怎么办？"我们知道，这也就是拉思科里涅珂夫的问题，只不过被杀的对象由一个放高利贷的老太婆换成了一个颠顶的中国

---

[1]《三大师》，第 89—145 页。

官员。[1] 别林斯基在他那封著名的《给果戈里的一封信》中，说果戈理的谦恭，"不可避免地都将导致伪善，伪君子作风，中国人风度"，[2] 赫尔岑在自己的回忆录中写到一个革命者施特鲁沃，说：只要杀死二百万人，革命就会成功，这话引起震惊，但换成说死二十万中国人却似不足惜。[3] 赫尔岑还引穆勒语道，各民族都有一发展极限，"都会变成中国"。又说："如果人民被征服，新的中国和波斯便不可避免。""中国"一词成为"停滞"的代名词。

  中国遭到忽视乃至轻视和蔑视是由于邻人不了解中国还是事实就该如此呢？中国是否真的临到它发展的极限了呢？中国是否早已过了它的辉煌期呢？如果说在世界历史上是一些民族各领风骚几百年，中国是否已经"领"过，或者这"领"还在未来呢？20世纪确乎像是美国的世纪，或者说是美苏对峙的世纪，然而是否能说21世纪就是中国的世纪呢？中国还有没有超越自身的希望？这超越自身的希望和资源又在哪里？是否能仅仅以自己的历史文化而骄傲，或者亦步亦趋地再现西人与东邻已经创造过的经济奇迹就感到满意？中国的变革是否也能携带一种精神性呢？它是否还能创造一种新的文化、新的信仰呢？甚至于它还能否给世界贡献一种具有超越性的东西呢？或者这一切问题都不仅可以在民族、文明的大范畴内考虑，也可以在个人的范畴内考虑：一个中国人在当今的世界上能够有何种作为呢？中国是否正在等待一个新的孔子，或者说等待自己的耶稣、自己的穆罕默德？抑或这样的时代还太早，它还只能聆听一个施洗约翰的声音呢？我们再回到世界和人类，人类是否又将面临一个新的轴心时

---

[1] 转引自格罗斯曼：《陀思妥耶夫斯基传》，外国文学出版社1988年版，第457页。
[2] 引自《十八—十九世纪俄国哲学》，商务印书馆1987年版，第306页。
[3] 《往事与随想》上册，第349页。

代呢？抑或临近的却是末世，是最后的时刻？我有关陀思妥耶夫斯基的这本书就要在此结束了，而他提出的基本问题却不仅没有结束，它们还启发我们看到了更多新的问题。

补编

托尔斯泰的矛盾

——重读托尔斯泰

约三十多年前，尤其是在启动改革开放的 1978 年，人们开始能够比较容易且公开地接触到大量外国文学作品了，我开始第一次大量地阅读 19 世纪俄罗斯文学，特别是读托尔斯泰的主要作品。

那时的阅读主要是被其中的艺术美和生活美所吸引，对其中的思想虽然也感到它的深沉，但并不怎么分辨，更勿论独立的批评。这或许是因为久渴之后首先需要拼命吸收，在封闭之后对所有的思想都觉得新鲜，而且我也还没有建立起自身可以赖以批评的一种历史感、问题意识和概念系统。

如今翻阅我当时写在现已发黄的笔记本上的大量摘录和评语，还能感到当时的单纯和宝贵追求，但的确也缺乏思想的辨析力。于是，大约从 2005 年开始，为了重新认识托尔斯泰，也为了修订有关陀思妥耶夫斯基的这本书，我感觉还需要在陀思妥耶夫斯基和托尔斯泰这两位双峰并屹的文学和思想大师之间作一更加细致和深入的分析比较，故再一次系统地来阅读托尔斯泰。以下就是我重读托尔斯泰作品及相关文献的一些心得，它们并非连续一贯的纯学术研究，而是采取了断断续续写下的读书笔记的形式,但还是希望能对读者理解托尔斯泰及陀思妥耶夫斯基,以及他们共同关心的道德、上帝与人的问题有所帮助。

而我之所以在这里强调"重读",也还不仅仅是出于个人的经历和心愿,而是也希望我们都能从一些新的角度阅读、感受和理解托尔斯泰,以和多年流行的、权威的、过于社会政治化、甚至意识形态化的解读有所间隔和推进。

引言：艺术与思想之间的矛盾

"托尔斯泰的矛盾"并不是一个新命题，已经有很多人指出过这一矛盾，只是对这一矛盾的性质和内容究竟是什么、它意味着什么或如何评判它等问题的解释不同。[1]

将"托尔斯泰的矛盾"与"陀思妥耶夫斯基的问题"比较，虽然陀思妥耶夫斯基不断地在提出各种问题，他的作品甚至他本身就是一个巨大的问号，在他的作品中，也总是显示出各种不同的观点，使其中的思想对白呈现出"复调"的特征，但陀思妥耶夫斯基自身并不是矛盾的，他的艺术和思想是结为一体的，或者说，他的思想主要是包含在他的艺术作品中

---

[1] 认为托尔斯泰的艺术与思想、或前期与后期之间并不存在矛盾或分离的观点比较少见，例如卢森堡认为"把艺术家托尔斯泰与道德家托尔斯泰截然分开"是"资产阶级流行的看法"（《欧美作家论列夫·托尔斯泰》，中国社会科学出版社1983年版，第380页）。但情况看来并不是这样，普列汉诺夫、卢那察尔斯基、高尔基等都是这种看法，包括列宁也是如此。

本文主要是观察作为艺术家的同行对"托尔斯泰的矛盾"的看法，但先察看一种今天在我们的社会仍然影响颇大的政治家的观点可能是有益的。列宁在1908年到1911年的三年，即托尔斯泰的最后岁月和逝世之初，写了七篇评论托尔斯泰的文章，这七篇文章在苏联与后来的新中国，长期以来是最权威的、不容置疑的结论，等于是"盖棺论定"。列宁认为："托尔斯泰的作品、观点、学说、学派中的矛盾的确是显著的。"这种矛盾在于：托尔斯泰"一方面，是一个天才的艺术家"，以其"最清醒的现实主义"精神和无与伦比的作品，"对社会上的撒谎和虚伪作了非常有力的、直率的、真诚的抗议"，"无情地批判了资本主义的剥削"，揭露了沙皇制度的罪恶；另一方面，又是一个"发狂地笃信基督的地主"，思想上"狂热地鼓吹'不用暴力抵抗邪恶'"和鼓吹宗教，"是一个颓唐的、歇斯底里的可怜虫"。列宁所说"托尔斯泰是俄国革命的镜子"成为对他最为简明的一个经典评价。也就是说，在列宁看来，这种矛盾也主要是艺术和思想之间的矛盾，托尔斯泰的艺术作品是伟大的，所谓"镜子"的含义也就在此，因为他的杰出的现实主义作品自觉不自觉地反映了俄国社会和革命某些本质的方面；但他的思想是渺小以致反动的，尤其是他有关俄国以致人类出路的思想是错误的，只是他对私有制、旧国家机器的否定，还可以成为启发人民起来（转下页）

的，而很少有直接的政治和宗教的论著。他的文学创作生涯曾经有过人为的外在原因造成的断裂，但他一生是始终致力于文学创作的。他比托尔斯泰其实更有思想的才能，也正是他，天才地把握和表达了"现代"的一些主要精神和道德特点。然而，他的思想的性质，即一种"作为问题的思想"决定了他的思想不是独断专行的理论或教义。这些问题可能有不同的解决方向，或者没有一劳永逸的最终解决。他自然也并不是价值中立的，而是有一种主导的思想倾向，只是他不把这种倾向强加给他的读者。他无意做先知和教主，他没有门徒，没有所谓的"陀思妥耶夫斯基主义者"。

那么，"托尔斯泰的矛盾"是一种什么样的矛盾？我们或许可以简略地说，是一种发生在艺术和思想之间的矛盾，在时间划分上也可以说是托尔斯泰前期和后期的矛盾。托尔斯泰（1828—1910）大致是从 19 世纪 50 年代起开始从事文学活动，以 1880 年左右的思想转变来分界，前、后期各约三十年。前期在 50 年代他有多个中短篇小说，1862 年结婚后他走向他的文学的高产期和最高峰，60 年代主要写作《战争与和平》，70 年代主要写作《安娜·卡列尼娜》。后期文学作品就少了，他在八九十年代有不多的几个中短篇，90 年代写有长篇小说《复活》。他的文学成就及最高峰主要是在前期达到的，他前期的主要努力和精神关注也是在文学艺术，后期的主要关注却转到了一种思想教义，而且，他的思想从一种"作为定论

（续上页）革命的材料，但革命者绝对不能走那条不以暴力抗恶和宗教新生的道路，而是要通过暴力革命和无产阶级专政来改变社会制度。

还有一些论者强调其艺术与思想的一致，但意思往往只是在说他的思想传播是借助于他的艺术成就和能力，如柯罗连科、密茨凯维奇大致就是如此看法。托尔斯泰自己说："所谓伟大人物都永远有着厉害的矛盾，而这跟他们有的另外一些傻事一块儿全被人宽恕了。然而矛盾并不是傻事。傻瓜是顽固的，但他并不是矛盾的。"我们也可以如此看"托尔斯泰的矛盾"。以下所引评论和译文主要是根据《俄国作家批评家论列夫·托尔斯泰》（中国社会科学出版社 1982 年版）、《欧美作家论列夫·托尔斯泰》（中国社会科学出版社 1983 年版），并参考 Leo Tolstoy, *The Critical Heritage*, Edited by A. V. Knowles, 1997 by Routledge, London。

的思想"最后转为一种"作为教义的思想",和陀思妥耶夫斯基"作为问题的思想"形成鲜明的对照。

所以,这种矛盾的性质看来首先是一种在生命时间上的断裂,扭转。而在这断沟的两端,一边是文学艺术:作者在这方面具有最高天才,生命力洋溢、丰富、冲动、勇敢、欢乐、充实、多元、开放;另一边是思想教义:作者在这方面并非具有最高天才,但因为前期获得的文学成就而拥有一种最大的影响力,在此他开始压制生命、否定欢乐、否定政治、法律与财产、反对暴力、努力禁欲。

我们或可将两方面综合起来说,这是一种前期文学艺术和后期思想教义的矛盾。这种矛盾甚至也包括他宣教的思想教义和隐含在他的艺术作品中的思想的矛盾。他宣讲的思想教义是相当一元的,而他在其艺术作品,尤其是前期艺术作品中的思想表现却是相对多元和广阔的,更为全面地反映着生命和生活的真实。其艺术作品中的思想尚非咄咄逼人,其直接宣讲的思想却是专断的教义。而且,包含在他的伟大艺术作品中的思想意义还不止是揭露或镜子似的反映现实生活,还有许多正面的、富有意义的思想——比如在《战争与和平》结尾所达到的一种宽容的世俗自由主义思想,在《安娜·卡列尼娜》结尾所达到的对爱国主义和人民的反思,以及一种百川归海似的宗教自由主义思想。

托尔斯泰的文学艺术与思想教义的这种矛盾乃至也延伸于他的教义的理论和实践的不一致:他认为简单明了但却是最高要求的道德真理却难于实行,甚至难于为本人实行,这种矛盾愈到后来就愈令人痛苦地表现于日常生活,表现于他的家庭里的冲突,尤其是表现在他和妻子关系的紧张。[1] 当他致力于他的文学创作的时候,家庭是和谐的,妻子全力支持他

---

[1] 最高的道德期望和要求甚至无法行于自己最亲近的人。托尔斯泰在1896年5月5日的日记中伤心地写道:"家里的情况糟透了,我很伤心。原因只有一条:提出了最高的道德要求。(接下页)

的创作,不仅承担起全部家务和养育子女的重任,还反复誊抄他的手稿,乃至作为第一读者提出意见,参与到托尔斯泰的文学创作中来研讨人物性格与故事情节。他妻子曾经誊抄过几百万字的《战争与和平》七遍,她满心愉悦地做这件事,而后来她虽然也誊抄托尔斯泰的政论等作品,即便是抄一个短篇却也感到痛苦。两人的思想分野了,他的妻子很难忍受托尔斯泰思想的转变,比如他对放弃家庭财产的看法,而她作为母亲一想到她的孩子可能要失去良好的教育乃至必要的生计就感到恐惧。

　　这种矛盾甚至也反映到他的子女身上。他的儿女也分成了两派。托尔斯泰的妻子生育过13个孩子,长成的有8人,其中儿子5人,女儿3人。有意思的是,儿子大多站在母亲一边,女儿更多偏向父亲一边。最幼小的女儿最坚定和彻底地支持父亲,而甚至是从事艺术的儿子也仍然是强烈地反对父亲。这是否也反映了某种两性之别?男孩子可能更理性,或更现实,而女孩子则更浪漫,或更冲动。托尔斯泰自己在1905年3月18日的日记中写道:"屠格涅夫写了一篇很好的东西《哈姆莱特与堂吉诃德》,在结尾处还加上霍拉旭。我觉得两种主要的性格是堂吉诃德和霍拉旭,还有桑丘·潘沙,还有宝贝儿。第一种人多半是男人,第二种人多半是女人。我的儿子都是堂吉诃德,不过没有自我牺牲精神,女儿都是霍拉旭,甘愿牺牲自我。"不过长子、长女作为年长者似乎又都相对要温和一些,

---

　　(续上页)为了它而否定了一切低于它的东西。十五年前我建议交出大部分田庄,只住四间房。那样一来他们就会有理想了。现在呢?什么理想也没有。"(《列夫·托尔斯泰文集》第十七卷,第200页。)他在1900年8月21日的日记中又写道:"我在家里的地位很奇怪。他们也许是爱我的,但并不需要我。……大凡先知,除了本地本家之外,没有不被人尊敬的。""这几天重要的事情是,我不记得在什么情况下,好像是在我从内心里谴责我的几个儿子之后,我开始记起我干过的一切龌龊事。我清清楚楚地回忆起一切,至少是许多,觉得很可怕。别人和我的儿子比我好多了。"(《同上书,第246—247页。)托尔斯泰毕竟有一种自省,还有一种对行动的谨慎,比如在捐出家产方面。

折中一些。孩子们后来（尤其在两老都逝世之后）对自己的父母及晚年失和也有了更多的理解和宽容。

再借用伯林的一个说法：托尔斯泰本性是一只狐狸，但却是一只想做刺猬的狐狸。我们或可说：托尔斯泰本性是一位伟大的文学家，但却想做一位宗教的先知或教主。他的天才主要是表现于文学的领域，尤其在长篇小说这种艺术形式上，世上罕有人能及，罕有人匹敌，但是，他却不满足于只做一个文学家，因为某种对于自身和世界的渴望，他转向了一种对思想教义的阐述和宣讲，但他所达到的思想观点虽然是相当彻底和独断的，却并不是富于独创性的。他在这方面的能力还是不及他的艺术才能，甚至从其思想教义的表现形式上看，也不是通过直接的政论，而是在附着于文学的形式时更有力量。

已经有许多作家批评家评论过托尔斯泰这种在艺术与思想之间的这种矛盾，并对托尔斯泰后来贬低艺术，自己也在相当程度上放弃了艺术创作表示过深深的惋惜和遗憾。屠格涅夫曾经在他逝世前不久，于1883年6月28日还耿耿于怀此事，他写道："我给您写信，仅仅为了告诉您，我多么高兴成为您的同时代人，并向您表达我的最后的真挚请求。我的朋友，回到文学活动上来吧！这个才能原是赐给一切的上天所赋予您的。唉，如果我能够设想，我的请求能对您产生影响的话，我将是多么的幸福。"[1]这是屠格涅夫死前的求告。他在多大程度上爱文学，爱美，爱才华，大概也就在多大程度上爱托尔斯泰。尽管他自己也是天才的艺术家，并更早具有世界性的影响，但他却坦率地自承自己的文学才能不及托尔斯泰。他说："这样的艺术家，这样头等的才华，在我们中间从来不曾有过，现在

---

[1] 倪蕊琴：《俄国作家批评家论列夫·托尔斯泰》，中国社会科学出版社1982年版，第67页。

也没有。比如我,被认为是一个艺术家,可是和他比起来算得了什么呢?在同时代的欧洲文学中,他是没有人比得上的。"[1] 他欣赏和珍惜托尔斯泰的天才,这天才是极其罕见的,不尽其才也是有点暴殄天物。

为什么托尔斯泰后期会贬低艺术,乃至贬低脑力劳动及脑力劳动的其它产品?这自然主要是他的思想转变的结果。我们从他对莎士比亚的贬低或也可窥见一二原因。他说不仅不能把莎士比亚看作伟大的、天才的作家,甚至不能看作最平常的文人。他如此看低莎士比亚,这其中或有艺术的原因,是一位伟大小说家对一位伟大戏剧家的不满和挑战,也可能还包含后来的大师对先前的大师的挑战。他在艺术上认为莎士比亚的人物不真实、情节不自然、语言矫揉造作。但正如德国马克思主义理论家梅林评论说:"托尔斯泰这个小说大师实在太伟大了,他很难成为同样伟大的剧作家。"[2] 托尔斯泰不一定很娴熟戏剧的创作特点和技巧,他的戏剧才能不及他写小说的才能,其剧本引起的轰动更多地不是由于审美的原因。

不过,托尔斯泰批判莎士比亚更多地还不是由于艺术上的原因,而是由于一种思想上的不合和挑战。如果说他不一定充分理解莎士比亚戏剧艺术的意义,他倒是非常准确地理解和把握了莎士比亚思想的涵义。在《论莎士比亚和戏剧》一文中,托尔斯泰主要引用了德国的文学史家、莎士比亚专家格尔维努斯(1805—1871)对莎士比亚思想的概括。他说,依格尔维努斯的看法,莎士比亚认为人类无须为自己提出理想,需要的只是在各方面的正常活动和中庸之道。莎士比亚是为有教养的人士写作,这些人掌握了健全的生活节律和这样的一种自我感觉,由于它,良心、理智和意志合而为一,向可尊敬的人生目标迈进。对莎士比亚来说,一个独立自

---

[1] 莫德,《托尔斯泰传》,宋蜀碧、徐迟译,北京十月文艺出版社1984年版,第480—481页。

[2] 《俄国作家批评家论列夫·托尔斯泰》,第358页。

主的人，如果他以坚毅的精神同政治和道德中的任何规则作斗争，并藐视千百年来社会赖以维系的宗教和国家的联盟，这种人是可怕的。人们的实践智慧，除了使社会最大限度地顺应自然并获得自由外，别无更为崇高的目的，因此应该坚定地维护社会的正常法则，尊重现存的事物秩序，经常察看这种秩序，并扶植其合理的各个方面。不以文化而忘掉天性，也不以天性而忘掉文化。莎士比亚看到，现时所鼓吹的平等会变成暴力，而暴力会变成专横，专横则会变成不可抑止的情欲，这些情欲将像狼对猎物那样地撕碎世界，到头来世界将自我吞没。即使人类达到平等而没有发生这样的事，那么，诗人也会认为，世界已临风烛残年，积极有为之士已不值得为之生活了。托尔斯泰同意："莎士比亚的世界观，依照他的最卓越的专家和赞美者的解释，就是如此。"他据此认为，莎士比亚的作品不仅"不符合任何一种艺术的要求"，其思想的倾向"还是极其低下、极不道德的"。[1]

如果这一概括真实的话，莎士比亚的确和托尔斯泰在思想上是对立的，托尔斯泰敏感地觉察到这一点，这可能正是促使他否定莎士比亚的一个主要原因，即他主要还是因为思想上的歧异和对立而否定莎士比亚。托尔斯泰很好地理解了莎士比亚的思想。于是，后人或就可以提出这样的问题：是托尔斯泰还是莎士比亚？当然，这只是在思想和政治抉择上提出的问题，在艺术上，他们两个都同样伟大。莎士比亚的作品是一部人性的百科全书，虽然，这种种人性是以一种戏剧的集中乃至夸张的形式表现出来。托尔斯泰的艺术作品其实也深刻地表现了人性（虽然稍有些单一），而且，当他不执意思考，不试图宣教的时候，他写得最好。

无论如何，托尔斯泰后期不再主要致力于文学是一个莫大的遗憾和

---

[1] 列夫·托尔斯泰：《列夫·托尔斯泰文集》第十四卷，人民文学出版社2000年版，第378—381页。

损失。俄国作家斯捷普尼亚克·克拉夫钦斯基在 1889 年写道:《战争与和平》的作者如今几乎是只写一些短小的民间故事了。"一个享有全世界最高荣誉的小说家,在他创作精力最为旺盛的时刻,出于某些道德上的信念,不去搞艺术,放弃这方面的成就,而去种土豆,缝皮靴,并且给他贫苦乡邻的地里送大粪,真是有点令人惊异和不同凡响,这使人感到奇特,感到有兴味,接着便是崇拜,很少有人健在时受到过这样的崇拜。"热爱或渴望信仰的人似乎比热爱和渴望美、尤其是能够精致地欣赏美的人更多。"有一个作家托尔斯泰的崇拜者,就有二十个热情洋溢地把他作为新宗教的宣传家来加以景仰的人。"但这些人大多是在国外,[1] "对于俄国人,他还像从前一样,是一个作家,而不是先知。俄国报刊和社会舆论对于托尔斯泰身披先知的法衣而出现,表现得非常冷淡。"这至少是 19 世纪的情形。斯捷普尼亚克·克拉夫钦斯基认为,在思想上,"我们从托尔斯泰那里得不到什么新东西。他不过是重复着——尽管是更有权威地——一些老生常谈的东西。他是一种有意义的现象,然而绝对不是现代生活中新的力量。过不了多少年,哲学家,倒退到同我们格格不入的遥远的古代的宗教理想的宣传家托尔斯泰将被人忘诸脑后,然而写出了作品(由于这些作品,我们一个人过着十个人的生活)的艺术家托尔斯泰将永世长存,永远令人喜悦与欣赏,激起灵感,发人深思。"[2]

柯罗连科比列宁更早说到艺术家是"一面镜子",而且是一面"活的镜子",[3] "托尔斯泰是一位真正的大艺术家。"他说:"在艺术的领域里,

---

[1] 我们读《文学的影响力——托尔斯泰在中国》,从其中收集的 20 世纪上半叶的介绍评论文章看,也大都是介绍托尔斯泰的人生哲学、宗教和社会思想。陈建华编,江西高校出版社 2009 年版。

[2] 《俄国作家批评家论列夫·托尔斯泰》,第 147、148、170 页。

[3] 法国作家沃盖也谈到过托尔斯泰完成了镜子的双重功能:既反射出亮光,又使这种亮光成倍增强、发热而产生火光。

托尔斯泰的伟大是显而易见和无容争议的。政论家、伦理家和思想家托尔斯泰，始终没有由于他是艺术家托尔斯泰而取得足够的成就。然而，如果不是艺术家登上了使整个世界瞩目和聆听的高处，世界就未必如此注意倾听这位思想家的话了。"而且，艺术的观察力和想象力还在随时随地为托尔斯泰的思想提供活力和扩大影响力。柯罗连科不仅看到了托尔斯泰在思想与艺术之间的矛盾，也看到了两者之间的这样一种联系：即并非托尔斯泰的思想教义使其艺术作品更深刻，而主要是托尔斯泰的艺术成就和能力确定了他的思想的影响力。[1] 正是在这一意义上，他说："思想家托尔斯泰同艺术家托尔斯泰完全是浑然一体的。他的重要的长处和同样重要的缺点都在于此。""思想家托尔斯泰完全是艺术家托尔斯泰的产物。""思想家托尔斯泰完全依附于艺术家托尔斯泰。""艺术家托尔斯泰向不知所措的思想家托尔斯泰伸出了援助的手，而丰富的想象力在他的面前修复了一幅图画，表现出新的心灵上的自然和和谐。"他甚至引《俄罗斯》杂志的话说："托尔斯泰是个蹩脚的思想家，然而却是一位伟大的艺术家。" 当然，他也因其是一个具有世界盛誉的艺术家而不管表达多么激烈批判和否定政府的思想，也不会受到国家机器的迫害，托尔斯泰甚至为此感到苦恼，但还是没有办法：打击就是落不到他的身上而至多落在他的追随者的身上。柯罗连科还认为托尔斯泰向往的思想世界是简单和贫乏的，他引用托尔斯泰兄长信中说其弟的一句话："辽沃施卡完全尤范化了。"（尤范是托尔斯泰家族庄园里甚受托尔斯泰赏识的一名长工），说托尔斯泰推崇尤范、阿基姆、卡拉达耶夫等人，而"他们的精神世界毫无疑义是贫乏的。话少、概

---

[1] 波兰作家显克微支也说："的确，如果没有艺术家的伟大才华，光是托尔斯泰所宣扬的原则，难道能引起如此广泛的反响吗？难道它们能成为欧洲最伟大的思想家们思索探讨的问题吗？这些原则至多只能作为一种独特而新奇的现象唤起人们的兴趣罢了。"见《欧美作家论列夫·托尔斯泰》，陈燊选编，中国社会科学出版社1983年版，第511页。

念少、形象少而且感受少"。说托尔斯泰为了寻求精神的严整与和谐,抛弃了丰富的精神和智慧。柯罗连科还指出由于托尔斯泰只了解、看到和感觉到社会制度的最底层(农奴)和最上层(贵族),不了解市民和中产阶级,才如此轻易地提出"不能十全、宁可全无"的要求,如此轻易地拒绝作"片面的"改良——诸如建立立宪制度和在法律上限制各种形式的专横现象。[1]

魏列萨耶夫也具体地指出了托尔斯泰思想和艺术矛盾的内容,他说,托尔斯泰的人物和说教者托尔斯泰不断地重复着:"善!爱!自我牺牲!"而作为艺术家的托尔斯泰则反驳说:"生命!生命!生命!"[2] 这的确是托尔斯泰作品中的一个明显矛盾,他的说教、他后来作品中的人物是相当禁欲主义的,但是他的文学作品,尤其是早期的文学作品中却不可遏制地透露出充溢的生命力的冲动、欲望乃至全部丰富性。在他的艺术作品中,托尔斯泰和世俗生命的关系是和解而非敌对的。

此外还有托尔斯泰的教义和实行的矛盾,索·托尔斯泰娅记录过这样一件事:1909 年 8 月 31 日早晨来了一位三十来岁的罗马尼亚人,他在大约十八岁时因读《克莱采奏鸣曲》而自阉。后来开始务农,种了九俄亩地,今天他感到非常失望,看到托尔斯泰写的是一回事,生活却如此奢华。他显然是伤了心,说他想哭,不停地重复说:"我的天啦!我的天啦!这是怎么回事?我回家怎么说呢?"他见人就问,要求为他解释这种矛盾。[3]

许多欧美作家对托尔斯泰的这种艺术与思想的矛盾也有大致类似的看法。在将俄罗斯文学引入法国方面作出了巨大贡献的法国作家德·沃盖认为,托尔斯泰是"一位伟大的作家"、"无与伦比的人类心灵的观察者",但是,"在图拉的这个信徒给我们的启示中,根本找不到任何创见"。"我

---

[1] 《欧美作家论列夫·托尔斯泰》,第 201—213 页。

[2] 同上书,第 231 页。

[3] 同上书,第 433 页。

是他的小说的热情读者，他的理论使我不能再读到那些因中途停步而没写出来的杰作，因此我更讨厌这种理论。"[1] 另一位法国作家布尔热认为托翁的漫长一生似乎可以分成两个互相否定的时期：小说家的时期和传道者的时期，而他觉得："托尔斯泰的哲学毫无意义。他的观察能力高度发达，而他对自己的观察所得的理解能力却是幼稚的，这二者之间经常令人感到不平衡得出奇。这一不同寻常的对比，足以说明他长久以来对我们所阐述的那些观点的理解缺乏连贯性。仅仅是他的作家才华的声望，才使我们对他的胡言乱语洗耳恭听，我们可以深信，这些胡言乱语既给他本人，也给他人带来许多危害。""若把作家的艺术只归结为创造形象，那么托尔斯泰是无可匹敌的。"但是，"托尔斯泰想要在没有信仰也不可能有信仰的地方，在高傲和孤僻的理性中去寻找信仰，为此他走向了他那样顽强地希望避免的恶：走向利己主义，这在他身上开始时是带有肉欲性的和上流社会的性质，而末了却带上神秘的和有意识的粗野的性质。但是利己主义仍然是利己主义。"我将在后面分析《伊凡·伊里奇之死》时解释，准确地说，这种"利己主义"是一种精神人格上的"立己主义"。[2]

罗曼·罗兰是法国作家中非常推崇托尔斯泰的。他在1902年写道："我深深地爱着托尔斯泰，我爱他一如既往，从未间断。"在1911年托尔斯泰刚刚逝世之后，他将纪念文章写成了十多万字的《托尔斯泰传》，并在其中宣称："我们不会像今天的评论家那样，认为'有两个托尔斯泰，一个是转变以前的，一个是转变以后的；一个好而另一个不好'。对我们而言，只有一个托尔斯泰，我们始终敬爱他。因为我们本能地感觉到，在这样的人心里，一切都站得住，一切都前后关联。"[3] 但尽管罗曼·罗兰如此

---

[1] 《欧美作家论列夫·托尔斯泰》，第25—26页。
[2] 同上书，第40—42页。
[3] 罗曼·罗兰：《名人传》，张冠尧、艾珉译，人民文学出版社2003年版，第171页。

说，他还是注意到托尔斯泰的思想和艺术之间的矛盾，并主要是崇仰他的艺术而非他的思想，且愈到晚年离托尔斯泰的思想愈远。他认为托尔斯泰对他的影响主要是艺术上的影响。他说："我总觉得托尔斯泰的思想平淡无奇，就像从旧布片上随便地剪下来的，——这些破布条是他从自学的旧货摊上收买来的，然后凭着令人感动的孜孜不倦的勤奋用笨拙的手指拼凑成整整一块东西。……他的哲学思想和创作天才原来是如此不相称时我是多么地难受和失望啊。""当他让真实发言时，在艺术上他是无与伦比的，当他自己讲话时，那就软弱无力了。他是一个伟大的观察家，也是一个虚弱、哆嗦的说教者。在他解释自己的观察时，他损害了自己的直观视觉。""托尔斯泰是一个坏向导，他那被扰乱的天才，始终不能找到一条实际的道路。……我不像人们所认为的那样，是一个托尔斯泰主义者。……在我看来，托尔斯泰的思想是平庸的。……对于托尔斯泰那种致命的、但他却很迷恋的蒙昧主义，我是很讨厌的。我爱托尔斯泰，只因为他和他的学说毫无相似之处。可我对托尔斯泰主义者却很憎恶（少数人除外）。"[1] 所以他说："与其说托尔斯泰抛弃了我，还不如说是我抛弃了托尔斯泰。" 罗曼·罗兰并指出托尔斯泰低估了脑力劳动对于普遍福利的价值和必要性，认为社会的幸福并不是让每个人都做一样的工作，而是让所有的人都做适合于自己本性的工作。应该承认劳动分工是本性所需要的，即根据才能来分工。真正的精神法则应是："把你所从事的工作做好！"而不是要脑力劳动者也都去从事体力劳动。[2]

英国作家马修·安诺德也有类似的批评。他说："在一个英国乡村中，如果'我们这等人'决心自食其力，这只会在自食其力的'大多数人'

---

[1] 热爱托尔斯泰的俄国作家布宁也曾回忆到，他年轻时和托尔斯泰主义者的密切交往使之厌恶他们。

[2] 《欧美作家论列夫·托尔斯泰》，第 86—101 页。

中引起懊恼不安,而不是友爱的欢欣。托尔斯泰伯爵抛弃了诗人和艺术家的工作,他这样做恐怕很不妥当,如果他重理旧业,也许更为有利。"[1] 萧伯纳说:"甚至英国外省城镇中一个年收入三百英镑的老处女,也不会想出比他所想到的建立理想社会制度的更为荒谬的方法了。""他总是沉溺于自己的思想和观念,以致他很少去作具体的实际考虑(包括是否符合体统或者会不会有损周围人们的感情),直至这种漫不经心招致不可避免的不愉快的后果。" 萧伯纳认为,托尔斯泰在文学领域无疑是一位巨人。但在其他方面——比如实际的事务与对人的了解方面——他甚至比起自己的传记作者莫德来也大为逊色,"像其他许多预言家一样,托尔斯泰宣讲自己的学说的时候并不知道如何去实行。正因为如此,他的影响对于蠢人是极其危险的。"[2]

莫德是托尔斯泰许多著作的英译者和传记作者,萧伯纳批评他的书对托尔斯泰过分颂扬和为之辩解。但莫德也认为托尔斯泰不知道中产阶级的领域:大商人、工厂主、工程师和经纪人,他的头脑里不存在这一切,其人生观局限于消费的贵族阶级和生产的农民大众。[3] 莫德说托尔斯泰把人生的问题太简单化了。他从整个人生舞台上抹去了具有组织才能的人。[4] "托尔斯泰出于热心,在阐述'不抵抗主义'的法则时,采取了那样一种方式,以致掩盖了他的真正目标,并导致对政府、法律和财产的否定,这在他自己的实践和他的追随者的实践中都遭到了失败。看见他怎样不顾他的一切失望和遭遇,顽固地坚持他的教条,是可悲的。"[5] 莫德还

---

[1] 《欧美作家论列夫·托尔斯泰》,第 151 页。
[2] 同上书,第 165—177 页。
[3] 而高尔斯华绥还怀疑托尔斯泰是否真的了解被他捧为生活和艺术问题仲裁者的俄国农民。我也相信,托尔斯泰最了解的还是他所出身的贵族阶层。
[4] 《欧美作家论列夫·托尔斯泰》,第 200—201 页。
[5] 莫德:《托尔斯泰传》,北京十月文艺出版社 1984 年版,第 996 页。

在给托尔斯泰的信里说:"你肯定是反对政治的,而我的天性中却感到皮姆和汉普顿、华盛顿和亚伯拉罕·林肯所做的工作,以及一般说来西方世界为建立立宪政体所作的努力,尽管还有缺点,还不完善,进步也很慢,却不是一种不体面的努力,也还没有完全失败;那条道路也可以导致一个比这个世界曾经见过的更公正更友好的社会。"[1] 莫德还谈到他对托尔斯泰的态度和托尔斯泰对自己思想的态度:"我尊敬他,爱他,并且深深地感激他。"但是,托尔斯泰是有缺点的,"这个缺点就是他不能容忍人类过去所取得的成果,和他对一切与他的理论和他的阐述的戒律不符合的运动抱着不信任的敌视态度。一句话,他太绝对地信任他自己的结论,而太不信任别人的动机、努力和结论。"[2]

美国作家德莱塞说:"读了托尔斯泰的论文《那么我们该怎么办?》,讨论了他的论据,不禁怀疑它有多少能付诸实践。""照我看来,托尔斯泰那永垂不朽的伟大,并不在于他的社会学说和道德学说,而是表现于他的长篇小说。"[3] 海明威也说:"我爱《战争与和平》,是爱它对战争和人的绝妙的、深刻的、真实的描写,但我从来没有相信过这位伟大的伯爵的议论。……他那沉闷的、救世主式的思想并不见得比那些福音传教士式的历史学教授高明。"[4]

德国马克思主义理论家、作家梅林如此谈到托尔斯泰:"虽则在伟大的作家和宗教上的怪人之间存在着尖锐的对立,作为前者他给我们留下那么丰富的东西,作为后者他却什么也没有给我们留下。"[5] 德国另一位作

---

[1] 莫德:《托尔斯泰传》,北京十月文艺出版社 1984 年版,第 948 页。
[2] 同上书,第 504 页。
[3] 《欧美作家论列夫·托尔斯泰》,第 313—314 页。
[4] 同上书,第 318 页。
[5] 同上书,第 362 页。

家莱·法朗克具体批评托尔斯泰放弃艺术之后的观点说:"富者应该交出他的财富,知识分子应该放弃他的优越感,艺术家创作时应完全以广大群众能理解为目的,每个人只应以自己的劳动为生,除了他简陋的生活方式所必需的之外,不应领取更多的东西。……这样一种划一化,拉到农民和原始生活方式水平的做法会使我们许多文化珍品丧失殆尽。"托尔斯泰在他所处的时代是如此之高,致使它激起许多人的愿望去实现托尔斯泰的社会学说。有些人在一些地方做了一些实验,按照没有私有制和非暴力的原则建立了自己的'移民区'。但是所有这些尝试都可悲地失败了,就是在他自己的家庭之内,托尔斯泰也从未成功地贯彻托尔斯泰主义的原则。"[1]

我们还应在描述托尔斯泰这种艺术与思想之间的矛盾时考虑这种矛盾的由来,为什么托尔斯泰晚期会离开艺术而转向宗教?为什么他会有这样一个深刻而根本的转变?这里可以先初列这样几个解释:

1.尝够了尘世的快乐,或得到了尘世生命几乎可以得到的一切:比如文学的最高名望、家庭的幸福、健康的身体(除了不死),对继续获得这些已经不感兴趣,失去了继续奋斗的目标,转而对生活感到厌倦。例如美国作家赫·加兰不客气地说:"托尔斯泰在文章里庄严宣告的一切,对普通人来说,简直是'高不可攀的理想'。这个说教布道的老头子,他早已尝遍了尘世的欢乐,他对生活早已感到腻烦,现在只感到它的苦味了。"[2]莫德则从正面谈道:托尔斯泰"在五十岁的时候,似乎一度陷入悲观主义的对一切都漠不关心的情绪,这种情况常常折磨着那些完成了自己的工作,再看不见任何值得为之奋斗的目标的人。但是经过很大的努力,他费尽心血,获得一种人生观——不管这种观点中包含着什么错误——使他

---

[1] 《欧美作家论列夫·托尔斯泰》,第 467—468 页。
[2] 同上书,第 322 页。

的心灵充满着一个伟大的目标,使他在精神上始终保持着年轻的活力。"[1]

2. 文学创造力的最高峰已过,想创立一种宗教或成为先知。比如梅林说:"在托尔斯泰达到他艺术创作顶峰的同时,也就开始了他的下坡路。"[2] 意大利作家莫拉维亚将托尔斯泰的转向危机与法国诗人兰波的危机相比较,他说:兰波一写完自己的杰作,就离开了文学,而且离开文学以后便销声匿迹了,"兰波很谦虚,不用说,这是托尔斯泰所没有的。托尔斯泰是一个我行我素、十分固执的人;他是一个伟人,他知道这个;他想充当创造主。因此,必须划清宗教危机和宗教的差别。可以经受宗教危机,但并不创立宗教。宗教危机通常是秘而不宣的、隐秘的,真正信教的人是不会把它告诉别人的。托尔斯泰并没有发生宗教危机,他是想创立一种宗教——这就完全是另一回事了。"[3]

3. 厌倦了思想,感觉写作和思想是无力的,从而渴望着用行动影响世界。托尔斯泰在自己1888年11月25日的日记中写道:"哈普古德来了。她问我:为什么您不写作?我说:这是无聊的事。她问:为什么?我说:书太多了,如今无论写出什么书来也影响不了世界。即使基督再现,把《福音书》拿去付印,太太们也只是拼命想得到他的签名,别无其他。我们不应该再写书,读书,讲话,而应该行动。我看了《世纪》杂志,讲到美国的特拉普修士团修士。这二百个僧团中的每一位开始沉默和劳动的修士都比哲学家高明一千倍。"[4]

4. 对死亡的恐惧。例如托马斯·曼认为:肉体上对死亡的恐惧震撼着托尔斯泰强大的生命力,这种生命力甚至蒙上精神的假面具,也能焕发出

---

[1] 《托尔斯泰传》,第997页。
[2] 《欧美作家论列夫·托尔斯泰》,第366页。
[3] 同上书,第482页。
[4] 《列夫·托尔斯泰文集》第十七卷,人民文学出版社2000年版,第139页。

蓬勃的生气。我们不必为尊者讳。甚至他的生命终了，这位德高望重者曾经轰动一时的离家出走，离开自己的家人，也同样出于一种动物性的冲动——逃避即将到来的死亡，渴望在社会和宗教两方面得到拯救。[1] 但莫德反对这类看法，说托尔斯泰对死亡的态度，不亚于他在半个多世纪前在塞瓦斯托波尔战斗中的勇敢和他在猎熊时的大胆无畏。这种态度说明，那些试图把他的哲学观点和宗教观点解释成出于对死亡的畏惧的人，是大错而特错的。[2] 但是，莫德可能没有充分估计不同年龄时段对死亡态度的差别以及非具体的、而是本体的对待死亡的态度。托尔斯泰在1863年10月6日的日记中写道："我摇摇晃晃地向死亡的山下走去，几乎没有力量止步。可我不想死，而想永生，我爱永生。"[3] 这是托尔斯泰的日记中透露出来的一个秘密，甚至也许可以说是一个最大的秘密。

发生在托尔斯泰五十岁左右的这种精神危机和生命转向的原因可能是综合和复杂的。我想在下面主要察看具有马克思主义倾向而又富有艺术气质的几位思想家的论述，尤其他本人就是后来苏联的标志性作家的高尔基的观察和分析。他们在分析中不仅承认托尔斯泰转变前后艺术与思想教义之间的矛盾，还较深地触及到了这种转变的原因。

较早提到这种转向主要是出于一种恐惧死亡的"立己主义"的是普列汉诺夫。他说，托尔斯泰这位俄罗斯大地的伟大作家只是作为艺术家才是伟大的，绝不是作为一个教派信徒。他的教义并不证明他的伟大，而是证实他的软弱，证实他的社会观点的极端狭隘。普列汗诺夫通过分析托尔斯泰对自然美的鉴赏和描写特点来揭示他的一种精神上的自我中心。他说托尔斯泰远非对任何美丽的地方都兴高采烈，而只爱那些能够激发他产

---

[1] 《欧美作家论列夫·托尔斯泰》，第393页。

[2] 罗曼·罗兰：《托尔斯泰传》，第993页。

[3] 《列夫·托尔斯泰文集》第十七卷，第111页。

生他与自然融为一体的意识的自然景色。他引托尔斯泰的话说:"我立刻觉得想要爱。我甚至对自己也怜爱起来了,惋惜着过去,希望着未来,而生活变得愉快起来,想要活得很久、很久,于是,关于死的想法形成孩提般的、不切实际的恐怖。"他认为这种因想到死亡而产生的恐怖对托尔斯泰来讲是非常典型的。托尔斯泰极其强烈地感受着面临死亡的恐怖感觉,往往正是他最大限度地陶醉在自己与大自然融为一体的意识中的时候。他即使不是始终如此,也至少在很长一段时期里觉得如果没有永生,那么就不值得活下去。而在人的心灵中个人主义渗透的越深,怕死的感觉也就越加强烈。普列汉诺夫甚至认为托尔斯泰是现代个人主义的最天才和最极端的代表人物之一。[1] 托尔斯泰说:"我之所以走向宗教,是因为除了宗教之外,大概别无出路,只有死亡。"而普列汉诺夫认为托尔斯泰还不是像古代的基督教徒希冀死后的永生,灵魂的不朽,而是需要肉体的不朽。而那种最显明的真理,即这样的永生是不可能的,几乎成了他生活中最大的悲剧。[2]

托尔斯泰精神转变的契因除了对死亡的恐惧,卢那察尔斯基还指出对犯罪的恐惧。他谈到托尔斯泰从童年开始就与这两种恐惧不断地做斗争,这两种恐惧是他 80 年代初精神大转变的原因,并且一直把他折磨到他生命的最后一瞬间为止。而在对犯罪的和对死亡的两种恐惧中,这位天才人物同普通人相比较,驱使他犯罪的力量更加强大。他曾经贪图财富,执行一条往往是很严酷的地主路线。此外,他又曾十分爱慕功名、荣誉,有着可怕的、无穷的权威欲。男女情欲尤其是他所固有的东西,是他终生的祸患。打牌和酗酒有时也以旋风似的力量席卷了他。[3]

---

[1] 这里用"个人主义"不如用"自我主义"或"立己主义"较为贴切。
[2] 《俄国作家批评家论列夫·托尔斯泰》,第 250—273 页。
[3] 《俄国作家批评家论列夫·托尔斯泰》,第 330—332 页。

的确，托尔斯泰是一个生命力很强的人、一个各种欲望很多也很强的人，包括性欲，这也许可以解释为什么他在晚期《魔鬼》等小说中把性欲写得那样可怕，把能否成功禁欲看得那样生死攸关。而他的确也是觉得只有完全的禁欲才是出路。托尔斯泰乃至说："假定世上所有的人都这样纯贞，不结婚，没有孩子，人类统统死光吧，那也是很好的事。" 卢那察尔斯基引这一段话并评论说："可见托尔斯泰在他反罪孽的斗争中，不但把我们引向被缩小了的农民生活，——那里既没有科学技术，也没有艺术，有的只是普遍的穷困和文化上的普遍贫乏，——他甚而转过身去，把我们引向人类的末日。"[1]

高尔基与托尔斯泰有直接的接触，有一段时间他们经常见面。他的回忆还是在十月革命之前的记录，在底层生活过多年，自修成为杰出的文学家的高尔基对托尔斯泰有一种锐敏的观察和分析。他记录托尔斯泰说："少数人需要一个上帝，因为他们除了上帝以外什么东西都有了；多数人也需要上帝，因为他们什么东西都没有。"[2] 我们也许会问：托尔斯泰是属于少数人还是多数人呢？显然是少数人，且是少数中的少数，是极罕有的天才，而且取得了不可撼动的至高地位。曾经有一个俄国作家说，有两个沙皇，一个自然是真的、政治上的沙皇，另一个则是文学上的、象征意义的沙皇即托尔斯泰。真的沙皇不敢动这假的沙皇；而这假的沙皇却能动摇这真的沙皇。当然，不管少数、多数，需要上帝也许都是自然的，在这个意义上也都是好的，但是，少数至少要知道多数在想什么，是需要怎样的一个上帝。托尔斯泰在年轻时写《一个地主的早晨》时还很留意老百姓心里在想什么，农民心里在想什么，晚年时却反而不太留意了。高尔基

---

[1] 《俄国作家批评家论列夫·托尔斯泰》，第334页。

[2] 高尔基：《回忆托尔斯泰》，巴金译，平明出版社1954年版，第13页。

说:"我并且亲眼看见好些老百姓跑来向他吐露胸怀,他却没有兴致去听他们讲话,也不热心去了解他们。"[1]

高尔基回忆托尔斯泰把他的日记拿给自己看,那是写在一个抄本里面的,"他的日记中有一个奇怪的警句使我吃了一惊,那是:'上帝是我的欲望。'"[2] 高尔基认为:"比一切其他的思想更常来苦恼他的,显然是关于上帝的思想。有时候它好像并不是一个思想,却是对于某种他觉得是比他高的东西[3]的顽强抵抗。关于它,他所说的话倒比他所想说的少得多,然而他始终在想着这个问题。我不相信这是一个年老的征兆,一个关于死亡的预感;我以为这是从他那出色的人的骄傲上来的,并且多少还有一点是从一种屈辱的感觉上来的:因为像他列夫·托尔斯泰这样的人还不得不拿自己的意志去顺从某种链状球菌,这件事叫他感到耻辱。"[4] 高尔基认为:"托尔斯泰并不爱人们,……他只是责难他们,而且责难得很严酷,非常可怕。他对于上帝的见解,我是不喜欢的。这个上帝是什么呢?这是列夫·托尔斯泰伯爵的一小部分,而不是上帝,不是人们没有他就不能活下去的上帝。他,列夫·尼古拉耶维奇,关于自己说道:'我是一个无政府主义者。'这部分他说对了。但是,他在破坏一些规则的同时,又建立了另一些同样对人严厉的、同样令人痛苦的规则。"[5]

高尔基说:"我看见在这个人的身上含蓄着多么丰富的生命,他是多么不近人情地聪明,又是多么不近人情叫人害怕啊。"[6] "他所说的一

---

[1] 《回忆托尔斯泰》,第74页。
[2] 同上书,第24页。
[3] 从下文看,或是指肉体的必然衰朽和终将死亡。
[4] 《俄国作家批评家论列夫·托尔斯泰》,第285页。托尔斯泰曾经在《战争与和平》中写到拿破仑对疾病的不耐,伟人们想:自己如此伟大,怎么还应受感冒的折磨?
[5] 《俄国作家批评家论列夫·托尔斯泰》,第293页。
[6] 《回忆托尔斯泰》,第91页。

切都是非常朴素和深刻的，虽然有时——在我看来——完全不对，可是非常之好。……我总不相信他是一个无神论者，虽然我感到了这一点。而现在当我倾听他讲述基督，看见了他的眼睛——一双对基督教徒来说是太聪明的眼睛，——我知道他正是一个无神论者、一个高深的无神论者。"[1] 高尔基说托尔斯泰实际上是一个"高深的无神论者"，这似乎很奇特，似乎离题太远，但可能恰恰把握到了他的精神层面中的某种真实性。如果说托尔斯泰确实渴望人类社会在地上的天堂，渴望自身个体在肉体上的永垂不朽的话，那么，这种渴望里面可能确含有无神论的某些因素。

高尔基回忆到：托尔斯泰曾隐隐约约地说到"有些东西"，这在他看来是一种类似于"一切肯定之否定"的东西，是"最深刻最坏的虚无主义"，它是在一种不可救药的、无限的绝望中，而且还是在一种恐怕从来没有一个人这样清楚地感受到的孤独中生长起来的。"我常常觉得在他的灵魂的深处他是一个对别人的一切都非常顽固地不关心的人；他是这么高出他们之上，这么比他们强，比他们有力量，他竟然把他们全看作同样的蚊蚋一样的小虫，而他们的扰攘活动在他的眼里也成为可笑而可怜的了。他离开他们远远地一个人隐居在荒原上，用了他全部精神力量，孤独地、一心一意去探究那个'最主要的东西'：死。"高尔基记得托尔斯泰说过这样的话："既然死一定要来，那么真理又有什么用呢?"[2] "他非常热烈地赞美另一个世界中的永生，可是他自己倒更喜欢永生在这个世界里面。"[3]

高尔基说托尔斯泰引起人的惊愕，这惊愕永不会使人厌倦。然而常常跟他见面，却是一件痛苦的事，"我不能够跟他同住在一所宅子里面，更不用说同住在一间屋子里面了。这好像在一个沙漠里面一样，在那儿太

---

[1] 《俄国作家批评家论列夫·托尔斯泰》，第 290 页。
[2] 《回忆托尔斯泰》，第 77—79 页。
[3] 《俄国作家批评家论列夫·托尔斯泰》，第 303 页。

阳把万物都烧光了,现在它自己也要烧尽了,这时候它却使人们感到威胁:一个无穷无尽的黑夜就要来了。"[1] 这种感觉是很有道理的。这和托尔斯泰对自己的教义乃至一般思想的态度有关。托尔斯泰宣讲和实践他的教义的方式乃至其思想内容中有一种专制的倾向。高尔基说:"他找寻受苦的机会,并不是为了单纯地受苦,并不是由于一种想证明他的意志的抵抗力的自然的欲望,却只是出于那个显明的而且——让我再说一遍——专制的意向,就是想加强他的宗教思想的力量,增加他的教训的重量,使他的说教变成不能辩驳的东西,并且拿他的受苦来使它在别人眼里成为神圣不可侵犯,他好强迫他们来接受它,……因为他知道这个说教本身并不能够说服人。"[2] 高尔基说正是"这一点使我始终无法跟他接近,因为我不能不在这儿看到一种想对我施暴力的企图,一种想控制我的良心、用正直的血光来眩惑它,并且给我的颈项加上一个教条的轭的愿望"。"他不容易容忍反对的意见,而且有时候他的论断又是很古怪的,还是逞私意的。"[3] "他让人觉得他是一个什么都知道而且用不着再学习什么的人,对于他什么问题都已经解决了。"[4]

  高尔基下面对托尔斯泰的批评虽然也涉及到他的"立己主义",但有些地方看来是说的有些过分了。他说:"列夫·托尔斯泰伯爵,是一个天才艺术家,也许是我国的莎士比亚。但是,我对他感到惊奇,却不喜爱他。他是一个不真诚的人,他非常欣赏自己,除自己而外,他什么也看不见,什么也不知道。他的谦逊是虚伪的,他想受苦的愿望是可憎的。总之,这样的愿望是病态的、畸形的精神的愿望,在目前情况下,伟大的唯

---

[1] 《回忆托尔斯泰》,第 67 页。
[2] 同上书,第 70—71 页。
[3] 同上书,第 123 页。
[4] 同上书,第 20 页。

我独尊者想去坐牢狱,不过是为了加强自己的威信。在我看来,他是在玷辱自己,因为他对死亡怀抱着恐怖,因为他对死亡悲戚地递送着秋波,对他这个个人主义者来说,树立威信就是一种对不朽的幻想。他已经有了不朽,但是他还想多些。这是一种可笑的贪欲。"[1] 无论如何,在托尔斯泰要自己受苦以致受难的愿望中,还是有一种非常感人的东西。托尔斯泰转向的原因不会只是一个原因,也不会只是负面的原因,他对道德和精神圣洁的渴望无疑也起了重要的作用。另外,在对肉体不朽与自我中心的关注之外,无疑也还有对灵魂不朽、对他人与社会的苦难以及对超越存在呼告的关注。

我们应当怎样看待托尔斯泰呢?尤其是那些热爱艺术和思想的人们,对他将抱以怎样的感情和态度呢?高尔基和契诃夫的态度也还是能给我们以一些启发。的确,由于托尔斯泰自身的矛盾,我们对他的态度也是有些矛盾的。高尔基非常反感那些包围着托尔斯泰的"托尔斯泰主义者",且正如上述,他对托尔斯泰也有诸多不无严厉的批评,然而,当高尔基刚一听到托尔斯泰去世的噩耗,他马上感到自己就像成了一个孤儿,他马上就明白了自己心里有多爱这位文学大师,而原来的批评也多是因这种强烈的爱而变得有些苛刻。他说:"在这个灵魂里,固然有许多东西和我格格不入并且同我直接敌视,但是我没有想到,我是这样深厚和强烈地热爱托尔斯泰这个人!""只要这个人活着的时候,我在地上便不是一个孤儿。""世界上再没有一个比他更有资格被称为天才的人,再没有一个比他更复杂、更矛盾而且在各方面都更了不起的人。"[2]

契诃夫也曾在书信里批评托尔斯泰有些作品中的思想态度,他指出

---

[1] 《俄国作家批评家论列夫·托尔斯泰》,第 294 页。

[2] 同上书,第 301—302、308 页。

《克莱采奏鸣曲》有惊人的"艺术上的优点"和"非常刺激人的思想",但作为一个曾经的医生,他也批评作者"居然讨论他不懂的、而且由于固执也不想弄懂的事情,例如他对梅毒、教养院、女人对性交的厌恶等的判断,不但能让人驳倒,而且直接暴露这个人的无知,这个人不肯在漫长的一生中劳一下神看两三本由专家写成的书。"他批评《复活》中"用《福音书》上的文字解决一切问题,就跟把犯人分成五种一样的专横"。但是,他也满怀感情地写道:"文学界有托尔斯泰在,那么做一个文学工作者就轻松愉快;甚至人在感到自己以往没做出什么事,目前也没有什么事的时候,也不觉着那么可怕,因为托尔斯泰替大家都做了。他的文学事业成为人们对文学所寄托的信赖和愿望的保证。……单是他的道德威望,就足以把所谓的文学士气和文学潮流保持在一定的高度上。"[1]

总之,引述这些对"托尔斯泰的矛盾"的观察和观点使我们再一次领悟到:任何人都是人,而不是上帝。尽管我们无比地赞叹托尔斯泰这一"人中的奇迹",但他还是带有我们能够理解和容忍但却无法亲密相处的某些缺点,以及能够被感动但却无法实行甚或承受的某些教义。

尽管对托尔斯泰的艺术成就评价高低还略有不同,但几乎所有人的共识是:无论如何,他都是一个伟大的艺术家,他的作品具有永久的价值。而对他的思想教义,却存在很大争议,相当多的作者评价不高,甚至不乏有人认为他是"伟大的艺术家"和"蹩脚的思想家"。宗教界的思想家对托尔斯泰圣经阐释和对教会的攻击大致抱着一种宽容但也不屑一顾的态度,哲学家和社会科学家也不甚理会托尔斯泰的理论思考。托尔斯泰强调的"非暴力"的思想固然可贵,但主要也是在一种"公民不服从"(civil disobedience)的特定应用中才有其作为运动的实践意义。

---

[1] 同上书,第243—245页。

托尔斯泰是一个艺术的天才，尤其是在长篇小说的艺术方面，世上罕有匹敌者。托尔斯泰的艺术肯定不止是揭露、批判和抗议，它还有对美、自由、尊严的真实描绘和热烈向往；他的思想也肯定不都是消极的，尤其是其对怜悯的强调和"非暴力"方面，看似消极和弱势，却是一种非常积极的心灵力量。在其思想方面，与其卓越的文学成就偕行，他的道德努力具有令人无比感动的力量，但其思想教义在实质内容方面却缺乏新意，甚至其极端否定的倾向对社会是危险的，也是和人性隔膜的。他的思想中那些最好的部分，那渴望永恒与纯洁的精神性部分，虽然许多具体内容并非其原创，还是通过他的巨大的文学影响力，对社会发生了重要的影响。

什么是勇敢?
——读托尔斯泰早期短篇小说

比起托尔斯泰思想转变之后的后期作品来,我发现自己更喜欢读他的早期作品,尤其是"军事作品",它们看来更健康、清新、自然、切合常识、让人愉悦。他后来的思想也许更深刻、但也偏执,还不是只折磨自己的偏执,而是也折磨别人的偏执——甚至是更厉害地折磨别人和折腾社会。他后期的渴望无限和彻底不是像帕斯卡尔那样的温和与劝说,是主要涉及自己,而是试图整个改变社会,动摇一般的政治秩序,使所有人变为新人,使人们完全洗心格面,诸如禁绝情欲、彻底奉献、绝对不服从国家、废弃私有制、否定法律制度、否定教会、不服兵役、绝对不以暴力抗恶……而那是众人甚至连他自己也难于完全做到的,是其圣徒似的人物谢尔盖神父也很难做到的。他后来不仅自己有一种超凡入圣的渴望,也有一种以这种圣洁的理想救世的渴望,而在他早期的作品中,他更尊重和赞扬普通人的各种可能性,那时他还持有一种平常心。

我没有多少资格谈托尔斯泰的艺术,而只是撷取一些我注意到的具有思想意义的突出点。之所以做这件事,除了自己喜欢,还因为看到了太多的流行的思想误读。这种误读在我们这里并没有因为世界大变而有所变化。我看到,人们接受的诸多"20世纪的偏见"——真应该对它们进行一次专门和仔细的清理——是多么深地缠绕着人们的头脑,它们现在仍然堂而皇之地印在这些名著的开头来作为"导读"。

怕应该怕的

在《袭击》这篇作者以"志愿兵"口吻写于 1852 年他 24 岁的小说中,托尔斯泰深刻地把握到了"勇敢"的含义,那就是来自柏拉图《理想国》中对"勇敢"的定义:怕应该怕的,而不怕不应该怕的。亦即从责任心出发,而不是从任何其他动机出发——诸如虚荣心、好奇心、贪心去冒生命的危险。甚至出于正当的对家庭的责任心而避开了危险的,也不能叫做胆小鬼。

在这部作品中,年轻、非常招人疼爱的准尉阿拉宁死了,因为就像《战争与和平》中年轻可爱的少年彼佳一样,他要主动奋勇地追击敌人。一个老兵看着他受了致命伤回来,抑郁地说:"他什么也不怕,哪能这样!"当别人问老兵:"你难道怕?"他斩钉截铁地回答说:"可不!"[1]

而小说中真正成熟和勇敢的人其实是大尉。他身上没有多少英气,但是充满真情、朴实、节俭,虽然很少给母亲写信,但当收到母亲的礼物,走到角落里去装烟,不知怎的装了老半天。他从那儿用几分喑哑的声音说:"是啊,一个好老太太,不知道上帝让不让我们再见面。"但当志愿兵问他为什么要在这危险的高加索服役时,他说:"该这么做嘛。另外还有双倍的饷银,对我们穷人很有用的。"他在战场上和平日没有丝毫不同,毫不装腔作势。他也不说任何豪言壮语,不说任何伟大的字眼。志愿兵想,这是因为他怕这样反而败坏了伟大的事业。其次,一个人既然感到自己有能力做伟大的事业,便用不着说任何话了。但在我看来,他可能就根

---

[1] 我想起"文化大革命"时候的江西,到 1967 年武斗升级为枪战,死的多是中学生,甚至大学生都死得少得多,更不用说拖家带口的成年人了。那些少年无所畏惧,总是冲在最前面。其中有一个死者叫"向东",我读过一本介绍他的"英雄事迹"的、附有照片的铅印小册子,他出身革命干部家庭,年轻、英俊、慷慨、无畏,正像阿喀琉斯的母亲所期望的那种男孩:"长大了会让许多姑娘爱他。"但他很早就死了,现在大概没有什么人记得他了。

本没有想到过伟大。

我喜欢这篇小说，还因为作者在大自然的恬静的美面前感到了战争的不自然。作者写道："难道人们在这美丽的世界上，在这无垠的星空下生活，会感到挤得慌吗？难道在这迷人的大自然中，人的心里能够留存愤恨、复仇或者非把同胞灭绝不可的欲望吗？人的心里一切不善良的东西，在接触到大自然，这最直接地体现了美和善的大自然的时候，似乎应该荡然无存啊。"

不过，自然界也并不总是这样恬静和温柔的，它也有动荡和残酷的一面。如此来看，人类的战争也就不是完全不自然了。只是，武器的飞速进化却使今天的战争变得无比凶险了，已失去了本来可能有的游戏、锻炼和洗礼的意味。今天的人们其实已经打不起一场大的战争了。他们不能不怕那应该怕的——大国之间的战争将很可能导致双方乃至人类的"同归于尽"。

勇敢的艺术也是恐惧的艺术，是知道如何恰如其分地处理自己的恐惧的艺术。而最大的一种勇敢也许是"勇于不敢"（老子语）。

但今天小的战争仍然不断。小说中描写的那次袭击是俄罗斯人和车臣人的战争，现在车臣人又和俄罗斯人打仗了。由于双方武器、通讯和实力的悬殊，车臣人这次选择了恐怖主义。

如果敌对双方实力接近，往往会按照同样的规则通过战斗来一决雌雄。但在双方实力极其悬殊的斗争中，没有希望通过武力取胜的一方可以有两种不同于对方规则的选择：一种是从上世纪末开始盛行起来的绝望抗争和"圣战"的恐怖主义，是尽量的狠；而另一种则是尽量的弱，是如甘地、马丁·路德·金在上世纪中叶的选择，即选择非暴力的反抗，力图通过和平的抗争，通过只在身体上损害自己来诉诸多数的正义感，诉诸社会舆论，唤起某种紧张和压力，也包括唤起对方的正义感来取得胜利。他们所领导的运动的确都胜利了。但人们当然也会注意到：他们面对的是自由民主的社会，更重要的是，他们也是在这种社会中成长起来的，他们属于这一社会孕育和主导的宗教与文明。将自己作为人体炸弹的人们不害怕死亡——自己的死亡和他人的死亡，但默默地静坐和绝食，等着挨打且准备决不还手的人们需要更大的勇气。

死都不怕，是否就什么都不怕？

《台球房记分员笔记》这部小说的构思和布局使人想起鲁迅的《孔乙己》，也是以一个卑微的类似于伙计的角色的眼光，写下了一个经常来这个场所的没落者的悲剧故事。鲁迅不知是否从这个故事得到过启发？

一个富有和英俊的贵族青年就因为深陷进赌博的恶习，最后穷途潦倒，不能自拔，终于自杀了。耐人寻味的是他最后写下的"遗言"。他在其中说："我并没有败坏名誉，没有倒运，没有犯任何罪，可我的所作所为比这更坏：我毁了自己的感情、自己的智慧、自己的青春。"他也曾有过美好的愿望和理想，他也有实现这一理想的相当优越的条件：财富、出身、地位、名声和教育。但他却像被一张肮脏的网给裹住了。他也曾多次想改弦更张，但是，"当我跟别人在一起的时候，我就不由自主地忘记了自己的信念，再也听不到内心的声音，又堕落了。"而为什么他老要和人在一起，是因为他在孤单一人的时候，他又难受，他害怕独自静处。

可是有时必须与人隔离。有时必须一走了之。但比起将导致他死亡的堕落来，他可能甚至更害怕孤独，他无法接受一种与人隔离的智慧，哪怕暂时的隔离。

并不是不怕死，就什么都不怕的。

并不是不怕死，就一定不是懦夫。

困难、痛苦、绝望……有时比死更可怕。否则就不会有自杀者了。

坚韧地活着常常比赴死更需要勇气。所以有人说:"你看到几乎所有皱纹满面的老人,都应该肃然起敬,因为他们在自己漫长的生活中,几乎注定要经受许多困苦,但他们坚强地活过来了。"

最悲哀的是,这位青年即便在写这份遗言的时候,在面对死亡的时候,他自觉到这临近的死亡仍然没有使他的灵魂升华,他还是依然用别人的眼光去看、去想,他想象明天棺材外将是一幅什么情景,人们将怎样议论他的死,以致他不能不绝望地叫道:"人是不可理解的创造物!"

他还有无穷无尽的忧虑和担心,他还有无数琐碎的"怕",但却不怕死!

普通人的勇敢

有关塞瓦斯托波尔保卫战,作为亲历者的托尔斯泰一共写了三篇故事,第一篇是描述1854年12月保卫战初期的战事;第二篇是讲1855年5月的激战时期,第三篇是讲8月的撤退。它们都是在这之后不久写的,有点像是报告文学,但这是亲身参加战斗的人的报告文学。

第一篇写到战争的真相是流血、痛苦和死亡,而不是队形井然、美丽雄伟的队伍,不是军乐悠扬、战鼓咚咚、军旗飘扬和骑着骏马的将军。当然,人们会这样安慰自己:对痛苦也别想得太多,这痛苦多半是因为人想的缘故。和那么多人的死亡和痛苦比较起来,一个人的痛苦也就算不了什么了。在这一篇中,没有出现一个有名有姓的人,你所看到的都只是平凡的人们在平静地从事平凡的工作。作者从后方码头、医院一直写到最前线的堑壕、棱堡。这是一个正在奔赴战场的人的视角。路上你会突然感到炮弹就在你近旁呼啸了,来复枪的子弹也在你两边嗖嗖掠过,你如果下到旁边的堑壕中一定会安全得多,但是那条堑壕里充满没膝的烂泥浆,于是,人们宁愿走这条比较危险的路而不愿涉过烂泥浆。死并不是始终使人们最害怕、最想逃避的东西。有时人们仅仅因为怕累、怕困、甚至怕脏而冒死的更大危险。"每天七八个人。"棱堡的指挥官会这样冷淡地、打着哈欠地告诉你每天被炸死的人数。

第一篇还洋溢着一种俄罗斯爱国主义的精神,最有意义的是第二篇。这里更多的是表现出一种超越了狭隘的爱国主义的对战争的质疑,写到了普通人的勇敢。主人公米哈伊洛夫上尉其貌不扬,身材甚至很难看,他幻想着自己如何逐级晋升到将军,又回到现实,怀着近似恐怖的心情突然想起他今天就得跟连队一起到堑壕去过一整夜。他觉得自己今天必死无疑。而那天到前线传令的副官加利欣和卡卢金觉得这些穿着肮脏的内衣、满身是虱子、手也不洗的人怎么能够是勇敢的,认为他们不可能有"贵族的那种美妙绝伦的英雄气概"。但这不是个对个的决斗。这的确就是肮脏的、群体的、用枪炮而非佩剑的近代战争。卡卢金到前线去,虽然充满恐惧,但在有人的场合却故意不在炮弹来时卧倒。他在前线的棱堡只待了几十个小时,就觉得自己比待了半年、素以勇敢著称的指挥官还勇敢。然而,勇敢并不是鲁莽,勇敢更多的是一种坚持,是一种忍耐。

那些好战的将帅们是勇敢的人吗?作者写道:"我真爱听把一个为了自己的功名富贵而使千百万生灵遭受涂炭的征服者叫作恶魔。"而那些只是为了多添一颗星或是多拿三分之一薪金,就愿意立即挑起一场战斗、杀死上百个人的军官也都是"小魔鬼"。

作者也写到战争间隙中的收尸。几小时以前还满怀形形色色崇高和渺小的向往和愿望的人们的几百具鲜血淋淋的尸体,四肢僵硬地躺在棱堡和堑壕分开的那带着露水的、鲜花盛开的山谷里。双方休战,各自的士兵到战场上来收集已方的尸体运走。双方成百上千的士兵彼此交谈,相视而笑,互相帮助,但不久回到各自的阵地,收起白旗之后还将要互相杀戮。这些人谁是好人谁又是恶人呢,谁是英雄谁又是懦夫呢?

所以,作者说他常常有一种奇想:如果交战的双方各自向对方建议都从军中撤走一名士兵,那会怎样呢?如果双方同意,就这样不断撤走第二名、第三名、第四名……直到双方的军队里都只剩下最后一名士兵,就让他们来厮杀和决定胜负,那会怎样呢?这像是奇谈怪论,但并非就不合理,两万对两万、八万对八万、为什么就不可以一对一的决战呢?托尔斯泰认为,它甚至更合理得多,因为它更人道。

这个主意许多人都想过,甚至也部分地实行过——比如古代骑士或武士将战斗仅仅视作他们的"专利",后来众多士兵参加的战争也往往首先由将领或勇士在阵前交战:双方大战数百回合,而他们的厮杀往往也决定这一仗的胜败。但战争还在继续,近代以来则是更大规模、更为惨烈地继续。也许真应当试着恢复一点战争的古意,由最高决策者来一对一地捉对厮杀,那样才可以真正验证他们的勇气。他也应该像匹夫匹妇一样面对死亡,因为天下多的是匹夫匹妇,他的政治和军事决定必将影响到他们的生命。

老百姓在想什么？
——读《一个地主的早晨》

托尔斯泰发表于 1856 年的《一个地主的早晨》可视作是《童年·少年·青年》的续曲，是讲一个有理想、有追求的年轻人涅赫柳多夫公爵走向社会、试图改善自己庄园里农民生活状况的故事。他有相当优越的物质和身份条件可以按自己的心愿做事，但还是遇到了巨大的障碍和深深的困惑。他开始与农民直接打交道，一心想为他们服务，对他们行善。但他的行善是否真的能使他们幸福呢？

涅赫柳多夫公爵 19 岁的时候读完大学三年级，暑假的时候到他的农庄住了一个夏天。一天清早他走进树林，仰面躺在树下，望着高远的天空。突然他两眼无缘无故地充满了眼泪，一个思想清晰地出现在他心里：爱和善即是真实和幸福，而且是世上唯一真实和可能的幸福。他心底那种过去经常充当反对者的崇高的情感这次不反对他的这一思想了。于是他对自己说："我应该行善，而且就从自己庄园的七百个农民开始，去影响人民中间这个朴实、敏感、纯正的阶级，帮助他们摆脱贫困、得到教育，走上致富之路。"他还想和未来的妻子、孩子就永远生活在这诗意宁静的乡间。

为此，他写了一封信给自己的姑妈告诉自己的决定，他决定离开大学到乡下来生活，改变农民可怜的状况。他的姑妈回信说，她丝毫不怀疑他的好心肠，但在生活中我们的优点反而可能比我们的缺点更坏事。你想使你的农民幸福，但是：第一，只有当我们找错了自己的使命的时候，我们才能感觉到自己的使命是什么;第二,使自己幸福比使别人幸福更容易;第三,要做一个好心的东家,就得做一个冷酷而又严厉的人,而你未必做得到。凭经验她还是觉得走常人的路较好,因为这样的路容易成功,而你也许看不上成功,成功却是行你所爱的善不可缺少的条件,那样,你更可以在不忘自己对社会、亲人和自己的全部义务的同时救济农民的不幸。不过,她最后说:"由于你做出这个荒唐然而高尚慷慨的计划,我似乎更爱你了。按你的意思去做吧,不过我得承认,我不能同意你这样做。"

无论如何,我们知道了年轻的公爵在想什么,想要做什么。那么,他想对之行善的对象在想什么呢?他的行善可能产生什么样的结果呢?甚至他们是否接受他的行善呢?

在乡村生活一年之后的一个早晨,年轻的公爵读完《十九世纪的农场》的一章,口袋里揣着笔记本,上面记着他们的问题和他的计划,走访了四家农民。

第一个叫丘里斯的农民想要几根木桩顶住他摇摇欲坠的房屋,他是极其勤劳和本分的,所求也不多,但由于分家生了五个孩子,家里只有他一个男劳力,所以仍然极其贫困。年轻的公爵想让他搬到自己盖好的新村的房子里去,但他坚决不肯,说:"这个老地方热闹,我们习惯了,我们庄稼人的家当也都在这里,是祖祖辈辈置下的,我爷爷和我爹都在这儿归了天,我也只想在这儿咽气。"他的妻子也哭着跪下了,说:"老爷,可别坑害我们啊。"丘里斯最后的请求是不要公爵强迫他七岁的儿子去上学,因为他是自己唯一的帮手。最后涅赫柳多夫只好塞给他一些钱让他去买一头奶牛了事。

第二个叫叶皮凡的农民坐在家里光抽烟,不下地干活,他狡黠、精明,但酗酒、说谎、偷东西,还虐待母亲。他要卖掉自己的耕马,说马太老了，不中用了。但是涅赫柳多夫看了马的牙口，知道他是说谎。但他还是眼睛看着别处说："照这样，大人，我们的日子可怎么过啊？没有粮食，又不许卖东西。"然后突然把粗野无礼的目光直投向东家的脸上说："这么说，我们就该饿死。"公爵劝导他改掉他的坏习惯，但是从他笑着说的"大人宽恕，我们能听懂大人的话"的神态知道，对方完全是在敷衍他。于是，涅赫柳多夫也绝望了，走的时候只好悄悄塞给他母亲一些钱。

第三个叫别雷的农民高高大大而又白白壮壮，也不抽烟酗酒，但就是懒，成天躺在灶炕上睡大觉。涅赫柳多夫公爵进到他的屋子，以为没有人而要退出，听到鼾息才知他正在睡觉。他的懒累死了一个老婆，而他的母亲看来也要步儿媳妇的后尘。他温和、沉默寡言，非常害怕劳累的母亲的责难，但就是发懒不动。东家也无能为力，只能吩咐多给他家一些粮食。

第四个叫杜特洛夫的农民是一个富足殷实的大家庭，涅赫柳多夫多希望他所有的农民都像他一样富裕、和善。他也希望杜特洛夫能再多租他的三十俄亩地，拿去办个大农场，还想让他跟自己合伙买一个林子。但当他一说起此事，温和的笑容立刻从老人脸上消失了，他激烈地否定自己有闲钱。公爵只得怏怏而归。

回去的路上，公爵想，"难道我的一切关系到我的生活目标和义务的梦想都是荒诞无稽？一年来，农民们的状况并没有改善，他们并没有更幸福。我是不是在浪费人生最好的岁月？"他心中交织着疲倦、羞惭、无能为力和悔恨的复杂情感。而保姆看到他回来闷闷不乐的神情则激烈地说："给你惯的，谁也不怕了。老爷们能这样做事吗？一点好处也没有，自己吃亏，老百姓也惯坏了。老百姓就是这样，他们才不领你这个情呢。"最后，涅赫柳多夫竟产生这样一个念头：为什么自己不是那个单纯快乐、懵懵懂懂的赶车农民伊柳什卡呢？

这四个农民看来具有相当的代表性。他们中有穷的和富的、懒惰的和勤快的、老实的和狡黠的、精明的和愚笨的,等等。而丘里斯和杜特洛夫看来还代表了农民的最典型性格:勤劳、保守、节俭。而由于聪明和运气方面的差别,他们还是会分出穷富。

他们在想什么?或者说,他们想要什么?孩子多的丘里斯每天都在面对生存底线的挑战,他想的很具体,他如何对付每天的活计,获得全家人每天的面包。你可以说他过于安土重迁,不让儿子读书也很短视,但是,那个破败的家对他们也深具意义。叫里凡琢磨的是有没有更巧妙、更省力的获益办法,否则就不如让东家养着;别雷可能什么都不想,只要让他能清静地睡觉,哪怕打他一顿。而杜特洛夫想的是如何维持住这个大家庭不分家,保持目前的富裕或过得更好一些。但让他冒险投资,尤其是和老爷合作他可不干。

而这些农民的想法却可能有一个共同的特点:他们知道自己想要什么,却不会知道涅赫柳多夫想要什么,不会知道他的内心想法。他们不会知道一年前的那个早晨发生在涅赫柳多夫心里的事情,且不说几乎不可能告诉他们,即便告诉,他们也不会理解其中的复杂和微妙。他们不会理解一个老爷会认为只有他们幸福他才会幸福。那种精神的东西离他们太遥远。他们对老爷还谈不上敌视,但却是相当猜疑、不信任——当老爷不按常规的方法对待他们就尤其不信任。而且他们会认为老爷就是老爷,他们就是他们。启蒙的风还没有吹到他们那里。而他们知道又能怎样?当然,久而久之,他们可能会理解这位老爷的好心肠,但可能还是不会接受他的办法。人是永远存在着想法和追求上的差别的。

总之,这位一心想行善的年轻地主的想法和农民们的想法并不合拍。他们之间存在着一道难于逾越的不能理解的鸿沟。这是不是当时还实行的农奴制的原因呢?但不久,沙皇就上谕废除了农奴制,而情况并不见好。那么，是政治体制的原因？这就有待于革命了。我们甚至可以设想，如果革命来临，叶皮凡们将成为革命的先锋，而丘里斯和别雷们也会被卷入革命，乃至成为革命的主体，而作为富农的杜特洛夫们——作为地主的涅赫柳多夫们更不例外——则成为革命的对象，土地和财富均分，但在这之后呢？要么还是私有，就可能产生新的杜特洛夫；要么公有，又可能普遍贫穷。

无论什么举措，都要了解，老百姓在想什么？他们真的想要什么？他们的子弟中会出现异类，但他们的大多数是不是还是始终会像陀思妥耶夫斯基在"宗教大法官的传奇"中所描述的那样：更重视物质而非精神；更重视安全而非自由；更相信奇迹和服从权威而非相信和服从理性？如何才是真正地尊重他们？是按他们自己的想法还是按别人的想法使之幸福？如何更切实地关怀他们？

战争、历史与生命
——读《战争与和平》

托尔斯泰的《战争与和平》一出来就被同时代最优秀的同行认为是世界文学经典。它想不是都不可能。屠格涅夫说,此书一出,作者"在公众的心目中便占据了首屈一指的地位"。福楼拜说:"这是莎士比亚,是莎士比亚!"——尽管托尔斯泰最不喜欢莎士比亚。以后即便托尔斯泰自己思想转辙,自我贬低自己的文学成就,也否定不了这部伟大的杰作。

《战争与和平》描写了俄国历史上最重要的一场战争,也是对 19 世纪的欧洲乃至那时的世界来说最重要的一场战争。这就是俄法之间的战争:从 1805 年的俄奥联军对法国的战争,到 1812 年俄罗斯对法国的战争。尤其 1812 年的战争,构成一个历史的转折点。1789 年的巴黎发起了具有世界历史意义的革命,拿破仑则在客观上以武力输出这革命,普及这革命——托尔斯泰称之为"自西而东的民族运动"。但是,这一"马背上的世界精神"在俄罗斯遇到了他第一次重大的失败,他开始走下坡路。1815 年"滑铁卢一役"后拿破仑最后退出历史舞台。这时他才 46 岁。他在圣赫勒拿岛被幽禁的日子里写道,远征俄国的战争假如取胜,欧洲本来可以很快"成为一个统一的民族",有"一个共同的祖国","我要会同我的儿子掌管帝国政治;我的独裁要结束了,他的宪政要开始了",法国的国界将永远不变,但"巴黎将要成为世界的首都"。这自然可视作一个失败者自我转圜的说法。但也还是可以假设,如果拿破仑的法国没有失败,欧洲将会怎样?今天的世界又将会怎样?就像经历了两次世界大战的人们也可能问,如果希特勒的德国没有失败将会怎样?历史是否存在着多种多样的可能性?

俄法战争胜利后,俄罗斯此时还不到40岁的沙皇亚历山大一世以主角的身份进入欧洲舞台——那也是当时世界的主要舞台。欧洲进入了他发起和主导的神圣同盟的"秩序",这一秩序是对法国革命和群众运动的反动——托尔斯泰称之为"自东而西的相反运动"。它是反动的,但这一运动却给欧洲带来了一个世纪的大致和平,一直到1914年。俄罗斯在19世纪看来扮演了一个保守和稳定的角色,而它在20世纪则将要扮演一个革命和激进的角色。生活在这世界上最广袤也相当寒冷的一块土地上的一个民族的精力看来必须释放出来。这种力量不仅是来自它的广袤和气候,更来自它的一种独特的精神信仰力量。俄国革命似乎是法国革命在新的历史条件下的继续和发展。如此看来,1812年的战争就又还不是很重要的历史转折点了。从战争的角度看,更重要的历史转折点就有可能还是别的战争,比如科耶夫就认定是"耶拿之役"。苏联在20世纪中的巨大力量和影响的确使人们一度要将1812年到1815年开始的19世纪欧洲历史只是看成一段曲折,但20世纪末的变化又使我们不敢完全肯定地作此断言。

当然,我们这可能只是在考虑大陆,我们暂时忽略了海洋。我们暂时忽略了拿破仑心中一直耿耿于怀的、法国西面的英国。在欧洲大陆之西那时还有一个海洋性的、但也许因此更具世界性的英帝国,而更遥远的西面还有当时正在悄悄准备崛起的美国。我们今天也可以在某种意义上将美国称之为"帝国"了。它可能还是人类有史以来力量最强大和影响最广泛的"帝国"。而21世纪将会发生什么?今天如日中天的、唯一的超级大国美国是还要"继续上升"还是即将"夕阳西下"?俄罗斯是否还能够在新的世纪里复兴,乃至重执世界的牛耳?而唯一拥有连续的三千年文明传统的中国又是否能够全面复兴,乃至获得如黑格尔所说的"世界性民族"的引领地位？新世纪将会有怎样的战争与和平？还有试图整合以在某种程度上恢复昔日风光的欧洲、由信仰和文明建立起某种联系的伊斯兰世界以及东亚等地区的未来变数等，都值得我们深深思索。

《战争与和平》不愧是一部宏伟壮丽的史诗，它不仅描写了具有重要历史意义的一场战争，它还唤起我们对民族和世界历史的浓厚兴趣，唤起我们对过去、现在和未来的深切关怀。《托尔斯泰传》的作者和其作品的主要英译者之一莫德说得有道理："《战争与和平》给我们描绘了一部人类生活的全景；一幅当时的俄罗斯的全景；一幅各国的斗争的历史全景；一幅人们在其中寄托了他们的欢乐与伟大、悲哀与耻辱的事物的全景。它是一部如此惊人地伟大的作品，虽然许多人感觉到了它的伟大，却很少人了解它是何等的伟大。托尔斯泰是一个揭示了生与死的秘密的作家。历史的意义，国家的力量，死亡的神秘，爱和家庭生活的实质——这些是他描写的主题。"这是任何专门描写和研究战争的论著代替不了的。而作为一部伟大而深刻的文学作品，它还是任何学术论著代替不了的，因为它还是一部人们心灵的史诗，一部生命的史诗。我们在这里不仅看到了战争和民族的历史，还看到了在战争与和平的转换中活生生的人和他们的心灵，看到了他（她）们深深的渴望、痛苦、欢乐和追求。今天几乎所有学术的论著都是题目有限的、分析的，因而也是片段的；而它是综合的、完整的。战争构成了历史的突出节点，而历史则不过是人的生命的展现。三者的核心是人的生命：肉体的和精神的生命。下面我仅撷取这三个重要方面中的重要点，亦即仅就战争行为的伦理、历史的法则与责任以及面临死亡对生命的认识来思考其中提出的问题。我在前两点上也许与作者有存在分歧的地方，而在最后一点上则不可遏止地被其吸引。

一

在莫斯科城西的波罗底诺战役前夕，安德烈公爵遇到了来前线闲逛的皮埃尔，他对皮埃尔说："不管《提尔西特和约》是怎么规定对待战俘的，如果我有权的话，我要做一件事，我不收容俘虏，而是要处死他们。其理由在他看来是，俘虏应当是骑士，只有作为骑士的对手才配作为俘虏。而法国人则是罪犯，他们毁掉我的家园，现在又在毁掉莫斯科，他们每分钟都在侮辱我，现在还在侮辱我。他们是我的敌人，他们全是罪犯。""1805年我领教过什么叫骑士精神和军使的责任，他们欺骗我们，我们也欺骗他们。他们抢劫别人的住宅，发行假钞票，最可恶的是屠杀我的孩子们和我的父亲，同时大谈什么战争的法则和对敌人的宽大。"而皮埃尔也赶紧说，他完全赞同安德烈的意见。

杀死战俘！这会是骄傲的、极其珍视军人荣誉的安德烈说的吗？难道敌人一进国门就把什么都改变了？以前他可也说过，即便拿破仑打进俄罗斯、打到他家乡他也不管。他是认真的吗？而且，他自己说的1805年的经历也不对，1805年法军可是好好待了他的，在奥斯特里茨战役中他受了伤，倒在战场上奄奄一息，被拿破仑亲眼看到，马上叫人救治，很快又释放回乡。那他为什么说这些话？而且，看来他总是当着皮埃尔说这类"疯话"。他跟皮埃尔说永远不要结婚；跟皮埃尔说永远不要去解放农奴，不仅实际上解放不了，而且解放他们就是害他们。为什么他喜欢和皮埃尔说这些话？

是的，说那些话都是在他心情恶劣的时候。他是面对他最好的朋友。这次也是一样，他和娜塔莎解除婚约后正万念俱灰。安德烈这样说可能只是表示一种态度，是爆发出一种强烈的情感——表面上看是一种对祖国正被侵略和蹂躏的强烈情感；深处还有一种自己极度的心灰意冷突然转成愤怒的情感。皮埃尔是他最好的朋友,他习惯在他面前说出自己最恶劣的心情和最隐秘的思想。

但作者让自己的正面主人公安德烈这样说,是不是还有别的意思?而且作者在自己的直接议论中也同样说出了类似的轻视"战争行为的伦理"(Jus in bello)的意见。他看来赞许库图佐夫默认军队抢劫的做法:"既然劈木头,难免木片飞。"他直接发表意见说:"1812年的俄法战争就像两个持剑的人按照剑术的全部规则进行决斗;忽然有一方觉得自己受了伤——他知道这非同小可,是性命攸关的大事,于是扔掉剑,顺手抄起身旁的一根棍子挥舞起来。要求按照击剑规则来决斗的是法国人;把剑扔掉而抄起棍子打的是俄国人;而那根棍子就是人民战争。""拿破仑感到这一点,自从他在莫斯科摆出正确的击剑姿态,他看到的不是剑,而是对方将一根木棍高举在他的头上,他便抱怨库图佐夫和亚历山大皇帝,说这场战争违反了一切规则(就好像杀人也有什么规则一样)。"但中国的孔子的确说过:"杀人之中又有礼焉。"许多人,尤其骑士和贵族军人们也肯认同同样的思想,而托尔斯泰似乎是怀疑的、甚至不屑一顾的:"就好像杀人也有什么规则一样。"杀就杀呗,管它怎样杀的。

但说归说,做归做。书中的俄军并不杀俘虏。即便有的俄方游击队首领不愿保留俘虏,一般也还是遵守了不杀的原则。书中的好少年彼佳甚至表现了对法军少年鼓手被俘后强烈的同情。法军亦然。后来皮埃尔也进了战俘营,虽然法军在从莫斯科逃跑后一路上枪杀过不能再走的俘虏,但那是逃跑溃败之军所为。以上安德烈所提供的杀俘的理由类型大致是"对等的理由",或者说是"以牙还牙"或"以恶报恶"的理由。但与书中的描写显然矛盾。杀俘坑降无疑与人们的生命本能相忤,也与军人的勇敢和荣誉无缘,因为这时是面对即便可恨但也可怜的人们,是面对已经被解除武装、已经失去战斗力的人们。安德烈这样说,但自己其实也不会这样做。那么，安德烈为什么要这样说？作者为什么要让自己的书中出现这样的矛盾？这样说的意思是什么呢？

安德烈提出的第二个也是更一般的轻视战争规则的理由是：战争就是战争。战争本身是残酷的，毫不留情的。他继续对皮埃尔说，现在我们在战争中奉行的——诸如宽大为怀之类，简直令人作呕。这种宽大和同情类似千金小姐的宽大和同情，她一看见被宰杀的牛犊就会晕倒，她是那么慈善，见不得血，但是她却津津有味地蘸着酱油吃小牛肉。我们谈论什么战争法、骑士精神、军使的责任、对不幸者的怜悯等等，全是废话。

但是，这里随即出现了转机，出现了对我们上面的问题的答案。主人公以及后面的作者并不是好战，并不是就喜欢残酷无情、喜欢杀戮。恰恰相反，他们是希望和平、是痛恨战争。在安德烈看来，如果通过增加战争的残酷性而使人们不想要战争，单杀俘这一条就能减少战争。如果在战争中没有宽大为怀，那么我们就只有在值得赴死的时候，就像现在的自卫战争中才去打仗。那时，就不会因为某某君主得罪了某某君主而开战了。那样的话，拿破仑所率领的其他国家的人就不会跟随他到俄国来了，我们也不会莫名其妙地到奥国和普鲁士去打仗了。战争不是请客吃饭，而是生活中最丑恶的事情，应当了解这一点，不要把战争当儿戏。要严肃认真地对待这一可怕的必然性。这就在于去掉谎言，认识到"战争就是战争，而不是儿戏"。不然的话，战争就会成为懒汉与轻浮之辈喜爱的消遣了。然而，今天军人阶层在各国都是最受尊敬的。人们也都以参战为荣。但是，究竟什么是战争呢？怎样才能打胜仗呢？军界的风气又是怎样的呢？"战争的目的其实就是杀人，战争的手段就是间谍、叛变，对叛变的鼓励，蹂躏居民，为了军队的给养抢劫他们或者盗窃他们。军人阶层的习俗就是没有自由，也就是说守纪律、闲散、愚昧无知、残忍成性、荒淫和酗酒。虽然如此，军人仍是人人都尊敬的最高阶层。所有帝王，除了中国的皇帝例外,都穿军服,而且谁杀人最多,谁就得到最高奖赏,就举行感恩祈祷,隆重地宣布胜利,而上帝将怎样从天上看他们,听他们啊!"

有一种对战争不妨更残酷的希望并不是好战,而恰恰是希望和平,而且是全面的和平、永久的和平。作品中对战争恐怖的描写,对和平的希望有时甚至达到了怀疑任何战争、指称任何战争为罪恶的程度。托尔斯泰在叙述1812年俄法战争的开始时写道:"六月十二日,西欧军队越过了俄罗斯的边界,战争开始了。也就是说,一个违反人类理性和全部人类本性的事件发生了。数百万人互相对立,犯下了难以计数的罪恶:欺骗、背叛、盗窃、作伪、生产伪钞、抢劫、纵火、杀人。世界的法庭编年史用几个世纪也搜集不完这些罪行。而对此,当时那些干这些事的人却并未把它作为罪行来看待。"

于是,这里奇怪的现象出现了:放纵战争的行为,恰恰是为了遏制开战的权利。如果全然没有战争,自然也就不会有战争中的罪恶。那么,就不妨让战争来得更残酷些吧,以便人们不再敢进行战争。这后面的思想不再是残酷无情的,不道德的了,而简直是一种极高的道德理想主义。但这可不可能呢?如果根本不可能达到"永久和平",我们怎么办呢?和要不要加强战争的残酷性和无法无天呢?

对待战争的确可以有两种道德态度:极高的理想主义者更看重"战争权利的伦理"(Jus ad bellam),或者说,认为战争权利的伦理更具有优先性;而现实主义者更看重战争行为的伦理,或者说,认为战争行为的伦理更具有优先性。因此,极高的理想主义者更看重战争的原因、开战的理由——而实际上他倾向于否定有任何真正能成立的"理由";而现实主义者更看重战争的手段、战争进行的方式。极高的理想主义者更乐观,心底相信人类能达到永无战争的一天;而现实主义者则比较悲观,隐隐地觉得人类其实不可能完全避免战争,既然如此,就不如先来驯化战争,使它至少不太残酷，至少不造成太大的损失。

我们还需要注意有意的行为残酷对人性的影响，对和平时期的影响。生命是连续的，生活在和平时期的人还会是生活在战争时期的人，如果战争中可以随意使用任何残酷的手段，可以任意地虐待、侮辱、折磨、处死人的生命，他不是容易把这种习性也带到和平时期中来吗？对敌人采用的手段变成了习惯，不是也可能对自己的同胞采用吗？

不过，极具讽刺性的是，一个活到了20世纪下半叶的人，将看到战争的残酷倒的确在某种意义上阻止了新的世界战争。由于核武器的出现，美苏放弃了直接对抗。使用这样的大规模杀人武器虽然可能还不同于有意的行为残酷，但后果将是一样的，它将杀死不仅有可能投降的人们、不愿战斗的人们，杀死大量的平民，乃至毁灭整个世界。在这样的一幅图景面前，人们终于却步了。但这也许只是暂时的却步，而在过去的半个多世纪中，也不是没有可能爆发热核战争的危险时刻。

我们也许还可以在书中发现轻视战争行为规则的第三个理由：即所有相关各方或对方所有人对战争的爆发都是有责任的。这一理由隐藏在托尔斯泰对战争原因的理解中。他认为，战争的原因多不胜数。在探索战争原因时我们愈是深入，发现也愈多。每一个孤立原因或是一系列原因就其本身来说都是正确的，但就其与事件的重大比较所显出的微不足道而言，这些原因又同样都是错误的，亦即就这些原因如果没有其他各种原因巧合，就不足以引起事件的发生来说，它们作为原因又是不真实的。如同拿破仑拒绝将自己的军队撤回到维斯拉和归还奥尔登堡公国一样，我们同样可认为一个法国军士愿不愿服第二次兵役是这类原因：因为，如果他不愿服役，第二个、第三个、第一千个军士和士兵都不愿服役，拿破仑的军队就少了一千个人，那么，战争也就不可能发生了。如果拿破仑不因人们要求他撤回到维斯拉后而感到受侮辱，不命令军队进攻，就不会有战争；但是，如果所有军士不愿服第二次兵役，战争也不能发生，如果英国不玩弄阴谋，如果没有奥尔登堡公爵，如果没有亚历山大受辱的感觉，如果在俄罗斯没有专制政权，如果没有法国革命和随之而来的个人独裁和帝制以及引起法国革命的所有因素等等，也同样不能爆发战争。这些原因中只要缺少任何一个，就什么也不会发生。由此可见，所有这些原因——数十亿个原因——巧合在一起，导致了已发生的事。

我们现在要考虑战争的人为原因，而且是可以在道德上追究的人为原因。也就是作为责任乃至罪责的战争原因。在某种意义上，对方的每个士兵都不是完全无辜的，都是要对这场侵略战争负责的。但他显然也不能像拿破仑那样负责。这种责任的相差不可以道里计。我们在考虑可以追究、尤其是在法律上追究的战争罪责时，就可能只能考虑那些直接的原因，甚至就只能考虑那些在一定程度上行动者可以自由选择的原因。当然，对何谓"可以自由选择"及其程度会有无穷无尽的不同理解，但缩小到"罪责"这个问题，我们可以说，不管一个人的行为是否又被后面的原因所推动乃至"被决定"，第一，我们要看这个人做出如此的行为个人是否要付出很大的代价；第二，我们要看这个人做出如此的行为是否要产生很严重的后果。正是在这两点上将区别开拿破仑和一个普通士兵对战争的责任。

一个普通士兵拒绝再服兵役或逃跑将对他产生很严重的后果，他可能被罚款、被监禁甚至被处决。而一个普通士兵的拒服兵役要产生阻止战争的效果，则有赖于将有千百万的士兵不约而同地都采取同样的行动。在前一点上他将承受的个人后果对他来说是极其巨大的；而在后一点上他将起的个人作用却是微不足道的。而统帅的情况可能正好相反。看来作者并没有区分统帅和士兵这样两种相差悬殊的作用和责任，而他后来对历史法则论述的失误似乎也可以在这里找到。

二

不仅在《战争与和平》一书中散见有对历史的议论，在全书最后还有数十页作者对历史哲学的专门论述。一些评论者认为这是不必要的，读者甚至可以撇开不看这一部分。无论如何，这样做对一个文学家来说是很独特的。但我们要考虑 19 世纪俄罗斯的思想主要是通过文学发展的，托尔斯泰也越来越有志于做一个"真理的探索者"，按照巴赫金的观点，他还是一个"独白"的文体作家。这倒也好，我们的议论将以他的议论为据。

托尔斯泰的思路是这样的：历史的主题是各民族和人类的生活。传统的史学家用神意来解释历史；而新的历史科学摒弃神的旨意，转向英雄史观，且认为各民族和全人类朝着一个既定目标行动。这目标是各民族或全人类的幸福或福祉，但对这福祉却有不同的理解，或是某民族的强盛，或是世界上欧洲一个小角落里开始的自由平等。那么，推动各民族如此前进的力量是什么呢？专题史学家认为是英雄，主要是帝王将相；通史家则认为是与事件有关的许多人或所有人的相互作用，是他们的合力，或许其中主要的还是群众或人民。文化史学家则认为动力主要是从事文化和精神活动的人们，如哲学家、文学家、诗人。但这里还需说明英雄和人民的关系、观念和群众的关系。两者结合才成为"权力"。"权力"是历史的主要问题。为什么英雄能统领人民，为什么观念能把握群众？或者换句话说，为什么人民会服从英雄，群众会信服某种观念？为什么能构成一种"权力"？托尔斯泰认为，这种权力不可能是一个强者对一个弱者的体力优势或一个智者对一个愚者的精神优势。这种权力的源泉一定在人的身外，在掌握权力的人与群众的关系之中。但这是不是又把问题说回去了？

托尔斯泰又说，命令和事件的关系、发令者和受命者的关系就是权力的关系。这样我们会看到一个金字塔：越往上，人越少，参加直接行动也越少,但发号施令越多;越往下,人越多,参加直接行动也越多,但发号施令越少。一个群体,就主要让那些不直接参加行动的人为他们的集体行动考虑、策划和进行道德辩解,换言之,让那些不劳力者"劳心"。但由于历史法则与自然法则不同,它与人有关,就还要考虑自由意志的问题。人在历史中是否有自由意志?我们越是追溯"原因的原因的原因",自由意志就越是可疑。但由于我们不可能追溯得那么远,不可能知道得那么多,我们就还是在某种程度上是"自由"的。但不论对原因的了解有多么困难,我们永远得不出完全自山(也就是说,完全没有原因)的观念。我们在历史中把已知的东西称作必然性的法则,把未知的东西称作自由意志。

所以,在托尔斯泰看来,历史不再去寻求"初始原因",而是把寻求法则当作它的任务。历史也不寻求"最终目的"。每个人都有自己的目的,而这种目的又是为那人类无法理解的总目的服务的。人类揭示这些目的的智慧越高,也就更加难以解释清楚,最终目的到底是什么。人类所能了解的,只是观察到人类的生活和别的生活现象相对应的关系而已。对历史人物和各国人民的活动目的,也应如此理解。近代各种自然科学都开始扔开"原因"和"目的"问题来寻求法则。历史学也应是这样。假如历史的研究对象是各民族和全人类的运动,而不是叙述少数英雄伟人的生活,那么,它也应扔开"原因"的概念来寻求那些为一切相等的、互相紧密联系的、无穷小的自由意志的因素所共有的法则。只有采取无限小的观察单位——历史的微分,即人们的共同倾向,并运用积分法,即得出这些无限小的总和,我们才有希望了解历史的法则。为了研究历史法则,我们应该完全改变观察目标,撇开帝王将相,转而研究群众所遵循的同一类型的无穷小的因素。

在我看来,希望学者去注意整体、尤其是注意下层,注意普通人的活动，富有教益，这正是今天史学努力的一个方向。但事情还有另一个方面，即少数英雄还是在历史上起了巨大的作用，这不是"主人"的作用：即不是作为了解他们行动的意义、能够实现他们行动的目的的作用；但还是一种"主角"的作用：即在历史的舞台上还是主要由他们在活动，也是他们的活动在发挥主要的效力。强调这一点也是为了突出道德责任。我们追究责任往往只需追究到事件的原因就可以了，而不必追究到"原因的原因"。托尔斯泰强调历史的法则，完全否认历史中人们的行动自由，否认少数居于金字塔上层的人作为事件原因的重要性，就等于是要将道德责任的因素从历史中驱逐出去。这一点我们可以更具体地看一下他对1812年战争的叙述。

托尔斯泰写道：拿破仑所以要同俄国开战，是因为他不能不到德累斯顿，不能不被荣耀地位所迷惑，不能不穿上波兰军装，不能不受到六月早晨诱发出的野心所影响，不能不突然发怒。参加这场战争的无数的人，他们都是按照各自的特性、习惯、环境和目的而行动。他们以为他们知道自己所做的事，并且是为了自己而做的；其实他们都是未意识到自己当了历史的工具，做了他们自己不明白而我们却了然的工作。他们所处的地位越高，就越不自由。天意差使所有这些人竭力追求他们自己的目的，从而造成一个巨大的历史后果。然而，当时任何一个人，无论是拿破仑还是亚历山大，更不用说战争的某一个参加者，对这个历史后果也未曾有一丝一毫的预见。

换言之，人们，不管是英雄还是群众，他们都是在"创造"历史，但都是在盲目地"创造"历史，没有谁能成为历史的主人，而只有主角、配角和默默无闻的数字的差别。我们无法事先预测行动的后果，我们对历史只能有"后见之明"。这里有天才的思想。但是，如果一切都是"不得不"，那就将勾销道德的责任，也勾销对历史人物的褒贬。处在金字塔不同层位的人的行动的效力和影响是非常不同的，拿破仑的一丁点意志表示甚或仅是在场就可能引发重大的后果，一个经典的场景是：在宽阔的维利亚河边，他在河岸上一根圆木上坐下来，头也不抬地说了句什么，大概是命令寻觅一个过河的浅滩，一个波兰枪骑兵上校，因皇帝在旁，激动得语无伦次，向副官请求允许他不用找浅滩就带领自己的枪骑兵泗水过河。副官没有明显的异议，这位胡髭浓密的老军官立刻喜形于色，大呼"万岁！"命令枪骑兵跟他走。几百名枪骑兵都随后跳进水里，河中央的急流又冷又可怕。一些马淹死了，而人也淹死了。余下的奋力向前游向河对岸，虽然半俄里外就有一个渡口，他们仍以在那个人的注视下泗水过河和淹死在这条河里为骄傲，而那个坐在圆木上的人甚至连看也没有看他们做了些什么，还觉得他们有点妨碍他思考。最后有约四十名枪骑兵就这样无谓地淹死了。大多数人被河水冲回到原来的岸边，只有上校和少数几个人游过了河，艰难地爬上对岸。但他们刚一上岸，湿透的军服还滴着水，就高呼："万岁！"神情激动地望着那个拿破仑刚刚呆过而现在已经离开的地方，那时他们认为自己很幸福。

而敌对的一方也同样如此。在奥斯特里茨战役前夕，尼古拉·罗斯托夫参加了一场由皇帝检阅的阅兵式。在队列中，每个将军和士兵都觉得自己非常渺小，也意识到自己只是这个人海之中的一粒沙土，同时又觉得自己强而有力，意识到自己是这个浩大的整体中的一部分。他们高呼："乌拉！"那呼声震耳欲聋，经久不息，令人欢欣鼓舞。众人本身所构成的这个庞大的队伍的人数和威力使他们自己也大吃一惊。罗斯托夫站在库图佐夫统率的军队的前列，皇帝先向这支军队奔驰而来。罗斯托夫体验到这支军队中每个人所体验到的那种感情——忘我的感情、国家强盛引起的自豪以及对那个为之而举行大典的人的强烈的爱戴。他感觉到，这个人只要说出一句话，这支庞大的军队（他自己虽是微不足道的一粒砂，但是他和这支军队息息相关）就要去赴汤蹈火，去犯罪，去拼死，或者去建立伟大而英勇的业绩。他想"只有效死，为他而死！"

我们也曾经历过这样的时刻。今天的人们也许不会如此疯狂，但还是少数人在决定，在发令，在影响大多数人的生活和命运。这是一个事实。而许多人，包括本应最具独立意识和批判精神的知识分子，也愿意有时甚至热望将自己的意志融入由一个专断意志统率的群体的意志。甚至思想者气质的皮埃尔也会这样想："当兵去，就当一名地地道道的士兵！全身心地投入到这种共同的生活中去，深刻体验使他们变成那样的一切。但是，怎样抛掉自己身上一切多余的、可恶的东西呢？"

一个政治家诚然不能预见自己行为的全部后果，尤其是不能预期那作为自己行动目的的结果，他们常常并不能达到自己的目的，实现这一结果。但是，他完全可以预见自己行动和决策的另一种后果，即这一行动将影响多少人的命运，将带来大致什么样的伤害和损失。于是，政治家在事先就有一种必须顾及这种后果的责任，而在事件之后，也可以对决策的政治家追究这种责任。尤其在战争的事情上是这样。

总之，表现在《战争与和平》中的托尔斯泰历史哲学的方法特点是：他是像文学家而不是像学者那样思考，他不依据或借助别人的观点和思路思考，他是独立地想问题，且善用各种比喻。诚然，他不可能不受前人思想材料的影响，但他基本上是使用他自己的观念，遵循他自己的思路。但他又毕竟不是学者，不是严格的哲学家。他不依傍前面的学者，而后面的学者也不太理会他。他不使用学者的思路和"行话"，而且他思考的都是一些最根本的问题。所以，他同时和前后的学者都不易"接轨"。

而托尔斯泰的历史哲学的基本结论是：他否认历史学中的"初始原因"，也否认历史的"最终目的"，或者说否认人能认识这种原因和目的。为此他甚至反对或轻视任何周密的计划——这一点最突出地表现在他对战争的看法和对库图佐夫的推崇上。他认为在战争中重要的是理解人们行动的意义和趋势,是自然而然地因势利导。但是,他认为有历史运动的法则,有历史的必然,而且,人在这种必然法则面前几乎没有任何意志自由可言,所谓"意志自由"只是我们尚未认识的东西。人受铁定的历史法则支配。但是,这种历史法则又是无原因、无最终目的的(或者我们无法知道),类似于天体运动的法则。

这一思想中包含着一些很有意思甚至天才的思想萌芽,但有些是前人以逻辑更为明晰的方式说过的,有些甚至是比较混乱甚至循环的,因而从总体上评论是困难的,尤其是历史法则和自由、原因和目的等历史哲学的根本问题。我们宁愿从书中的描写而非作者的议论中来寻求一些启发。托尔斯泰多么想把握全体、把握所有人的活动,他是一只想做刺猬的狐狸,可是,我们更愿注意他"狐狸"的一面,或者说文学家的一面。的确,这里已开始显示出一些他后期的思想特点:喜欢别出心裁、独树一帜且趋于极端的议论。

三

《战争与和平》有三个主人公:安德烈、皮埃尔、娜塔莎。

安德烈公爵出身军人世家。他参加了 1805 年、1812 年两场战争,而战争就是要和死亡打交道。第一次他怀着对荣誉的渴望和对婚姻生活的厌倦上了战场,他渴望着他自己的"土伦"。但他没有他的"土伦",反而负了重伤,只是侥幸没死。第二次他在万念俱灰中上了战场,他已经没有了对荣誉的热望,但怀着保卫祖国和乡土的决心,但这次他又被炮弹击中,并且,这次他终于不治而死。他第一次伤愈回到家中,恰遇妻子临产,孩子生下来了,但妻子死了。生命与死亡是多么紧密地联系在一起!他怀着对妻子的深深内疚和对个人命运的深深失望,他的心灵很久不能平复。但是,人生是不会在 31 岁就结束的,他遇到了娜塔莎,唤起了他自身生命的热力,他又重新燃起了生命的热焰。他和她秘密订了婚,但给了娜塔莎一年时间的自由。就在他和她快要重逢并结合的时候,娜塔莎遇见一个放荡的年轻军官,并准备与他私奔。私奔被偶然地阻止了,但婚约也被解除了。即便有微弱的可能重合,两颗重创的心灵也还需要痊愈的时间。但是,安德烈不久又上战场了,这次他的团队作为后备队还没有投入战斗就被炮火摧毁过半。他也又一次倒下了。安德烈是不幸的。但最后他在死前的一个月里又遇见了娜塔莎又是幸运的。他在娜塔莎的看护中死去。

皮埃尔是私生子。他性格的突出特点是似乎总有点心不在焉、心神恍惚。他总是在想事,想和周围环境没有多大关系的事。他是一个大块头,力气也很大,但有点笨拙,他走进上流社会的交际场,总有点像是一头大牛走进了瓷器店。他没有算计之心甚至防人之心,他也似乎从来不为自己的利益坚持斗争。但他的幸运是多少算计和防范也很难达到的;他的境界也是多少苦修和磨炼也很难达到的。他意外地得到了最大一笔遗产,于是也成为许多人"猎婚"的对象。他厚道、宽和,甚至会被人觉得窝囊。他在一种似乎必须说什么话的情势之下,嗫嚅地说出了"我爱你",于是成了海伦的丈夫。他似乎总是闯到自己不该去的地方,其实那正是一些关键的地方。比如他偶然地逛到了波罗底诺战役前夕的战场,后来又一直待在战役中最关键的一个堡垒。作者喜欢通过他的眼睛来"看"。

安德烈是严肃的、常常是激烈的。而皮埃尔是宽容、随和的。他们共同的特点是都"有一颗金子般的心",他们的内心真正是善良的。对皮埃尔的这一评语是安德烈说的,他要在他出国时等待的娜塔莎在需要的时候只找他商量;对安德烈的这一同样的评语是他妹妹、圣洁的玛丽亚公爵小姐说的。他们还有一个共同的特点就是沉思,就是不断反省自己的生活,就是不断追求更高的真理。他们俩的多次谈话,尤其是在晚暮渡口的一次谈话感人至深。但皮埃尔更像是一个典型的自由主义者。他觉得只有自己纯洁,才可以批评别人。他参加了重视自我道德修养的共济会,在那里他意识到人类头脑无穷无尽的多样性,以致任何真理在两个人的理解中都不一样,甚至和他站在一边的人、志同道合的人们,对他的理解也各有不同,带有一定的限度和改变。他在书中最后有点得意地说,他觉得自己发现了一个具有简单而伟大的思想,可以向世界指明方向的思想,这就是,如果坏人能集合在一起形成一种势力,那么,好人也同样应当这样做。但是,如果考虑到前面所说的那种即便在好人中也存在的多样性,这种联合如何可能呢?或者不是以人划线来联合,而是以一种基本的、起码的道德原则来集合多元的人?这其实正是今天取胜的自由主义仍然面临的主要难题。

但皮埃尔也有愤怒的时候,明显的一次是他对他放荡的妻子海伦;另一次是对已经结婚、却以结婚引诱娜塔莎私奔的阿纳托利,他认为这像殴打老人孩子一样卑鄙无耻。他在1805年的贵族晚会上试图为拿破仑做某种辩护,认为他善于理解革命、战胜革命。而到1812年拿破仑侵入俄罗斯后,虽然他羞于像狂热的莫斯科人那样表达自己的爱国主义,但是准备个人去刺杀拿破仑。

皮埃尔也多次面对了死亡:别人打赌,站在三楼的窗口上仰头一气喝完一瓶酒,他也站到了那窗口上,且不要任何赌注。他连开枪都不会,却要和一个年轻军官决斗,虽然当决斗时他也觉得这事很无聊,但还是坚持把这事做完。他击伤了对方,然后惊慌地走近对方,茫然地敞开胸脯面对对方的枪口。他只是很侥幸地没死。他的确有过对死亡漫不经心的时期,他将自己对娜塔莎的爱深深地埋在心里,他的妻子不是他的爱人,而是一个高贵的"荡妇"。他感到心灰意冷。不过决斗的那一枪还是震惊了他,他后来对安德烈说活着多好。但后来他还是准备赴死。他和安德烈一样勇敢。甚至,更勇敢。他待在波罗底诺战场上,周围的士兵大都死了。在莫斯科的大火中,他抢救出一个女孩,随后被法军逮捕,准备以"纵火犯"的罪名处死。但好运一次又一次降临了他,面对以残忍著称的达乌元帅,由于偶然地交换了一下"人类的视线",他得救了。作者似乎有意,而我们也希望,世间保留这样一个好人。他其实很早就开始并一直暗暗地爱着娜塔莎。但他觉得自己还不够好,他觉得自己配不上。他甚至要到与娜塔莎结婚七年后才相信自己不是个坏人。他看到娜塔莎第一次参加盛大的舞会,还没有人去邀她跳舞,他就悄悄地要安德烈去和她跳舞,从而使他和她陷入了爱情——虽然这使他感到欢喜而又痛苦。

娜塔莎联结着上面两个人,她先和安德烈订婚,后与皮埃尔结婚。安德烈和皮埃尔也一直是非常好的朋友,真理的探求者们也理应成为好朋友,即便他们探求的道路不同,但就凭他们的人数如此之稀少,他们也应当成为朋友。她所犯的错误也是过于热烈的生命所容易犯的错误。娜塔莎不是思想者,她不是对生命的思考,然而,她就是生命本身。她就是青春,就是快乐,就是阳光。而即便一个阴郁的生命也是要寻找阳光的,一个严肃的生命也是要追求快乐的。她被许多人爱和喜欢:家人、客人、多年的朋友、乃至只是过往的路人。甚至古板的军人杰尼索夫、势利的鲍里斯、放荡的阿纳托利也被她吸引。她想爱所有的人,也希望被所有的人爱。她也是和平。她是和平时期的主人公。她热爱美,在一个美丽的月夜,她站在阳台上,向往着抱紧自己的胳膊飞翔起来。

娜塔莎也面对了死亡,虽然不是自己的死,而是他人的死,是至亲至爱的人的死。她的才十几岁的弟弟彼佳的死、她父亲的死、尤其是安德烈的死。她受过两次重创,一次是因她自己的过错而导致与安德烈废除婚约;一次是安德烈的死。但她又复苏了。是她强大和青春的生命力本身使她治愈，使她复苏。因为她就是生命。生命的本质是女性的，或者说是母性的。所有的生命都由女性生产，女性喂养，女性护理，女性送终。因为有女性，生命显示出自己更纯正的本色。因为有女性，生命不致被过于好斗的激情摧残或毁灭，也不致被过于沉重和严肃的思索掩盖或弄得黯淡。

娜塔莎与皮埃尔结婚七年后生了三个女儿和一个儿子，她变得有点不修边幅、琐碎、忌妒，甚至有时吝啬了。她神情娴静，脸上不常见先前那种赋予她特殊魅力的洋溢着热情的青春活力了。她甚至很少唱歌。偶尔兴致突发唱起歌来，她才会重新燃起热情。而这时她就显得格外富有魅力。平时她不唱歌，不注意梳妆打扮，说话时不斟酌词句，主要是因为她根本没有时间去那么做。人能把全部精力贯注于一件事，不管这件事是多么微不足道，一旦全神贯注，它就变成极其重要的大事情了，而它可能本就是真正的生活。她因为接二连三地怀孕，生育，喂奶，时刻参与丈夫的生活，只得谢绝社交活动。但她很重视亲戚的来往。她会穿着睡袍、披头散发、喜形于色地从育儿室大步跑出来，把不再沾着绿色屎斑而是沾着黄色屎斑的尿布给他们看，听他们安慰地说孩子身体好多了。皮埃尔对妻子言听计从，妻子把皮埃尔的学术活动看作正经事，尽管她对此一窍不通，但很重视。皮埃尔工作时，也就是当他在书斋里读书写作时，全家人都踮着脚尖走路。

凡是在娜塔莎婚前就认识她的人看到她这种变化，无不像看到一件新奇事那样感到吃惊。只有老伯爵夫人凭着母性的本能懂得，娜塔莎原本的热情根柢上正是出于她需要家庭，需要丈夫。她本性上其实是个贤妻良母。伯爵夫人说："她把全部的爱都用到丈夫和孩子们身上，爱到极点，简直有点傻了。"有关妇女权利、夫妻关系、夫妻的自由和权利的议论，当时也已存在。不过，没有像现在一样看成那么重大的问题。不过，娜塔莎对这些问题不仅不感兴趣，而且一点也不能理解。托尔斯泰说，这些问题在当时也同现在一样，只对那些把夫妇关系纯粹看成某种满足的人才存在。他们只看到婚姻的开端，而没有看到家庭的全部含义。

我们也许还可以更仔细和专门地看一下面对死亡和生命的思考。

当安德烈负伤躺在奥斯特里茨的战场上时，他躺在大地上，只能凝视天空，除了天空什么也没有。在安静、肃穆、高远的天空面前，他感觉过去觉得重要和伟大的东西都不再重要和伟大了，诸如荣誉、功绩、尘世的伟人，甚至生死，这一切历史和时代的东西都变得十分渺小了，都像是空虚和欺骗。他只是感动于天空的永恒、无限和伟大，但他并不知道这伟大是什么。他所有知道的东西都是渺小的，而他所知道的伟大的东西却是他不清楚的。他意识到永恒。但这永恒的天空其实也还是空虚的、空洞的。他不知道这真正伟大的东西是什么。他还是想活。他觉得生命还是美好的。所以，当拿破仑来到他面前的时候，他动了一下。

他活过来了。当他回到家里，却又遇上儿子的降生和妻子的死去。他其实是怀着内疚和赎罪的心情回到妻子的身边。但他没有赎罪的机会，妻子就死了。他心中的创痛有多深只是在他和皮埃尔在渡口谈话时才第一次真正地表达出来。特别是他永远忘不了妻子临死前秀丽、僵冷的面容仿佛在对他、对所有人说："我爱你们，我没有做过坏事，你们为什么对我这样？"他改变了自己的生活方式。他觉得自己似乎已经很老很老了，他只希望不伤害和妨碍别人，也不关心别人和社会，就这样默默地了此残生。他希望只是避免受良心责备和疾病这两件坏事，为自己生活。但是，皮埃尔告诉他，所有生命都是联系在一起的，也要为别人生活。

皮埃尔的话震动了他，在他心里播下了新生的种子。但是，新生的种子并不是很快就能发芽成长的。当春天来临的时候，他经过一片树林，在经过一个寒冷的冬天之后，其他的树木和青草都重新欣欣向荣，只有一棵满身疮疤的老橡树不愿屈服于春天的魅力，依然是将光秃秃的枝丫伸向天空。他觉得自己就是那棵老橡树，他所持的立场就是那老橡树的立场，他对生命的态度就是老橡树表示的态度。"你自万象更新，我自岿然不动。"但在过了些天，他重新经过那片树林的时候，老橡树却已是树叶苍翠茂盛了。当然，更重要的还是他遇到了充满活力的娜塔莎，也在下面的阳台上听到了她要在美丽的月夜飞翔的话。所以，他对自己说："人生不会就在31岁的时候就完结。我应当和所有的人在一起生活。"

他又回到大地上的生活了。但天空或者说永恒的视野仍然保留着。他和娜塔莎相恋了，但因为自己家庭的阻碍，也希望17岁的娜塔莎充分地认识自己。他给了她一年自由的期限。给予这样的自由是否合适？是不是应该不顾一切马上结婚？这样结婚后是否在幸福中将达不到后来体会生命的深度，甚或娜塔莎的生命力还可能有再一次不惜烧毁自己的爆发？对这些我们不得而知，我们只知道在一年的终了娜塔莎出事了。安德烈没有原谅她，他说："我说过要原谅堕落的女人，但是我没说我能够原谅。我不能够。"那天安德烈和别人谈话特别活跃，而只有皮埃尔完全明白他所以这么活跃的内在原因。

在波罗底诺战役中，作为团长的安德烈一直镇静地看着自己周围的人被炮火击中、抬走。终于一颗炮弹落到他身边了，在一丛苦艾旁边，像陀螺一般冒着烟旋转。"难道这就是死吗？"安德烈公爵一面想，一面用完全新的、羡慕的眼光看青草、苦艾，看那从旋转着的黑球冒出的一缕袅袅上升的青烟。"我不能死，不愿死，我爱生活，爱这青草，爱大地，爱天空……"但过了一会儿他又想："不过，现在不是一切都无所谓了吗？来世会是怎样？今世曾是怎样的？我过去为什么那样留恋生命？在这生命中有一种我过去和现在都不明了的东西。"这东西是什么呢？

他被抬进了战地手术帐篷，他看到血淋淋的人体似乎塞满了这低矮的帐篷，这使他想起几星期前，在那炎热的八月的一天，士兵们纷纷跳进一个脏污的水塘,那许多挤在一起的赤裸裸的强健肉体给他留下的深刻印象,他一下就深深地理解了何谓"炮灰"。这时他又认出旁边一个痛哭失声、虚弱无力、刚被截去一条腿的人正是他一直寻找想与之决斗的情敌阿纳托利。他也想起了娜塔莎,忍不住流出了温柔、深情的眼泪,他哭了,哭别人,哭自己,哭他们和自己的错误认识。他想,"对兄弟们、对爱他人的人们的同情和爱,对恨我们的人的爱,对敌人的爱——是的,这就是上帝在人间散播的、玛丽亚公爵小姐教给我而我过去不懂的那种爱;这就是我为什么舍不得离开人世,这就是我所剩下的唯一的东西。"

但是,如何可能去爱敌人呢?"爱一个亲人,用人类的爱来爱就行了;但是爱敌人,只有用上帝的爱才办得到。……用人类的爱,这种爱可能转化成恨;但是上帝的爱永无变化。"他先前感到对背弃他的娜塔莎又爱又恨,但这时他多想再见她一面。恰巧她那天知道了他与她同在旅途,深夜光着脚悄悄来到了他床前,他对她说:"我比以前更爱你,更知道怎样爱你了。"

自此,娜塔莎一直看护着他。她常坐在斜对着他的扶手椅里,遮住烛光,编织袜子。因为安德烈曾经告诉她,在织袜子的动作里,有一种令人感到慰藉的东西。安德烈一直躺在床上,不仅知道他会死去,而且感到他正在死去,并且已经死去一半了。他体验到了远离尘世的意识和愉快而奇怪的轻松的感觉。他不着急不慌张地等待他正面临的大限。但是,安德烈又想,"难道命运这样奇特地让我和她相聚,就是为了让我去死?……难道人生之真理展现在我面前,仅仅由于我在虚妄中度过了一生?我爱她胜过世界上的一切。可我爱她又能怎么办?""爱?爱是什么?爱干扰死。爱便是生。"

安德烈梦见许多人在做无谓的谈话。渐渐地这些人物全部开始消逝,一切只剩下一个关门的问题。他起身朝房门走去。他觉得一切都有赖于他是否来得及紧闭房门。但他的脚不能迈动,他于是知道他来不及关门,但仍然徒劳地鼓足全身力量。他陷入痛苦的恐怖之中。这恐怖是死亡的恐怖:"它"就站在门外。但就在他无力地笨拙地朝房门爬去的时候,这一可怕之物已从另一边压过来,冲破了房门。某种非人之物——死亡——破门而入。于是,安德烈公爵死去。但就在死去的那一瞬间,安德烈公爵想起他是睡着的,同时,在死的那一瞬间,他一努力,于是又醒了。"是的,这就是死。我死了——我醒了。是的,死——便是觉醒。"突然间他的心里亮了起来。他感到好像挣脱了以前捆住他的力量,感到了再没有离开过他的那奇怪的轻松。

这是正在死去的人的感觉。这是不是第一次有人想象地描写濒死者在渐渐的死亡过程中的感觉?它是真实的吗?任何一个读者都无法对之进行判断。那么,这濒死者周围的生者对他的感觉呢?当安德烈变得特别温和并容易感动,娜塔莎和他妹妹感觉这是临死的迹象。在最后的时间里,她们感到已不是在照料他(他已经没有了,他离开了她们),而是在看护对他的最亲密的回忆——他的躯体。她俩都看到,他愈来愈深地、缓慢而平静地离开她们,沉入到一个她们所不知道的地方去。当灵魂离开躯体,躯体发出最后一次颤抖的时刻,玛丽亚公爵小姐和娜塔莎都在他跟前。"过去了?!"在他的躯体一动不动,并且冷却了几分钟之后,玛丽亚公爵小姐说道。娜塔莎走过去,向那双不动的眼睛俯下身去,急忙阖上了它们。她没有亲吻那双眼睛,而是伏身在他的躯体上,心想:"他到哪里去了?他现在在什么地方?"娜塔莎和玛丽亚公爵小姐哭泣了,她们哭泣是由于面对死亡的奥秘而产生的虔敬的感动,死亡的奥秘简单而又庄严。

使安德烈死去的原因是战争。皮埃尔面临的则是另一种集体的"合法杀人"——死刑。他在莫斯科大火中被误当作纵火犯,后经达乌元帅简单审讯、对进来打断的副官说了句什么即被押走,皮埃尔这时以为自己已经被判死刑了，脑子里只有一个思想：究竟是谁，最后是谁判决他的死刑？不是委员会里审问他的那帮人；他们之中没有一个人愿意、而且显然不可能这么办。也不是达乌，他是那么富有人情味地瞧着他。只要再等一分钟，达乌就会明白他们是在做蠢事，但是这一分钟被走进来的副官搅和了。这个副官看来也并不是想使坏，但是他本来是可以不进来的。究竟是谁处决、杀死、夺走那满怀回忆、志愿、希望的他皮埃尔的生命呢？这是谁干的呢？皮埃尔觉得并没有具体的哪一个人一定要这样干。

和个别人的谋杀犯罪不同，这样的合法处死和更大规模的集体杀人（战争）的根源是制度，是各种情况的汇合。是一种制度要杀害他的生命，剥夺一切，把他消灭掉。同样，这一机器也要同样地杀死其他许许多多的人们。

皮埃尔被押往枪毙的地点——一个菜园子里。和那些同样忙乱和草率地被判决的人们一起，一次两个地被带出来枪毙，头两个人只用眼睛默默地、枉然地寻求保护，显然不了解也不知道将要发生的事情。他们不能相信，因为只有他们自己知道生命对他们有什么意义，所以他们不了解也不相信生命可以随意被人夺去。皮埃尔觉得，在所有俄国人、在法国士兵和军官脸上，没有一个例外，他都看到和他内心所感受的同样的惊悸、恐怖和斗争。"这事究竟是谁干的呢？他们和我一样感到痛苦。究竟是谁？究竟是谁？"皮埃尔排在第六个，但这一次只带一个出去，他看看那个年轻工人喊叫着被带到柱子前，到了柱子那里突然不叫了：他掩上衣襟，用一只光脚搔搔另一只光脚。开枪了，皮埃尔看见那个工人突然在绑他的绳子上坠了下来，身上只有两处露出血来，士兵们笨手笨脚地慌忙把尸首拖到柱子后面，推到坑里。"显然，大家都确切地知道，那些人是罪犯，他们是在掩盖犯罪的痕迹。"最后所有人都低着头，沉默不语地离开。

皮埃尔随即被送往战俘营，在那里他悟出了一个道理：人被创造出来是为了幸福，而幸福就在他本身，幸福就在满足人的自然需要，而一切不幸并不在于缺少什么，而在于过剩。在三个星期的押解途中，他又悟出了一个新的、令人欣慰的道理：世上没有什么特别可怕的事。世上没有哪个环境人在其中一定能过得幸福和完全自由，也没有哪个环境人在其中一定会过得不幸福和不自由。痛苦有一个界限，自由也有一个界限，而这两个界限又非常接近；他现在为睡在光秃的湿地上感到苦恼，而另一个人也可能会为他的锦绣衣被折了一个角而感到苦恼。他也懂得了一个人身上所具有的顽强生命力和自救力量。多少次，他以为明天自己冻坏的双脚再也无法走路了，但第二天他又一瘸一拐地走了起来，慢慢甚至不觉得疼。

在俘虏营他还遇到了一个普通俄国士兵普拉东·卡拉塔耶夫。他长得圆滚滚的，成天乐呵呵的，从不抱怨，好像根本就不知道什么是疲倦和病痛。他对所有的人和事情似乎都情投意合，但并不眷恋什么。他在被押解途中的一个晚上讲了一个故事：一个规规矩矩、敬畏上帝的老商人被错判杀死同伴而流放做苦役，一天大家都讲述自己的犯事，老人哭着说了自己的冤屈。听者中恰好有一个真凶，听了心感到刺痛，于是跪倒在老人面前，说"你是为我遭的罪"，并向官府自首了。当沙皇下令平反，公文下来到处找那个老头，找来找去，最后发现他已经死了。这个故事皮埃尔其实熟悉，使他感到惊奇和神秘的是普拉东讲述它时的那种始终挂在脸上的极大的恬静和欢喜。第二天早上，皮埃尔发现普拉东不肯走了，他靠着一棵白桦树坐着，脸上露出欢喜、感动、恬静和庄严的表情。不久，从后面他坐着的地方响起了枪声。皮埃尔想道："生命是一切。生命就是上帝。一切都在变化和运动，这个运动就是上帝。只要有生命，就有感应神灵的快乐。热爱生命就是热爱上帝。而比所有一切都更困难但也更幸福的就是：在苦难中，即便在无辜的苦难中，也热爱这个生命。"

皮埃尔被游击队救出来了，治疗了三个月。他觉得，没有了使他苦恼的妻子和法国人，活着是多么好、多么美妙啊。先前一直使他苦恼的，他经常寻找的东西——人生的目的，现在对他来说已不复存在了。因为他觉得这个人生的目的现在没有，将来也不可能有。正是因为这个目的的不存在，才给了他完全的自由感，而这时他的这种自由感就是他的幸福。他不能有目的，因为他现在有了信仰，不是信仰某种制度，或言论，或思想，而是信仰一个活生生的可以感知到的上帝。他在以前是抱着他给自己提出来的一些目的去寻求上帝的。可是，他在被俘期间突然认识到，上帝就在眼前，就在这里，它无所不在。他认识到，在卡拉塔耶夫心目中的上帝比共济会会员们所承认的造物主更伟大、更无限、更高深莫测。他觉得像一个人极目远眺，结果却在自己的脚跟前面找到了他所要寻找的东西，他觉得他就是这样的人。他一生都在迈过周围人们的头顶向远方望过去，其实用不着睁大眼睛向远方望过去，只要看看自己跟前就行了。他先前无论怎样都没有本领看到那个伟大的、不可思议的、无限的东西。他仅仅感觉到，它应当存在于某一个地点，于是便去寻找它。但在一切靠近的、可以理解的东西中，他只看见有限的、渺小的、世俗的、没有意义的东西。他曾经用一具幻想的望远镜装备自己，并用它去瞭望遥远的空间，他觉得隐藏在远方云雾中的渺小的、世俗的东西之所以显得伟大和无限，只不过是由于看不真切罢了。像欧洲生活、政治、共济会、哲学、慈善事业，就都是这样的目标。而现在他已经学会在一切东西中看见伟大、永恒和无限了，因此，他欢欢喜喜地看他周围那永远变化着的、永远伟大的、不可思议的、无限的人生。他看得越近，他就变得越平和，越快活。原先曾毁掉他的全部精神支柱的那个可怕的问题："为什么？"现在对于他已经不存在了。现在对"为什么？"这个问题，在他心中常常准备了一个简单的答案："为什么？若是你们的父不许，一个也不能掉在地上，就是你们的头发，也都被数过了。"

于是，安德烈所眺望的"天空"变得具体和落实了。"天空"和"大地"连接到了一起。当然，这里还有一种命定论，一种让人心安的命定论，但它是否过于强烈？无论如何，皮埃尔的生活和性格由此有了改变。外表他和先前差不多，心不在焉，好像所关心的不是眼前的事，而是他自身的某种特别的事情。从前，他虽然显得是一个善良的人，然而，却是一个不幸的人；因此，人们总是远远地躲着他。可是现在，他的嘴角边上经常挂着人生欢乐的微笑，眼睛里闪着对人同情的亮光。只要有他在场，人们都感到愉快。从前，他一说起话来总是滔滔不绝，慷慨激昂，只顾自己说，很少听别人说话；现在他善于听人家说话，因此人们也乐意把最秘密的心事告诉他。他能理解和欣赏别人灵魂中的优秀品质，乃至常能唤醒和引发这种优秀品质。他也承认每个人都能按照自己的方式去思索、去感觉和去观察事物；承认不可能用语言来改变一个人的信念。这一点博得了所有人的普遍好感。这种人的多元性在以前曾经使皮埃尔激动和恼怒过，而如今却成为他能同情别人和激起兴趣的一种基础。人与人相互之间在生活中的观点不同，甚至于观点完全相反，这使皮埃尔感到高兴，使他显现出嘲讽的、温和的微笑。当同伴一路上不停地抱怨俄国比欧洲穷，落后，愚昧无知，觉得到处死气沉沉，而皮埃尔却在漫天大雪中，在这一望无垠的大地上看见了非常强大的生命力，但他并不去反驳。在一些实际的问题上，皮埃尔现在也出乎意料地感到自己对遇到的事情有了主见，他对金钱问题仍然像以前一样漫不经心，但是他现在明显地知道什么事情是应当做的和不应当去做的。他学会了拒绝。

他和娜塔莎的重获自由，还使他觉得自己有了获得她的爱情和缔结婚姻的希望。在这一时期，他觉得，不仅对他一个人，而且对整个世界来说，人生的全部意义就在于他的爱情，在于她能不能爱他，有时他甚至觉得所有的人所忙的就只有这一件事——就是为他俩的未来幸福而奔忙。

所有的人都被他的光辉感情照得通体透亮，不管遇见什么人，他立刻毫不费力地从他们身上看出一切好的值得爱的东西来。皮埃尔后来经常回忆在这一段时间里幸福的狂热。但他认为，在这一段时间里所形成的对人们和对环境的见解，永远都是正确的。皮埃尔的狂热就在于，他不像以往那样，一定要在人身上发现他认为人应具有的优秀品质时才爱他们；现在他的内心是充满了爱，他在无缘无故爱人们的时候，总能找到值得他爱他们的无可争辩的理由。

这是不是一个典型的自由主义者的态度？这里是不是把握到了自由主义行为和态度的核心——承认多元、宽容待人？而且这是否还是一个自己快乐、也给人快乐的自由主义者的态度——热爱生活，发现和欣赏他人的优点？再进而言之，这里是不是还提供了对自由主义的一种恰当的精神信仰——上帝就在人们的日常生活之中，就在普通的事件之中，人们就应在日常生活中寻找上帝？人生无目的，或者说多目标，亦即没有一个涉及所有人的根本的、既定的、统一的目的，而只有各个人的具体的生活目标，人也没有必要去寻求那种唯一的根本目的、终极目的。而且，主人公似乎在这里认定，这一自由主义观点虽然是在他狂热的幸福时期得出的，但却是永远正确的。难道在个人生活中，我们也同样达到了一种"历史的终结"，哪怕这种"终结"是限制在一个极其基本和微小的范围内？

就这样，安德烈从不满和厌倦自己的生活，包括厌倦自己的婚姻和妻子、厌倦爱开始，最后走到了对生命及所有人的接纳、承认和爱，他也重新接受了娜塔莎的爱，他等于是死在娜塔莎的怀抱中。皮埃尔从茫然和胡闹开始，最后走到了认为上帝就在眼前，就在我们的生命之中，上帝就是生命；追求上帝就是善待自己和他人的生命，走到了一种认为人生无自己的根本目的，人们的具体目标是多元的，应当学会理解和平等对待所有人的类似自由主义的观点。安德烈死了，皮埃尔还活着，而且和娜塔莎结了婚，生了几个孩子。安德烈的儿子也在长大。生命之线将继续延续下去。而不管作者如何具有如一些人所称的反自由主义的倾向，他在作品中的议论如何透露出一种强烈的宿命论的色彩，但他的主人公却走到了一种类似于自由主义的生活态度和承认精神选择的自由的观点。这似乎是很奇怪的：一个反自由主义者却让自己走到了自由主义的结论。作者作为一个文学家，更忠实于生活本身的逻辑而不是自己思想的逻辑。

主人公的精神探索自然还会继续下去，包括对社会政治和个人生活的关注。事实上，我们在"尾声"中看到，皮埃尔又在和朋友谈论政治了，而他们的观点继续表现出分歧。但目前我们只能停在主人公目前所达到的终点上，它还能告诉我们几句什么最后的话呢？

首先大概是热爱生命，且就按生命的本来面目那样热爱生命，包括热爱自己的命运：那可能是幸运的生命，但也可能是被冤屈、被错待、被冷落的命运。而要如此热爱命运，就包括要热爱和原谅那冤屈、错待和冷落你的人。亦即也要按人们的本来面目去热爱亲人、邻人、旁人，以至敌人。

其次，我们要关注灵魂，但无论如何不要轻视肉体，正是这肉体给了我们所知道的生命，正是这肉体使我们能经受莫大的痛苦和打击而重新恢复生命，也恢复精神的探索。于是，正由于肉体生命的这种意义，所以我们要慎重对待最容易大规模毁灭肉体生命的战争，恰当地坚持战争的权利伦理和行为伦理，提醒和追究人们，尤其是追究领袖和英雄们在历史行动中的道德责任。

爱情、婚姻与家庭
——读《安娜·卡列尼娜》

我第一次完整地读《安娜·卡列尼娜》是在三十多年前,在天津远郊的一个军队五七干校,经常干完活脚上还沾着泥,就拿着书跑到刚刚停雨的野外读起来。那时,主要是被其中的美所吸引,而并不多想其中的思想意蕴。要理解这样的思想,大概还需要经历许多事情才行。但当我觉得真的理解了许多,却看到其中最重要的可能不过是常识。有些常识也需要经过漫长曲折的道路才能理解,看来我真的是不可救药。当然,即便如此,也还是怀念那刚从禁锢中走出的单纯美好的幻想时光,那样的岁月大概不会再有了。

对《安娜·卡列尼娜》这部伟大的作品无疑可以有许多种读法。在中国长期流行的读法是一种常常遮蔽了其他的可能读法的社会政治的解读,直到如今还常常印在"前言"或"译序"之中,这种中国的权威解读,当然主要还是从苏俄传来的,源远流长。它同意作者所认为的该书有两条主线和一条连接线,但将其解读为:安娜——弗龙斯基线索"展示了封建主义家庭关系的瓦解和道德的沦丧";列文——基蒂线索则描绘出"资本主义势力侵入农村后,地主经济面临危机的情景";而奥勃朗斯基——多莉线索则是连接两条主线的次要线索,展示在上流社会那里"一切都混乱了"。

但我以为,我们还是老老实实地接受托尔斯泰所说的,作者在这部小说最爱的就是"家庭"的思想。家庭以及婚姻、爱情、两性和血缘关系中的许多情愫其实和时代社会无关。换一个阶层,换一个时代和社会,这样的婚外恋、这样的出轨、这样的家庭破裂、各种激情、柔情、欲望和痛苦，以及其间的冲突和悲剧会照旧发生，只是稍稍改变了某些形式和内容。

不过，上述的这三条线索还是很有意义的分析线索。在这里我想从新的视角来看这三条线索，如果依其重点作一区分的话，我以为其中安娜和弗龙斯基的线索主要是爱情的线索；列文和基蒂的线索主要是婚姻的线索；而奥勃隆斯基和多莉的线索主要是家庭。

爱情、婚姻、家庭三者从本身的逻辑来说就是经常交织在一起的。爱情开始一般主要是性爱，但后来可能越来越演变为一种深刻稳定的关切。它可能导向婚姻，也可能不导向婚姻；可能发生在婚姻之内，也可能发生在婚姻之外。婚姻则是对一种两人关系的固定，往往是通过一种社会或宗教的仪式，用一种法律的形式固定下来。这样，本来是一种私密的个人关系就获得了一种社会性和公开性，获得了某种保障或约束。并由此带来某些社会规则，违反这种规则就可能冒犯到社会，冒犯到所有接受这一规则的人。而进入婚姻也就组成了家庭，一般的家庭还要加上孩子等小辈，"大家庭"甚至还要加上父辈、祖辈等长辈。婚姻家庭还涉及某种固定的财产和利益关系。

一

先说爱情。安娜和弗龙斯基的爱情是相当纯粹和强烈的爱情。但也是一种婚外恋，是一种未能导向新的婚姻，却破坏了原有的家庭，最后女主人公也走向自杀的悲剧式爱情。两人初遇时是弗龙斯基非常主动和积极地追求安娜。甚至有时让我们怀疑，如果不是这样，安娜自己是否会主动爱上他。但她后来的确是被这种感情深深地感动了，也热烈地投入了。最后则是她看来更爱弗龙斯基而非弗龙斯基更爱她，或者说这两种爱是不同的爱，作为女性，安娜更依恋他。

不过，我们从安娜的个性看，她即便不遇上弗龙斯基，也很可能在其他什么时候爱上别的什么人的。她美丽、高雅、有风度和气质，对异性有一种强烈的吸引力。而更重要的是，她有一种洋溢的生命力，一种巨大的活力和热情，她还不是只想欣赏各种生活和热情，而是要体验各种生活和热情。她害怕烦闷无聊，而且，追求真诚和彻底，敢作敢当。她命定是要有一次大爱的，也许还不止一次。而且，这种大爱几乎必定是婚外的，仅仅婚姻不容易满足她。说句极端的话，甚至假设她的第一次婚姻是和弗龙斯基结合，久而久之，某一天她仍然可能会感到不满足和不安分，红杏出墙也仍不是没有可能的。

她对最初弗龙斯基的追求开始似乎是拒斥，却又是一种欲迎还拒。她的言辞和行为、行为和感情并不完全一致，她不断给了弗龙斯基以某种希望。而即便在她最热恋和依赖弗龙斯基的时候，也还是会有意无意地在别的男性之前施展某种风情和吸引力。而其他男性也几乎总是被她吸引，甚至包括列文。这当然不是爱情，列文一走出那间屋子，她就不再想他了。但她知道她能"在一个晚上就做到了使一个体面的有妇之夫倾心的地步"。一种风姿绰约几乎就是她的本能和习惯，而最后，她在华年就怆然而死也永远地定格了读者心目中这样一种美的形象。

而且，安娜并非所爱非人。弗龙斯基是值得她这样爱的。他——至少对安娜来说——绝非是喜欢风流、甚至"始乱终弃"的花花公子。他仪表堂堂，出身高贵，前程远大，内在更有一种坚毅、勇敢、仗义的男子汉气质，既有热烈的感情，也有清醒的理性，甚至相当具有经营才能，在乡下经营自己的农庄时表现出是理财的好手。而弗龙斯基对安娜的确是一见钟情，而且是不计后果、不问前程的强烈感情。在初遇的那一段日子里，他只想看到她，听到她说话，觉得这就是他全部的幸福，唯一的目的。他和作为有夫之妇的安娜的关系并不是上流社会里常见的风流韵事，而是一种少年维特似的狂热恋情，同时还是主观上想导致婚姻的爱情。他对母亲、兄长的劝告以至舆论的非议置之不理。在安娜难产看来将死之际，弗龙斯基甚至为之自杀，这当然有维护自己尊严的因素，但也有殉情的因素。自杀未死之后，他本来想只是和安娜做一次远戍之前最后的告别，但一见面又不可自制。终于，他放弃了军界的前程，带着安娜先是去欧洲，后来又定居在自己的田庄。

当然，我们也注意到，安娜和弗龙斯基的这种婚外恋在初期可能正是因其隐秘才更有魅力，因其困难才更加投入和专注；而在后期可能正是因为它无望才更加不顾一切，因其可怕才更加强烈。种种阻碍恰恰延续了这种浪漫之爱的时间和增加了它的强度。"偷情"的一个魅力就在"偷"，虽然时间长了也将品出其中的苦味。而由于在丈夫同意离婚的时候安娜并不想离婚，后来她想离婚的时候丈夫又不同意，安娜就只能作为有夫之妇与弗龙斯基公开同居，这就对社会构成了一种冒犯，社交界对安娜关上了大门。在这种情况下，爱情也就变得更强烈，但也敏感、起伏、波动不定了。它对双方就提出了更高的要求，而且失去了有保障的感觉容易带来的从容和大度。

这时两性的差别也更为明确地显示出来了。弗龙斯基注定除了爱情，还要喜欢他的事业、他的田庄，甚至他的马。他也希望在爱情生活中引入一种理性。他不赞成安娜为了挑战社交界去观看戏剧而招来侮辱。他渴望爱情，但当他得到了爱情的时候，可能又感到了女人爱情的一种专横力量而试图拒斥。而安娜却越来越集中于她对他的爱，一心要博得他的欢心，同时也要求他给予她同等的爱，希望有不断的爱的验证。她甚至为了保持自己的体形美和对他的吸引力而不再想要孩子，生活在爱情中变成了她唯一的生活目的。弗龙斯基自然也为之感动，但有时又厌烦她想用来擒住自己的情网。他想:"我可以为她牺牲一切,但决不放弃我作为男子汉的独立自主。"他也有点烦了似乎是无穷无尽、翻来覆去的抚慰、说明和解释。他没有充分去理解安娜的个性和作为女性的特点。而且,弗龙斯基在经济上是独立的,他也还有其他的事业,而安娜只有他。

所以,在安娜自杀之前的一段时间,他们之间已经不那么情投意合了。在她那方面她觉得他对她的爱情逐渐减退,而在他那方面是懊悔为了她的缘故使自己置身于苦恼的境地,且每个人都觉得错在对方,一有机会就向对方证明一下。最后,"死,作为使他对她的爱情死灰复燃,作为惩罚他,作为使她心中的恶魔在同他战斗中出奇制胜的唯一的手段,第一次鲜明而生动地呈现在她的心头。"可是,她的确是爱他,争执和冷淡之后他在书房里睡得很酣畅。她走过去,举起灯照着他的脸,凝视了他好久。

安娜最后卧轨死了。弗龙斯基作为参加塞维利亚战争的志愿者奔赴战场,他觉得自己的人生已没有什么乐趣了,只是作为工具还有点用处。在他临行时,又是在火车站,他努力追忆他初次在车站遇见她时她的模样,"她神秘、妩媚、多情、追求和赐予幸福,不像他所记得的她最后那样残酷无情的报复神情。他极力回想他同她一起度过的良辰美景,但是这些时刻永远被毒害了。他只想得起她是一个获得胜利的、实行了谁也不需要的、但使他抱恨终身的威胁的人。"

但问题在于,尽管安娜道德上有错,我们为什么仍然非常同情乃至喜欢她? [1] 是因为她的个性中或者说作为女性的人性中有很美的一部分?是因为她美丽优雅,而且还勇敢和真诚?但有一种近乎残忍的说法说

---

[1] 卢那察尔斯基说:"托尔斯泰在小说《安娜·卡列尼娜》第一页上写道:'伸冤在我,我必报应。'这证明托尔斯泰是把安娜·卡列尼娜当作犯人看待的。这正是全篇故事的宗旨。然而就是在这部小说里,他又指出吉提·谢尔巴茨卡娅也爱慕安娜·卡列尼娜,而且小说的全体(接下页)

她对社会的反抗还不够彻底，而如此说的人们还希望她做什么？她所爱的弗龙斯基并非是不值得她爱的，她为什么还是陷入了悲剧？这种悲剧的原因何在？是她冒犯了一种上流社会的规则？但这仅仅是上流社会的规则吗？还是整个社会赖以生存的制度和规则？是她太率真，太要求全部和完美？甚至她太顾及自己的感情而不顾及别人——不仅不顾及丈夫，甚至也不顾及孩子乃至情人？

她和弗龙斯基因爱而同居，以至有了自己的孩子，但她法律上又还是另一个人的妻子，于是这种"家庭生活"得不到法律的保障和舆论的容忍。这种生活可以坚持一段时间甚至相当长久的时间——视同居者的意志有多坚强而定。但要长久坚持还是很难。也许这还不止是意志的问题，感情也可能或更容易会在这种不确定的状态里发生变化。两人都将更敏感，尤其弱势的一方——女方，可能更执着地要求对方的爱意。越是没有其他方面的保障没有制度的保障，也就越不放心，越是要求对方情感的保障。而这种不断加强的感情要求很有可能被男方日益强烈地感到是一种束缚，或至少认为是不必要的担心而对之冷淡，久而久之，这种不相称的感情就可能发生异化乃至突变。而这正是在安娜和弗龙斯基那里已经开始发生的。[2] 而安娜的性格是：还没有等这种感情产生出更严重的后果，

（续上页）读者都非常爱慕她，因为这个女性的生命力以及她对爱情、自由和幸福的冲动如此强大，它们抓住我们的心，使我们折服了。托尔斯泰说，这是罪过。"见《俄国作家批评家论列夫·托尔斯泰》，中国社会科学出版社1982年版，第327页。托尔斯泰自己也曾解释他的卷首词的意思就是犯罪就要受苦，也就是说要遭到报应的。然而，这种"报应"又不是人所能把握的，而是操于上帝之手。陀思妥耶夫斯基对此解释得相当明确。

[2] 斯特拉霍夫写道："而后来的感情不能建立新的家庭。这样的感情不可能得到社会的承认，它建立在丈夫和儿子的痛苦之上，它的情欲的性质和双方作出的过重的牺牲，这一切都使它变得异常强烈、极不稳定，无论在他们内部的相互关系或对外界的联系方面，它都不能与社会、与他们的生活发生有机的联系。原来的家庭破坏了，新的家庭建立不起来。仅仅是情欲关系（这是爱情中最容易消失的）就化出了全部牺牲的代价，这种不牢固的基础剥夺了他们在其他方面的自由，引起他们憎恨。"见《俄国作家批评家论列夫·托尔斯泰》，第135页。

她已经受不了了,她在遭到冷遇而导致的自身激烈的混乱中已经破釜沉舟。小说的开头是安娜来为自己的哥哥一家解决他有外遇的家庭麻烦,她成功了,但自己却在这一趟旅行中陷入了最后使自己付出生命的困境。也许,女子出轨和男子还有些不一样,男子容易出轨也相对容易回来,而女子相对不易出轨,但出轨后则常常无法回头,一去不归。

而且,我们还不要忘了另一个人——安娜的丈夫。我们也不能完全无视这一种痛苦,失去自己的妻子以致名誉的痛苦。这也是真实的、巨大的痛苦,自始至终的痛苦,而且是不应得的痛苦。是的,安娜不爱他。但不被人爱并不是罪过,相反,还是一种应该同情的不幸。他还不像奥勃隆斯基,他是忠实于婚姻的,他可以有外遇,但他自始至终没有。对于安娜来说,他也许是可敬而不可爱的,但自然也会有喜欢他性格的女子。而在安娜邂逅弗龙斯基之前,他和她的关系也并不是那样糟糕的。他迟五分钟上床安娜也会关心,有什么心里话也都会跟他说。这里当然没有那种浪漫的大爱,但还是有一种互相关切和袒露的感情。

安娜自己是否意识到了自己的过错呢?这里有一件似乎奇怪的事情是:为什么安娜更爱她和自己不爱的卡列宁生的孩子谢廖沙——尽管他连相貌都很像卡列宁——却不怎么爱她和自己挚爱的弗龙斯基所生的女儿?她甚至觉得她对谢廖沙的爱和对弗龙斯基的爱不相上下,而弗龙斯基肯定没有这样一种对谢廖沙的感情,这又是两个人的一个客观差别并可能产生矛盾的一个原因(不过在小说里并没有展开)。那么,这种爱是因为谢廖沙是头胎顺产,和她在一起生活的时间更长,或者还有更隐秘甚至她本人也不一定意识到的原因:即前者毕竟是婚生子而后者是私生女。在她的心底深处,是否还是有一种对合法性的隐隐尊重或至少安心?的确,她爱上弗龙斯基之后意识到自己非常尴尬的处境,她做过一个噩梦而被吓醒:梦见丈夫和情人两个男人同时对自己滥施爱抚。在刚失身的时候,当弗龙斯基说愿意以生命换取这一刹那的幸福时,她带着恐怖和厌恶说:"这是什么样的幸福啊!"奥勃隆斯基的妻子多莉来看她,安娜知道多莉一走,就再也没有人会在她的心灵里唤起那种由于这次会晤而引起的感情了。唤醒这种感情是痛苦的;不过她知道这是她心灵里最美好的成分,而这种成分在她所过的那种生活中,很快就要湮灭了。这种感情就是使爱情建立在合法的婚姻家庭基础上的感情。

安娜的自杀悲剧是必然要发生的吗?或者说,是社会逼迫她走向这条毁灭自己的道路吗?我们或许可以说,这种自杀是在一些偶然事件,包括他人和社会的因素,凑集之下她性格的一种逻辑,但并不是社会的必然逻辑。无论如何,我们需要在个人的感情和社会的规范之间做出某种平衡或妥协,无论谁都需要某种自制。[1]

二

再说婚姻。列文和基蒂的爱情是一种明确的导向婚姻的爱情。列文从乡下到城里来,他想到的就是求婚,求婚不成他就马上走了。基蒂及其父母所盼望和考虑的中心自然也是她和谁缔结婚姻,只是基蒂在列文和

---

[1] 英国作家马修·安诺德谈道:"以安娜这样一个女人,又是处在她那样的环境里,居然没有表示一点希望,甚至不曾想到要克服她狂热的爱情,逃脱这种爱情的致命的力量,这在我们想来,仍然不免觉得奇怪,有些费解。"甚至崇仰托尔斯泰的罗曼·罗兰也认为:"除了描述列文订婚的华美章节以外,爱情描写已经没有堪与《战争与和平》的某些篇章相媲美的青春的诗意了。《战争与和平》这些篇章是一切时代最美的抒情诗篇。相反,《安娜·卡列尼娜》里的爱情具有激烈的、肉感的、专横的性质。……凡是接近安娜的人,无不感受到隐藏在她身上的恶魔的吸引力,并产生恐惧。吉提第一个惊惶地发现了这魔鬼。当弗龙斯基去看安娜时,她的快乐也夹杂着一种神秘的恐怖。列文在她面前失去了自己的全部意志力。安娜自己也明白,她已不能自主。随着故事的进展,无法抑制的情欲逐步蛀蚀着这个高傲女子的整个精神大厦。"分别参见《欧美作家论列夫·托尔斯泰》,中国社会科学出版社1983年版第57、136页。

弗龙斯基两个意中人之间有些举棋不定。列文和基蒂的爱情自然也有一种浪漫的成分，列文回乡后一度想也许就娶一个农家女，过一种简单、单纯的生活了此一生算了。但他在一个清早突然瞥见一眼坐在马车里经过田野的基蒂，就知道自己还是强烈地爱着她。这是一种心心相印、深深默契的爱：当他们重逢，一个人只要写出一个句子的每个词的第一个字母，另一个就马上能理解其意思。但是，这种爱情始终是旨在婚姻——而且是希望能终生厮守的婚姻——的爱情。列文和基蒂的婚礼构成了这部小说中的最为华美的乐章。列文早年也曾放任过，但后来他在两性关系中只追求爱情，而在爱情中又只追求一种能够导致婚姻和家庭的爱情。"他不但不能撇开结婚来设想对于女性的爱情，他首先想象家庭，其次才想象能给予他家庭的女性。"而且，在他看来，这种爱情和婚姻应当是完美的。

这是美妙的婚姻，却也还是潜伏危机的婚姻。因为列文还有一种追求彻底和无限的倾向，他的性格使他容易在两个极端间摇摆。他的追求是深刻感人的，但其取向对婚姻家庭却可能会有一种销蚀作用。他对爱情、婚姻和家庭的渴望是极高的，但他还有更高更广的渴望。甚至很奇怪的，他的爱情曾经投射到三姐妹的老大，然后是老二，最后才是老三最终成为他的妻子的基蒂。难道他真正在爱的还是他自己的爱情，或更爱的是一种渴望无限美好的生活的感情？

梅列日科夫斯基在《托尔斯泰与陀思妥耶夫斯基》一书中谈到，屠格涅夫极为熟知列文是什么人，看得极为清楚，列文除了自己是永远不能够爱任何人的，而这一点正是他终极的羞耻，终极的恐惧，他没有力量承认。他引用了屠格涅夫在一封信中的话："难道你能作出暂时的假设……说列文一般地说是有能力去爱一个人的吗？不能。所谓爱，就是那种时时消除我们的'我'之激情之一……而列文呢，在得知他自己很可爱、很幸运之后，便不停地专注于一己的自'我'，不停地关照自己……列文是货真价实的利己主义者。"或者我们更准确地说：他是一个"立己主义者"。因为他主要是追求一种精神上的自我实现。[1] 列文喜欢自称是人民的一分子，但是他是少爷，莫斯科上层社会中的少爷。[2]

列文还有一种趋于两端的性格：要么特别快乐，要么特别不快乐；要么特别乐观，要么又特别悲观。在别人看来他诸事顺遂，甚至最幸福的时候他却可能总是想着自杀。他要求绝对的坦白和真诚，所以，他甚至坚持在婚前要让未婚妻看写有自己放荡行为的日记。他认为自己爱的对象是天底下最美丽以致最完美的，乃至用"她是一个很好的姑娘"形容她都是一种亵渎。他一旦得到爱情，就觉得自己是天底下最幸福的，认为自己进入的爱情是最神圣的，甚至任何人间的词语都无法描述。这时他觉得所有人都好，所有事都美。但是，他若是发现自己爱人身上的缺点，就很有可能放大，甚至走向另一个极端。甚至并非他妻子的过错，而是别人也喜欢她，就会招来他强烈的嫉妒和不理性的举动，比如说把客人撵走。过于理想化自己的爱人乃至所有人的确是恋爱中的人容易发生的事情，也是让人感动甚至能够促进双方改善的，但对婚姻家庭也还是要保留有一种现实感，一种理性和一种责任。常识是所有人都不是十全十美的。常情也就包含宽容、妥协以致忍让。

我们知道，对列文婚姻的描写最像是托尔斯泰自己的婚姻。而且，根据小说的描写，我们可以猜测，在列文那里一种危机有可能比托尔斯泰自己的婚姻危机更早地来临。列文没有表现出文学的抱负和天才；他不会像托尔斯泰那样能够追求和达到文学和美的巅峰，也就是说，没有文学事业暂时吸引或转移他的注意力，而在他那里，一种对生命根本意义的真

---

[1] 梅列日科夫斯基：《托尔斯泰与陀思妥耶夫斯基》，辽宁教育出版社 2000 年版，第 103—104 页。

[2] 同上书，第 107 页。

挚和热烈的追求始终是存在的。我们在那个美好的晚上的夜话、在他躺在田野上的沉思中可以看到一种无比动人的追求。这种追求还在进行之中，还没有作出教条式的结论，它也主要还是一种自我的追求，不试图彻底地改变亲人和他人的生活。但它的继续发展却可能深深地伤及自己最亲近的人。就像后来托尔斯泰把他的文学创作和婚姻家庭甚至视作两滴看似是蜜实际却是遮掩了他对生命的根本追求的苦汁一样。[1]

三

最后我们谈到家庭。多莉和奥勃隆斯基的家庭在小说的一开始就陷入混乱，但有可能它却比列文和基蒂的家庭都还要稳定。的确，这种家庭关系并不算是幸福美满的，但还是以上三条线索中最为稳固的。安娜和卡列宁的家庭破裂不必说，列文和基蒂的婚姻家庭也很有可能后生变故，而

---

[1] 托尔斯泰在《忏悔录》中写道："对于家庭的爱情和对于被我称之为艺术的创作的爱好是两滴蜜，它们比其它的蜜更长久地使我看不到严酷的真实。现在我已经不觉得这两滴蜜是甜的了。……家庭就是妻子、儿女，他们同样是人。他们所处的环境和我的一样，他们要么得活在虚伪之中，要么得看到可怕的真实。他们为什么活着？我又为什么爱他们，保护、培养和照顾他们？不就是为了和我一样绝望或者做个痴人吗？因为爱他们，我不能不让他们知道真实。在认识上每前进一步都把他们引向这个真实。但真实就是死亡。"见《列夫·托尔斯泰文集》第十五卷，人民文学出版社2000年版，第19页。但是，亲人们为什么活着？可能就是因为他们希望或愿意活着。我们怎么知道他们会和我一样绝望呢？关怀和照顾不必再有其他什么理由了。而由于子女还是由我而来的，我就必须对他们承担某种尘世关照的义务。最后的真实的确就是死亡。人的肉体的死亡、尘世生命的死亡是一个最大的真实，是迄今还没有任何反证的一个事实。但难道我们还要否定死亡？对这一最后事实的意识为什么就会让我现在活不下去呢？如果说我们渴望不朽，但是是什么样的不朽？难道还有肉体的不朽？是否相信或追求不朽是每个人自己要解决的事情。让渴望不朽的人去努力追求吧，可是为什么要否定尘世这有朽的一切？而且是代别人否定？难道意识到人总有一死而仍然活着，仍然关照活着的一切及其他人就是虚伪？怎样才是在真实中生活？一个文学天才抛弃文学都还是他自己的事，我们虽然遗憾，但还是无可奈何。但为什么还要抛弃家庭？在牵涉他人的事情上，将严重影响他人生活的事情上要不要顾及他人？当然，这在托尔斯泰那里也只是一种并不付诸实践的思想。

多莉和奥勃隆斯基倒最有可能白头到老。列文很容易嫉妒，无端地怀疑，而当他不那么容易嫉妒了，很可能就是他完成了自己的精神转变，而这种转变可能就意味着对保障婚姻家庭财产的法律制度的批判和否定——正像作者在这部长篇完成之后不久就走向的精神转变。

奥勃隆斯基和妻子共同生活了九年，其私情被发现时他妻子已生过七个孩子（两个早夭，但后来又生了一个）。很难期望生了这么多孩子的妻子还是风华正茂，她也没有精力养护和打扮自己。而丈夫却是英俊健康，保养得甚好。这不公平，但却是事实。于是奥勃隆斯基出轨了，出轨被发现之后他并不太后悔这件事本身，甚至并不认为自己做错了，而主要是错在"被发现了"。他希望满足自己的情欲，当然还不是全无节制，他和法国女家庭教师的私情是发生在女教师离开他家以后。他并不想拆散家庭，实际是区分性欲与情感、区分情欲与爱情，或说得更好一点，还区分浪漫情感与婚姻家庭。前者也被他视作不可或缺，但还是把后者看得更重。安娜对他哥哥的描述或有回护，但基本还是切合事实的。她对多莉说："我比你更懂人情世故，……我懂得像斯季瓦那样的男子对于这类事情是怎样看法的。……这类男子也许是不忠实的，但是他们把自己的家庭和妻子却看得很神圣。他们对这些女人总还是轻视的，她们破坏不了他们家庭的感情。他们在她们和自己家庭之间画了一条不可逾越的鸿沟。我不明白这是什么道理，但事实是这样的。"

奥勃隆斯基本质上是一个快乐主义者。他甚至还是好心肠和好脾气的，他对上司、同事、下人都算是很好交往的人，他自己寻求快乐也常常使别人快乐。餐桌上有了他气氛马上就活跃起来。甚至几乎没有谁能够持久地对他生气，当然他也几乎不会记恨、抱怨或者嫉妒别人。他即便陷入困境，也本能地感觉到一切都自会好起来的。他这样想："他们都是人，都是和我们一样可怜的罪人；为什么要生气和争吵呢？"他其实不算精明，不太会保护自己的利益,这一点一和商人比较马上就变得很明显。他卖给一个精明商人的土地价格远远低于这块土地的价值,甚至在列文向他指出了这一点他还是不愿费心去改变。卖贱就卖贱吧,让他因此去这块土地上一棵棵数树和讨价还价他可不干。但他也并不是笨,他其实还有一种机智和幽默,也有一种教养。他还算聪明,但并没有聪明到像一个天才那样渴望实现自己的地步。他甚至不想太训练自己先天的聪明,使这种聪明变成杰出的才能,或者做出突出的贡献。他也会想到死,但他的结论是,既然人生短促,何不使之尽量欢乐一点?这至少是相当多一部分人的想法,甚至极少数苦苦追求精神的人们在心力交瘁的某些时候也会暂时停留于此。他是一个贵族,他无用吗?但也可以说自有其用。他到了哪里,哪里就快活起来。正是他促成和安排了列文和基蒂的重新见面,从而使他们终成眷属。他也曾经争取到卡列宁的同意离婚。

的确,他是应受责备的,他不想伤害谁,但还是严重伤害到了自己的妻子,并在教养自己的孩子上没有尽责。但我们可能还是不必太厉害地谴责奥勃朗斯基,因为他可能就属于大多数,包括也是属于贵族中的多数。很多普通人处在他的地位可能并不比他做得更好。他就是大多数人中的一个。他追求快乐,但并不想把自己的快乐建立在他人的痛苦基础上,甚至可以说,他希望所有人都好,都快活。他还是相当有同情心的。当然,如果不能所有人都好,他也不会为此而努力奋斗,这是他的心愿,而非他的事业。他不想太费力地生活。他最大的优点也许是宽容。而他不去干预和谴责别人是否就使我们也不致太厉害地谴责他?少数精神精英尽可以觉得这种生活可怕,可以自己去苦苦追求一种精神性的生活,但是,他是否有必要甚至有权利去谴责这样一种生活?这可就是芸芸众生的生活啊。

当然,维系他的家庭稳定的主要作用者还是他的妻子,是作为贤妻良母的多莉。多莉有时也会怀疑,自己为此做出的巨大努力和牺牲是否值得，当她看到孩子的可爱一面时感到欣慰，但当她有时看到尽管自己千辛万苦，孩子们却还是养成坏习惯，他们无礼、争斗时她又会怀疑自己的价值。她远比安娜辛苦，她也曾经美丽，但后来她的面容比安娜老多了，明显地显出了心力交瘁。然而她怜悯安娜，觉得自己比她幸福。当社交界拒斥安娜之后，她仍然同情和欣赏安娜，她去看安娜，但在交谈中也明显地感到她们是不同的人。而才离家不久，"想家和思念孩子们的心情就以一种新奇而特殊的魅力涌进了她的想象里。她的这个世界现在显得那么珍贵和可爱，以致她无论如何也不愿意再在外面多逗留一天，打定主意明天一定要走。"她已经养成了一种根深蒂固的爱自己的孩子和丈夫的习惯。

四

我们对以上所说三组关系也许还可再补充一些评论并作一小结。安娜和弗龙斯基的关系，是一种在她与卡列宁夫妻关系之外的婚外爱，三人中安娜更凸显；列文和基蒂的关系是一种婚内爱，两人中列文更凸显；奥勃隆斯基与多莉的关系是既有婚外恋，又有婚内爱，两人中奥勃隆斯基更凸显。而奥勃隆斯基与安娜是兄妹、多莉与基蒂是姐妹，则串联着这三组关系。

安娜的特点除了美丽，似乎还有真诚，她看来还有点追求极端。当开始丈夫有些觉察时，她尽量隐瞒，回避这方面的谈话；而当弗龙斯基赛马出事而她失态后，她又很快连锅端出事实，直接说出她是弗龙斯基的情人。她似乎追求明朗，但她后来的作为却使自己的地位和三人的关系处在一种很不确定、很不明朗的状态之中了。她有没有出路？如果有，那出路是什么？她的出路也许要么是很早就回到原来的家庭中来，要么就早早离婚。前一种当然不理想，也不合其个性。后一种会比较好。而最坏的就是她后来的那种情况了：不离婚而又带着自己的私生女公然地和自己的情人同居。这对任何社会和阶层都是一个冒犯，任何正常的社会都不容易容许。在这种情况下，怎么还可能正常地社交，硬要挑战怎么会不遭到羞辱，这是和一般的"社会"有关系，而不是和那个特定的"社会"有关系，也和反抗"贵族阶级的虚伪"或"万恶的旧社会"无关。

我们对卡列宁的个性许多方面是清楚的，他理性，甚至过于理性，因而也就显得强势，他有些干巴巴，有些乏味，但也不是不能说出得体的幽默话——虽然你也可以说是应景的幽默话。他很关心一般男人都很关心的政治，自然也关心他的官场事业，但也还是想做些好事的，有自己原则的，而不是到处钻营只想做官的。除此之外，他其实还挺爱读书，这就不一定是一般男人和官员的特点了。我们对他的有些方面自然还是不太清楚，相当强势和理性的他为什么后来有几乎无限的忍耐？这种忍耐用理性似乎解释不过去。那么，是出于对安娜或家庭的爱？还是某种宗教原因？这在某种意义上还是一个谜。小说中最动人的一幕其实是安娜难产，觉得自己要死了，她一定要让弗龙斯基来请罪，让卡列宁宽恕他，让他们两个人和解。这种事情不容易发生在中国。而这两个男人在一个女人的要求之下竟然都真的这样做了。卡列宁后来还抚养安娜和弗龙斯基的私生女，而且真的很怜爱她。

列文和基蒂的婚姻和爱情在小说中表现得最美，但日后却可能出问题，甚至一出就是大问题。如果对真理的追求使列文哪一天要把财产、田地都分给农民，估计基蒂会受不了；而如果哪一天基蒂要因此限制甚至监视列文，那列文也受不了。列文的特点使他和基蒂的婚姻充满了变数，既是一种有活力的婚姻，又可能是一种冒险；既充满了生机和活力，又潜藏着深刻的危机。

奥勃隆斯基自然不是高尚君子，但他也并没有坏到哪里去，并不是卑鄙小人。他就是芸芸众生中的一位。是贵族中的多数,也是人群中的多数。作为贵族,他还有一种优雅,还欣赏美,但也有点本性的懒。在他和列文在乡下的一个晚上,外面的夏夜极美,但他也很留恋舒适的床,于是说出了一句典型的表现出他的性格特征的话:"我能够又躺在床上又出去就好了。"他有点或因惰性而导致的保守,但也有点自由主义的"随波逐流",或者说"与时俱进"。所以,他也和新兴的商人、工业家打交道,但是,让他精打细算的节省或数数他可不干,在这方面他甚至还不如列文精明。他最大的幸运其实是他找到了多莉这样一个好老婆,这样一个贤妻良母。但多莉结婚后接连生孩子,客观上也是限制了她的其他可能性。如果安娜也这样有四五个孩子,她也不会像小说中那样美丽和潇洒,和弗尤斯基的相遇的确也像是她几乎最后的美丽和浪漫的机会。

在上述三种关系中,的确只有安娜是主角。基蒂在列文的影子里,多莉也在奥勃隆斯基的影子里。只有安娜是光彩照人的独立形象,反而让弗尤斯基和卡列宁相形失色,成为她的陪衬。但她是不是一个爱情至上的自我中心者?她的确毁了自己,也毁了一个家庭,丈夫、情人,还深深地伤害了她的两个孩子。当然,最主要的还是毁了自己,焉知卡列宁、乃至弗龙斯基不会再结婚?如果他们的生命力强大和持久,这总还是客观上的一种可能性。

总之,我对这三条线的看法可能和过去流行的看法很有一些相悖,我认为在这三组关系里,列文和基蒂的婚姻可能是最不稳定的,原因主要在列文;奥勃隆斯基和多莉的婚姻倒是看来会越来越稳定,成为真正的"老伴",原因自然主要在多莉,但在奥勃隆斯基那里其实也还是趋于稳定的因素居多;在安娜、卡列宁和弗龙斯基三者关系中,旧的婚姻破裂家庭解体的原因主要是安娜,其次是弗龙斯基;而新的家庭无法建立的原因也主要是安娜而非弗龙斯基。卡列宁在这整个过程中则基本上都是无辜的。而最重要的是，这三家的这些婚变或不变，其原因和社会、和他们出身的阶级没有多大关系，倒是和两性之别，和他们的个性很有关系。最后，我们也许应该将托尔斯泰的名言也反过来说一遍才更全面地接近生活的真相，即："不幸的家庭都是相似的，幸福的家庭各有各的幸福。"这意味着，我们对如何防止家庭的不幸或要比使家庭幸福美满更有办法，也更需要首先关心，因为前者涉及的共同因素较多，而后者则更为精致微妙。

在社会的层面，在大多数人的层面上，我们也许还是应当回归人之常情。我们都有各种感情和欲望，我们也都是有局限、有缺点的人。我们都需要少放纵一些自己，而多宽容一些别人。回到对这部长篇小说的重新解读，分析起我这里所说的"回归人之常情"，自然第一是指要回归人、回归人性——包括人的共性和差别性，而其中最突出的一个差别是两性之别，而不要对这部长篇小说中的爱情、亲情等做过于社会政治化的解读；第二是指回归常情，尊重普通人的感情、欲望和追求，尊重大多数人，因而也尊重必要的个人内在约束和制度外在约束。

五．

也许我们这里还可以再回顾一下托尔斯泰一本在先的、同样讨论爱情、婚姻和家庭的长篇小说《家庭幸福》。它是以托尔斯泰自己的情感体验和观察为基础写下的。他后来自己批评这部小说，觉得它写得不好。但即便这篇小说艺术上比不上《安娜·卡列尼娜》，思想的内容却同样是发人深省的，我们甚至还可以说，作者在其中所观察到的生活是真实的，最后所达到的结论是有道理的。它更适合于社会，适合于我们大多数人。甚至对托尔斯泰也还是好的。小说中经过了危机的婚姻最后预示的时光其实是美好的。就像他结婚后写作《战争与和平》那一段婚姻生活不仅对他的妻子、孩子，甚至对他自己也是美好的。为什么拒绝这可以达到的、也许还更符合我们的身份的美好？

《家庭幸福》的女主人公玛莎是另一个安娜，但却是一个迷途知返或中道而归的安娜。那也是一个男大女小的婚姻，但双方的确是相爱的，甚至结婚是女方更为主动。但后来也是女方厌烦了，她不容易进入同样也爱她、但是阅历深的丈夫的精神世界。她也需要活动，而不是平静的幸福，她需要激动、危险和为了感情牺牲自己，平静的幸福生活容纳不下她年轻的过剩的精力。她想，"一定有个什么地方，还有另一种虽然不是更大，但确实不同的幸福。"她希望体验一些新的东西。这对一个年轻的生命也是很自然的。她需要搏斗，甚至走近万丈深渊。而丈夫却是已经经历了许多的人，他现在希望的是平静。这也是理性所希望的。而理性看来更接近男性而非女性，甚至是男性的另一个名字。丈夫看来也明了这一点，否则很难理解他后来那样长久的忍受和宽容。

于是，虽然丈夫更愿意生活在乡村，但他满足她的愿望，住到了彼得堡。她想参加舞会，想被人注意，想听到各种赞美，想有一种新的生活。她见识了许多风度翩翩的年轻人，突然有一天觉得她的丈夫的脸变得又老又丑。双方变得越来越冷淡了，各自做自己的事。就这样过了三年多，甚至生了孩子也不能阻挡她往外跑。她在社交中感到了新的快乐幸福，她正值韶华时光，又是美丽少妇，她在这种社交中感觉到快乐，但她还想更大的幸福，想越来越幸福。

于是，有一天一位侯爵开始搂着她想向其寻欢，她的心灵想说不，肉体却开始不由自主。幸运的是这时有一点偶然事件（别人喊叫她的声音）中止了这一过程，更幸运的是这位侯爵的确就是一位花花公子，而非真爱她者，她走了两人也都不再可惜和留恋。当然，她自己内心深处的良知和理性这时也起了作用，甚至可以说，她毕竟已经不是刚刚走出来见识这个怡目怡情的世界，她要释放的生命精力已经在这几年里得到了相当的释放，于是，她开始审视自己的生活，中止也就变成了终止。她改弦易辙，心身重新回到了丈夫这里，重新开始认真过一种婚姻家庭的生活，而这一次是有望长久了。

前一次在婚姻中的爱虽然也是爱，但她基本是想丈夫所想，做丈夫所喜，她还没有独立的、完整的自己。而她终于在离开丈夫一段时间的"浪迹情场"中找回了自己。来得太容易了的东西就容易不珍惜，也就容易丢失。而经历了千辛万苦又失而复得的东西却不再容易丢失了。她是幸运的，她没有走得太远，还能够回来；丈夫也还没有因绝望而离开，他还在等待她。因为他毕竟清楚他们年龄和性别上的差距。正如他对她所说，这是两种不同的生活态度："你羡慕被雨淋湿的叶子和草，因此你也就想变成草，变成叶子，变成雨。而我呢，只是在欣赏它们，就像欣赏世界上一切美好、年轻和幸福的事物一样。"对生活中绝大多数性质和种类与我们拥有的不同的美、事业和快乐，我们只能止于欣赏，而无法亲历。我们只有一次生命。可是，我拥有的美、事业、幸福也仍是美、事业和幸福。就这样吧，认真体会我拥有的美好，也欣赏他人的美好。玛莎意识到一个时期有一个时期的爱，过去那种浪漫的爱淡化了，但新的爱情以其看来更强大和持久的力量出现了，从而给另一种幸福生活打下了基础。[1]

---

[1] 类似的事情其实也总是在其他地方、其他时候对其他人发生，这样的事总是会有的，而最后结果是侥幸还是不幸，却有赖于当事人的个性，以及发生在什么时间、地点、年龄乃至一些更偶然的事件的偶然搭配。举近年畅销的美国小说《廊桥遗梦》为例，女主人公也是在乡下，她的丈夫是个挺好的、尽责的人，虽然没有那种吸引人的艺术气质。她和他已经有了好几个孩子，这一婚姻看来是多么稳固和幸福。但突然有一天，和一个真正具有艺术气质的摄影师的偶然相遇，唤起了她压抑多年的浪漫情怀，两人发生了热烈的性爱，但她在最后的一刻还是没有跟他走，也没有告诉丈夫，然后又平静地过了许多年，直到去世之后被自己的孩子发现这一段无比炽热却突然被冷冻、尘封的爱情。她比玛莎走得更远，但持续的时间也短。这也是一种解决的办法，也许不失为较能照顾妻子的浪漫情怀，但也还不是完全将对丈夫与儿女的义务置之不顾，在浪漫爱情和家庭责任之间求得某种平衡的解决办法。

那么，这里对婚姻和家庭的幸福提出了一些什么样的生活智慧呢？第一可能是等待。有时某一方确实常常是无能为力的，他只能等待，等待的结果可能是对方回来，也可能是回不来。但最好的办法可能还是等待而不是暴烈的反应。人可能只有在迷途中才能找回自己。即便是智慧，人也许只有通过自身负面的教训而非正面的经验才能接受某些生活的智慧。其次是一种义务感和亲密感。在夫妇之间，除了浪漫的爱（它会慢慢消淡），还应有一种多年耳鬓厮磨、相互心疼的爱（它能慢慢增长）。在婚后的爱情中，除了一种浪漫情人的、两情相悦的爱，还应有一种生活伴侣的、互相关怀的爱，即还有一种出于义务的爱，或者就是责任。而且，如果有了孩子，还有一种对孩子的爱和责任也可以加入其中。对家庭幸福是否还可以有更高的期望呢？自然可以，但最好在一种底线的基础上去争取更高、更为契合的婚姻和家庭幸福。

面对死亡的"立己主义"
——读《伊万·伊里奇之死》

托尔斯泰的《伊万·伊里奇之死》是其晚年的一部力作，人们也普遍认为它是一部震撼人心的艺术杰作，它描述了一个普通文官身患重病后面对死亡而发生的对生命的认识与反省。据说莫泊桑刚读完它时，神情沮丧，在屋里踱来踱去，觉得自己"真是白活了"。自己的作品比起它来是差远了。"我发现我的一切活动都毫无意义，我那十卷书也完全算不了什么。"

这一名篇在艺术上的成就和思想上的震撼力是毋庸置疑的。但是，它所展示的究竟是一种什么样的对待死亡的态度呢？的确，它使我们正视死亡，使我们直面死亡来思考生命的意义。但是，在这种态度中是否还有一种使人不安的东西呢？

俄国作家布宁晚年住在法国南部的一个省城，据他那时的一个主要谈话者巴赫拉赫在日记中写道：托尔斯泰的孙女儿达吉亚娜·米哈伊洛夫娜有两个月也曾住在这里，她说："在我生活的不同时期，托尔斯泰的各种作品都成了我所喜爱、我所感兴趣的东西……现在最使我痛心的是《伊万·伊里奇之死》。"

布宁是一个永远充满激情的托尔斯泰的崇拜者，但他也说："在《伊万·伊里奇之死》一书中有一种永远使我感到厌恶的东西。不久前我重读了《战争与和平》，大概看了有50遍了。我常躺着看书，但常常不得不高兴得突然坐起来。天哪，太好了……然而在《伊万·伊里奇之死》中使用了一种错误的依据……主要的是对死亡本身的恐惧,弃世和长逝的恐惧。生活得越丰富多彩,就对寿终正寝越感到可怕……"[1]

那么,在这部作品中,究竟是什么东西使作者的亲人感到痛心,又使他的一个崇拜者感到厌恶呢?

布宁说到了一些。他说到"错误的依据",其中"主要的是对死亡本身的恐惧,弃世和长逝的恐惧。生活得越丰富多彩,就对寿终正寝越感到可怕……"。但这更像是说作者,因为作品中的主人公伊万·伊里奇并不感到自己过去的生活"丰富多彩",倒反而是面对死亡时觉得自己过去的生活整个是错了,整个是无聊、丑陋、缺乏意义。而这一点,是他过去所看不到的,只是因为面对死亡,他才重新完整地审视自己的生活。死亡揭示出生命的真相和可能的真实意义。但如果一个人只是面对自己的死亡时才了解这一切,那可能是太晚了。他想重新生活,但却来不及了。除非他侥幸不死,或者在获得一种最后的对真理的认识和对彼岸和永生的信心中得到安慰。

但是,细读这部作品,的确还是让人感到有些不安。这里涉及的不是濒死者对自己的态度,而是对别人的态度;不是对死亡的态度,而是对生命的态度——这生命将还"活"在别人那里。尘世的生命将离我而去,但它却还会在其他的人身上延续。我以前读它也只是深深感到它在使人正视自己的死亡方面的震撼力,这一次重读则开始思考它所涉及的另一方面的问题。

我们可以来看看主人公在发现自己也许是得了不治之症的感受。他

---

[1] 瓦·拉夫罗夫:《布宁在法国的流亡生活》,刘循一编译,该文记叙诺贝尔奖获得者——俄国作家伊·阿·布宁后期在法国的流亡生活。由拉夫罗夫根据布宁的秘书亚·瓦·巴赫拉赫的回忆录写成。摘自《心灵的隐秘——外国名作家生活的另一面》,涂光群主编,汉语大词典出版社,2000年12月第1版。

觉得自己"生活在死亡的边缘上,而且孤孤单单,没有一个人了解他,没有一个人可怜他"。他躺在床上想,"他们谁也不知道,谁也不愿意知道,谁也不可怜我。他们在玩。(他听见从门外传来的远远的歌声和伴奏曲)他们对一切对置之漠然,可他们也同样是要死的。这帮傻瓜们。我先死,他们后死;他们也一模一样。可是他们却在洋洋得意。这些畜生!"愤怒在窒息着他。他有时在床上哭,"他哭的是自己的孤苦无告,自己的可怕的孤独、人们的残酷、上帝的残酷以及上帝的不存在。"

但他实际上又不是生活上孤苦无依的。他有家庭关心,有仆人照顾。问题是他怎么想和怎么看这样的关心和照顾。当他的仆人彼得早晨过来问他要不要喝茶,他不是想这是对他的关心,而只是想仆人"要的是每天的规矩";但当仆人主动问他要不要挪到长沙发上去时(这并不是每天的规矩),他又想,这是因为"他要收拾房间,我在这里碍事,不干净,乱"。但他为什么对别人的照顾都要往这动机"不好"的一方面想呢?

这一切也许都还是可以理解的。病人就是病人。病人身体的痛苦会使他有时有一些常人看来是属于病人的心理,以及一些在常人那里是过分的,但在病人那里却是可以理解和原谅的行为,例如突然的发脾气、无缘无故的抱怨,等等。在这里殊不可解的是主人公对他最亲近的人——尤其是对他妻子的憎恨态度。的确,他们的感情不是太好,但正如他也承认的,这并不仅仅是妻子一方的责任。而妻子在知道他有病以后即便还有误解、絮叨和体贴不周,但总还是关心他的。当一次争吵之后,他第一次告诉妻子自己可能有病时,妻子硬要他去找一位名医,回来拿到处方,又马上打发仆人去买药。然而,当他想出去问朋友有关自己的病情,妻子带着特别伤感和难得的和善的表情问他到那儿去时,这种和颜悦色却使他"升起一股无名之火"。当妻子准备不吝金钱延请名医来家中时,并过来吻他的前额时,托尔斯泰写道,他对她"真是恨之入骨,只是强忍着才没有把她推开"。他的妻子想夜里亲自陪他,他坚持要她走。当妻子和他谈到药物时,他把自己的视线向她转过来,以致她没有把自己的话说完:"他在这一瞥中表现出了极大的憎恨。而且是对她的极大憎恨。"这不由得让人深深困惑:他妻子到底犯了多大的过错或"罪恶",该受这样一种刻骨的仇恨呢?我们可以自我体会一下,也可以观察一下周围普通人的生活,这样一种憎恨态度是不是有悖常情的、有违常识和很不自然的?

他也对女儿感到不耐。这也是让人很不解的。当看到女儿健康、年轻,因为在与未婚夫热恋中更显得生气勃勃的躯体,他感到十分痛苦和恼怒,就像他看到自己的妻子白皙、丰腴、干净的手和脖子,她那头发的光泽、她那充满生气的眼睛的闪光恼怒一样。那时,"他对她深恶痛绝。由于对她油然而生的憎恨,她的接触使他感到十分难受。"他的阴郁的态度以致丽莎对母亲说:"咱们到底做了什么错事啦,好像这是咱们干的似的!我可怜爸爸,但是,他干吗要折磨咱们呢?"诚然,处在热恋中的女儿是不容易深切体会父亲的病痛和对死亡临近的感觉的。但是,这就是生活,而且是世代延续的生活。

他倒是可怜弱弱的、老是不太快乐的儿子。可是,难道我们希望自己的亲友都和自己一样始终痛苦和悲哀?为什么不喜欢看到她们健康和快乐?如果理解到所有人都要死,有些人会比你晚死,但也有许多人比你先死,是否犯得着对别人对自己死的态度如此生气?他太多想到了别人对自己的态度,却似乎很少想到自己对别人的态度。如果说他在病中感觉亲人并不爱自己或爱得不够,他是否又爱她们?如果他爱她们,他会怎样想和怎样做?

还有一个问题是他认为几乎所有人对他都很虚伪。他对周围环境的最大愤怒就是觉得自己是处在一种虚伪的气氛中。他不相信医生,认为医生没有和他谈真正的问题,亦即有关他的病情的危险性的问题,有关现实的生死的问题,而只是谈论一些具体的病情。他认为医生总在说谎和扯淡,并没有什么真正的办法。而其他人,包括亲人,也都是虚伪,都只是要他好好治病,而不说他快要死了。他们都就他险恶的病情说谎,而且"想迫使他本人也参加到这个骗局中来"。但医生的确不是哲学家,医生也不是万能的。怎样对病人才是真正的安慰?或者这里重要的是要因人而异?如果说不关心是冷酷,关心则是虚伪,那么主人公的亲友们应当怎么办?

作者还写道,当听说主人公的死讯,每个同事"首先想到的就是,这个人的死,对于诸委员本人或者他们的熟人的职务上的升迁,会有怎样的意义"。这"还使所有闻讯的人产生一种庆幸感:死的是他,而不是我"。他写到同事去死者家里安慰其亲人,说那只是尽一种礼节,是"装腔作势",而且点出他们心里想的还是晚上的牌局,说死者的亲属关心的是抚恤金的问题。但难道这些人心里就没有过真诚的同情和哀悼?而且,他们即便并不老想着死者也是自然的?在此,我想引一段网上读到的、一个也读过这篇小说的中国普通读者面对死去的人的感受:

> 人究竟是怎样奇怪的一种动物呢?虚伪,或者善忘,这些都无从说起。有个朋友的父亲生病死了,从发现病症到去世就那么短短半个月。活生生的记忆便是,我们去做客,他烧得一手好菜,事隔不久,他却脸色惨白地躺在我们面前。朋友很伤心,我们也很难过,我们的难过是真的,我也觉得眼眶湿湿的。奔丧回来,另外几个朋友提议打扑克,都同意了,我们打得很开心,直接点说,朋友的父亲的去世仅仅短暂地影响了我们的情绪,可这也够了,如果一个人连悲伤也不懂得或者只懂得悲伤都是无可厚非的一种悲哀。[1]

---

[1] 见江苏体彩网,体彩论坛,lingxiang 文。

这就是人。这就是普通人对待死亡的一种普通态度。"亲戚或余悲，他人亦已歌"，这可能让人感到有些悲哀，但它基本上也还是自然的。如果说要因为人的这一种平常态度而责备人，那么也不妨首先从自己开始。

当然，主人公很欣赏伺候他的年轻的打杂的农民格拉西姆。格拉西姆帮助他大小便，经常受命扛着他的两条腿，让他舒服一些。格拉西姆总是性格开朗、不怕脏累，也不忌讳提到"死"字。他喜欢格拉西姆对他的态度。他觉得只有格拉西姆一个人了解他的处境，并且可怜他。但我们还是弄不明白，在格拉西姆和其他仆人之间，在格拉西姆和其他亲人之间，究竟有多大的差别，使主人公对他(她)们的看法和态度可以如此悬殊呢？

在主人公最后弥留的时刻，在他临死前的一小时，妻子走到他跟前，他望了她一眼，看见她张着嘴，鼻子上和腮帮上还挂着没有擦净的眼泪，神情绝望地望着他。这时，他终于也可怜起她了。他想："是的，我给他们增加了痛苦。"他想说"宽恕"，但却说成了"快去"，因为没有力气更正，他便挥了一下手，心想她们自己会明白的。他自己也突然明白了，他既然可怜他们，就应当做到使他们不痛苦，做到使他们也使自己摆脱这些痛苦。"多么好啊又多么简单啊。"这时，取代死的是一片光明，他第一次感到快乐。他听到有人在他身边说"完了"，他对自己说，"死——完了，再也没有死了。"于是他死了。

这是一个和解的结局，一个美好的结局。在必不可免的死亡面前，我们还能期望什么比这更好的结局呢？在尘世的这一边，我们又还能期望看到什么比这更好的情景呢？在此，终于达到了对于不仅死亡的真理，还有对于生命的真理的某种认识；不仅对于自我之真理的认识，还有对于自我和他人关系之真理的某种认识。

但是，我们会不会遗憾这一认识来的太晚了一些呢？它甚至不为他的妻子所得知。是不是从一开始就还可以采取另一种态度，同时也并不妨碍对死亡的深刻认识?

当然，是不是只有如此批评别人，才能使别人面对并非自己的死亡时也能认识和直面死亡（而不必一定要等到面对自己的死亡）? 或者，托尔斯泰前面所有的描写只是为了映衬和最后揭示出那种原谅与和解的态度? 如是，则可以有另一种解读。

但是，至少在《伊万·伊里奇之死》的绝大部分篇幅中所展示的主人公面对死亡时所采取的态度，是一种对周围大多数人相当敌视乃至憎恨的态度。的确，一个濒死的病人是会倾向于以自我为中心的，他也理应得到周围的人比平时对他更大得多的关心。他完全可以有所抱怨和不满，但问题在于，这里我们看到的却常常是对别人、对亲人的憎恨和敌视。

为什么会有这样不自然的、反常的憎恨和敌视呢? 这正是我们很难理解的。它至少看起来是来自一种极端自我中心的态度和取向。自我主义（egoism）有两种：一种是利益的自我主义，或者说"利己主义"，它主要是要求得自己在广义的物质利益（如金钱和权力等）方面的满足；另一种却是立意高尚的自我主义，即它主要是求得一种自我在广义的精神方面的实现和满足。主人公所表现的自我中心倾向显然不是一种物质的"利己主义"，但它还是自我中心的，我们也许可以称它为一种"立己主义"或"自我实现论"。它致力于自我在精神和道德上的完善，致力于自我的得救和永生，或者自我名声和功业的完成。在此，它也试图唤起别人的死亡意识，唤起别人对生命的警觉和反省。应当说这种立意高尚的自我主义态度并没有什么不好，它甚至是一个精神上不自甘堕落或平庸的社会所必须有的，构成一种人类中精华性的东西——虽然能如此承担的人很少。但这种"立己主义"要谨防矮化乃至仇视他人。在个人追求圣洁方面，他对自己做什么应当都是可以的。比如《谢尔盖神父》中的主人公，他突然放弃自己的世俗前程而做修士，他为了抵抗情欲而剁掉自己的手指头。如果说这些事也不合常情，但它们主要是涉及他自己。他没有强求别人这样做，他也没有因此去憎恨别人。但是，伊万·伊里奇无疑还是给别人，给自己的妻女带来了某种心理上的伤害或遗憾。

　　伊里奇因为死亡的临近而反省乃至否定自己过去的生活是富有意义的，但他没有理由因此而否定别人现在和未来的生活；或者说他只能通过自己的行为和认识起一种震动和感召的作用，但他无论如何不必去憎恨别人。至于他过去的生活是不是真的就必须全盘否定或必须从根本上否定则是另一个问题。事实上他过的生活也是大多数人所过的日常生活，他可能有点庸俗，但也没有表现卑鄙，他上班履行公务，公余以打牌为乐，也关注自己的职务升迁，但并没有去使用贿赂或其他不正当的手段来钻营；他也经营自己的家庭经济和装修房屋，但也并没有贪污和浪费。面对死亡对自己生活的严厉反省，的确使人可能获得对生活的一种重新认识和新的意义，但是，这种认识究竟是带来整个生活的改弦更张，还是外在行为上仍是像以前一样的打水劈柴，都将因人而异。只是即便仍旧是打水劈柴，也和以前可能有些不一样了，其意义有所不同——这就像谢尔盖神父又从修道院逃出回到世俗社会过日常生活一样。

　　伊里奇对死亡的基本态度是自我主义的，而非容易被人们混淆的个人主义（individualism）的。高傲的个人主义的态度其实是有一点像海明威《乞力马扎罗山上的雪》那样的独自死在山上的豹子的态度，也就像濒死的大象走入林子独自去死的态度。那是一种自然的态度，也是不无高贵的态度。许多比较温和的个人主义者可能有些不一样。大多数人可能都会希望临死前有亲人、朋友在身边真诚地关心我们。但他们多数可能也会这样对待别人的关照：得到了，感激；得不到，也不怨恨。我们没有必要希望世界上所有人都来注视我的死亡。我们自己以前又何曾像关注自己的死亡一样关注过世界上其他人的死亡？如果每一个人都像死者自身一样关注他自己的死亡，人类又何曾能够正常地生活和延续下去？的确，这里有一种肉身的分别性：你的痛苦就是你的痛苦，你的死亡就是你的死亡。即使是再爱你的人，也不能够完全体会到你的痛苦，更不可能代替你死亡。但是不是能够坦然一点对待这种肉身的分别性？

这并不是轻视和低估死亡对于我们理解和领悟生命的意义。但是，死亡是一个体性的事件。当死亡来临到我们某一个人面前，我们必须独自面对，也应当独自面对，这没有什么奇怪。我们应当自己去进入深渊，进入黑暗，去探知死亡的隐微，而不必把所有人都拉进深渊。就让这痛苦尽量由我们自己承担吧。这才是一种英雄气概。而托尔斯泰的态度则可能是有点怯懦和自私的，缺乏一种真正正视死亡的担当和勇气，它还带有一点轻视女性的男权主义的色彩、带有一点鄙视普通人的精英主义的色彩。

还有没有更深的缘由？布宁说的是不是有道理？这里的"错误依据""主要的是对死亡本身的恐惧，弃世和长逝的恐惧。"而这恐惧可能更多的是托尔斯泰自己的恐惧。托尔斯泰的确在主人公的心理中溶进了自己的许多思想感受，那里面有许多是托尔斯泰自己对过去生活的忏悔和对未来死亡的恐惧。高尔基在回忆1901年对托尔斯泰的数次探访时如此写到他对这位伟大作家的感受：

> 他的一生中既怕又恨的就是死亡，他的灵魂里终生都悸动着"阿扎马斯的恐惧"——他必定死去吗？整个世界和地球都在看着他；从中国、印度、美洲，从生活的各处，跳动着的思维都伸向他；他的灵魂无处不在直到永远。为什么大自然的规律不为他破例，让一个人生命永存呢？[1]

---

[1] 转引自哈罗姆·布鲁姆：《西方正典》，译林出版社2005年版，第259页。布鲁姆也认为高尔基的这一描述是十分中肯的，说他对托尔斯泰的介绍是最精当的。

《伊万·伊里奇之死》是托尔斯泰在 19 世纪 80 年代初思想激烈转变后的第一部小说。在《三死》中，托尔斯泰也描写了贵妇人对自己的病痛和死亡喋喋不休地抱怨别人和矫揉造作的态度。那时，他对这种态度看来是讽刺和挖苦的，他更欣赏另一个普通劳动者平静的死，而尤其是那棵树自然的死。但是，现在他的态度似乎有了某种变化。

对于一个真的是如托尔斯泰所描述的濒死病人的态度，我们并不会苛求和谴责。关键的是作者对这样一种"态度"的"态度"。作者通过大量的描写，似乎表明他是赞许这样一种态度，而这实际上是作者的态度。的确，主人公的"恨意"并没有多少行动来表现，而主要是通过作者的心理描写。这也说明这主要是居高临下作为叙述的主宰的作者的思想，作者的感觉。

但我们在这里还不是要责备作者，更不是要批评作品中的主人公。我们只是要指出这样一种对于死亡的态度是一种极其自我中心的态度，是一种不顾他人的"立己主义"态度，而面对死亡还有另外的普通人的自然和达观的态度；甚至在同样痛苦地面对死亡以激发出对死亡及生命的深刻认识和领悟方面，也还可以有另外的、独自面对和勇敢承当的真正英雄主义的态度。

谁之罪？
——读《复活》

谁之罪？19世纪俄罗斯作家曾以尖锐的形式提出过这一问题，而当时俄国的主要思想潮流是更倾向于将罪恶归咎于社会制度的。尤其是托尔斯泰，在他的《复活》等震撼人心的作品中，认为社会之罪远远大过个人之罪，故而社会对他们实行的惩罚制度也没有道理，甚至没有存在的必要。

从《复活》的故事情节和主要人物看，妓女玛丝洛娃被判刑自然是被诬陷，她的案子是一个冤案，她在那个杀人案件中是无罪的。但是，她为何成为一个妓女，在她滑向这条道路的第一步，聂赫留朵夫公爵等于是始乱即弃，完全没有考虑他的行为的后果，考虑他的行为对玛丝洛娃一生的影响，而不幸的是，就在这两人第一次也是唯一的一次性爱中，玛丝洛娃就怀孕了，后来被赶出贵族家庭，又几次所遇非人，她自己也不愿去做一个女工，最后就进了妓院。

聂赫留朵夫对此是有罪的，当然，这种罪是道德上的罪而非法律上的罪。聂赫留朵夫于是开始了他赎罪的过程，他脱离上流社会，把大部分财产分给农民，准备和玛丝洛娃结婚，被拒绝后又跟着她去西伯利亚。这也可以说是他的"罚"，是他自愿承担起来的"罚"。他在这一自愿受"罚"和赎罪的过程中，感觉精神上有了一种复活的新生。他最后反复读福音书里的"登山训众"，体会其中的含义，感觉前面有了一条新路。

这一切都很好，他的行为也影响了玛丝洛娃，使她的精神状态也发生了更新。问题在于，托尔斯泰还试图用这样一个故事和人物来否定整个法律制度，否认社会惩罚体系的必要，甚至财产权、国家等社会体制的必要。这和福音书还不一样，虽然福音书宣讲一种超越此世的精神，认为生命的真正意义或最高目的在彼岸，但还是不否认尘世的社会政治体制，而是基本上遵循"上帝的归上帝、凯撒的归凯撒"。而托尔斯泰似乎还期望一个尘世的天堂和地上的天国。

在回答"谁之罪"的问题上，托尔斯泰所直接反对的主要是19世纪意大利学者龙勃罗梭的犯罪学理论，龙勃罗梭认为犯罪的原因是多元的，其中有社会的因素，也有自然环境的因素，当然，他更看重的还是个人本身的生理和遗传的因素。他区分出几种犯罪人的类型：第一是"生来犯罪人"类型，这类犯罪者有先天的犯罪倾向，甚至在身体上都能发现他们的某些特征，当然，并不是说所有这类人都真的会犯罪，但他们要比其他人更趋于犯罪。龙勃罗梭认为，在所有犯罪人中，这类犯罪者要占到三分之一。第二类则是"激情犯罪人"类型，他们往往是在某种情势下控制不住自己而冲动犯罪，或者是因为激烈地信仰某种理念或执着于某种怪诞的想法而犯罪。龙勃罗梭将犯下刑事罪的政治犯和精神病犯罪人都归于这一类。第三类是"偶然犯罪人"，是指那些并不寻找犯罪机会，但总是遇到这样的机会，或者由于极其轻微的原因而犯罪的人。[1]

托尔斯泰对罪犯的划分与之不同。《复活》的主人公聂赫留朵夫大致表达了他的看法。[2] 在第二部第三十节中，聂把"罪犯"归纳为五种人（在

---

[1] 切萨雷·龙勃罗梭：《犯罪人论》，黄风译，中国法制出版社，2005年第二版。尤其第十四、十五、十七、十八章。

[2] 说聂赫留朵夫基本上是托尔斯泰的代言人是大致不差的，这甚至可能损害到了作品人物本身性格逻辑的生活真实性。罗曼·罗兰曾经谈道："缺乏某种客观真实性的唯一人物却是主人公聂赫留朵夫，这是因为托尔斯泰把自己的思想寄托在他身上。"英国作家威尔斯甚至说："必须承认，当审判刚一结束，我就对玛丝洛娃和聂赫留朵夫失去了任何兴趣。我不再相信这两个人（接下页）

此次序略有调整）：

第一种其实是无罪的人，是法庭错判的受害者，例如玛丝洛娃，这种人据书里的估计大约占百分之七。这个比例自然是非常高的。存在着这样一个比例的司法制度绝对不是好的制度。

第二种人成为所谓"罪犯"，"只因为他们的品德高于社会上的一般人。"例如某些教派的信徒，为争取独立而造反的少数民族，反抗政府的各种政治犯。据聂赫留朵夫估计，这种人所占的百分比很大，但他没有具体说占多少。

第三种人是在狂怒、嫉妒、酗酒等特殊情况下做了法律不容许的事而被判刑的。这种人据聂赫留朵夫估计，大概超过全体罪犯的半数。且认为"那些审判他们的人，要是处在同样情况下，多半也会做出这样的事来"。以上三种人估计就占了百分之七八十。

第四种人受惩罚是由于他们做了自认为极其平常甚至良好的事，但按照和他们持有不同观点的制定法律的人看来是属于犯罪。这类人如贩卖私酒的、走私的、在地主和公家大树林里割草打柴的。还有盗窃成性的山民、不信教的和打劫教堂的也属于这一种。

最后，第五种是这样一些人，他们被社会所抛弃，经常受到压迫和诱惑，以致头脑愚钝，不断受到生活的压力，从而做出那些所谓犯罪的行为来。据聂赫留朵夫观察，有好多盗贼和凶手就属于这一种。至于那些道德败坏、腐化堕落的也可归到这一种。但在聂赫留朵夫看来，"社会对这些人所犯的罪，其实超过他们对社会所犯的罪。不过，社会不是对他们本

（续上页）是真的，是现实的。小说中最惹人注目的人物倒是托尔斯泰本人。……我们的兴趣在于观察作者怎样陷入愈来愈深的矛盾之中。他违背了事实真相。对一个小说家来说，这比任何违反道德是更大的过错。"分别见《欧美作家论列夫·托尔斯泰》，中国社会科学出版社1983年版，第64、180页。

人犯了罪,而是以前对他们的父母和祖先犯了罪。"书中没有明言这种人所占的比重,据上文推测起来也许只占百分之十几。

托尔斯泰所述的第一种人完全是冤案的受害者。这种被冤枉和错判的人其实不能算作罪犯,即便对犯罪原因持不同观点的人们,也会在这一点上取得共识。良好的司法体系即便不能完全杜绝此类冤案,也应当努力把它们减少到最低限度。第二种人即所谓的"政治犯"甚至于"思想犯"、"良心犯"。在比较健全和完善的刑法体系中,这类所谓的"犯罪"事实上也是不应包括在其中的。第三种人即所谓的"激情犯罪者"。这意味着,如果时过境迁,他们很可能就不会犯罪。他们只是被激怒了,或者突然有一个机会或强大的诱惑,把持不住了而犯罪。但犯罪还是犯罪,罪行还是应当受到惩罚。第四种看来是指因犯罪者的无知或立法者的偏见而犯罪者。但托尔斯泰的例子可能举得并不十分恰当。像盗窃和打劫的行为,很难说在稍居文明程度的人群中会不知道是属于犯罪,至多在犯罪的轻重上理解可能有异。

最有争议的可能是最后一种:"先天犯罪人"一类,是不是真的有这样一类人?有没有犯罪的先天倾向或遗传?问题首先是:不管这种人的比例多么小,是不是的确有容易犯罪、也的确是犯了罪的这样一类人?托尔斯泰看来也是承认是有的,而如果是有,不管对犯罪的原因持何种看法,即便仅从后果上看,对他们给予至少监禁或隔离的惩罚看来也是必要的。否则,侵犯他人不受到惩罚,必然很快导致侵犯的蔓延。托尔斯泰也意识到这一点,知道犯罪学理论"认为社会上存在这种人是刑法和惩罚必不可少的主要证据",尽管他不同意这种理论。

所以,对"谁之罪"的问题,在托尔斯泰看来,几乎都是"社会"在犯罪,"社会"是真正的"罪人"。但"社会"也是由人构成的,具体落实到人,对于事实犯罪者来说,"社会"就是"他人",或者说,是除这些人之外的所有"他人",所有的"未犯罪者"。说他们对这些"犯罪者"也负有一定责任,这也许还是可以说得过去的。但是,如果说这些未犯罪者对犯罪者的犯罪负有主要的责任,却是很难说得过去的。

将罪恶全都归咎于社会制度或环境,说厉害一点,对同样处在这一环境中的大多数并没有犯罪的人们不啻是一种侮辱。但是,如果有"先天的犯罪人",他们在某种意义上是不由自主的,不是更不幸吗?这一种人最接近于是天生的罪犯,是遗传因素造成的罪犯。但并不是说有这种倾向一定会有这种犯罪,许多有这种倾向的人还是没有犯罪。我们可以承认遗传会起某种作用,但还是反对一种遗传决定论。那么,有这种倾向犯罪的人就还是应当承担某种责任。何况还有"立即的紧迫的危险"的理由。对这种罪犯当然要看到他们的不幸,但是,对他们的犯罪却还是应当惩罚,而且应当比其他罪犯更需要有某种隔离和防范。

说犯罪的根源是存在于社会制度和环境之中,还不如说它更深的根源是在人性之中。

当然,人性本身又可区分为两个方面:一个方面是共性的因素,即人都有身体、有自爱、有激情、有欲望,其理性也受到内外条件的制约。还一个方面则是个性的方面,即家族遗传、隔代或返祖现象。在某种意义上,人人都有潜在的恶端,但有些人在这方面从先天倾向来说可能更为强烈。

如果对犯罪的原因持这样一种看法,我们看来也就得接受这一事实:任何社会都还会存在刑事犯罪,都还会有盗窃、诈骗、谋杀和强暴他人的行为出现。但法律制度和道德风俗的改进虽然不能完全消除犯罪,还是可以大大减少犯罪的。在比较良善的法律制度和比较恶劣的法律制度之间也就有了明确的区分,而前一种制度就值得我们去努力争取,而并不是完全废除法律制度。这里有直接原因与间接原因之分:一个行为如果是有意或蓄谋,是行为主体的自觉选择,造成了后果,法律就可以以之作为责任人来进行惩罚了;甚至这个行为的主体不是有意,但这个行为是出自他的行为,并造成了后果,也同样需要惩罚,只是量刑的程度不一样。至于这直接原因后面还有什么更深的"原因的原因",比如说社会的或心理、生理的原因,甚至有无必然命定的因素,则主要是哲学或宗教而非司法直接考虑的问题。

说在某种程度上社会有罪、制度有罪,我们每一个成员都有某种人性上的原罪,也在分担其他犯罪者的责任方面有某种"罪",这都是可以的,甚至是有某种必须的。这样我们就不会简单地将人分成两类:好人和坏人,更不至于就简单地将被关押者等同于坏人,将未被关押者就等同于好人,在两者之间划上绝对的等号。我们还要看到犯罪者的生理和社会原因,知道违法者很可能并不是有过我们所拥有的幸运的,或者说,知道我们幸运地避免了某些也可能使我们也容易犯罪的内外因素,从而不把自己看得那么高尚,那么正直,那么义愤填膺,也对他们的命运产生一种精神上的悲悯和宽容。这些认识和态度对改善我们的惩罚制度是有好处的。

但是,虽然人们在心性上多还是同属一类,但在犯罪与未犯罪的行为之间,也还是要有一种明确的分野,有一种态度的鲜明区别。人们在心性上可能的确差别不大,区别主要就在于行为,就在一个人的行为是否对他人和社会造成了实际的损害。有犯行者被惩罚和关押,无犯行者不受逮捕和惩罚,这不是"不公平"或"不正义":如果后者日后犯下了同样的罪行,也应当照样受到惩罚。这是公平的,是原则一贯的。相反,对有犯行的人不予惩罚,倒是对无犯行的不公平了。

社会体制会不会有问题?自然会有问题,有时还会存在很大的问题。甚至再良善的司法制度也还可能出问题。体制中的人们可能会忘记体制的本意,而单纯为了体制的运行而运行,为了体制自身的缘故而维护体制，或因接触的悲惨和看到的犯人多了而变得麻木不仁，失去了怜悯心。体制还赋予监管者某种权力，使他们能够相当任意地支配人、使唤人、监督人乃至处理人，如果这种权力被视作绝对而失去约束的话，监管者就可能变得恣意妄为。监管者还可能因为体制赋予的某种"正当性"而以为自己多么正义乃至高尚，而完全不能体会到其实有些犯人本来是比自己正直、有才华，而只是一时的境遇而冲动犯罪的。而且，体制的异化自然会比单纯的刑事犯罪更可怕得多，因为它掌握着极大的而且是被赋予某种合法性的暴力和权力。甚至体制中的犯罪者可能还不知道自己在犯罪，乃至因为自己的犯罪而备受赞扬，得到嘉奖或提升。这样，托尔斯泰在这一方面的批判就是完全正确的。他在卷二第四十节中写道："他们一旦做了官，心里就渗不进爱人的感情，那些省长，典狱长，警察，也许都非有不可，但看到有人丧失了人的主要本性，也就是人与人之间的友爱和怜悯，那真是可怕！问题的症结在于，那些人把不成其为法律的东西当作法律，却不承认上帝亲自铭刻在人们心里的永恒不变的律法才是法律。这种上帝法或自然法才是根本的法，是法律的本意，而这也是一种道德法……怎样才能使我们这个时代的人，基督徒、讲人道的人、一般善良的人，干出罪孽深重的事而又不觉得自己在犯罪？那么，答案只有一个：就是必须维持现有秩序，必须让那些人当省长、典狱长、军官和警察。也就是说，第一，要让他们相信，世界上有一种工作，叫作国家公职，从事这种工作可以把人当作物品看待，不需要人与人之间的手足情谊；第二，要那些国家公职人员结成一帮，这样不论他们对待人的后果怎样，都无须由某一个人单独承担责任。"托尔斯泰这一作品的重要意义在于从日常的麻木中唤醒我们的道德意识，首先是一种怜悯心。《复活》在这方面有一种振聋发聩的巨大作用。

但托尔斯泰试图由此引出完全否定刑罚制度的结论显然是不切实际

的，引出这种结论说明他在对人性的了解上还存在问题，包括对底层"新人"有一种玫瑰色的幻想。他描写聂赫留朵夫在列车的下等车厢里，"固然人多太拥挤，可是相处挺和气。"大家都互相关照，互相体贴。这是一种非常理想化的描写，说明作者并没有在真正拥挤的车厢里持久地待过。聂赫留朵夫瞧着那些筋骨强壮而又干瘦如柴的四肢、粗糙的土布衣服，以及黧黑、疲劳而亲切的脸庞，心想这可是一个截然不同的世界，一个崭新的世界，觉得他周围这些人，过着真正的劳动生活，他们有严肃的兴趣、欢乐和痛苦，"他们才是彻头彻尾的新人，才是真正的上等人"，"他好像一个旅行家，发现了一个陌生而美丽的新世界，为此感到兴高采烈"。他的确像是一个旅行家，他并不真正是下层阶级的人，不仅出身不是，也没有像陀思妥耶夫斯基那样曾被命运无望地抛到最底层。他只是好奇地观察到一些表象。而真正的底层生活和人性，与他其实是隔膜的。恰恰在这些描写中，作者一下暴露出了他的身份。他就是一个贵族，始终是一个贵族，虽然是一个好心的、想忏悔的贵族。他赞美贫穷，但不知道老百姓多么想摆脱这贫穷；他赞美劳动，但不知道这些劳动常常是多么压榨性的；他以为他们有高尚的淳朴的思想，但不知道他们其实常常是根本没有工夫去思考，他们的单纯其实常常是一种麻木。

  在对犯罪问题的思考方面，我们还可以将托尔斯泰与陀思妥耶夫斯基做一点对比。陀思妥耶夫斯基就曾经在那"里边"待过，他就是"罪犯"，而且是"政治犯"。他差一点被处决，最后还在西伯利亚待了十年（四年囚徒苦役，后来又在西伯利亚服了六年兵役），却仍在这之后达到了其思想和艺术的最高峰。托尔斯泰则总是在"外边"，永远在外边，他只是观察，虽然是满怀同情心地、但常常还是居高临下地观察。而陀思妥耶夫斯基却是长期无望地忍受那漫长的监禁和劳役。陀思妥耶夫斯基说的是"里边的故事"，他不仅从上面，也从下面了解人性、从最底层了解人性。他对罪犯的人格、个性、期望有更深的理解，因为他本人就是被刑罚制度作为罪犯对待。下面我们不妨来看看他后来主要在《死屋手记》中记下的体会。

陀思妥耶夫斯基认为罪犯也是人，尽管需要惩罚，但应当在心里想着他们也是人，应当在人格上像人那样对待他们。他注意到人们犯罪不少是"冲动犯罪"，监狱中甚至有个别像天使一样的人，但也有十恶不赦的罪犯，"性格孤僻而又凶恶的人非常多"，比如罪犯 A："A 过去和现在都不过是一具有牙齿、有胃脏的行尸走肉而已，他对于极其粗野的禽兽般的肉欲真是贪得无厌，他为了满足最微不足道的、异想天开的一点点快乐，可以用最冷酷无情的手段干出凶杀、暗害等一切罪恶勾当，只要能把罪行掩盖过去就行。"对这种人，不能不将他们与社会隔离开来。人们为什么会犯罪？他认为有社会的原因，也有生理的、自身的原因，包括一些未知的原因，就像是"一种尚未被科学发现的体质上的缺陷，一种肉体和精神上的畸形发展"。"不正常的情况和罪恶来自人的自身，人的精神法则迄今模糊不清，神秘莫测，科学没有把它弄清，因此也就无法克服。"他反对将一切归罪于社会环境，说："那些混在羊群中的狼，不管他们如何替自己辩解，不管他们如何把一切都推诿于环境，说什么是环境把他们毁掉了，那都是不公正的。"他尽管对刑罚制度有许多严厉的批评，但从来没有说过要废除刑罚制度，而是认为有罪就必须惩罚："罪孽和魔鬼，不但在俗世里，即使在教堂里，也是无法回避的，所以完全不该对它们纵容姑息。"

陀思妥耶夫斯基考虑的是刑罚制度的改进而非废除。他认为惩罚不仅是惩罚，还应有理解和怜悯、灵活和宽容。如果只是一丝不苟地执行法律，而不善于加以灵活运用，不理解其精神实质，那就只会引起骚乱。他甚至说"让宽容主宰法庭。"他还注意到当时的"监狱和强制性劳动制度是感化不了犯人的，这一切只能惩罚他，只能保障社会的安宁，使社会不再遭受这些凶犯的进一步破坏"。他对惩罚制度的许多措施提出了不少严厉的批评。他甚至还注意到很少有人注意到的一种同罪同罚的形式平等与实质不平等。这不仅从行为动机上说是这样:比如一个人为了保护亲人而杀人和一个人为了满足个人私欲甚或取乐而杀人是很不一样的,但作为杀人的行为在刑期上往往没有多少差异。更重要的是,他还注意到,从刑罚的后果来说,这种形式平等的惩罚也是不一样的,那些道德或教养水准较高的人实质上受到了更严厉的惩罚。一个心地善良、敏感多情、受过教育的犯罪人,有时还不等对他施加任何刑罚,他就在自身的痛楚中死去了。而一个麻木不仁者则可能要好受得多,更不必说那种厚颜无耻者。一个受过教育的人和一个普通老百姓依法接受同样的刑罚,前者失去的东西也往往要比后者多得无可比拟。"所有的人都依法接受同样的刑罚,但对某些人来说却往往痛苦十倍。这是一条真理。"这对政治犯、知识分子犯人可能尤其是如此。陀思妥耶夫斯基写道:"在苦役生活中,除了失掉自由和强迫劳动之外,还有一种痛苦要比其他一切痛苦都更加强烈,这就是:被迫过集体生活。"在监狱里,所有人被迫过公开生活,一切行为都在别人的眼皮底下,一切事情都可能受到干预。这种不同类型的人被迫在狱中生活在一起,会比狱外的人更容易发生争吵,甚至相互憎恨。《死屋手记》的作者沉痛地写道:"在整整十年服苦役期间,我从来没有单独一个人在一起过;一次也没有,就连一分钟也没有过。还有什么比这更可怕,更令人痛苦的呢。"

 但尽管如此,陀思妥耶夫斯基并无一个字写到要废除法律制度。虽然他可能是最有权利这样要求的。我们在前面已经读到过陀思妥耶夫斯基有关罪恶的解救之道的思想。他反对那种忘记法之本意的法律实证主义,也反对那种一切归咎于环境、否定法律制度的主张,而是主张制度和心灵两者都不可偏废。托尔斯泰和陀思妥耶夫斯基两人相同的是,他们都试图直指根本,不主张以暴力手段来改造社会制度,而是寄望于人的心灵向道德和上帝的趋近。但同样是趋近上帝的精神，陀思妥耶夫斯基只是从正面论述，并不否定法律制度，也不认为改造社会制度就能够消除罪恶。

而托尔斯泰从所有人在某种意义上站在上帝面前都是有罪的观点，马上就得出了"世界上没有一个无罪的人，因而没有一个人可以惩罚或者纠正别人"的结论。他没有陀思妥耶夫斯基在《罪与罚》中表达的即属常识而又深刻的观点：不管出自什么动机或结果可能如何好，杀人就是杀人，犯罪就是犯罪。托尔斯泰的意思看来是，每个人都是有罪的，所以谁也不能惩罚别人。但罪与罪是不一样的，或者说"原罪"与"现行罪"是不一样的，欲念的罪与行为的罪也是不一样的。如果全然不惩罚那些现行犯罪，这种罪恶就会很快蔓延开去，社会就无法存在。诚然，有些犯现行罪者并不是有未犯罪者那样好的个人运气和社会条件，但这并不构成不予惩罚的理由。甚至只凭必须防止罪行蔓延，否则社会不保这一点，就有惩罚和监禁的足够理由了。有些涉及心灵的根本的解救罪恶之道可以慢慢来，也可能只能慢慢来，而立刻制止罪行的蔓延却不能慢慢来。拯救灵魂急不得，拯救身体，不使其受戕害和杀戮却慢不得。并且，如果不惩罚现行犯罪，对受害者是否公平呢？对那些生活在类似的环境或运气中却还是没有犯罪的人又是否公平呢？

所以说，惩罚犯罪首先是为受害者伸张正义，首先对受害者是公平的，而这样做对那些未犯罪者也是公平的。惩罚肯定还是能减少罪行的蔓延，能在社会上起到一定的威慑效果。而至于能否改造罪犯，使之成为新人，这的确不是一定的。但即便不一定，需要的不是否定整个惩罚制度，而是探讨改进惩罚的方法。在整个放弃惩罚制度和坚持并改善惩罚制度之间，哪种情况下会产生更多的犯罪，应当说是一目了然的。选择前一种就等于是要回到一种自然状态。但是，托尔斯泰可能会反驳说，放弃惩罚制度的人将不是过去的旧人，而将是一种新人，是一种具有《福音书》精神的人。那么我们怎么办呢？是就在现在的这种状况下培养新人，还是先放弃惩罚制度？人类的历史经验告诉我们，如果对恶不予回击和惩罚，如果先放弃惩罚制度，等不到善的幼苗生长，恶的洪水就会淹没一切了。

有了惩罚制度，还是会有犯罪，罪行还是无法根除，这不是由于惩罚制度的存在，而是由于人性。惩罚制度是果而不是因。是因为有了罪行才有惩罚制度，而不是因为有了惩罚制度才有了罪行。的确，会有"因审判和惩罚别人而自己堕落的人"，如果这种惩罚的权力不受约束的话。但这里还是一个改进惩罚制度而非取消它的问题。托尔斯泰也指出，人们的一种怜悯的爱在防止犯罪上起了作用。这的确如此。这种爱是始终在几乎所有人那里都存在的。但是，我们也要看到，它本身还是很软弱，若无惩罚制度硬的一手，它很容易被打破，被忘记。

托尔斯泰把罪恶的解决之道可能想得过于简单了。他在《复活》中写道："聂赫留朵夫读着一向使他感动的"登山训众"，今天才第一次看出这段训诫并非抽象的美好思想，提出的大部分要求也并不过分而难以实现，而是简单明了切实可行的戒律。[1] 一旦实行这些戒律（而这是完全办得到的），人类社会就能确立崭新的秩序，到那时不仅使聂赫留朵夫极其愤慨的种种暴行都会自然消灭，而且人类至高无上的幸福——在地上建立天国——也能实现。""只要人们执行那些戒律，人间就会建立起天堂，人

---

[1] 载于《新约全书·马太福音》第五章的"登山训众"的戒律共有五条。第一条戒律是人不仅不可杀人，而且不可对弟兄动怒，不可轻视别人。第二条戒律是人不仅不可奸淫，而且不可贪恋女色。第三条戒律是人在允诺什么的时候不可起誓。第四条戒律是人不仅不可以眼还眼，而且当有人打你的右脸时，连左脸也转过来由他打。要宽恕别人对你的欺侮，温顺地加以忍受。不论人家求你什么，都不可拒绝。第五条戒律就是人不仅不可恨仇敌，打仇敌，而且要爱仇敌，帮助仇敌，为仇敌效劳。其主要精神是不仅不可有恶行，还不可有恶念，甚至要无限忍耐，无限挚爱。前面的"不仅不"多是一般的、各文明共有的法律和道德戒律，而后面的"还要"则是一种特属于基督教的或基督教首创的精神信念。

们就能获得至高无上的幸福。"

托尔斯泰通过他的主人公认为这种办法是简单易行的，但这里有一个关键的条件，就是一定要所有人都同时开始，甚至要永远不变地实行这些戒律。如果能够做到这一点，它就的确是简单易行的。如果不是所有人同时实行，那么，且不说少数人这样实行会怎样，即便绝大多数人这样实行，也可能适足以造成"独夫"以致"暴君"，甚至是为"暴君"准备了最好的"臣民"。另外，实行这些要求对托尔斯泰也许是不难做到的。因为对少数圣徒或追求圣洁的人们来说，别人是不是这样做，他们也都是要执意这样做的。甚至我们退一步说，如果社会所有其他人都能这样做，大多数人也是不难做到的；但我们也有把握说，如果不是这种情况，多数人可能就做不到这样。大多数人还是在意别人是怎样做的，他们会支持的正义是一种"等报"的正义：同等报恩，也同等报复；同等报酬，也同等报仇，大多数人所支持的正义还是一种"以直抱怨"而非"以德抱怨"的正义。

托尔斯泰曾经在自己的日记中写道："独自一人或者一些人是无法达到洁净的。要洁净就得大家一起洁净。"[1] 但这就是问题：需要所有人同时行动，需要大家都捆在一起。但如果别人不愿这样做呢？或者意志薄弱就做不到这样呢？是否就强制他们这样做？就动手把他们和你捆在一起？这就需要强制和折腾社会了。最张扬的罪恶，最貌似无私的罪恶泰半来自于此。这也点出了托尔斯泰主义容易是乌托邦的命穴：必须大家同时一起，必须所有人一起这样做，必须所有的人都和我一样，无法分开做，无法渐进，否则就根本无法达到目标。

在托尔斯泰《复活》中最有意义的还是他强调的同情和怜悯的意义。正如俄国作家奥夫夏尼科·库立柯夫斯基所言："聂赫留朵夫正是在自己

---

[1] 《托尔斯泰文集》第十七卷，第144页。

心中唤起怜悯的感情的这一过程中得到'锻炼'。……这种'锻炼'比起娓娓动听的道德说教和最严厉的揭露具有更大的道德意义。""以怜悯为基础的道德比起以'节制淫欲',禁欲主义的严酷的道德原则为基础的道德远为优越(或不如说"远为可行")。""这种道德还有这样的优点:它……不给人以一劳永逸的解释:什么是幸福,什么是'人类可能有的共同幸福'和怎样才能建立人间的天堂。"[1] 而我也完全赞同罗曼·罗兰的这一看法:"纵然我更偏爱《战争与和平》,《复活》仍不失为歌颂人类同情心的最华美的诗篇之一。"[2]

---

[1] 《俄国作家批评家论列夫·托尔斯泰》,中国社会科学出版社 1982 年版,第 192 页。
[2] 《欧美作家论列夫·托尔斯泰》,中国社会科学出版社 1983 年版,第 65 页。

结语　人：道德与上帝

我虽然不同意托尔斯泰的思想教义的某些观点，在精神和思想上更倾向于陀思妥耶夫斯基，但我还是像爱陀思妥耶夫斯基一样无比地爱托尔斯泰。我不仅无比地爱托尔斯泰的艺术，惊叹他的天才；我甚至也还是爱他的思想，尤其爱他的思想和艺术中所表现出来的一种追求彻底的精神。那也许是一种极端的精神，但是是一种向善的精神，是一种在目标和手段上都极端向善的精神。我在有些地方不同意他的观点，不是反对他的希望人无限向善的精神，而只是考虑在社会的层次上，在大多数人的层次上，人还达不到它。如果看不到这一点而硬要主张或强迫实行这一点，反而会造成灾难。这样，不仅托尔斯泰的理想不能实现，反而会为一种比现实更糟糕的社会状况开辟道路。

或者具体地说，在思想观点方面，我不同意托尔斯泰的社会政治思想，主要是他完全否定财产、国家、教会、法律、还有一些在家庭和两性关系方面的思想；尽管托尔斯泰主张非暴力，但完全否定政府、法律、财产制度，客观上只会为肆无忌惮的血腥暴力开辟道路。而他否定或贬低艺术、科学、脑力劳动等，客观上也无异于为愚昧和野蛮张目。

但我感动于他的精神追求，正面的精神追求。我不赞成他许多否定性的方面，而赞成他更具建设性的一面，我以为他在思想方面的主要意义并不在于他揭露和否定了什么，而在于他支持和追求什么。所以，我不同意托尔斯泰并不是在于人的优点而是在于人的弱点。这样，在我的这种反对中就永远有一种悲哀而绝非骄傲。

人始终是我们关注的中心。人的问题又可以区分为三个问题：人是什么？人可以做什么？人能够希望什么？

"人是什么"的问题涉及人性，涉及人的共同性和差别性。人的共性是他既有理性的一面，又有非理性的一面；既有灵性的一面，又有肉体的一面。人是脆弱的，既有能够高扬的精神，也有卑下的、会疼痛、最后会死亡、会腐朽的身体。对待自己的身体是容有较大自由的，对待他人的身体却不能不采取谨慎小心和尊重关怀的态度。陀思妥耶夫斯基以一种异常尖锐的形式，在《地下室手记》中表明了人的内在限制；在《死屋手记》中表明了人的外在限制。这是所有人的共性。而在人的内部，在人与人之间又还存在着差别性。而人内部存在的这种差别性也可以说是一种共性，也就是说，无论在什么时代和社会，人与人之间是命定地不会完全一样的，是始终存在着差别性或多样性的。至于说到这种差别的具体内容，除了像两性之间的差别（性别），年龄之间的差别（代沟）等等，陀思妥耶夫斯基还指出了一个非常重要却几乎一直无人从哲学上加以思考的差别，这就是一种数量上的差别，一种少数人和多数人之间的差别，一个由性质观察发现的数量上的差别。自由和人性的冲突还是没有解决的难题，它并不是简单地谴责宗教大法官就可解决的问题。我们在人性的问题上也许还是要回到帕斯卡尔对人的描绘：人既伟大，又悲惨。这一人性构成了人类能够有何作为的限制和可能性。

人可以做什么？可以做很多事情。但如果从道德上考虑，我们宁可问：人不可以做什么？人的确不可以为所欲为，人应当遵守使人类社会延续数千年的基本戒律，其中最重要的就是"不可杀人"。陀思妥耶夫斯基最重要的几部长篇小说其实都在讲"不可杀人"——哪怕是杀死一个"废物"且能带来"好的结果"，哪怕是为了一个"崇高的社会理想"且自己也愿意牺牲，也仍然不可以杀人，不可以随便流他人的血。"不可杀人"看来是一个老掉牙的常识，却具有一种世纪的前瞻性。19世纪预感的恐怖到了20世纪就变成了真实的恐怖。随后的20世纪人为地杀死了千千万万的人，似乎发展到相当成熟和有礼的文明社会变成了血海，以致许多像加缪这样亲历了世界大战的深刻思想者又一次发出了这一沉痛的常识性呼吁："不可杀人。"而我们有把握说这样的灾难未来绝对不会再发生吗？

人能够希望什么？人能够希望一切。人是有理性和欲求的存在，也是有渴望和激情的存在。人可以希望和追求自己的朴实的幸福或好的生活，也可以希望和追求永恒和无限。人能够追求永恒与无限，人们常常用"上帝"称谓这一永恒与无限。甚至可以说，如果人类中竟然没有人追求和渴望无限，人就使自己完全等同于其他动物了。人为什么会如此追求和希望也许还是一个谜，而人千百年来确已在这样追求和希望却是一个事实。像陀思妥耶夫斯基和托尔斯泰，就都是在这条希望和追求之路上走在我们前面的先行者。

人必须从最低的做起，但要希望着最高的东西；或者说，人可以希望最高的东西，但还是要从最低的行为做起，甚至是从最低的有所不为做起。由于现代是一个上帝隐退的时代，在陀思妥耶夫斯基那里，首先将行动和希望这两个问题联系起来的依然是一个问题："如果上帝死了，人是否什么都可以做，还是有些事仍然不能做？"人可能还是有些事仍然不能做，至少自我毁灭的事不能做，而哪怕是活在静谧中等待着"上帝"。人们必须划定一些基本的界限以确定一个范围或提供一个平台，以便使希望和欲求不同的行动者不致太厉害地互相冲突，更不致互相伤害和互相杀戮。人可以希望上帝。希望可以是无限的，至高的。人对最高价值的追求如果说不能有力地支持人对最低伦理界限的坚守的话，至少也不应妨碍它。

在对以上这些问题的回答上，陀思妥耶夫斯基和托尔斯泰既有共同之处，也有冲突的地方。甚至可以说也存在着一种"陀思妥耶夫斯基与托尔斯泰之间的矛盾"。他们两人都有至高和感人的精神追求，但在精神形态和思想风格上是有差别的：即一个在苦难中向上呼告，一个在居高临下地教诲；一种思想是"作为问题的思想"，而另一种思想则是"作为教义的思想"。在实质性的思想内容方面，在道德的问题上他们都反对暴力，反对杀人。"非暴力"甚至成为托尔斯泰的一个中心原则。但是，托尔斯泰对政治秩序和法律制度，以及科学、艺术等文明成果的虚无主义态度，很容易为使用暴力提供方便的"理由"。在上帝的问题上，托尔斯泰试图否定教会体制，撇开许多其他的对《圣经》千百年来的解释，独出己心，过于自信，也是没有为社会或大多数人着想，甚至或多或少地表露出一种精神上干预和管制他人的倾向。而上述两方面的特点都可以说和他对人性的认识相关，虽然他羡慕农民，但本质上还是一个贵族，最熟悉的也还是贵族。他不了解新兴的市民阶级。他也不了解"地下室人"和死屋中的"囚徒"，他没有充分和深入地了解人的两面性、人的差别性，尤其是多数和少数的差别。[1]

托尔斯泰的确很重视道德，他甚至在《那么我们应该怎么办？》一文中写道："人类也仅仅表面上像是忙于经商、缔约、打仗，忙于科学和艺术。对人类来说也只有一件事是重要的，人类也只在做一件事，即为自己阐明自己赖以生存的道德规律。……阐明道德规律不但是全人类的主要的事，而且还是唯一的事。"而他也对道德领域的知识和其他领域的知识不

---

[1] 鲁迅在1908年发表的《破恶声论》一文中，一方面认为托尔斯泰"伟哉其自忏之书，心声之洋溢者也"；另一方面也认为托尔斯泰的否定政治秩序的"不听命""平议以为非是"，如果实行，民众将"流离散亡，烈于前此"。"故其所言，为理想诚善，而见诸事实，乃佛戾初志远矣。"他并且指出托尔斯泰的问题关键在于没有认识到人性中的差别性："第此犹曰仅揆之利害之言也，察人类之不齐，亦当悟斯言之非也。"

同的一个特点深有所悟,他说:"假如我对一个不懂的人叙述我从地质学、天文学、历史学、哲学、数学里了解到的东西,这个人就会获得许多全新的知识,他绝不会对我说:'这有什么新鲜?谁都知道这个,我也早就知道。'但你若是告诉人一条最高的、用前所未有的表达方式最鲜明扼要地表达出来的道德真理,每一个普通人,特别是那种对道德问题不感兴趣的人,或者尤其是那种听到你说这条道德真理就不顺耳的人,却一定会说:'谁不知道这个?这是早就明白的,早就有人说的。'他当真觉得这是早就有人说过并且恰恰也是这样说的。只有那些看中并珍视道德真理的人才知道,阐明和简化道德真理——把它从模糊不定的意图和愿望,从模糊不定、不相关联的表达方式变成必然要求有相应行为的坚定而确切的表达方式——是多么重要,多么宝贵,需要付出多么长久的劳动才能做到。"[1]这一观察是很有道理的。当然,我认为这里的"道德"应该严格或至少优先地理解为原则规范的道德,理解为最低要求而非最高期望的"道德",因为这样的"道德"才是任何人类的社会都要赖以生存的,都须臾不可离的;同时它们也是最不神秘,似乎最明白的道理,虽然这些道理还是常常被人们忽略或忘记。

  人们需要共同地且也在对话中坚守基本的道德准则;同时也个别地且也在交流中追求至高的精神信仰。我们个人可以在精神的旷野上流浪、漂泊,但我们的社会需要一个坚固的遮风避雨的巨厦。精神信仰对社会伦理的关系是一种统摄的关系、根基的关系还是一种支持的关系、相容的关系,以及它们到底呈现为何种样式,可能还需要各民族乃至各个人自己去探讨。但在激烈动荡的年代之后,为社会计,为大多数人计,我们有必要优先考虑回归理性常识、社会常态和人之常情,而与之最接近、最有可

---

[1] 《列夫·托尔斯泰文集》第十五卷,人民文学出版社2000年版,第124—125页。

能与之呼应的社会体制形式，在今天看来就是宪政和法治了。在可知的将来，我们的确还没有看到比这更稳妥的道路。但我们的确也不否认未来有这样一种可能，就像韦伯所言，那本来在很少数人心底微弱跳动的精神之火，突然间燃遍了巨大的共同体，将人们更加紧密地凝集和团结在一起。这种凝集不再只是对行为规则的重叠共识，也含有对终极价值的共同渴望。这一席卷整个共同体的精神新生在人类历史上的确非常罕见，但也不是完全没有先例。

参考书目

一、陀思妥耶夫斯基与托尔斯泰本人作品[1]

1. 中、短篇小说[2]

《穷人》,周朴之译,《陀思妥耶夫斯基作品集·中短篇小说》一,上海译文出版社1983年版。

《孪生兄弟》,种觉译,《陀思妥耶夫斯基作品集·中短篇小说》一,上海译文出版社1983年版。[3]

《九封信的小说》,叶灵春译,《陀思妥耶夫斯基作品集·中短篇小说》一,上海译文出版社1983年版。

"普罗哈尔钦先生",章云义译,《陀思妥耶夫斯基作品集·中短篇小说》一,上海译文出版社1983年版。

"女房东",章云义译,《陀思妥耶夫斯基作品集·中短篇小说》一,上海译文出版社1983年版。

---

[1] 本书引用的陀思妥耶夫斯基和托尔斯泰作品的引文及人物译名一般都主要是根据本书目中所列译本。

[2] 以下短篇小说用引号,篇幅较长的中篇小说用书名号标出。

[3] 另一译名叫《双重人格》。

"波尔宗柯夫",周敏显译,《陀思妥耶夫斯基作品集·中短篇小说》一,上海译文出版社1983年版。

"脆弱的心",周敏显译,《陀思妥耶夫斯基作品集·中短篇小说》一,上海译文出版社1983年版。

"诚实的贼",倪亮译,《陀思妥耶夫斯基作品集·中短篇小说》一,上海译文出版社1983年版。

"新年晚会和婚礼",严梅珍译,《陀思妥耶夫斯基作品集·中短篇小说》一,上海译文出版社1983年版。

"别人的妻子和床底下的丈夫",顾柏林译,《陀思妥耶夫斯基作品集·中短篇小说》一,上海译文出版社1983年版。

《白夜》,荣如德译,《陀思妥耶夫斯基作品集·中短篇小说》二,上海译文出版社1983年版。

《涅朵奇卡》,荣如德译,《陀思妥耶夫斯基作品集·中短篇小说》二,上海译文出版社1983年版。

"小英雄",荣如德译,《陀思妥耶夫斯基作品集·中短篇小说》二,上海译文出版社1983年版。

《庄院风波》,荣如德译,《陀思妥耶夫斯基作品集·中短篇小说》二,上海译文出版社1983年版。

《舅舅的梦》,储仲君译,山西人民出版社1980年版。

"一件糟心的事",倪亮译,《陀思妥耶夫斯基作品集·赌徒》,上海译文出版社1988年版。

"鳄鱼",严梅珍译,《陀思妥耶夫斯基作品集·赌徒》,上海译文出版社1988年版。

《赌徒》周朴之,翁文达译,《陀思妥耶夫斯基作品集·赌徒》,上海译文出版社1988年版。

《永久的丈夫》,芮鹤九译,《陀思妥耶夫斯基作品集·赌徒》,上海译文出版社 1988 年版。

"农民马列伊",《陀思妥耶夫斯基选集·中短篇小说选》下,人民文学出版社 1982 年版。

"温顺的女性",《陀思妥耶夫斯基选集·中短篇小说选》下,人民文学出版社 1982 年版。

"荒唐人的梦"王汶译,《陀思妥耶夫斯基选集·中短篇小说选》下,人民文学出版社 1982 年版。

"袭击",潘安荣译,《列夫·托尔斯泰文集》第二卷,人民文学出版社 2000 年版。

"台球房记分员笔记",潘安荣译,《列夫·托尔斯泰文集》第二卷,人民文学出版社 2000 年版。

"十二月的塞瓦斯托波尔","五月的塞瓦斯托波尔","一八五五年八月的塞瓦斯托波尔",芳信译,《列夫·托尔斯泰文集》第二卷,人民文学出版社 2000 年版。

"一个地主的早晨",陈馥译,《列夫·托尔斯泰文集》第二卷,人民文学出版社 2000 年版。

"伊万·伊利奇之死",臧仲伦译,《列夫·托尔斯泰文集》第四卷,人民文学出版社 2000 年版。

2. 长篇小说

《死屋手记》,侯华甫译,上海译文出版社 1986 年版。

《被欺凌与被侮辱的》,南江译,人民文学出版社 1980 年版。

《地下室手记》,伊信译,载《世界文学》1982 年第 4 期。

《罪与罚》,韦丛芜译,浙江人民出版社 1980 年版。

《白痴》,荣如德译,上海译文出版社 1991 年版。

《群魔》,南江译,人民文学出版社1983年版。

《少年》,岳麟译,上海译文出版社1985年版。

《卡拉马佐夫兄弟》,耿济之译,人民文学出版社1981年版。

《家庭幸福》,芳信译,收在《列夫·托尔斯泰文集》第三卷,人民文学出版社2000年版。

《战争与和平》,刘辽逸译,收在《列夫·托尔斯泰文集》第五至八卷,人民文学出版社2000年版。

《安娜·卡列宁娜》,周扬、谢素台译,人民文学出版社2003年版。

《复活》,汝龙译,人民文学出版社1987年版。

3. 其他作品

The diary of a writer, London: Cassell, 194, Vol. 2.

J. Frank ed., *Selected Letters of Fyodor Dostoyevsky*, Rutyers University Press, 1987.

《冬天记的夏天印象》,满涛译,收在《陀思妥耶夫斯基作品集·赌徒》,上海译文出版社1988年版。

《陀思妥耶夫斯基论艺术》,冯增义、徐振亚译,漓江出版社1988年版。

《陀思妥耶夫斯基选集·书信选》,冯增义、徐振亚译,人民文学出版社1993年版。

《陀思妥耶夫斯基集》上下册,徐振亚主编,花城出版社

《列夫·托尔斯泰文集》(第十二卷故事、第十三卷戏剧、第十四卷文论、第十五卷政论与宗教论著、第十六卷书信、第十七卷日记),人民文学出版社2000年版。

二、参考著作（中文）

安德森：
《陀思妥耶夫斯基》，马寅卯译，中华书局 2004 年版。

奥特：
《上帝》，朱雁冰、冯亚琳译，辽宁教育出版社 1997 年版。

巴赫金：
《陀思妥耶夫斯基诗学问题》，白春仁、顾亚铃译，北京：三联书店 1988 年版。

别尔嘉耶夫（贝德叶夫）：
《杜斯妥也夫斯基》，孟祥森译，台北：时报出版公司 1986 年版。
《人的奴役与自由》，徐黎明译，贵州人民出版社 1994 年版。
《俄罗斯思想——十九世纪到二十世纪初俄罗斯思想的主要问题》，雷永生、邱守娟译，三联书店 1995 年版。
《自我认识：思想自传》，雷永生译，上海三联书店，1997 年版。
《俄罗斯思想的宗教阐释》，邱运华、吴学金译，东方出版社 1998 年版。
《陀思妥耶夫斯基的世界观》，耿海英译，广西师范大学出版社 2008 年版。

别林斯基：
《别林斯基选集》，上海译文出版社 1982 年版。

别洛夫与图尼马诺夫编：
《陀思妥耶夫斯基——陀氏夫人的日记和回忆录》，吕千飞译，浙江文艺出版社1983年版。

《回忆陀思妥耶夫斯基》，多人译，人民文学出版社1987年版。

《陀思妥耶夫斯基夫人回忆录》，马占芳等译，北京出版社1988年版。

茨威格：

《三大师，巴尔扎克、狄更斯、陀思妥耶夫斯基》，姜丽、史行果译，西苑出版社1998年版。

陈建华编：

《文学的影响力——托尔斯泰在中国》，江西高校出版社2009年版。

陈燊编选：

《欧美作家论列夫·托尔斯泰》，中国社会科学出版社1983年版。

杜勃罗留波夫：

《文学论文选》，上海译文出版社1984年版。

冯川：

《忧郁的先知：陀思妥耶夫斯基》，四川人民出版社1997年版。

弗兰克：

《俄国知识人与精神偶像》，徐凤林译，学林出版社1999年版。

弗里德连杰尔：

《陀思妥耶夫斯基的现实主义》，陆人豪译，安徽人民出版社1994年版。

《陀思妥耶夫斯基与世界文学》，施元译，上海译文出版社1997年版。

弗洛伊德：

《陀思妥耶夫斯基与弑父者》，收在《弗洛伊德论美文选》，知识出版社 1987 年版。

高尔基：

《回忆托尔斯泰》，巴金译，平明出版社 1954 年版。

《论"卡拉马佐夫气质"》，收在《论文学》续集，人民文学出版社 1979 年版。

《再论"卡拉马佐夫气质"》，收在《论文学》续集，人民文学出版社 1979 年版。

《俄国文学史》，缪灵珠译，上海译文出版社 1979 年版。

格罗斯曼：

《陀思妥耶夫斯基传》，王健夫译，外国文学出版社 1987 年版。

赫尔岑：

《往事与随想》，项星耀译，人民文学出版社 1993 年版。

《赫尔岑文学书简》，辛未艾译，安徽文艺出版社 1993 年版。

赫克：

《俄罗斯的宗教》，高骅译，杨德友校，香港道风山基督教丛林 1994 年版。

纪德：

《杜斯妥也夫斯基》，彭镜禧译，台北：志文出版社 1977 年版。

《关于陀思妥耶夫斯基的六次讲座》，余中先译 广西师范大学出版社 2006 年版。

参考书目　503

加缪：

《正义者》，李玉民译，桂林：漓江出版社1986年版。

考夫曼：

《存在主义：从陀思妥耶夫斯基到萨特》，陈鼓应等译，商务印书馆1987年版。

克纳普：

《根除惯性——陀思妥耶夫斯基与形而上学》，季广茂译，吉林人民出版社2003年版。

赖因哈德·劳特：

《陀思妥耶夫斯基哲学》，沈真等译，北京：东方出版社1996年版。

李震：

《杜斯妥也夫斯基的精神世界》，台北：先知出版社1975年版。

刘小枫：

《走向十字架上的真》，上海三联书店1994年版。

刘小枫主编：

《20世纪西方宗教哲学文选》，上海三联书店1991年版。

卢那察尔斯基：

《思想家和艺术家陀思妥耶夫斯基》，收在《论文学》，人民文学出版社1979年版。

龙勃罗梭：

《犯罪人论》，黄风译，中国法制出版社，2005年第二版。

罗曼·罗兰：

《名人传》，张冠尧、艾珉译，人民文学出版社2003年版。

洛扎诺夫：

《隐居及其他》，郑体武译，上海远东出版社1997年版。

《陀思妥耶夫斯基的"大法官"》，张百春译，华夏出版社2002年版

梅列日科夫斯基：

《托尔斯泰与陀思妥耶夫斯基》，杨德友译，辽宁教育出版社2000年版。

蒙田：

《蒙田随笔》，梁宗岱、黄建华译，湖南人民出版社1987年版。

莫德：

《托尔斯泰传》，宋蜀碧、徐迟译，北京十月文艺出版社1984年版。

尼娜·斯特劳斯：

《陀思妥耶夫斯基与女性问题》，宋庆文、温哲仙译，吉林人民出版社2003年版。

倪蕊琴编选：

《俄国作家批评家论列夫·托尔斯泰》，中国社会科学出版社1982年版。

帕佩尔诺：

《陀思妥耶夫斯基论作为文化机制的俄国自杀问题》，吉林人民出版社 2003 年版。

朋霍费尔：

《狱中书简》，高师宁译，四川人民出版社 1992 年版。

契诃夫：

《契诃夫小说集》，汝龙译，安徽文艺出版社 1996 年版。

萨特：

《萨特戏剧集》，人民文学出版社 1985 年版，

《英国作家论文学》，北京：三联书店 1985 年版。

《世界文论》编辑委员会编：

《陀思妥耶夫斯基的上帝》，社会科学文献出版社 1994 年版。

舍勒：

《爱的秩序》，林克等译，三联书店 1995 年版。

《价值的颠覆》，北京：三联书店 1997 年版。

舍斯托夫：

《悲剧哲学：陀思妥耶夫斯基与尼采》，1903 年版。

《战胜自明》，载《在约伯的天平上》，董友等译，三联书店 1989 年版。

《克尔凯戈尔与陀思妥耶夫斯基》，载《旷野呼告》，方珊、李勤译，华夏出版社 1991 年版。

什克洛夫斯基：

《列夫·托尔斯泰传》上下册，安国梁等译，海燕出版社 2005 年版。

索洛维约夫等著：

《精神领袖——俄罗斯思想家论陀思妥耶夫斯基》，徐振亚、娄自良等译，上海译文出版社 2009 年版。

屠格涅夫：

《罗亭》，黄伟经译，江西人民出版社 1984 年版。

《贵族之家》，磊然译，人民文学出版社 1993 年版。

《前夜》，丽尼译，《父与子》，巴金译，人民文学出版社 1979 年版。

《烟》，王金陵译，人民文学出版社 1983 年版。

《处女地》，巴金译，人民文学出版社 1978 年版。

《文论·回忆录》，张捷译，河北教育出版社 1994 年版。

涂光群主编：

《心灵的隐秘——外国名作家生活的另一面》，上海：汉语大词典出版社，2000 年 12 月第 1 版。

托尔斯泰娅：

《托尔斯泰夫人日记》上下册，谷启珍、刁绍华、吕存亮译，鹭江出版社 2006 年版。

安娜·陀思妥耶夫斯卡娅：

《陀思妥耶夫斯基夫人回忆录》，李明滨译，北京大学出版社 1987 年版。

王智量等主编：

《托尔斯泰览要》，贵州人民出版社 2006 年版。

智量（王智量）等著：

《俄国文学与中国》，华东师范大学出版社 1991 年。

谢列兹涅夫：

《陀思妥耶夫斯基传》，徐昌翰译，黑龙江人民出版社 1992 年版。

小林秀雄：

《残酷的天才》上下册，翁文达译，上海译文出版社 1989 年版。

《杜斯妥也夫斯基的一生》，台北：万象图书股份有限公司 1993 年版。

叶尔米洛夫：

《陀思妥耶夫斯基论》，满涛译，上海译文出版社 1985 年版。

三、参考著作（西文）

A.V. Knowles ed., *Leo Tolstoy: The Critical Heritage*, Routledge, London, 1997.

B. Wald, Dostoyevsky's Critique of the West, Wilfrid Laurier University Press, 1986.

E. Wasiolek ed., *The Brothers Karamazov and the Critics*, Wadsworth Publishing Company, Inc. 1967.

G. Halperin, *Tolstoy, Dostoevsky, Turgenev: The Three Great Men of Russia's World of Literature*, Chicago Literary Club, 1946.

G. Steiner, *Tolstoy or Dostoevsky: A Essay in Contrast*, London ,1959.

J. Wasserman ed., *Fyodor Dostoevsky: The Grand Inquisitor*, Charles E. Merrill

Publishing Company, 1970.

M. Jones ed., *New Essays on Dostoyevsky*, Cambridge University Press, 1983.

M. Jones and G. Terry ed. , *New Essays on Dostoyevsky*, Cambridge University Press, 1983.

S. Carter, *The Political and Social Thought of F. M. Dostoevsky*, Garland Pub. Inc., 1991.

S. Kierkegaard, *The Point of View*, Oxford University Press, 1939.

V. Rozanov, *Dostoevsky and the Legend of the Grand Inquisitor*, Cornell University Press, 1972.

V. Seduro, *Dostoevsky in Russian and world Theater*, Christopher pub house, 1977 .

Dostoevsky in Russian Literary Criticism, Columbia University Press, 1957.

V. Terras, *A Karamazov Companion: Commentary on the Genesis, Language and Style of Dostoevsky's Novel*, The University of Wisconsin Press, 1981.

W. Hubben, *Dostoevsky, Kierkegaard, Nietzsche and Kafka: Four Prophets of Our Destiny*, Collier Macmillan Publishers, 1962.

W. J. Leatherbarrow ed., *The Cambridge Companion to Dostoevskii*, Cambridge University Press, 2002.

后　记

本书的初版是在 1999 年由新华出版社出版，现在的这一新版除了对原书内容有增补和修订之外——如增加了"陀思妥耶夫斯基的影响"一节，将原来的"后记"改写为"前言"，最重要的是增加了一个较长的补编："托尔斯泰的矛盾"，这实际上是一些比较系统的重读托尔斯泰作品，尤其是文学作品的读书笔记。增加这一系列读书笔记，自然是因为托尔斯泰表现和思考的问题是和陀思妥耶夫斯基类似的，他们是生活在同一个时代的伟大的文学家和思想的探索者，但探索的方式和得出的结论却相当不同，这就形成一种有意义的对照。此外，我也愿以此纪念明年就将到来的托尔斯泰逝世一百周年。

我想在此对在写作本书的过程中帮助过我的朋友再致谢意，尤其是感谢刘小枫兄与香港汉语基督教文化研究所的朋友，他们在我写作本书初稿时惠寄书籍，又为我顺访道风山查阅资料提供了方便。我还要感谢一些学者对本书初版所发表的评论，尤其是崔卫平对本书意蕴的相当准确的把握。另外，我还要谢谢夏淞泽为本书编制的索引。

何怀宏

2009 年 9 月 16 日晨于褐石

2016 年 11 月 17 日再补

索　引

A

阿尔提泽 233

埃贝尔 126

安蒂叙尼 115

《安娜·卡列宁娜》 56, 108, 381, 445, 462

《肮脏的手》 148, 154

奥登 329

奥尔逊 125

奥涅金 18, 62, 302, 318

B

巴尔扎克 23, 372-374

巴赫金 8, 28, 34-37, 54, 57, 65, 69, 71, 425, 498

巴枯宁 144

巴诺哈 230

巴特 228, 229

巴札罗夫 19, 55, 308

《白痴》 39, 49, 50, 52, 58, 63, 66-68, 70, 122, 161, 166, 168, 174, 191, 194, 212, 246, 257, 263, 264, 332, 333, 337, 351, 373

《白夜》 39, 43, 68, 166

柏格森 116, 117

柏拉图 117, 297, 405

拜伦主义 316

保尔 3

《被欺凌与被侮辱的》 21, 39, 45, 48, 68, 71, 81, 166, 172, 201

《被剃掉的连鬓胡子》 69

彼得大帝 5, 120, 305, 326

别尔嘉耶夫 18, 23-26, 29, 49, 50, 72, 266, 283, 307, 308, 310-312, 323-326,

338, 359, 364, 365, 369

别林斯基 19, 67, 112, 128, 200, 351, 375

波费利 59, 66, 67, 90, 95-97, 101, 110, 119

波伏瓦 147

《波罗的海上的基督》224

伯尔曼 283

伯尔森涅夫 55

伯林 18, 27, 312, 383

博爱 10, 14, 179-185

博丹 234

布尔加科夫 7, 370

布尔什维克 327

布雷德伯里 329

布鲁诺 234

布琼尼 3

查拉图斯特拉 283

C

车尔尼雪夫斯基 19, 38, 55, 67, 296

《诚实的贼》253

传统 6, 7, 13, 14, 20, 23, 25, 26, 31, 38, 44, 84, 99, 122, 145, 146, 180, 184, 185, 219, 220, 227, 323, 331, 340, 348, 365, 367, 418

传统派 5

纯粹理性 229, 221

茨威格 29, 53, 66, 73, 372, 373

存在主义 69

D

达摩克利斯之剑 74

但丁 22, 329

道成肉身 239

道德理性 220

道德律 122, 220

道德神学 220

德莱塞 392

登山训众 119, 476, 486

狄更斯 23, 372, 373

笛卡尔 234

《地下室手记》24, 45, 52, 68, 160

"第四等级" 113

东正教 7, 14, 23, 326, 353, 369

《冬天记的夏天印象》180, 186, 322, 339

《赌徒》68, 160

杜勃罗留波夫 19, 71, 307

E

俄国革命 5, 326, 342

《俄国家庭的传说》343

俄国文学 5, 6, 27, 45, 74, 245

俄罗斯 1-8, 10, 13, 17-20, 25, 26, 49, 55,

57, 63, 64, 120, 128, 138, 143, 160-162, 167, 283, 302-304,
307-309, 315, 319, 320, 323-327, 330, 334, 342-344, 348-350, 353, 356, 357-359, 372, 374,
378, 389, 396, 406, 409, 416-418, 425, 475

俄国 1, 3-6, 12, 13, 17, 18, 22, 27, 32, 37, 45, 55, 66, 74, 77, 96, 108, 113, 120, 121, 129, 135, 139,
144, 145, 148, 149, 161, 167, 170, 194, 209, 215, 216, 243, 245, 268, 274, 283, 292, 300,
304-309, 314-322, 326, 327, 330, 342, 343, 349, 351-355, 357, 365, 366, 373, 374, 386, 397, 416, 417, 420, 421, 427, 439, 440, 442, 465, 475, 478

恩格尔哈特 33-35, 370

F

法国大革命 179, 339
法治 14, 31, 494
泛神论 234
费尔巴哈 199, 228
费希特 234
分配正义 275
佛教 14

弗兰克 359, 365, 366
伏尔泰 184, 199
福楼拜 330, 416
福斯特 22
《福音书》 394, 486
《父与子》 308
《复活》 381, 402, 475, 477
傅立叶 128, 297

G

噶邦福 13
甘地 407
高尔基 47, 72, 161-163, 251, 397-401, 473
《高老头》 374
哥白尼 298
《革命家手册》 144, , 147
个人主义 56, 197, 316, 338, 396
工具理性 46
工团主义 3
功利主义 46, 52, 100, 122, 162, 247, 345
沟口雄三 2
《贵族之家》 55, 319
贵族制 5
国家理性 234

H

哈密尔顿 231, 233

海明威 292, 372

海涅 224

海塞 178

海因里希·奥特 199

何炳棣 133

赫·加兰 393

赫伯特爵士 234

赫尔岑 18, 19, 128, 302, 326

黑格尔 234, 418

后现代主义 5

胡格诺派 339

胡愈之 10

华盛顿 392

回教 14

J

机会主义 48, 130

基督教 14, 26, 117-119, 184, 185, 204, 215-217, 228, 231, 233-235, 237, 241, 242, 270, 272, 285, 286, 309, 325, 326, 369, 396, 399

基尔波京 29

集体行为 78, 85, 124-126, 130, 148, 158, 159, 289, 267

纪德 74, 371, 372

季孙 14

加谬 491

教条主义 145

解构主义 5

《九封信的小说》68

《舅舅的梦》160, 253, 301

君主集权 5

K

卡夫卡 47, 329, 359

《卡拉马佐夫兄弟》9, 13, 39, 47-50, 58, 63, 67, 68, 71, 72, 74, 78, 79, 163, 170, 174, 187, 196, 204, 209, 212, 214, 215, 241, 251, 262, 267, 268, 287, 331, 358, 368, 369

卡里斯马 126

康德 84, 184, 219, 220, 221, 234, 235

柯拉柯夫斯基 218

柯罗连科 387, 388

科学主义 307, 345

科耶夫 417

克尔凯戈尔 234, 331

《克莱采奏鸣曲》388, 402

克鲁泡特金 273

恐怖主义 126, 153, 154, 314, 406, 407

库萨的尼古拉 234

库图佐夫 305, 420, 430

L

拉夫列茨基 55

拉甫罗夫 307

莱·法朗克 393

莱蒙托夫 18, 22, 319

劳特 69, 109

李特维诺夫 55

《理想国》405

理性 46, 64, 70, 101

《历史信札》307

历史正义 2

"立己主义" 362, 389, 395, 401, 471, 472, 474

利己主义 45, 48, 67, 82, 83, 121, 122, 162, 242, 247, 289, 471

两极世界 358

列昂·布鲁阿 338

列宾 3

列宁 3, 387

列日尼奥夫 64, 74

林毓生 13

刘文飞 13

柳存仁 13

卢那察尔斯基 396

卢梭 297, 341

鲁迅 11, 12, 407

《路标》365

《孪生兄弟》39, 42, 68, 100, 175

伦理学 1, 7, 80, 84, 85, 99, 184, 234, 365

罗马 118, 179, 215, 217, 279, 340, 341, 356

罗曼·罗兰 389, 488

罗亭 19, 55, 65

罗扎诺夫 7, 10, 22, 25, 29, 254, 266, 282, 359, 369

洛伦茨·斯泰因 311

M

马基雅弗利 234

马克思主义 3, 284, 293, 295

马列主义 3

《马赛曲》339

马修·安诺德 391

毛姆 50, 72, 74, 86

茅盾 10

梅列日科夫斯基 21, 29, 66, 359, 361-364, 453

梅林 384, 393, 394

蒙田 21, 115, 116, 234

孟什维克 327

米哈伊诺夫斯基 160-163

米哈依洛夫斯基 327

《面包与自由》273

民粹派 323, 324, 327

民粹主义 309, 323, 326-328, 365

民主 14, 132, 311, 351, 407

命定论 114, 442

《摩西五书》14

莫泊桑 313, 465

目的论 99, 100, 150, 250

穆罕默德 95, 375

穆勒 47, 375

N

拿破仑 95-97, 120, 416, 417, 419-421, 424, 427, 428, 432, 435

尼采 185, 228-230, 241, 283, 309, 371

尼古拉·罗斯托夫 428

《涅朵奇卡》39, 68, 171, 257

涅克拉索夫 164, 319

涅恰耶夫 136, 144, 146, 147

涅日达诺夫 28, 55

农奴制 121, 303, 317, 342, 353, 415

奴隶制 118

《女房东》39, 41, 263

P

帕克 125

帕斯卡尔 404, 490

佩西神父 66, 215, 241

朋霍费尔 231, 234-237, 239, 240, 288

彭佩 146

皮却林 18, 302

皮萨列夫 96, 112, 307, 308

平等 24, 115, 118, 170, 179, 185, 292, 293, 295, 296, 298, 299, 303, 305, 309, 313, 320, 337, 385, 425, 484

平民政体 115

蒲鲁东 109, 128, 297

普遍主义 161

普列汉诺夫 396

普鲁塔克 115

普希金 3, 13, 17, 18, 20, 22, 27, 40, 62, 64, 96, 162, 307-309, 314, 316-318

《启示录》202, 332, 335

契诃夫 3, 17, 19, 20, 401, 402

乔尔丹诺 234

《穷人》11, 39, 40

权力 9, 31, 79, 123, 126, 146, 156, 183, 220, 262, 267, 268, 290, 297, 298, 314, 337, 361, 425, 426, 481, 486

《群魔》48, 50, 52, 53, 55, 57, 63, 66, 67, 78, 79, 126, 128, 129, 130, 134, 136, 138, 148, 201, 208, 267, 306, 319, 342, 344, 358, 367, 372, 373

R

人权 14

人生哲学 1

儒家 14

儒教 14

S

萨特 47, 69, 148, 154, 371

《三大师》73, 373

三权分立 341

《三死》474

沙俄 28, 140

沙皇 120, 144, 147, 226, 228, 302, 314, 323, 398, 415, 417, 440

莎士比亚 23, 55, 298, 307, 329, 374, 401, 416

上帝之死 229-234, 239, 241, 272

《少年教养院》172

邵荃麟 12

舍勒 183-185

舍斯托夫 25, 71, 380

社会运动 125, 126, 143, 148, 228, 365

社会正义 45

《伸手乞讨的男孩》172

《生活的悲剧涵义》218

施本格勒 309

施泰纳 23

十月革命 3, 397

实践理性 219

实证论 25

世界教会 77, 217, 244

叔本华 320

舒宾 55

舒拉 3

私有制 272, 393, 404

斯宾诺莎 234

斯多亚派 118

斯捷普尼亚克·克拉夫钦斯基 386

斯拉夫派 5, 314, 315, 324, 326, 348

斯拉夫主义 326

《死屋手记》21, 45, 46, 158, 246, 255-257, 259, 292, 294, 483, 484

苏格拉底 114, 116

苏联 4，11, 12, 358, 361, 395, 417

《随笔集》21

梭伦 95

索·托尔斯泰娅 388

索勒 230

索洛明 55

索洛维约夫 70, 77, 182, 195, 349, 361

T

塔列朗 257

《台球房记分员笔记》407

索引 517

陶片放逐律 115

提尔西特和约 419

天主教 217, 277, 354, 356, 369

铁兰士 115

屠格涅夫 3, 13, 19, 28, 29, 33, 38, 45, 55, 56, 70, 308, 319, 330, 382, 383, 416, 454

托尔斯泰 3, 6, 8, 13, 19, 20, 21-33, 45, 47, 55, 56, 65, 66, 71, 162, 308, 313, 324, 326, 327, 348, 359-364, 371, 373, 377-405, 408, 410, 411, 416-418, 420, 422, 423, 425-427, 430, 435, 446, 450, 422, 423, 425-427, 430, 435, 446, 450, 455, 461, 462, 465, 466, 468, 473, 474, 476-479, 481-483, 485, 486-492

托克维尔 196, 358

托洛茨基 262

托马斯·曼 52, 395

陀思妥耶夫斯基 1, 2, 3, 5-15, 17-39, 41, 43-58, 61-63, 65-75, 77-79, 85, 86, 93, 100, 106, 108-113, 120-122, 127-129, 131, 133, 136, 137, 140, 144, 148, 157-166, 171, 172, 176-178, 180-183, 186, 188, 192, 196, 199-202, 204, 205, 212, 217-219, 230, 240, 242-247, 253-255, 261-264, 266, 267, 271, 274, 280, 282-287, 289, 290, 292, 296, 299, 305, 306, 314-319, 321-326, 329-332, 334, 337, 339, 347, 348-351, 353, 357-365, 367-378, 380, 450, 453, 454, 483-485, 489-492

《陀思妥耶夫斯基全集》13, 160

W

《外套》40

王尔德 22, 373

韦丛芜 22

唯科学论者 345

唯科学主义 345

唯物论 25, 324

唯物主义 307, 326

《温顺的女性》47, 68, 165

沃德 266, 329

沃尔夫 184

乌纳穆诺 218

无神论 46, 202, 206, 208-210, 218, 225, 242, 280, 319, 326, 333, 345, 356, 366, 399

无政府主义 3, 268, 314

武士制 5

X

西化派 5

西欧派 5, 55, 314, 315, 348

西塞罗 298

希加廖夫 66, 67, 126-130, 135, 139, 267, 268, 297, 298

《袭击》405

现代性 2, 6, 8, 14, 20, 74, 314, 329, 331

现实主义 113, 245, 297, 422, 423

享乐主义 48, 72

萧伯纳 391

《小英雄》68, 171

肖邦 313

《谢尔盖神父》472

形而上学的谬误 233

幸福论 162, 250, 309

虚无主义 85, 110, 141, 169, 307, 308, 365-367, 399, 492

Y

雅典 114

雅各宾派 229, 340

亚伯拉罕·林肯 392

亚里士多德 99, 115, 262

耶稣 49, 186, 206, 222, 236, 238, 239, 269, 270, 284, 285, 286, 354

《一个地主的早晨》411

《一个荒唐人的梦》299

《一件糟心的事》322

伊万诺夫 57, 144, 370

义务 84, 293, 294, 244, 298, 313, 320, 327, 341-343, 412, 413, 464

《异端的权利》106

《驿站长》40

应当 84, 94

英沙罗夫 55

英雄主义 117

《永久的丈夫》165, 344

《月亮与六便士》86

Z

《怎么办》19, 163, 296

战争权利的伦理 422

战争行为的伦理 418, 422

《战争与和平》381, 382, 392, 398, 405, 416

正当 84, 86-88, 90, 92, 97, 102, 104, 108, 109, 130, 138, 147, 148, 150, 151, 156, 157, 253, 333, 405

正义 2, 14, 45, 112, 134, 147-149, 154, 233, 275, 294, 295, 300, 309, 310, 324, 327, 407, 485, 487

《正义者》148, 154, 157

郑振铎 10

政治的动物 115

中国革命 2, 5

中国共产党 4

周作人 10

《庄院风波》39, 68, 161, 261, 295

卓娅 3

资本主义 100, 283, 327, 333, 338

自然律 234

自然神论 234

自我主义 52, 471, 472

自由意志 204

自由主义 426

宗教 6, 13, 14, 19, 20, 21, 23, 25, 26, 29, 32, 45, 74, 77-79, 119, 149, 159, 200, 210, 215, 216, 220, 233, 237, 239-242, 244, 284, 323, 324-326, 353-356, 360, 366, 368, 380, 385, 393-396, 407, 480

《罪与罚》12, 39, 48, 50, 52

《作家日记》13, 39, 121, 171, 218, 283, 330, 350, 368